中国金融报告

2022 助力经济回归潜在增长水平

张晓晶 主 编
张 明 副主编

中国社会科学出版社

图书在版编目（CIP）数据

中国金融报告．2022：助力经济回归潜在增长水平／张晓晶主编．
—北京：中国社会科学出版社，2023．3
ISBN 978－7－5227－1653－4

Ⅰ．①中…　Ⅱ．①张…　Ⅲ．①金融业—经济发展—研究报告—
中国—2022　Ⅳ．①F832

中国国家版本馆 CIP 数据核字(2023)第 051186 号

出 版 人　赵剑英
责任编辑　王　衡
责任校对　朱妍洁
责任印制　王　超

出　　版　中国社会科学出版社
社　　址　北京鼓楼西大街甲 158 号
邮　　编　100720
网　　址　http://www.csspw.cn
发 行 部　010－84083685
门 市 部　010－84029450
经　　销　新华书店及其他书店

印刷装订　北京君升印刷有限公司
版　　次　2023 年 3 月第 1 版
印　　次　2023 年 3 月第 1 次印刷

开　　本　710×1000　1/16
印　　张　27.75
插　　页　2
字　　数　400 千字
定　　价　98.00 元

各章节作者

主报告	张晓晶　张　明　费兆奇　曹　婧　王　喆　张　冲
第一章	胡志浩　江振龙
第二章	李广子　刘政
第三章	张跃文　赵金鑫
第四章	蔡　真　万　兆
第五章	郑联盛
第六章	王向楠
第七章	郭金龙　朱晶晶
第八章	尹振涛　汪　勇
第九章	黄国平
第十章	徐　枫
第十一章	周莉萍
第十二章	董　昀
第十三章	张　珩
第十四章	范云朋　李诗雯

序　言

既要遏制脱实向虚　也要遵循金融规律

张晓晶

习近平总书记2023年3月5日下午在参加他所在的十四届全国人大一次会议江苏代表团审议时强调，高质量发展是全面建设社会主义现代化国家的首要任务。加快实现高水平科技自立自强，是推动高质量发展的必由之路；加快构建新发展格局，是推动高质量发展的战略基点；农业强国是社会主义现代化强国的根基，推进农业现代化是实现高质量发展的必然要求；人民幸福安康是推动高质量发展的最终目的。

高质量发展是一项系统工程，需要方方面面的支持；金融必然且必须在其中发挥它的积极作用。然而，近年来中国经济出现了“脱实向虚”、虚拟经济风头压过实体经济、金融自我循环自我服务的现象，究其原因主要有以下三个方面：

一是实体经济调整。近些年中国进入经济新常态，经济增速下滑，制造业面临需求收缩，再加上制造业成本上升与创新不足，导致其利润率低于虚拟经济的利润率。资金具有逐利性，自然而然就会流出实体经济，涌入股市、债市和房地产市场。

二是货币环境宽松。2008年国际金融危机以后，世界范围内货币政策整体宽松，中国也不例外。在流动性充裕的环境下，金融市场的利率维持在偏低的水平。低利率导致资产价格攀升，进而使得更多资金进入虚拟经济领域，加剧经济的“脱实向虚”。

三是缺乏有效监管。过去一段时间金融乱象频出。一些金融机构和企业利用监管空白“打擦边球”，套利行为十分严重，形成大量资金空转和金融的自我服务；部分实业企业也热衷于“玩金融”、赚快钱。这些乱象的产生，很大程度上源于监管制度的缺失。经过几年治理，情况有所好转（如中国类信贷“影子银行”规模较历史峰值大幅压降超30万亿元），但有效监管仍有不足。

鉴于以上问题，金融支持高质量发展应着力于以下几个方面：

一是坚持金融服务实体经济初心，避免经济“脱实向虚”。以降低金融相关成本为抓手，支持制造业高质量发展；管好货币总闸门，防止宏观杠杆率持续快速攀升；各地方发展不宜将金融业自身的扩张当作“政绩”、以金融业增加值占比不断提高为荣，不搞超越发展阶段的金融化；加强现代金融监管，防止金融搞自我循环、出现过度金融化。

二是坚持两个毫不动摇，促进金融更好服务实体经济。金融服务讲究“门当户对”，当前以国有占主导的金融体系对于以民营占主导的实体经济的融资供给相对不足。想要解决这一问题，一方面要坚持两个毫不动摇，坚持竞争中性，改变金融机构的所有制偏好；另一方面应规范发展民营金融机构，推动金融领域的混合所有制改革以及金融部门治理结构的优化。

三是深化金融改革，促进金融更好支持科技创新。商业银行加大对先进制造业、战略性新兴产业的中长期资金支持，发展“耐心资本”，扩大对科技型中小企业的知识产权质押融资、信用贷款等；支持商业银行具有投资功能的子公司、保险机构、信托公司等出资创业投资基金、政府产业投资基金等，为科技企业发展提供股权融资；支持资产管理产品依法投资包括未上市科技企业股权及其受（收）益权在内的权益类资产，实现资管产品期限与其所投资资产期限相匹配、与科技企业成长周期相匹配。此外，全面实行注册制，进一步扩大直接融资，切实发挥资本市场在支持创新方面的重要作用。

四是遵循金融规律，助力高质量发展。遏制“脱实向虚”、把经济发展的着力点放在实体经济上，并不意味着可以不要金融，或者金融处在一个完全附属的地位。40 多年来中国社会主义市场经济的发展，就是把计划经济时代金融只是作为出纳的角色解放出来，充分发挥金融在促进储蓄—投资转化以及经济赶超发展中的能动作用。科技创新面临一系列风险，这个时候，更是要发挥金融体系在应对风险特别是优化风险配置中的关键作用；不能因为怕出现投资泡沫，就把金融的手脚捆绑住。比如科技创新项目需要 100 万元，理想的金融支持力度最好就是 100 万元。但现实中会出现两种情况：一是可能没有人愿意投资，因为担心项目风险太大；二是有太多人看好这个项目，因而出现投资泡沫。金融围绕实体经济产生的这些波动都是正常的。在科技创新中要跨越“死亡之谷”，这时候一定会有资本“牺牲”，这是风险投资的代价。绝不允许泡沫出现，以及不能容忍投资成功后的高利润（这是在付出投资代价之后获得的），都是不符合金融发展规律的。

因此，推动高质量发展，既要坚决遏制“脱实向虚”，也要遵循金融规律；这可以说是金融更好服务实体经济的基本要求。只强调前半句“遏制‘脱实向虚’”，或只强调后半句“遵循金融规律”，都是有失偏颇的。

目　　录

主报告

金融助力经济回归潜在增长水平

一　2022 年国内外宏观金融形势回顾

在国内新冠疫情反复、国际政治经济格局动荡和美联储持续大幅加息等复杂因素的冲击下，中国高效统筹防控疫情、化解外部冲击和拉动经济增长，最大程度稳住经济社会发展基本盘。货币金融政策坚持了“以我为主、稳字当头”的总基调，扎实推进稳经济一揽子政策和接续措施，加大稳健货币政策实施力度，为经济复苏提供了较为适宜的货币金融环境。

（一）全球宏观金融形势

2022 年全球宏观金融动荡起伏。世界经济初步形成增长放缓与通胀高企的“滞胀”格局。乌克兰危机爆发叠加新冠疫情持续，全球不确定性显著增强。大宗商品供给短缺与前期宏观政策刺激推升发达国家通货膨胀超预期上行，以美联储为首的发达国家中央银行集体开启加息缩表进程，形成高通胀、高利率、强美元局面，全球金融市场动荡加剧。

1. 全球经济增速高位回落

受到新冠疫情、地缘政治冲突以及全球加息潮等冲击，国际货币基金组织（IMF）、世界银行、经济合作与发展组织（OECD）等国际机构不断下调 2022 年经济增长预期。根据 IMF 于 2023 年 1 月的估计，2022 年世界经济增速为 3.4%，相比 2021 年下降 2.8 个百分点。此外，世界银行和 OECD 对 2022 年的经济增速估计分别为 2.9% 和 3.1%。2022 年全球经济呈现经济增速放缓与通货膨胀上升的态势（见图 1）。

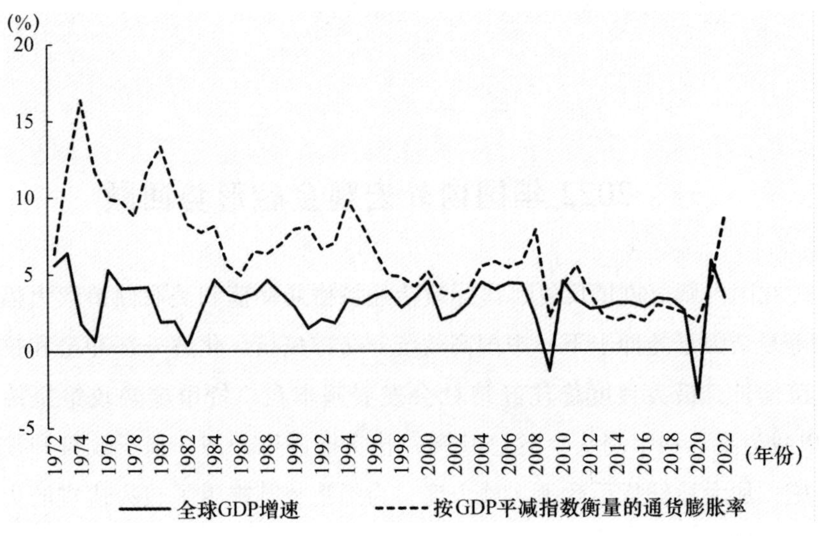

图 1　全球 GDP 增速变化与“滞胀”格局初步形成

资料来源：世界银行、IMF。

先行指标也反映出全球经济景气程度的恶化。2022 年上半年摩根大通综合 PMI 指数虽然较 2021 年下行，但仍然高于 50，6 月曾反弹至 53.5 的年内高点。进入下半年之后，综合 PMI 指数持续走低，自 8 月后连续 5 个月低于 50 的荣枯线水平。2022 年 12 月综合 PMI 指数降至 48.2，相比于年内高点下降 5.3。细分来看，制造业与服务业 PMI 指数均显著下降，意味着制造业和服务业前景双双低迷。此外，OECD 的综合领先指标在 2021 年年末出现拐点，并从 2022 年 1 月的 100.67 一路下滑至 11 月的 98.69，同样显示出全球经济下行压力增大。

不同国家和地区的经济增长与所处周期存在分化。发达经济体和新兴市场与发展中经济体均面临经济增速放缓，但发达经济体下行压力更大。根据 IMF 在 2023 年 1 月的估计，2022 年发达经济体和新兴市场与发展中经济体的增速分别为 2.7% 和 3.9%，相比于 2021 年下降 2.7 个和 2.8 个百分点。美国 GDP 同比增速从 2022 年第一季度的 3.7% 下降至第三季度的 2.0%。美国 GDP 环比增速在第一、第二季度分别为 –1.6% 和 –0.6%，已经出现技术性衰退。欧元区 GDP 同比增速从 2022 年第一季度的 5.6% 下降至第三季度的 2.3%，英国更是从第一季度的 10.7% 下降至第三季度的 1.9%。日本则从第一季度的 0.4% 上升至第三季度的 1.5%。中国 GDP 同比增速在 2022 年第二季度降至 0.4%，第三季度反弹至 3.9%。印度 GDP 增速在第二季度达到 13.5%，第三季度回落至 6.3%。

全球经济增速放缓的主要原因在于以下三个方面。其一，地缘政治冲突加剧。突发的地缘政治事件导致全球不确定性上升，随之而来的能源危机、粮食危机也显著制约了经济增长。其二，通胀高企与货币紧缩政策。针对此次主要由供给侧驱动的通货膨胀，旨在抑制需求的紧缩货币政策作用有限，而过于激进的紧缩政策可能导致经济衰退。其三，新冠疫情的持续影响。新冠疫情的持续加剧了全球的经济金融脆弱性，给全球贸易、劳工市场、交通运输等造成不利冲击。

2. 乌克兰危机爆发

2022 年 2 月 24 日爆发的乌克兰危机成为 2022 年最大的“黑天鹅”事件，其影响程度与持续时间均超出国际市场预期。

一方面，乌克兰危机给冲突双方的经济社会发展都带来严重负面冲击。俄罗斯受到美国等西方国家史无前例的严厉制裁。根据 Castellum. AI 统计，自 2022 年 2 月 22 日以来，俄罗斯受到的经济金融制裁已经超过 1 万项，是冲突爆发前受到制裁数量的 4 倍之多。其中，美国及其盟国冻结了俄罗斯的外汇黄金储备，而且将俄罗斯多家金融机构排除在 SWIFT 清算体系之外（见表 1）。受地缘政治冲突影响，俄乌经济增速均显著下滑。根据世界银行预测，2022 年俄罗斯和乌克兰的 GDP 增速分别为 -3.5% 和 -35%。两国金融市场也经历强烈动荡，俄罗斯在 2 月末一度经历了长短期利率飙升、股债汇市暴跌、通胀高企等冲击。

表 1　　**美国及其盟国对俄罗斯的制裁**

	美国	欧盟	英国	瑞士	澳大利亚	加拿大	日本
限制从俄罗斯进口石油	√	√	√	√	√	√	√
限制从俄罗斯进口天然气	√				√		
限制从俄罗斯进口煤炭	√	√	√				√
限制从俄罗斯进口黄金	√	√	√	√	√	√	√
限制从俄罗斯进口金属		√		√			
限制从俄罗斯进口奢侈品	√	√	√			√	
限制对俄罗斯出口金属					√		
限制对俄罗斯出口技术	√	√	√	√		√	√
限制对俄罗斯出口奢侈品	√	√	√	√	√	√	√
限制对俄罗斯出口专业服务	√	√	√	√		√	√
对俄罗斯银行代理账户的限制	√		√				
限制主权债务	√	√	√	√	√	√	√
限制俄罗斯银行使用 SWIFT	√	√	√	√		√	√
冻结黄金和外汇储备资产	√	√	√	√	√	√	√
限制俄罗斯获得 IMF 和世界银行的资金	√	√	√			√	√
撤销最惠国待遇	√	√	√		√	√	√
限制俄罗斯国有媒体广播	√	√	√		√	√	

资料来源：Castellum. AI 数据库以及笔者整理。

另一方面，乌克兰危机对全球政治经济格局产生深远影响。其一，俄罗斯和乌克兰均为全球重要的大宗商品供给国。俄罗斯出口几乎所有种类的大宗商品，乌克兰则是主要农产品出口国。乌克兰危机直接推升了全球大宗商品价格，尤其是能源和粮食价格。其二，乌克兰危机也加剧了全球金融市场的动荡。乌克兰危机的爆发与持续深刻影响了全球股票、债券、大宗商品与黄金等资产价格走势。其三，美欧等国家对俄罗斯严厉的金融制裁手段也强化了国际投资者对美国国债安全性的担忧。一些国家加速转向非美元货币结算，并尝试不与 SWIFT 关联的清算结算系统。

3. 发达国家通胀率上升

2022 年全球面临通货膨胀加剧的局面。根据 IMF 估计，2022 年全球通胀预计从 2021 年的 4.7% 上涨至 8.8%，创下自 1997 年以来的最高水平。

2022 年 6 月，美国 CPI 同比增速上涨 9.1%，达到自 1981 年 12 月以来的最高值。剔除食品和能源的核心 CPI 同比增速也在 2022 年 9 月达到 6.6%，这是自 1982 年 9 月以来的最高值。受乌克兰危机及能源危机影响，欧元区调和 CPI 同比增速在 2022 年 10 月达到 10.6% 的峰值。英国 CPI 同比增速也在 2022 年 10 月达到 11.1% 的峰值。2022 年 11 月，日本 CPI 与核心 CPI 同比增速分别达到 3.8% 和 3.7%，这是自 1982 年 2 月以来的峰值。

发达国家当前的高通胀受到供需双方的多重影响，但主要受供给因素驱动。供给方面，一是新冠疫情之后全球供应链受阻，逆全球化浪潮兴起加速产业链分散化、本地化趋势，形成了供给复苏慢于需求复苏的局面；二是乌克兰危机爆发后欧洲对俄罗斯商品的进口限制，导致能源、食品价格攀升，北溪管道被炸事件进一步推升通胀；三是新冠疫情导致劳动力供给短缺以及全球人口流动受限，推动工资水平攀升。需求方面，为应对新冠疫情对经济的不利冲击，发达国家普遍实施了史无前例、极其宽松的财政货币政策。这些政策导致发达国家总需求快速回暖，加剧了需求复苏快于供给复苏的格局，从而导致通胀压力上升。

此外，受到长期低通胀、低利率环境影响，发达国家对通胀形势变化存在误判。面对已经抬升的通胀水平，美联储坚持认为通胀是暂时的，直到2021年年末才改变这一判断，以至于失去了在初期抑制通胀的时机。

4. 发达国家中央银行集体加息缩表

2022年，美国、欧盟、英国中央银行集体加息缩表以遏制通货膨胀。根据BIS统计，全球35家主要国家央行采取上调基准利率举措，累计加息次数超过210次。其中约有80%的央行全年加息3次以上，超过30%的央行单次上调基准利率超过75个基点①。

美联储在2022年3月开始率先上调基准利率，至12月期间共加息7次，累计加息425个基点。联邦基金利率已经从年初的0—0.25%上升至12月末的4.25%—4.5%。如此快节奏、大幅度的加息是自20世纪80年代初沃尔克执掌美联储以来的首次。欧洲央行从2022年7月起开启加息进程，截至2022年年底已经加息4次，累计250个基点，目前欧元区三大关键利率已经升至2%—2.75%。英格兰央行从2022年2月起加息8次，累计325个基点，基准利率从0.25%上升至3.5%。

较长时期以来，日本央行坚持推行以国债收益率曲线控制（Yield Curve Control，YCC）为中心的宽松货币政策。然而，面对美国、欧盟、英国央行持续快速加息、日元汇率大幅贬值以及进口价格飙升等冲击，2022年12月20日，日本央行宣布10年期国债利率上限从0.25%上调至0.5%。

然而，与加息相比，发达国家的缩表进程较为缓慢，在2022年年末才出现加速迹象。

5. 美国长期利率上升与美元指数升值

在通胀持续恶化、美联储陡峭加息的背景下，美国长期利率持续上行。2022年年初，美国10年期国债收益率仅为1.5%。受美联储持续

① 数据来源于BIS中央银行政策利率数据库，https：//www.bis.org/statistics/cbpol.htm。

加息缩表影响，10 年期国债收益率在 10 月 24 日飙升至 4.3%，创下自 2008 年 6 月以来的新高。受 2022 年 11 月以来通胀逐渐见顶、美联储加息缓和等因素影响，10 年期国债收益率在 2022 年年末收于 3.88%。

2022 年美元成为全球表现最强劲的货币。该指标从 2022 年年初的 96 一路攀升至 2022 年 9 月底的 114 左右，创下自 2002 年 6 月以来的新高。年末美元指数回落至 103 上下。美元指数上升的主要因素包括：其一，美联储快速加息缩表拉大了美国与其他经济体的利差，资本流入美国导致美元对其他货币升值；其二，地缘政治冲突加剧、新冠疫情持续影响以及世界经济衰退预期导致全球不确定性上升，美元作为全球最重要的避险资产受到投资者青睐。

6. 全球金融市场动荡调整

全球长期无风险利率上升与美元升值导致全球避险资产与风险资产价格同时受到冲击，全球遭遇股债汇三杀，大宗商品与黄金价格则在高位震荡。

2022 年全球主要国家股票市场普遍下跌（见图 2）。Wind 数据显示，在全球 46 个主要市场中，33 个国家和地区的股市下跌；69 个主要股票指数中，超过八成股票指数出现下跌。发达国家股市整体表现不佳，多数发达国家股市跌幅在 10% 以上。新兴市场国家股市表现分化，越南胡志明股市指数跌幅高达 34%；中国创业板和深成指数跌幅也超过 25%，中国上证指数和中国香港恒生指数则下跌 15%。相比之下，印度、阿联酋、巴西、土耳其以及阿根廷等新兴市场国家是 2022 年少数股票市场实现上涨的经济体。

2022 年全球债券市场动荡不安。据日本经济新闻统计，2022 年全球债券市场价值缩水近 20 万亿美元。德意志银行认为 2022 年是 1946 年以来全球债券市场的首个熊市。富时世界国债指数显示，2022 年全球平均国债收益率从 2021 年年末的 0.6% 上涨至 2022 年的 3.1%，其中欧美发达国家长期利率涨幅更加明显。

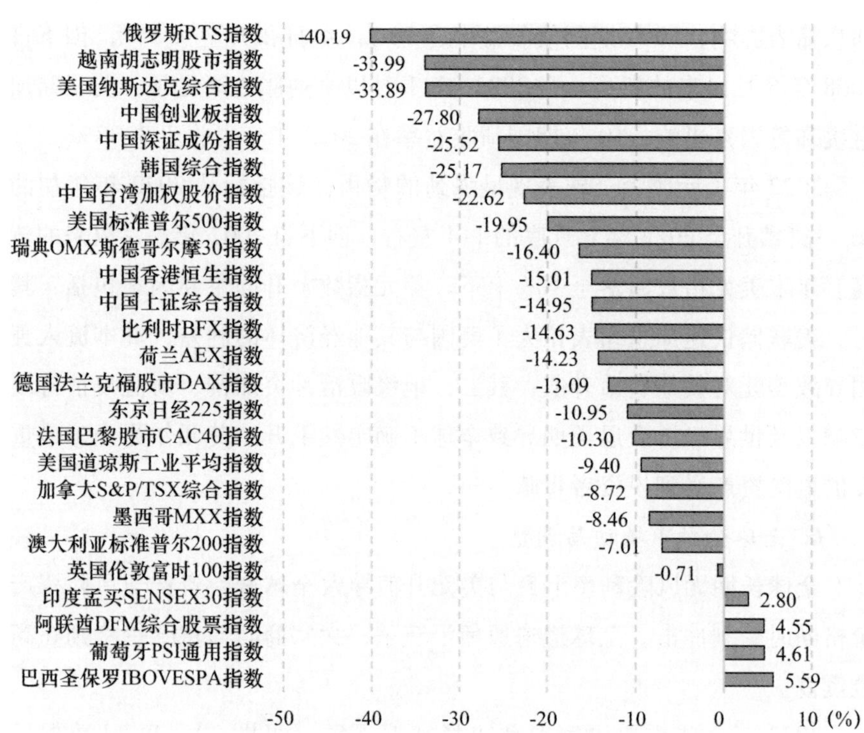

图 2　全球主要股票指数 2022 年涨跌幅变化

资料来源：Wind 数据库。

短长期利率的全面抬升使得过去低利率、负利率的时代成为历史。彭博巴克莱全球综合债券指数显示，2022 年 7 月，全球负利率债券存量比 2020 年 12 月的峰值减少 16 万亿元，仅存 2.4 万亿美元。截至 2023 年 1 月，全球负利率债券市值自 2014 年后首次归零。国家间长期利率走势的分化也在改变过去的全球利率格局，欧美发达国家的国债收益率上涨已经超过中国等长期利率较高的国家，这一过程可能导致系统性风险上升与显性化。2022 年 6 月 15 日，受到美债利率上行引发的利差扩大影响，日本国债期货价格暴跌，创下 2013 年以来单日最大跌幅并连续两次触发跌停熔断。2022 年 9—10 月，英国国债经历抛售潮。

10 年期国债收益率从 9 月初的 3. 03% 快速上涨至 10 月 10 日的 4. 65% 。国债收益率快速上升导致多家养老金因估值损失和保证金不足而面临破产风险，引发国债抛售、英镑贬值、资本流出的连锁反应。英格兰银行不得不推出新的购债计划来救市。

2022 年全球汇率市场风雨飘摇。除美元之外的主要国家货币均经历不同程度的贬值。全球主要货币在 2022 年第二、第三季度贬值幅度较大，第四季度美元指数回落后上述状况得到一定程度的改善。部分新兴市场国家爆发货币危机。例如，阿根廷比索和斯里兰卡卢比兑美元汇率均暴跌 40% ，土耳其里拉兑美元汇率贬值也接近 30% 。欧元、英镑、日元等发达国家货币兑美元也大幅贬值，并创下二十多年来的最低水平。

2022 年全球大宗商品价格高位波动，总体呈现先涨后跌态势。全球 RJ/CRB 大宗商品价格指数在 2022 年年初为 233，于 6 月 9 日升至 326，创下年内高点，涨幅达到 40% ；此后大宗商品指数开始震荡下跌，年末回落至 278；全年整体呈上升趋势，涨幅近 20% 。能源和食品是大宗商品价格波动的主要驱动力。2022 年，布伦特期货原油价格从 2022 年年初的 78. 98 美元/桶升至年末的 85. 91 美元/桶，全年涨幅 8. 8% 。从区域来看，由于欧盟和英国对俄罗斯的石油与天然气出口实施了限制措施，造成欧盟与英国的能源危机，直接推升了后者国内的大宗商品价格，导致通货膨胀恶化。相比 2021 年年初，2022 年欧洲天然气期货价格最大涨幅曾高达 10 多倍。全球粮食价格也经历先高后低的震荡行情。根据联合国粮食及农业组织统计，乌克兰危机以来全球食品价格急剧上涨，全球粮食价格指数最高曾达到 143. 7，比 2021 年上涨 14. 3% ，创下 1990 年以来的历史最高水平。

受地缘政治冲突加剧、全球通胀上升以及利率走高等因素影响，2022 年全球黄金市场在高位震荡。伦敦现货黄金价格从 2022 年年初的每盎司 1811. 4 美元收于年末的每盎司 1812. 35 美元，价格总体持平。在全球金融市场动荡的情况下，黄金资产的避险属性凸显。根据世界黄金协会的数据，2022 年黄金收益率为 0.44%，远高于全球债券的 -13% 以及全球股票的 -20%。

7. 部分新兴市场与发展中国家金融动荡

2022 年美联储的激进加息缩表以及随之而来的长期利率攀升与美元走强，导致新兴市场与发展中国家普遍面临短期资本外流、本币贬值、资产价格下跌、外币债务高企的困境，甚至出现金融危机的前兆。20 世纪 80 年代拉美债务危机、1997 年亚洲金融危机、2001 年阿根廷金融危机均是在美联储加息以及美元走强的背景下发生的。目前斯里兰卡、巴基斯坦、黎巴嫩、土耳其、阿根廷、埃及、赞比亚、加纳等国家已经出现了不同形式的金融动荡（见表 2）。

表 2　**主要新兴市场与发展中国家面临的危机形势**

国家	危机形势
巴基斯坦	货币贬值、通胀高企、物资紧缺、外储减少、债务危机
斯里兰卡	货币贬值、通胀高企、物资紧缺、外储减少、债务危机
黎巴嫩	货币贬值、物资紧缺、银行冲击、央行及政府宣布破产
缅甸	物资紧缺、经济危机、政治社会危机
阿根廷	通胀高企、货币贬值、债务危机
埃及	通胀高企、粮食危机、货币贬值、股市动荡、债务危机
土耳其	通胀高企、货币贬值、能源危机、债务风险上升
孟加拉国	债务风险上升
突尼斯	债务风险上升、政治危机
加纳	经济危机、外储减少、债务危机
赞比亚	债务危机
埃塞俄比亚	粮食危机、债务危机、军事政治危机
乍得	粮食危机、债务危机

资料来源：《2022 年 NIFD 第三季度人民币汇率报告》与笔者整理。

（二）国内宏观金融形势

1. 经济增长从快速下降到缓慢回升

中国经济经历“V”形反转，但反弹动能有待夯实。受新冠疫情反复影响，我国经济运行的波动幅度有所放大，根据我们估算的中国宏观经济高频先行指数（以下简称“经济先行指数”），经济运行在2022年经历了快速下降和缓慢回升两个阶段（见图3）。第一季度的宏观经济运行偏弱但尚处于合理区间；4月受疫情冲击出现了“断崖式”下跌；此后在5月开启反弹，但反弹动能仍然有待夯实。一是需求收缩在延续。经济反弹以来，经济先行指数一直处于“－1”以下区间，意味着

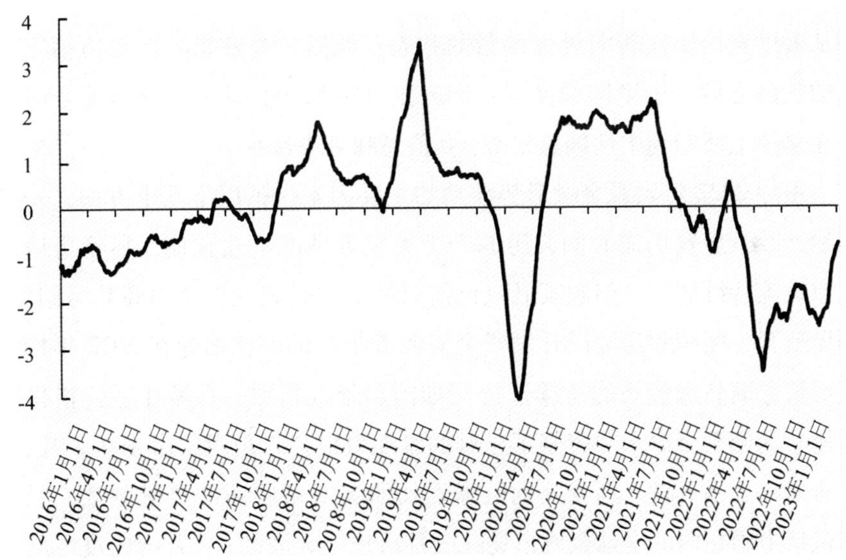

图3　中国宏观经济高频先行指数

注：估算经济高频先行指数的指标包括国债期限利差、股票指数、广义货币供应量、消费者预期指数、工业产品产销率、物流指数、房地产开发投资先行指数、中游产业工业品价格指数和重要部门开工率。

资料来源：笔者估算。

经济的总需求偏弱。具体表现在房地产行业持续走低；由于地方政府资金、收入来源面临越来越大的压力，政府消费和基建投资相对低迷；居民部门出现“去杠杆”趋势。二是通胀问题复杂化。国内投资缺口趋势性收窄和净出口率高增同时出现，加大了中国在短期面临的通胀压力；但进入第四季度以来，在大宗商品价格回落和外需转弱的影响下，国内物价水平整体回落。三是青年人（青年农民工和高校毕业生）结构性就业压力凸显。

宏观金融形势波动加剧。受美联储加息和国内经济下行压力的影响，国内宏观金融形势波动加剧，整体运行特征是从 2022 年年初的极度宽松震荡回归至年末的中性偏紧状态。其中值得关注的是金融指数自 2022 年 3 月初至 7 月中旬由极高水平震荡下行至极低水平，刻画的是宏观金融形势从极度宽松快速转向过度偏紧的状态；此后，金融指数在经历第三季度的震荡之后，于第四季度逐步回升至（－1，0）区间，意味着金融形势在总体上回归到中性偏紧状态（0 值意味着中性水平）。

主导 2022 年宏观金融形势波动的主要因素包括以下几个方面。一是房地产政策显效仍需时间，房地产市场复苏情况不及预期。尽管房地产救市政策持续加码，但政策显效仍需时间。主要表现在全国商品房销售、房屋新开工面积和房地产开发资金来源等指标的同比增速在 2022 年持续负增长。商品房价格的持续下行（如国房景气指数、百城住宅价格指数增速）为宏观金融形势带来了显著的紧缩效应。二是股票市场在 3 月、4 月急速、大幅下跌。乌克兰危机爆发及欧美对俄罗斯的金融制裁，引发了包括中国在内的全球金融市场在 3 月出现巨大波动；4 月国内疫情反复再度引发国内股市深度调整。股票市场在短期出现的大幅下跌对实体融资、企业和居民部门的财富效应带来巨大冲击，从而加剧了宏观金融形势的震荡。三是多重因素影响下的人民币汇率波动。人民币有效汇率在 2022 年经历了两段趋势性下行。作为逆向指标，人民币受疫情影响在 4 月的趋势性贬值，减缓了宏观金融形势快速收紧的态势；在主要经济体被迫加息的情形下，人民币在7—11月呈现长达数月的趋势性贬值，助推宏观金融形势从极度紧缩状态逐步回暖。

2. 经济运行恢复向好，宏观杠杆率“前高后稳”

2022年全年，宏观杠杆率共上升了10.4个百分点，从2021年年末的262.8%升至273.2%，四个季度的降幅分别为4.5、4.6、1.0和0.3个百分点，呈现出“前高后稳”的态势。其中居民部门杠杆率保持不变，仍维持在2021年年末的61.9%，四个季度的增幅分别为－0.1、0.2、0.1和－0.2个百分点。非金融企业部门杠杆率上升了6.8个百分点，从2021年年末的154.1%上升至160.9%，四个季度的增幅分别为4.1、2.1、0.7和－0.1个百分点。政府部门杠杆率上升了3.6个百分

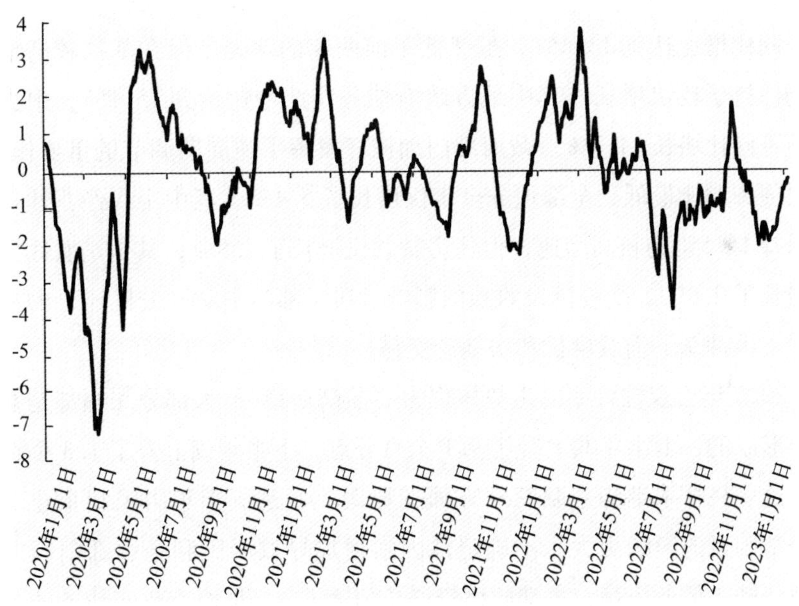

图4　中国高频金融形势指数

注：估算高频金融形势指数的指标包括短期利率、人民币有效汇率、股票价格、房地产价格和大宗商品价格。

资料来源：笔者估算。

点，从2021年年末的46.8%增长至50.4%，四个季度的增幅分别为0.5、2.3、0.2和0.6个百分点。决定宏观杠杆率上升的主要因素在于经济增速放缓，全年实际GDP仅上升了3.0%，名义GDP也仅上升了5.3%。经济增长速度的超预期回落拉高了宏观杠杆率水平。尽管居民和企业部门都有主动“去杠杆”的迹象，但由于经济增长有更大幅度的回落，宏观杠杆率被动上升。从杠杆率结构上看，2022年非金融企业部门杠杆率上升幅度最大，增幅为6.8个百分点；其次是政府部门，上升了3.6个百分点；居民部门则保持不变。非金融企业债务同比增长了9.8%，高于2021年，与2020年基本相当。其中企业贷款同比增长了13.6%，企业债券同比增长了3.6%。在贷款利率不断下行的环境中，企业债务尤其是企业贷款的增速并不算低，也充分发挥了其对企业投资的支持作用。政府债务同比增速达到13.6%，虽然低于前两年的增速，但在基数较高情况下仍保持了较快增长。其中地方政府债务同此增速达到15.1%，中央政府债务同比增长11.7%。政府部门加杠杆发挥了逆周期调节的重要作用。居民债务增速最低，全部债务全年仅增长了5.4%，其中个人经营性贷款仍保持16.5%的较高增速，但住房贷款仅增长了1.8%，其他消费性贷款仅增长了2.8%。受疫情及收入的影响，居民部门主动“去杠杆”的意愿增强，也抑制了消费增长和房地产交易。

2022年宏观杠杆率的走势体现为“前高后稳”，大部分涨幅都是在上半年形成的，上半年共上升了9.1个百分点，下半年仅上升了1.3个百分点。这一杠杆率走势主要有三方面的原因。一是下半年居民和企业部门受疫情因素的影响更大，不确定性因素增加导致居民和企业部门倾向于保守，减小债务依赖，主动收缩资产负债表①。二是地方政府债务的主要增量都体现在上半年。2022年全年发行地方政府债券合计7.37万亿元，其中上半年完成了5.25万亿元，占比71.2%。因此，政府杠杆率在上半

① 张晓晶：《稳字当头优化宏观杠杆率结构》，《中国金融》2022年第9期。

年上升了2.8个百分点，下半年仅提高0.8个百分点。三是下半年的经济增速快于上半年。四个季度实际GDP当季同比增速分别为4.8%、0.4%、3.9%和2.9%，经济增速的提升从分母角度抑制了杠杆率的上升。

3. 经济恢复基础尚不稳固，社融和信贷冲高回落

2022年以来，受国内新冠疫情扰动、房地产市场深度调整、稳增长政策靠前发力等因素影响，新增社会融资规模波动加大，信贷结构特征体现为居民弱而企业强，中长期信贷增长乏力。2022年社融增量累计为32.01万亿元，同比多增6689亿元。上半年社融增量创下历史新高，主要由政府债券和人民币贷款拉动。进入下半年后，委托贷款、信托贷款和未贴现银行承兑汇票对新增社融支撑明显，政府债券、企业债券和人民币贷款成为主要拖累项。

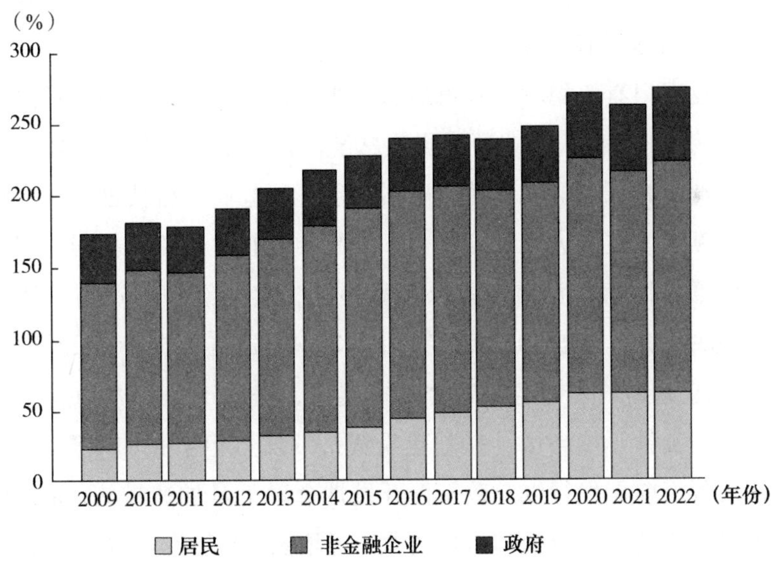

图5　实体经济部门杠杆率及其分布

资料来源：中国社会科学院国家资产负债表研究中心（CNBS）。

从居民部门看，疫情反复叠加房地产市场下行筑底，居民融资需求收缩加剧。2022 年居民信贷需求持续弱于往年，累计同比少增 4.09 万亿元，主要受中长期贷款拖累。11 月以来，国内疫情在多地出现制约了居民线下消费和出行，居民短期贷款由正转负。12 月 7 日，国务院联防联控机制综合组发布《关于进一步优化落实新冠肺炎疫情防控措施的通知》，多地陆续优化疫情防控措施。12 月居民短期贷款依然偏弱，疫情达峰之后消费预期改善有望促进居民短期信贷需求回暖。居民收入预期转弱和地产风险事件频发导致居民购房需求疲软，居民中长期贷款下滑明显，个别月份出现罕见负增长。11 月 23 日，中国人民银行、中国银行保险监督管理委员会联合印发《关于做好当前金融支持房地产市场平稳健康发展工作的通知》（以下简称“金融 16 条”），出台“金融 16 条”举措支持房地产市场平稳健康发展。12 月地产修复动能增强，对居民信贷的拖累有所缓解。

从企业部门看，稳增长政策助力企业信贷需求改善，但债券融资走弱。2022 年 1—5 月，企业新增贷款总量扩张但结构欠佳，短期贷款和票据融资冲量特征明显。随着金融对基建、制造业、科技创新、绿色发展等重点领域的支持力度不断加大，下半年企业中长期贷款同比多增而票据融资增幅回落，宽信用效果开始显现，实体经济融资需求逐渐修复。“金融 16 条”提出稳定房地产开发贷款和建筑企业信贷投放，并鼓励金融机构提供“保交楼”配套融资支持，房地产信贷企稳有望支撑企业中长期贷款延续高增。在基建投资持续发力稳增长的政策导向下，专项债大规模前置发行以及政策性开发性金融工具加速投放，8 月以来基建项目配套的委托贷款和信托贷款明显增长。“金融 16 条”允许房地产信托贷款合理展期并鼓励信托等资管产品支持房地产合理融资需求，预计 2023 年信托贷款会继续改善。2022 年 6—9 月，企业债券融资连续同比少增，一方面与信贷环境改善导致企业发债需求减少有关，另一方面反映出经济下行压力下企业投资信心仍未恢复，信用扩张的内生动能不足。11 月银行理财产品大量赎回引发债券市场波动，债券推迟或取消发行情况明显增多，年末企业债券融资大幅回落。

从政府部门看，2022 年财政政策发力前高后低，政府债券上半年大幅放量而下半年显著缩量。受 2021—2022 年财政发力节奏错位影响，8—12 月政府债券连续同比少增，对社融规模形成一定拖累。盘活 5000 多亿元专项债地方结存限额以及发行 7500 亿元特别国债有助于填补专项债发力的“空窗期”，2023 年新增专项债提前批额度已于年初启动发行工作，政府债券对 2023 年第一季度社融的支撑作用有望增强。

总体而言，疫情冲击和楼市低迷对居民消费意愿和企业投资信心产生明显扰动，社融持续修复的内生性信用扩张动能不足，融资需求改善仍需政策支持。2022 年国内货币环境较为宽松，M2 增速维持高位且明显快于社融，表明流动性在银行间市场淤积和空转的现象依然存在，尤其是居民存款高增而居民中长期贷款疲软，政策工具对于宽信用的引导仍需接续发力。

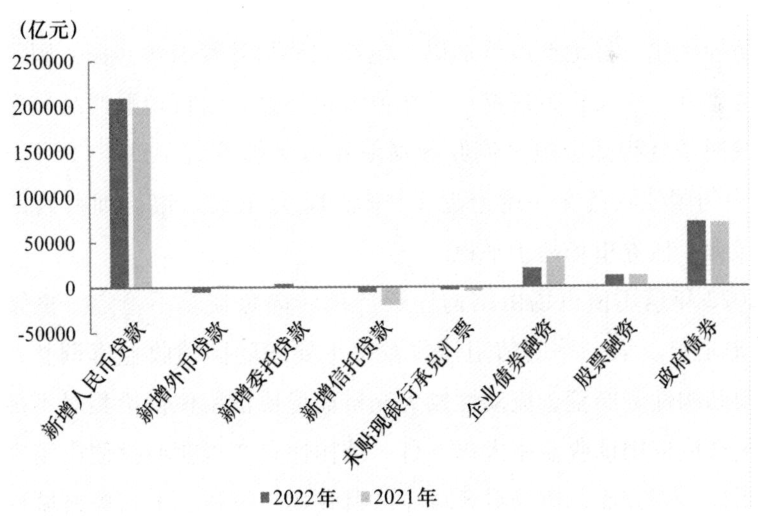

图 6　新增社会融资规模分项

资料来源：Wind 数据库。

4. 债券市场受预期博弈和供需错配影响窄幅震荡，理财赎回潮增大年末债市波动

2022 年利率债市场在经济基本面和稳增长政策预期反复博弈的过程中区间震荡，10 年期国债收益率年内波动幅度仅为 33.5BP，创历史新低。上半年国债收益率在 2.68%—2.85% 区间内窄幅震荡，在基本面预期改善阶段，国债收益率往往上升；而当基本面受到负面冲击或稳增长政策不及预期，国债收益率呈现波动下行趋势。2022 年 1 月中旬央行超预期降息引发国债收益率快速下行，第一季度社融信贷改善支撑国债收益率趋势性回升，3—5 月国内疫情反弹导致市场预期转向悲观，国债收益率随之下行。5 月底国务院出台《扎实稳住经济一揽子政策措施》，稳增长政策发力叠加疫情形势趋于好转，国债收益率再度回升。7 月社融信贷弱于预期，加之烂尾楼断供事件发酵，国债收益率向下调整。8 月中旬央行超预期降息，带动国债收益率进一步下行至 2.58%，创年内新低。9 月和 10 月稳增长政策加力、社融信贷低于预期等多空因素交织，国债收益率形成 2.61%—2.76% 新的震荡区间。11 月以来，疫情防控优化、稳地产政策加码、短端利率抬升等因素共振，国债收益率快速攀升，引发银行理财产品净值大幅回撤。银行理财产品破净通过理财赎回基金和基金抛售债券触发债券市场螺旋式下跌，11 月中旬至 12 月中旬国债收益率一度逼近 2.9%。12 月下旬，银行理财赎回压力有所缓和，债券市场趋于平稳。

2022 年信用债市场由结构性资产荒转向负债端不稳定，整体呈现“V”形走势。第一季度信用债收益率主要跟随国债收益率调整，4—7 月出现结构性资产荒，流动性较为充裕而优质信用债供给相对不足，供需错配造成信用债收益率大幅下行。结构性资产荒在城投债市场表现得尤为明显：一方面，市场对区域经济财政实力较强、中高等级城投债的配置需求不断增强；另一方面，市场资金出现一定程度的信用下沉，弱资质区域、中低等级城投债收益率降幅更大。城投债市场资产荒主要有

两方面原因。一是隐性债务监管趋严导致城投债供给大幅减少，2022年城投债发行和净融资规模分别为4.8万亿和1.1万亿元，同比下降13.5%和53.1%。二是市场流动性宽松而风险偏好下降增加对安全资产的配置需求，2022年信用债展期和违约以民营房企为主，基建发力稳增长和保障城投平台合理融资需求的政策基调提高了城投债安全性。8—10月银行间市场资金利率边际上升，叠加烂尾楼断供、兰州城投技术性违约等负面舆情发酵，信用债收益率进入降幅收窄的震荡区间。11月以来受银行理财赎回冲击，信用债回调幅度超过利率债，中低等级信用债收益率大幅上行。

2022年债券市场信用风险总体可控，但受房地产调控政策影响较大。一方面，房地产销售不振和融资收紧导致房企现金流承压，地产债大规模展期以规避实质性违约，2022年地产债展期规模高达1860.1亿

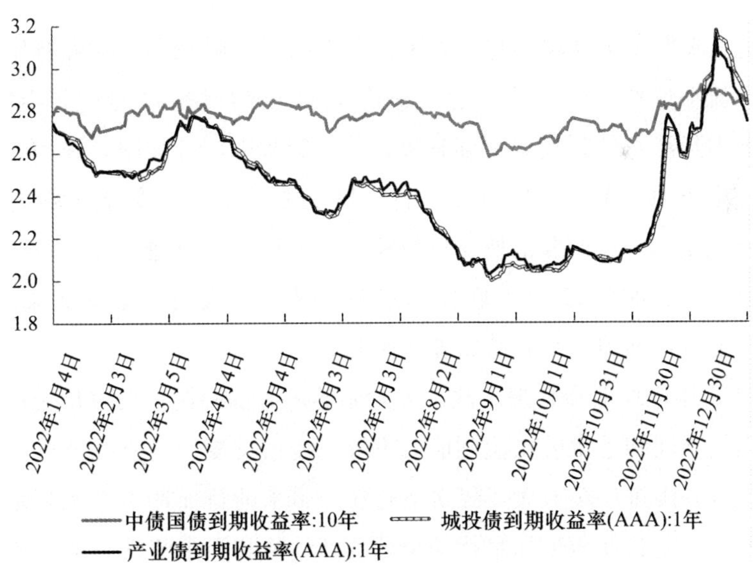

图7　债券到期收益率

资料来源：Wind数据库。

元，同比增长近9倍。“金融16条”重在改善优质房企融资环境，尾部民营房企仍然存在违约风险。另一方面，房地产市场下行造成土地出让收入大幅较少，在土地财政依赖度较高的地区，城投债务接续和还本付息存在一定困难。此外，城投平台托底购地和参与“保交楼”加大自身资金压力，房地产风险向城投债风险的传导效应较为明显。

5. 股市在内外压力下深度调整，波动中表现出较强韧性

2022年受国内经济复苏放缓、地缘政治冲突升温、美联储激进加息等因素叠加影响，主要股指走势一波三折，震荡下行。截至2022年12月30日收盘，上证综指报收3089.26点，较年初下跌14.95%；深证成指报收11015.99点，下跌25.52%；创业板指报收2346.77点，下跌27.80%。年初稳增长力度不及预期，叠加乌克兰危机导致投资者对通胀的担忧上升，1—4月A股市场深度下挫，上证综指最低跌至2886点。4月底至7月初，随着稳增长政策持续发力和中美货币政策走向分化，A股受美联储加息和外围市场下跌的影响减弱，在经济阶段性复苏和流动性宽松的支撑下走出一轮独立反弹行情。7月中旬至10月底，国内经济总体延续弱复苏态势，美联储激进加息加剧人民币贬值和外资流出压力，A股再度震荡下行。11月以来，国内新冠疫情防控政策不断优化，房地产和消费支持政策陆续加码，A股地产和消费板块迎来显著反弹。加之12月美联储加息节奏放缓，人民币汇率大幅升值，北向资金持续回流，A股市场震荡回升。

2022年全球股市普遍下跌，A股亦随之大幅回调。内因是宏观经济修复不及预期和上市公司盈利能力下降，疫情反复、乌克兰危机、美联储加息等外因进一步放大了经济下行压力带来的负面冲击。尤其是第三季度以来，美联储激进加息扰动全球资产估值和资本流动，宽松货币政策制造的资产泡沫随之破裂。从行业层面看，煤炭板块涨幅居前，主要得益于乌克兰危机导致能源价格上涨，社会服务、交通运输等疫后修复板块在12月大幅反弹。受市场需求回落和原材料价格上涨影响，电子、

计算机等科技板块跌幅较大，建筑材料、钢铁、有色金属等强周期板块涨幅受制于房地产市场下行压力。

随着注册制改革稳步推进和常态化退市机制逐步健全，A 股已形成有进有出、优胜劣汰的市场生态，有助于优化资源配置、服务实体经济和抑制市场炒作。一方面，面对复杂严峻的国内外形势，我国股权融资规模保持相对稳定，为稳住宏观经济大盘发挥了关键作用。2022 年 1—11 月，A 股市场新股上市（IPO）募资 5323. 8 亿元，同比增长 18. 6%，上市公司再融资（含增发、配股、可转债等）规模达 8673. 6 亿元，二者合计约 1. 4 万亿元。A 股 IPO 募资集中于实施注册制的科创板和创业板，近九成资金流向信息技术、高端装备制造、新能源等战略性新兴产业，资本市场直接融资为中小企业创新发展提供有力支持。另一方面，A 股退市公司数量快速增长，空壳公司加速出清。2022 年 A 股市场强制退市 42 家公司，较 2021 年同期翻倍，其中 40 家公司因触及财务类强制退市指标被终止上市。

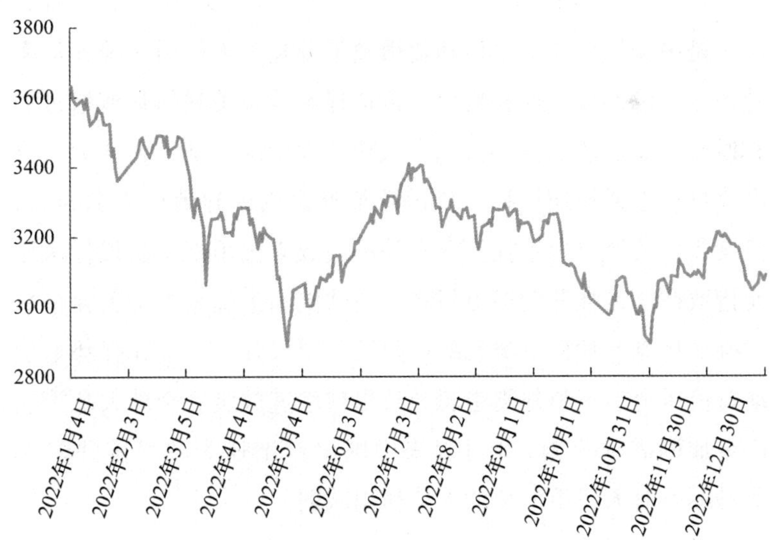

图 8　上证综合指数

资料来源：Wind 数据库。

6. 中美经济和政策周期错位加大人民币对美元贬值压力

2022 年以来，人民币汇率走势持续分化，人民币对美元大幅贬值，但对欧元、英镑、日元等主要国际货币稳中趋升，在全球表现相对稳健。人民币对美元汇率经历了三轮快速贬值：一是 4 月 19 日至 5 月 16 日，人民币对美元即期汇率从 6.4 上行至 6.8；二是自 8 月 15 日央行下调 MLF 利率至 9 月底，人民币对美元即期汇率从 6.7 横盘震荡持续上行，一度突破 7.2 关口；三是 10 月中旬至 11 月初，人民币对美元即期汇率延续走低，最低下探至 7.3。为抑制人民币汇率单边贬值和稳定外汇市场预期，央行先后下调金融机构外汇存款准备金率、上调远期售汇业务外汇风险准备金率、上调跨境融资宏观审慎调节参数，减缓人民币贬值压力。11 月以来，国内新冠肺炎防疫政策优化调整、稳地产政策密集出台，美国通胀数据逐步回落，市场强化经济复苏和美联储加息放缓预期，内外利好因素叠加下人民币汇率波动式回升。

2022 年第二季度以来，人民币对美元汇率急跌有三个方面的驱动因素。一是中美经济周期错位和货币政策分化。人民币对美元汇率走势主要受中美经济形势差异和货币政策选择影响，美联储强调通过加息缩表遏制通胀，而疫情反复和房地产风险加大中国经济下行压力，央行多次降准降息加强逆周期调控。货币政策外紧内松导致中美 10 年期国债利差持续收窄甚至出现倒挂，资本外流造成人民币汇率阶段性承压。二是美元指数持续走强并创历史新高。美联储激进加息推动美元指数大幅走高，叠加乌克兰危机下美元的避险属性得以强化，美元强势增加人民币被动贬值压力。三是外需走弱导致出口增速放缓。全球大范围加息和通胀高企加剧需求收缩，8 月以来中国出口增速大幅回落并陷入负增长，贸易顺差对人民币汇率的支撑作用减弱。

得益于稳增长政策显效、经济活动加快恢复和美联储放缓加息，2023 年 1 月上旬人民币对美元汇率连续强势反弹，收复 6.7 关口。近期人民币汇率快速回升虽有经济基本面支撑，但长期来看利好利空因素并存，人民币汇率单边升值难以持续。其一，2023 年国内货币政策延续宽松基调，而美联储仍处于加息周期，外紧内松的货币政策态势意味着人民币对美元的贬值压力依然存在。其二，考虑到新冠疫情达峰后消费复苏以及稳地产政策向投资传导均存在时滞性，主要发达经济体加息抗通胀引致的经济衰退风险对我国出口形成一定拖累，支撑人民币汇率的基本面因素或发生变化。其三，在全球经济陷入“滞胀”困境的背景下，中国经济良好的复苏态势有助于提升人民币资产吸引力，对人民币汇率温和回升形成有力支撑。预计后续人民币汇率走势将重回双向浮动格局，在合理均衡水平上保持基本稳定。

图 9　美元兑人民币即期汇率与中美 10 年期国债利差

资料来源：Wind 数据库。

二　专题：促进房地产、平台经济健康发展与金融业扩大开放

从稳住经济大盘、助力经济回归潜在增长水平角度看，除了货币金融环境的总体宽松，还需要重要的金融相关产业的支撑。这里重点讨论三个方面，即房地产、平台经济健康发展和金融业扩大开放。

（一）稳定房地产预期，推动房地产业向新发展模式转型

2022 年房地产市场整体处于下行筑底阶段，房企陷入流动性困境增加楼盘烂尾风险，购房者信心受挫通过负反馈机制加剧房地产市场衰退。在“房住不炒”的总基调下，中央和各地积极出台稳预期、保主体、扩需求的房地产调控政策，促进房地产市场平稳健康发展，妥善化解房地产领域风险。

第一，全力推进“保交楼”，引导市场预期和信心回暖。2022 年下半年以来，“保交楼、保民生、保稳定”成为房地产调控的核心任务，中央和地方不断丰富“保交楼”政策工具箱，将“保交楼”作为稳定房地产市场预期的重要抓手。一是支持开发性、政策性银行提供 2000 亿元“保交楼”专项借款，支持已售逾期难交付住宅项目加快建设交付。二是鼓励金融机构按照市场化、法治化原则，为“保交楼”专项借款支持项目提供新增配套融资支持。央行拟设立“保交楼”贷款支持计划，在 2023 年 3 月 31 日前向商业银行提供 2000 亿元免息再贷款，支持商业银行提供配套资金用于助力“保交楼”。三是浙江、湖北、陕西、郑州、南宁等省市政府联合地方资产管理公司、地方国企，成立房地产纾困专项基金撬动社会资本，盘活出险房企的问题楼盘。四是多地强化商品房预售资金监管，保证资金“留在项目”，优先用于项目建设，保障房地产项目竣工交付。

第二，“三箭齐发”支持房企融资，着力保市场主体。以“金融16条”为代表的房企融资利好政策频出，化解房企流动性风险。第一支“箭”是稳定房企信贷投放。一是强调对国有、民营等各类房企一视同仁，改善市场对优质民营房企的风险偏好。二是适度放松房地产信托，鼓励信托等资管产品支持房地产合理融资需求。三是支持开发贷款、信托贷款等存量融资合理展期，缓解房企短期偿债压力。四是延长房地产贷款集中度管理政策过渡期安排，做好新旧政策衔接。截至2022年年末，已有120多家房企获得银行授信，意向性综合授信额度约5万亿元。第二支“箭”是支持民营房企发债融资。2022年11月8日，银行间市场交易商协会宣布将继续推进并扩大包括房企在内的民营企业债券融资支持工具，由央行再贷款提供资金支持，通过担保增信、创设信用风险缓释凭证、直接购买债券等方式，预计可支持约2500亿元民营企业债券融资。“金融16条”再次明确支持优质房企发债融资并提供增信，允许房企债券合理展期或置换。此次第二支“箭”具有两大亮点：一是新增特定金融机构直接购买债券这一融资方式，修复市场对民企地产债的信心；二是除优质房企外，经营总体稳健但短期困难的民营和混合所有制房企被纳入支持范围。第三支“箭”是重启房企股权融资。2022年11月28日，证监会决定在股权融资方面调整优化五项措施，改善优质房企资产负债表。一是恢复涉房上市公司并购重组及配套融资；二是恢复上市房企和涉房上市公司再融资；三是调整完善房企境外市场上市政策，与境内A股政策保持一致；四是进一步发挥REITs盘活房企存量资产作用；五是积极发挥私募股权投资基金作用。除了直接IPO仍受限，房企股权融资在暂停7年后重启，体现出中央稳地产的决心。其一，股权融资既有助于房企降负债、“去杠杆”，又能通过引入战略投资者改善公司治理结构。其二，募集资金主要用于存量涉房项目和支付交易对价、补充流动资金、偿还债务等，不能用于拿地拍地、开发新楼盘等，凸显“保交楼、保民生”的政策导向。其三，允许建筑等与房地产紧密相关行业的上市公司参照上市房企政策执行，支持“同行业、上下游”整合，间接惠及房地产上下游产业链的资本运作和资产整合。其四，推动保障性租赁住房REITs常态化发行，鼓励优质房企依托符合条件的仓储物流、产业园区等资产发行基础设施 REITs，促进房地产市场盘活存量。

第三，适当调整在房地产市场过热期间采取的管制措施，扩大有效需求。因城施策实施差别化住房信贷政策，首套房贷款利率从阶段性放宽转向动态调整。2022 年 5 月 15 日，央行下调首套房商贷利率下限为贷款市场报价利率（LPR）减 20 个基点；9 月 29 日，允许6—8 月新房销售价格环比和同比均连续下降的城市在 2022 年年底前阶段性放宽首套房商贷利率下限。“金融 16 条”出台后，多地相继放松限购限贷、降低住房贷款利率和首付比例等，需求端政策在因城施策框架下持续优化。2023 年 1 月 5 日，央行建立首套住房贷款利率政策动态调整机制，首套房商贷利率下限根据新房销售价格变化可阶段性维持、下调、取消或恢复，刺激首套房需求释放。房贷利率动态调整机制是 9 月底阶段性宽松政策的常态化延续，受 2022 年第四季度房价涨幅持续回落影响，本轮符合条件的城市范围显著扩大。至此，中国房贷利率形成了“因城施策、动态调整”的定价机制：以央行确定的全国性政策下限为基础，允许地方自主确定当地房贷利率下限，将城市房贷利率与新房价格常态化挂钩；在城市政策下限基础上，鼓励金融机构结合自身经营情况、客户风险状况和信贷条件等，合理确定个人房贷具体利率水平，支持刚性和改善性住房需求。

值得强调的是，促进房地产健康发展不仅是应对当前的房地产低迷态势以及由此引发的风险，同时也是稳住经济大盘、促使经济回归常轨的重要抓手。2023 年房地产调控重在稳预期、防风险、促转型，推动房地产业向新发展模式平稳过渡。

稳预期必须给予房地产以合理定位，防止房地产被污名化。一方面，房地产业仍是国民经济的支柱产业，与房地产相关的贷款占银行信贷的比重接近 40%，房地产业相关收入占地方综合财力的 50%，房地产占城镇居民资产的60%。房地产业链条长、涉及面广，事关经济增长、地方财力、金融稳定和民生福祉。另一方面，未来一个时期，我国城镇化仍处于较快推进阶段，房地产业发展仍有相当的需求支撑。

防风险遵循“抓两头、带中间”的思路，一是将房企自救与他救相结合，推动行业重组并购，纾困出险房企，持续推进“保交楼”；二是从资产激活、负债接续、权益补充、预期提升四个方面发力，改善优质房企资产负债表。此外，应坚持“房住不炒”的定位，防止在促进房地产业回升过程中投资性因素被激发进而导致风险攀升。

促转型意味着积极探索房地产发展新模式。要求深入研判房地产市场供求关系和城镇化格局等重大趋势性、结构性变化，转变高负债、高杠杆、高周转的旧发展模式。一是保持房地产市场供需基本平衡，结构基本合理，价格基本稳定。鼓励地方政府和金融机构加大保障性租赁住房供给，探索长租房市场建设，完善多主体供给、多渠道保障，租购并举的住房制度。二是围绕城市群、都市圈做好住房供应，解决“新市民”住房问题；满足高品质改善性需求。加快推进城市更新和旧区改造，建立房屋安全管理长效机制，推动住房和城乡建设向内涵式、集约型、绿色化转型。三是完善商品房预售资金监管，把握好支持房企流动性和维护住房消费者合法权益的动态平衡。四是发挥政府在住房保障方面的作用。最近财政部发布的《关于支持深圳探索创新财政政策体系与管理体制的实施意见》提出，考虑深圳人口持续净流入对住房的需求，加大中央预算内投资对深圳保障性住房筹集建设的补助，加大中央财政城镇保障性安居工程补助资金对深圳公租房、保障性租赁住房和老旧小区改造的支持力度，推动解决大城市住房突出问题。

（二）提升常态化监管水平，支持平台经济健康持续发展

平台经济是中国数字经济的重要组成部分，对优化资源配置、推动产业升级、畅通经济循环具有重要意义，是稳增长、稳就业、促消费的

重要载体。近年来，中国平台经济在快速发展的同时，也暴露出因监管不力引发的竞争失序、抑制创新、数据和信息安全等问题。中央自2020年起强化平台经济治理，加强反垄断和反不正当竞争，防止资本无序扩张。目前，平台经济发展环境持续优化，市场竞争秩序稳步向好。一方面，前期大部分违法违规案件已得到妥善处理，14家平台企业金融业务专项整改已经基本完成，平台企业自身的合规性不断增强。另一方面，平台经济领域监管法规和制度逐步完善，常态化监管成主要方向。2022年以来，中央多次部署支持和促进平台经济规范健康持续发展，明确高质量发展和监管常态化并重的政策导向，逐步形成内容全面、体系完整、重点突出的全方位监管制度体系，平台经济进入“在发展中规范、在规范中发展”的新阶段。

为更好发挥平台经济促进就业和消费、衔接生产要素、助力创新等作用，2022年1月26日，国家发改委等九部门联合印发《关于推动平台经济规范健康持续发展的若干意见》，出台支持平台经济高质量发展的政策纲领。一是营造公平竞争、包容发展、开放创新的市场环境，推动平台经济发展更好惠及人民。持续推进平台经济相关市场主体登记注册便利化、规范化，引导平台企业合理确定支付结算、平台佣金等服务费用，降低平台经济参与者经营成本。建立有序开放的平台生态，推动平台企业间合作，加快业务和数据互联互通，构建兼容开放的生态圈。加强网约配送员、网约车驾驶员等新就业形态劳动者权益保障，完善劳动关系协商协调机制。二是增强创新发展能力，推动“互联网+”向更大范围、更深层次、更高效率方向发展。引导平台企业充分发挥市场、数据、资本、技术优势，积极开展科技创新，加快人工智能、云计算、区块链、操作系统、处理器等领域技术研发突破。支持平台企业推动数字产品与服务“走出去”，增强国际化发展能力，提升国际竞争力。鼓励基于平台的要素融合创新，发挥数据要素对土地、劳动、资本等其他生产要素的放大、叠加、倍增作用。三是推动平台经济和实体经济深度融合，赋能经济社会高质量发展。支持平台企业赋能制造业转型升级，发展按需生产、以销定产、个性化定制等新型制造模式。引导平台经济赋能“三农”发展，推动种植业、畜牧业、渔业等领域数字化转型，以数字化手段创新金融支持农业农村方式，培育全面推进乡村振兴新动能。鼓励平台企业拓展“互联网+”消费场景，开展品牌消费、品质消费等网上促销活动，提升平台消费创造能力。在中央层面的部署下，浙江、江苏、山东、陕西、河南、湖南等地政府进一步细化支持平台经济规范健康发展的具体措施，优化平台经济发展环境，为区域经济发展提供新动能。

2022 年中央经济工作会议将着力扩大国内需求作为 2023 年重点工作任务，把恢复和扩大消费摆在优先位置，并提出大力发展数字经济，提升常态化监管水平，支持平台企业在引领发展、创造就业、国际竞争中大显身手。这意味着 2023 年将延续支持平台经济健康持续发展的主基调，更好发挥促进就业和消费、衔接生产要素、助力创新等作用，遵循法治化、数字化、协同化的原则，探索建立适应平台经济发展的常态化监管模式。

第一，转变监管理念。长期以来，中国对平台经济秉持包容审慎的监管理念，最大限度减少事前准入限制，以事中事后监管为主。随着监管对平台经济发展规律、特点和阶段的认识更加全面，应强化事前防范和事中监管，适度弱化事后惩戒力度，实现事前预防、事中控制与事后监督同步。

第二，创新监管思路。当前平台经济面临的主要挑战是如何兼顾反垄断监管和规模化发展，规模经济是数字平台的基本特性之一，“大就是问题”的监管思路并不适合平台经济。不应简单根据企业规模或市场占有率判断是否存在垄断，关键在于可竞争性[①]。反垄断重在增强可竞

① 北京大学平台经济创新与治理课题组：《平台经济：创新、治理与繁荣》，中信出版社 2022 年版。

争性（即降低潜在竞争者的进入门槛），注意区分商业模式创新、正常竞争策略与滥用垄断权力的边界，实现充分竞争和规模经济协调发展。

第三，推动协同监管。一是强化部门协同，坚持“线上线下一体化监管”原则，探索建立案件会商和联合执法、联合惩戒机制。二是鼓励平台企业主动拥抱监管，当平台规模足够大而使其拥有足够的激励对自身进行治理时，监管部门和平台企业可以形成相互合作、互相促进的协同监管关系①。

第四，加强监管协调。我国围绕数据安全、反垄断等领域已出台诸多政策，但相互之间缺乏衔接。短期应着重完善平台经济治理政策制定和执行机制，明确监管责任分工，强化政策统筹协调，避免“运动式监管”和“监管竞争”现象。长期可考虑健全平台经济治理法律法规体系，设立综合性的平台经济治理机构，对平台经济实施常态化依法监管。

（三）夯实基础“练好内功”，实现金融市场的高水平对外开放

面对百年未有之大变局，实现金融市场的高水平开放意义重大。在全球化退潮、大国博弈加剧的背景下，金融市场高水平开放可以起到防脱钩、缓脱钩的作用。但是，我们应清楚地认识到，金融市场开放不是被迫之举和权宜之计，而是把握发展主动权的先手棋。金融市场开放本身不是目的，通过金融市场开放办好自己的事情才是题中之义。党的十八届三中全会明确提出“以开放促改革”，通过金融市场开放促进金融改革，进而促进高质量发展才是根本。

党的十八大以来，我国推进金融开放的步伐明显加快。2013 年 11 月，党的十八届三中全会明确提出要“扩大金融业对内对外开放”。

① 王勇、刘航、冯骅：《平台市场的公共监管、私人监管与协同监管：一个对比研究》，《经济研究》2020 年第 3 期。

2018年4月，习近平主席在博鳌亚洲论坛上提出落实扩大开放措施“宜早不宜迟，宜快不宜慢”的原则①。2018年来，国家累计出台50多条政策推进金融市场进一步开放，金融市场开放得到了广泛的政策支持并开始提速。2022年10月，党的二十大报告明确提出“推进高水平对外开放”②，对金融市场开放提出更高要求。

近年来，在岸金融市场加快开放主要表现在三个方面。一是逐渐放宽并取消境外投资者投资在岸金融产品的额度限制。2019年9月，QFII和RQFII的额度限制正式取消。截至2022年9月，境外主体持有中国债券和股票的规模已达到3.47万亿和3.03万亿元人民币，占比分别为2.42%和3.99%。二是加快境内外股票、债券等金融市场的互联互通，并推进资产价格指数的国际化。2017年以来，沪港通、深港通、债券通、基金互认等机制加快建立并完善。2018年中国A股和债市相继被纳入MSCI指数、彭博巴克莱全球综合指数等全球流行指数，提升了中国金融市场在国际市场的认可度。三是逐渐放宽外资金融机构的准入限制。2020年6月，证券、基金等金融机构的外资持股比例限制提前取消，金融业外资准入的负面清单正式“归零”。

在中国金融市场对外开放的过程中，也存在一些突出问题和潜在风险。一是某些方面政策落实不到位以及政策演变存在不确定性，导致外资金融机构的获得感与安全感不足。目前，无论是外资投资额度限制，还是机构持股比例限制，中国都已经在制度层面予以明确放开。但政策出台不代表政策能够落实到位，也不意味着外资进入过程中不存在问题。外资金融机构对中国金融开放存在政策落实不到位、技术性难题

① 习近平：《论把握新发展阶段、贯彻新发展理念、构建新发展格局》，中央文献出版社2021年版，第224页。

② 习近平：《高举中国特色社会主义伟大旗帜　为全面建设社会主义现代化国家而团结奋斗——在中国共产党第二十次全国代表大会上的报告》，人民出版社2022年版，第32页。

多、开放获得感不足等“感知”[①]。如何做到从市场中来，到市场中去，深入市场了解外资金融机构的市场关切，进而改善金融监管和金融治理能力，提升外资企业“获得感”，成为未来金融市场高水平对外开放的核心要务之一。此外，不少外资金融机构担心未来在市场退出与资本流出方面可能面临较大的不确定性，对“退不出”的担心在一定程度上导致外资金融机构不愿意进入或大规模进入中国金融市场。

二是短期资本大进大出引发金融风险。随着金融市场的加速开放，短期资本大进大出将会成为常态。短期资本的大举进入不仅会引发资产泡沫，形成金融市场欣欣向荣的假象，还会增加企业和金融机构的外债，形成负债美元化。一旦经济体本身出现问题，或遇到外部冲击，短期资本流入就可能骤停，甚至出现逆转。资本流入骤停一方面会导致国内利率水平显著上升、资产价格大幅下跌，甚至刺破资产价格泡沫，导致各部门资产负债表严重受损，另一方面会导致人民币兑美元汇率显著贬值，可能引发货币危机，明显加大中国相关企业与金融机构的外债负担。更值得注意的是，投资者信心也会随之削弱，从而引发更大规模的资本外逃，资本外逃、利率上升和汇率贬值最终可能与国内系统性金融风险联动[②]。

三是外资金融机构大规模进入引发激烈竞争，甚至可能控制我国关键领域或关键机构。随着中国金融对外开放的提速，未来会有大量外资金融机构进入中国市场。外资金融机构可以依托母公司和国际市场优势获得并配置全球金融资源，加之所有制的“委托—代理”框架与激励相容机制，形成竞争优势。与中国国有金融机构与民营金融机构相比，大型外资金融机构具备特定优势与竞争力。因此，不排除在特定环境下，外资金融机构并购我国重要金融机构或者控制特定关键金融领域的

① 刘非、郑联盛：《我国金融高水平开放问题研究》，《理论探索》2021 年第 3 期。

② 张明、孔大鹏、潘松李江：《中国金融开放的维度、次序与风险防范》，《新金融》2021 年第 4 期。

可能性[①]。一旦这种情形发生，那么可能危害我国金融安全或者影响宏观调控的效力，也会进一步加剧中国跨境资本流动的波动性。

为了更好地实现金融市场高水平对外开放，我们提出如下政策建议。第一，夯实基础，“练好内功”。在外资金融机构大规模进入后，我们最担心的是对本国金融企业造成冲击，并出现资本大幅流入后的大规模流出。而解决这一问题的关键就在于自身经济的持续发展和金融体系的健康运行。为应对金融市场高水平对外开放带来的冲击，首先应从自身抓起。一是要进一步完善利率市场化体系，打通信贷、货币和债券市场，加速货币政策调控框架转型，畅通货币政策传导机制。利率是金融市场的重要价格信号，形成市场化的短期和长期利率有助于外资金融机构合理配置金融资源和风险规避，进而稳定金融体系。国债收益率曲线不仅是长期利率形成和货币政策传导的重要信号，也是货币政策和财政政策协调配合的重要抓手。目前，中国国债产品虽然期限覆盖较为完整，但市场规模和流动性还有所不足，国债收益率曲线的作用没有得到有效发挥。未来需更加重视国债的发行和国债收益率曲线功能的完善。二是要加快国内金融机构市场化转型，扩大金融市场的对内开放，形成一批具有国际视野的金融企业，在与外资金融机构竞争中不落下风。三是进一步推出人民币计价的、外资机构广泛参与的大宗商品和外汇期货品种。在目前推出“上海金”“上海油”的基础上，探索并加快推出天然气等大宗商品、人民币外汇以及碳交易等期货产品。这不仅有助于提升人民币金融产品的种类，提升企业的风险规避能力，还能提升人民币定价权和人民币国际化水平。四是保持高质量、可持续的经济增长。可持续的经济增长是未来金融市场高质量对外开放过程中保持中国市场吸引力、维持金融市场稳定的根本因素。

第二，完善法律制度安排，彻底贯彻开放政策，提升外资金融机构

① 张明：《金融开放中的潜在风险》，《中国金融》2014 年第 14 期。

的获得感与安全感。高水平的对外开放，不仅需要完善自身，也需要真正开放。首先，完善金融相关领域法律修订，强化市场运行的法律基础。现阶段，银行、证券、保险、期货等诸多领域的市场准入和持股比例限制均已取消，而国内金融相关法律体系和管理模式与国外还有不同，学习和衔接国际通行的法律规则，完善现有法律体系和管理模式，全面实行准入前国民待遇和负面清单模式，不仅有助于提升外资金融机构的体验感，也有助于国内金融机构的竞争和发展。党的十八大以来，有关商业银行、证券、保险、期货和衍生品、外商企业等领域法律不断修订完善和出台，为金融市场高水平开放打下坚实基础。其次，加强各金融市场内部及各通道之间的整合，提升外资机构进入中国的实际体验感。一方面，加强各金融市场内部的整合。受监管部门和历史因素影响，各个金融市场内部存在分割。以债券市场为例，目前我国债券市场监管呈“五龙治水”格局，各类债券在审批、发行、交易等诸多方面规则不同，监管协调成本较高；而且银行间市场和交易所市场互联互通不足，严重影响了债券市场的完整性。另一方面，金融市场主要通过多重管道进行开放，不仅管道之间相互隔离，而且管理政策也有差异，导致诸多技术问题，影响了外资及外资金融机构的体验感。未来应逐步尝试各通道之间的整合，给外资和外资金融机构的进出带来真正的便利。再次，要让外资金融机构切实感到“进得来”和“出得去”。在“进得来”方面，要切实落实负面清单制度与外资国民待遇，消除隐性的开放壁垒，克服所谓的“玻璃天花板”现象。在“出得去”方面，要切实落实有关政策，并且加强央行针对资本流动管理的政策沟通的透明度与前瞻性，让外资金融机构心里有数。事实上，只要解决了外资金融机构“进得来”与“出得去”的问题，鉴于中国经济增速远高于发达国家经济增速，在能够获得更高投资回报率的预期之下，外资金融机构自然会对中国市场更感兴趣。

第三，有序推动金融市场开放。要加快国内金融市场的开放，放开不必要的管制。首先要有序开放信用评级市场，建立健全涵盖国际评级机构在内的统一注册管理制度，可以考虑以熊猫债市场为试点，逐步对国际评级机构放开国内债券评级业务。其次要有序推进金融期货市场开放，落实产品上市到交易规则制定的各个步骤。此外，还要加快金融市场机制建设，倒逼对信息披露、准入退出机制、监管体系等配套制度的改革，以便更好地发挥金融市场的作用。

第四，树立金融安全观，加强金融风险防范。金融市场加速开放必然伴随风险，而金融市场的高水平开放需要协调开放收益和风险之间的关系，树立金融安全意识，有效防范和妥善处理金融风险。一是始终坚持审慎、渐进、可控地开放资本账户，保持常态化的适度的跨境资本流动管理。在加大跨境资本流动的大前提下，适度的、临时性的跨境资本流动管理有利于维持金融稳定以及增强货币政策独立性。为了抑制短期资本异常流动，我国政府应该引入以价格型工具为主的资本流动管理新工具，如针对短期资本流动的托宾税、最低停留期限等，通过提高成本的方式来抑制短期资本的大量流入。二是增强逆周期宏观审慎监管政策的力度。宏观审慎监管，主要是防范跨境资本流动风险和维护外汇市场稳定。要建立和完善跨境资本流动宏观审慎管理的监测、预警和响应机制，丰富跨境资本流动宏观审慎管理的政策工具箱，以市场化方式，逆周期调节外汇市场顺周期波动，防范国际金融风险传染。三是加强跨国监管合作。随着我国金融市场与全球主要金融市场相互联系日益紧密，越来越多的中外资企业、投资者、金融机构相互参与对方市场，加强监管合作是必然的选择。目前我国已在银行、证券、保险等多个行业建立了双边和多边的监管合作机制，包括签署监管合作谅解备忘录、监管合作协议，加入或发起区域性与全球性监管合作组织等。下一步，我国监管机构应该继续加强和国际同行的信息交流合作，提高对跨国金融机构的监管协调。

三　2023 年国内外宏观金融展望

（一）全球宏观金融形势展望

全球经济下行压力加大。2022 年以来，通货膨胀席卷全球，发达经济体激进加息，全球经济高位回落；乌克兰危机爆发，叠加新冠疫情反复，给全球经济恢复蒙上阴霾。预计进入 2023 年后，上述因素（除了疫情）仍旧会发生作用，全球经济增速将继续下行，且压力超过 2022 年。根据 IMF 在 2023 年 1 月的预测，2022 年与 2023 年全球 GDP 增速分别为 3.4% 与 2.9%。其中，发达经济体 GDP 增速将由 2022 年的 2.7% 锐减至 2023 年的 1.2%，新兴市场与发展中经济体 GDP 增速则从 2022 年的 3.9% 上升至 2023 年的 4.0%。相比之下，世界银行的预测则更为悲观，2023 年 1 月世界银行发布的最新版《全球经济展望》报告显示，全球经济增速正在急剧放缓，95% 的发达经济体和近 70% 的新兴市场和发展中经济体的 2023 年经济增长预测都较此前预测数据有所下调。世界银行预计 2023 年全球增长将从 6 个月前预测的 3% 降至 1.7%。其中，2023 年发达经济体的经济增长速度将从 2022 年的 2.5% 降至 0.5%，新兴市场和发展中经济体经济或将增长 3.4%，也较此前预期下调 0.8 个百分点。

通胀压力高位盘整。2023 年全球通胀压力有所放缓，但依旧呈高位盘整态势。进入 2023 年后，部分导致全球通胀的因素有所缓解。一方面，随着发达经济体货币政策收紧，发达经济体通胀压力有所收敛；另一方面，随着全球防疫政策，尤其是中国防疫政策的放开，供给端收缩造成的通胀压力大幅降低。然而，通胀水平未必会快速回落。一方面，发达经济体通胀率虽有所下降，但并未回归至正常区间；另一方面，乌克兰危机的持续仍将对农产品及部分大宗商品价格产生影响。IMF 在 2023 年 1 月的预测显示，虽然 2022 年全球通胀见顶，但 2023

年依旧处于高位，全球通胀在6.6%左右运行。另外，从近期发达国家的通货膨胀走势来看，商品价格推动的通胀正在转变为服务品价格推动的通胀，且紧张的劳动力市场正在带来薪资水平的增长。这就意味着，本轮发达国家通货膨胀的持续时间可能会超过之前的市场预期。

美联储至少在2023年上半年依然会继续加息。2022年全年，美国通胀高位运行，呈倒“U”形发展态势，美国CPI同比增速从年初的7.5%上涨至6月9.1%的峰值，并下滑至12月的6.5%。考虑到劳动力市场工资压力、服务品价格普遍持续上涨、房价依然处于高位等因素，美国通货膨胀率在一定时期内仍将在高位盘整，如在2023年上半年内持续高于4%。基于上述对美国通胀率走势的预测，笔者认为，尽管美联储将会降低每次加息的幅度，但本轮美联储加息周期可能维持至2023年第二季度。在2023年上半年，美联储可能加息2—3次，每次25个基点。等联邦基金利率达到顶峰（可能为5.0%—5.25%）后，美联储会在一定时期内将利率保持在该水平，直至通胀率明显回落。在2023年上半年，美国长期利率与美元汇率仍将在高位双向波动；到2023年下半年，美国长期利率与美元汇率有望显著下降。

全球金融市场与新兴市场国家继续承压。2022年全球金融市场动荡的根源在于美国长期利率快速攀升以及美元指数的快速升值。尽管最近全球股市、债市与大宗商品价格已经在反弹，但笔者认为，这波反弹的基础并不牢固。一旦短期内美国通胀率缓和程度不及预期，那么美国长期利率与美元指数仍可能再度反弹。换言之，未来半年内很多金融指标都会呈现双边波动态势，而难以形成单边趋势。事实上，在2023年上半年，一方面主要发达经济体的加息缩表仍在持续，另一方面全球经济衰退压力将会加剧，因此，无论是全球金融市场，还是新兴市场与发展中国家，在2023年上半年都会迎来一段比较难熬的日子。此外值得一提的是，近期日本央行开始调整其收益率控制政策，10年期日本国债收益率已经由0.25%上升至0.5%左右，这意味着全球范围内最后一部分低息资金开始消失。日本央行行长黑田东彦将于 2023 年 4 月任期届满，届时 YCC 政策可能出现新的调整，日本央行进一步加息的概率较高。日元利率变动可能引发全球范围内日元套利交易的终结与新的金融震荡。

全球经济与金融暂显“东升西降”特征。从全球经济走势来看，2023 年欧美等发达经济体经济增速下滑将与中国经济总体增速回升形成鲜明对比，在短期内形成“东升西降”格局。受疫情冲击错位和疫情防控政策放开错位等因素影响，中国与主要发达经济体的经济周期和金融周期出现错位。2022 年，中国经济增速承压，财政和货币政策呈扩张态势；相反，欧美等主要发达经济体经济回升较快，通胀高企，货币政策收缩。进入 2023 年，中国与主要发达经济体的货币政策仍将呈错位态势。主要发达经济体的经济增速在 2023 年均可能显著回落；而在扩张性政策的支持下，中国经济增速有望达到 5.5%，从而形成一个独立的向上运行轨迹。根据 IMF 在 2023 年 1 月的预测，2023 年美国、欧元区和日本的 GDP 增速分别为 1.0%、0.5% 和 1.6%，而中国的经济增速将达到 4.4%。世界银行最新预测显示，2023 年美国、欧元区、日本的 GDP 增速分别为 1.4%、0.7% 和 1.8%，中国则会达到 5.2%。在 2023 年，中国将再度成为引领全球经济增长的主要引擎，全球增长格局将会呈现出“东升西降”的局面。经济格局的“东升西降”在金融市场上也可能引发类似效应。例如，2023 年中国股票市场的表现预计好于美国股票市场，人民币兑美元汇率也有望迎来一波升值。

（二）国内宏观金融形势展望

2023 年中国经济有望迎来显著反弹。中国经济自 2022 年 5 月以来逐步回暖，但“需求收缩、供给冲击、预期转弱”的三重压力尚未从根本上得以改善。2023 年，随着国内疫情防控进入新阶段和“扩内需”政策的陆续落地，各项社会经济活动将逐步回归常轨，进而夯实经济持续复苏的基础。

利率水平或呈现前高后低走势。在宏观金融运行方面，鉴于美联储加息周期可能止步于2023年第二季度，这将极大减轻因中美货币政策分化对国内金融形势带来的冲击；为此，国内短长期利率水平在全年预计呈现前高后低的走势，宏观金融形势有望从中性偏紧状态逐步回升到相对宽松状态；但2023年全球主要经济体逐步加大的衰退压力，可能通过引发全球金融市场动荡，对国内宏观金融形势造成冲击。

人民币汇率总体上或呈现趋势性升值。受全球经济衰退压力和债务负担持续加大的影响，全球主要央行的货币政策可能在下半年发生转向；在此背景下，受益于我国经济持续向好的总体态势，人民币有效汇率及人民币兑美元汇率在总体上将呈现趋势性升值。

房地产市场有望逐步回升。我们估算的高频房地产开发投资先行指数经历了近1年半的持续下行，于2022年12月以来企稳反弹，但在样本末期（12月末）的负向缺口（先行指数与0值的缺口）依然较大。指数的运行特征意味着房地产市场虽然企稳但仍然处于较为疲弱的状态。在以“保交楼”为核心的供给端和以“稳销售”为重心的需求端政策持续发力的背景下，2023年的房地产市场有望逐步回升。但在人口老龄化和市场发展不均衡等问题的约束下，本轮房地产市场的复苏将是一个逐步回归长期趋势（均衡水平）的过程，即房地产开发投资先行指数逐步回归至0值附近（负向缺口逐步收敛），并围绕0值小幅波动。

大宗商品价格总体上震荡下行。受上半年美联储持续加息和下半年全球经济衰退风险持续加大的需求端影响，预计2023年国际大宗商品价格在总体上呈现震荡下行的趋势；但是，地缘政治风险和军事冲突可能对商品价格带来短期扰动。

股票市场有望迎来趋势性上涨。在国内经济总体向好、人民币汇率趋势性升值和稳健偏宽松的货币政策环境下，国内股票市场有望迎来趋势性上涨的行情；但全球金融市场动荡可能对国内市场造成短期扰动。

（三）政策建议

党的二十大报告明确，中国共产党的中心任务是全面建成社会主义现代化强国，即人均国内生产总值到 2035 年达到中等发达国家水平（经济总量或人均收入翻一番）①，这就要求 2021—2035 年中国经济保持一定的年均复合增长率。2022 年 12 月的中央经济工作会议五次强调扩内需，“稳增长，扩内需”成为 2023 年宏观调控的主基调。随着国内疫情防控完全放开，货币金融政策的首要目标是激发市场内生动能，发挥消费的基础作用和投资的关键作用，拉动经济回归至潜在增长水平；并着力稳物价、稳就业，推动经济实现质的有效提升和量的合理增长；有效防范化解房地产和外汇市场的经济金融风险。

第一，创新调控消费信贷的货币政策工具，增强消费对经济发展的基础性作用。一是增加针对商业银行消费信贷的结构性货币政策工具，加大对新型消费和社会服务领域的金融支持。二是将持牌消费金融机构纳入常备借贷便利、中期借贷便利等货币政策工具的支持范围，便于央行直接调控消费信贷数量。三是优化贷款市场报价利率（LPR）形成机制，适时将消费信贷利率纳入 LPR 报价，引导居民消费信贷成本下降。

第二，加强财政政策和货币政策协调配合，巩固投资对经济增长的关键作用。一是继续投放设备更新改造、科技创新专项再贷款，推动传统产业高端化、智能化、绿色化转型，加大对科技创新、专精特新企业的支持力度，扩大制造业有效投资。二是继续实施积极的财政政策和稳健的货币政策，做好“宽财政 + 宽信用”的跨周期政策组合，支持基础设施建设融资。用好政策性、开发性金融工具和政策性、开发性银行

① 习近平：《高举中国特色社会主义伟大旗帜　为全面建设社会主义现代化国家而团结奋斗——在中国共产党第二十次全国代表大会上的报告》，人民出版社 2022 年版，第 24 页。

新增信贷额度，引导商业银行扩大中长期配套信贷资金，支持重大项目建设。货币政策协同政府部门加减杠杆，既要配合财政债务融资维持低利率环境、保证流动性合理充裕；又要准确灵活把握货币政策发力节奏，考虑到货币政策的“进入”和“退出”比财政政策更快，且对经济增长的提振效果相对滞后，货币政策退出略快和进入偏慢的节奏应予以调整。

第三，更好发挥货币政策工具的总量和结构双重功能，警惕未来通胀反弹压力。一方面，货币政策需妥善应对输入性和结构性并存的通胀压力，夯实国内粮食稳产增产、能源市场平稳运行的有利条件，保持物价水平基本稳定。另一方面，美国等主要发达经济体货币政策收紧步伐放缓，有利于减弱中国货币政策面临的外部制约，货币政策空间有望进一步打开。一是充分发挥存款利率市场化调整机制的重要作用，打破降息空间面临的存款基准利率隐性下限制约。二是当前金融机构加权平均存款准备金率已经低至7.8%，全面降准空间逐步缩小，未来可适度弱化总量型货币政策工具运用，丰富结构性货币政策工具箱作为投放流动性的主要渠道。

第四，货币政策以稳定和扩大就业为政策基准，促进高质量充分就业。货币政策强化就业优先导向，关键在于保市场主体，通过稳定市场主体保就业。一是加快普惠小微贷款支持工具、交通物流专项再贷款落地生效并逐步扩大规模，继续支持金融机构对符合条件的贷款实施延期还本付息，对涉农、小微企业、民营企业提供普惠性、持续性的资金支持，支持外贸、服务业、民航等困难行业纾困。二是央行上缴结存利润配合财政加快留抵退税，基础货币投放直达居民和企业等实体经济部门，助力惠企利民稳就业。

第五，增强结构性货币政策支持和信贷政策引导，推动经济绿色低碳转型。一是并行实施好碳减排支持工具和支持煤炭清洁高效利用专项再贷款，科学有序支持碳减排。二是支持符合条件的金融机构为具有显著碳减排效益的重点项目提供优惠利率融资，引导金融机构按照市场化原则支持绿色低碳发展。三是将高等级的绿色低碳资产纳入货币政策操作的合格抵押品管理框架，为金融机构增加绿色资产配置提供正向激励。

第六，健全房地产金融审慎管理制度，促进房地产市场平稳健康发展。在坚持“房住不炒”总基调的前提下，需求端下调居民房贷利率是推动房地产市场企稳回暖的关键，5 年期以上 LPR 仍有下调空间。供给端进一步加大对房企风险的化解力度，鼓励金融机构重点支持优质房企，用好“政策性开发性银行专项借款 + 商业银行配套贷款”的“保交楼”支持模式，推动“保交楼”专项借款加快落地使用并视需要适当增加规模，引导商业银行提供配套融资支持。

第七，货币政策坚持以我为主、兼顾内外平衡。一是密切关注主要发达经济体经济走势和货币政策调整的溢出影响，货币政策兼顾币值稳定和经济增长、内部均衡和外部均衡，保持相对独立性和正常政策空间。二是强化货币政策与宏观审慎管理协调配合，加强货币政策预期管理，做好跨境资金流动的监测分析和风险防范，保持人民币汇率在合理区间内双向浮动。三是指导金融机构基于实需原则和风险中性原则积极为中小微企业提供汇率避险服务，维护外汇市场平稳健康发展。

（执笔人：张晓晶、张明、费兆奇、曹婧、王喆、张冲）

第一章

利率平价视角下的汇率决定与人民币均衡汇率

对于开放经济体来说，汇率是关系内外部均衡的核心变量，汇率决定是影响一国宏观经济运行和金融市场稳定的重要因素。在国际金融领域，汇率分析是一项基础性的研究课题，但由于汇率定价是所有金融市场中涉及因素最为复杂的定价，迄今为止，关于汇率的研究存在激烈的讨论。特别是 2008 年国际金融危机以来，关于汇率决定理论及其相关政策研究有了很多新发现，涌现出一些针对性很强的新观点。通过梳理这些最新研究进展，我们发现多数新理论仍根植于基础的利率平价理论，并且就金融市场的运行而言，各国之间的利率及其利率预期的相对变化，始终是驱动汇率变动的关键因素。这就使得作为最基本的汇率决定理论——利率平价一直是理论和实证研究关注的重点。危机前，抛补利率平价（Covered Interest Parity，CIP）被认为是国际金融领域最接近物理定律的理论，而无抛补利率平价（Uncovered Interest Parity，UIP）在多数研究中均被拒绝。危机后，CIP 和 UIP 出现相反的变化。CIP 表现出持续的、显著性偏离，且偏离程度时大时小，在没有信用风险时亦是如此。相反，随着远期外汇市场数据的丰富以及计量方法的更新，近年来包括发达经济体和新兴经济体在内的研究都开始得到一些支持 UIP 的有利证据。

目前，人民币已经成为国际主要储备货币之一，人民币汇率形成机制及汇率制度安排是当前国际金融市场倍受关注的议题。1994 年汇改以来，人民币汇率主要经历了三次重要改革。现阶段人民币实行以市场供求为基础、参考一篮子货币进行调节、有管理的浮动汇率制度。人民币均衡汇率由两大支柱共同决定：反映人民币市场供求的收盘汇率，即“市场支柱”；反映人民币在货币篮子稳定性的一篮子货币汇率变化，即“篮子支柱”。双支柱政策兼顾了人民币汇率的弹性和稳定性，同时，还辅以“逆周期因子”机制以确保当局在市场异常波动情况下保留调节汇市的能力。由于资本管制并未完全放开，人民币利率平价理论尚不成立，但随着资本账户不断开放，利率平价理论对人民币汇率的牵引力会越来越强，对于利率平价各种偏离的因素也一定会在各类金融产品的定价中体现出来。这既是人民币国际化程度不断提升的内在要求，也将是人民币进一步扩大国际化的基础条件。着眼人民币汇率制度的长远发展来看，在人民币实现自由浮动前必须要进一步完善“宏观审慎 + 微观监管”相结合的管理框架，为跨境资本平稳流动、外汇市场理性交易提供良性健康的市场环境。同时，为了更好地保持人民币汇率弹性和稳定性，构建人民币篮子汇率的年度宽幅目标区或许是一个可行的方案。

一　汇率决定理论的研究进展

汇率是如何决定的，是国际金融领域最基本也是最核心的问题，但至今悬而未决，目前还没有一个理论能给出令人满意的答案。关于汇率决定理论的研究进展，已有学者作过总结，如陈雨露和侯杰对国际金融危机前的汇率决定理论作过文献综述①，刘凯等对国际金融危机后的汇

① 陈雨露、侯杰：《汇率决定理论的新近发展：文献综述》，《当代经济科学》2005 年第 5 期。

率决定理论新进展进行过整理和归纳①，Engel 以无抛补利率平价为视角总结了 1995—2014 年汇率决定的理论和实证研究②。在现有研究的基础上，我们旨在梳理汇率决定理论的演进脉络及其最新研究进展。

（一）购买力平价理论

购买力平价（Purchasing Power Parity，PPP）是最古老的汇率决定理论，其理论基础为“一价定律”。如果不考虑贸易成本，在套利交易下两个国家的同一商品价格经过汇率调整后应相等：$P_H^i = SP_F^i$，其中上标 i 表示商品类型，下标 H 和 F 分别表示本国和外国，S 表示直接标价法下的名义汇率。假设两国不同商品在计算物价指数时所占的权重相等，通过线性加总可得：$P_H = SP_F$，其中 P_H 和 P_F 分别表示本国和外国的物价指数，该式表明汇率取决于不同货币衡量的物价水平之比，这是绝对购买力平价的一般形式。然而，不同国家编制物价指数的统计口径及商品权重存在显著差异，因此汇率并非能反映两国物价绝对水平之比。如果把汇率变动和物价变动联系起来，便得到相对购买力平价理论，即 $\widetilde{P}_H = \widetilde{S}\widetilde{P}_F$，其中变量加“~”表示相对基期的变化值。尽管购买力平价理论简洁易懂，但实证研究发现，实际汇率收敛到购买力平价汇率的速度非常慢，远远超过了价格调整的时间，这种异象被称为“购买力平价之谜”③。

针对“购买力平价之谜”，Chari 等发现，黏性价格模型虽然可以解

① 刘凯、肖柏高、王度州：《全球金融危机后汇率理论和政策的反思与新进展》，《中国人民大学学报》2020 年第 1 期。

② Engel，C.，2014，“Exchange Rates and Interest Parity”，*Handbook of International Economics*，Vol. 4，Chapter 8：453 – 522.

③ Rogoff，K.，1996，“The Purchasing Power Parity Puzzle”，*Journal of Economic Literature*，34：647 – 668.

释实际汇率的波动性，但不能解释持续性①，之后的研究通过引入策略互动、不对称性以及黏性工资，增加了模型对实际汇率持续性的解释力度，但不能匹配由数据估算出来的实际汇率半衰期②。Steinsson 认为，实际汇率呈驼峰形变化导致黏性价格模型不能解释实际汇率持续性，与货币政策冲击相比，实际冲击（如技术冲击和政府支出冲击）不仅能产生驼峰形实际汇率动态，还能较好地匹配实际汇率半衰期③。Carvalho 和 Nechio 把黏性价格模型从单部门拓展到多部门，基于多部门的模拟结果很好地匹配了实际汇率的持续性及其半衰期④。最新的实证研究从商品价格的异质性和宏微观冲击的异质性来解释“购买力平价之谜”。Imbs 等指出，早期的实证研究忽视了商品价格的异质性，这种价格异质性会使实际汇率动态产生向上加总偏误，在考虑商品的价格异质性后实际汇率持续性会显著下降，且半衰期会减少到 11 个月，接近价格调整周期（约 1 年）⑤。Bergin 等发现微观层面的商品冲击不同于宏观层面的外汇市场冲击，二者的调整机制也有所不同，虽然商品价格调整满足“一价定律”，但微观商品冲击有正有负，在进行加总时这些效应会相互抵消，因此实际汇率动态主要受到宏观层面外汇市场冲击的影响，与微观层面的商品价格冲击关系不大⑥。

---

① Chari, V., Kehoe, P. J. and McGrattan, E. R., 2002, "Can Sticky Price Models Generate Volatile and Persistent Exchange Rates?", *Review of Economic Studies*, 69 (3): 533 – 563.

② Benigno, G., 2004, "Real Exchange Rate Persistence and Monetary Policy Rules", *Journal of Monetary Economics*, 51 (3): 473 – 502; Bouakez, H., 2005, "Nominal Rigidity, Desired Markup Variations, and Real Exchange Rate Persistence", *Journal of International Economics*, 66 (1): 49 – 74.

③ Steinsson, J., 2008, "The Dynamic Behavior of the Real Exchange Rate in Sticky Price Model", *American Economic Review*, 98 (1): 519 – 533.

④ Carvalho, C. and Nechio, F., 2011, "Aggregation and the PPP Puzzle in a Sticky-price Model", *American Economic Review*, 101 (6): 2391 – 2424.

⑤ Imbs, J., Mumtaz, H., Ravn, M. O. and Rey, H., 2005, "PPP Strikes Back: Aggregation and the Real Exchange Rate", *Quarterly Journal of Economics*, 120 (1): 1 – 43.

⑥ Bergin, P. R., Glick, R. and Wu, J. L., 2013, "The Micro-Macro Disconnect of Purchasing Power Parity", *Review of Economic and Statistics*, 95 (3): 798 – 812.

（二）利率平价理论

利率平价理论从资金流动的视角描述了利率和汇率两个变量之间的交互作用。根据是否存在远期外汇合约，利率平价可以分为抛补利率平价（CIP）和无抛补利率平价（UIP）。二者的区别在于，CIP 对投资者的风险偏好没有要求，而 UIP 需要假设投资者风险中性。CIP 假设投资者在套利时，利用期汇市场签订与套利反方向的远期外汇合约。如果本国利率为 i ，外国利率为 i^{*} ，即期汇率为 S ，远期汇率为 F ，根据无套利条件可得：$1 + i = (1 + i^{*})(FS)$ 。定义本币贴水率 $\rho \equiv (F - S)S$ ，计算得到 CIP 一般形式为：$\rho = i - i^{*}$ ，其经济含义为本币贴水率等于两国利差。UIP 假设投资者不进行远期交易，设投资者预期交易到期日的汇率为 E ，则市场均衡时有：$1 + i = (1 + i^{*})(ES)$ 。定义预期汇率变动 $E\rho \equiv (E - S)/S$ ，计算得到 UIP 一般形式：$E\rho = i - i^{*}$ ，其经济含义是预期汇率变动等于两国利差。外汇市场存在一种特殊的交易者即投机者，他们交易目的是利用资产在不同时间的差价赚取收益。一旦投机者预期未来汇率和远期汇率不一致，投机者就会进行交易，从而使 CIP 和 UIP 同时成立。

严格来说，利率平价并不是一个独立的汇率决定理论，因为利率和汇率的变动可能会受到来自经济基本面的影响以及宏观政策变动的影响，利率平价只是揭示了利率和汇率在这一过程中满足的关系。但正如我们所看到的，利率平价理论在学术研究和政策实践中表现出优于其他汇率决定理论的重要价值。在学术研究中，利率平价通常作为约束条件直接引入开放经济宏观模型，如汇率超调模型和 Redux 模型等[①]。在政策实践中，央行在货币市场上可以通过调整短期利率来调节汇率，如果本币面临升值压力，可以调低本国利率抵消汇率升值预期对外汇市场的

① Dornbusch, R., 1976, "The Theory of Flexible Exchange Rate Regimes and Macroeconomic Policy", *Scandinavian Journal of Economics*, 78 (2): 255 – 275; Obstfeld, M. and Rogoff, K., 1995, "Exchange Rate Dynamics Redux", *Journal of Political Economy*, 103 (3): 624 – 660.

压力，从而维持汇率稳定。鉴于利率平价在汇率决定理论中的基石作用，一直以来，检验利率平价理论是否成立的文献汗牛充栋。现有研究表明，CIP 和 UIP 在 2008 年国际金融危机前后表现出截然不同的特征，相关内容将在本章第二部分详细介绍。

（三）基于开放宏观模型的汇率决定理论

开放宏观模型以 1995 年 Obstfeld 和 Rogoff 提出的 Redux 模型为分界线，此前的开放宏观模型主要为 Mundell-Fleming 模型[①]和汇率超调模型，之后的开放宏观模型以动态随机一般均衡（Dynamic Stochastic General Equilibrium，DSGE）为基础，逐渐发展成为新开放经济宏观经济（New Open Economy Macroeconomics，NOEM）模型。Mundell-Fleming 模型将封闭经济的 IS－LM 模型推广到开放经济，认为汇率是两国货币市场的均衡价格。汇率超调模型放松了 Mundell-Fleming 模型价格不变的假设并引入理性预期，发现在货币政策冲击下短期汇率调整会超过购买力平价汇率，只有长期汇率才会收敛至购买力平价汇率。Redux 模型在产品市场引入不完全竞争和名义价格刚性，构建了一个具有微观基础的开放宏观模型，结果表明名义汇率由两国均衡的货币供给差额与消费需求差额确定。尽管开放宏观模型因假设不同对汇率决定给出了不同的解释，但它们存在一个共同点，即在模型中均假定利率平价成立，这说明基于开放宏观模型的汇率决定理论的基石仍是利率平价理论。近年来，NOEM 模型作为主流的开放宏观模型，由于具备扎实的微观基础以及较强的灵活性和可塑性，令越来越多的研究使用这一模型分析汇率的决定因素。

---

① Mundell，R. A.，1963，"Capital Mobility and Stabilization Policy under Fixed and Flexible Exchange Rates"，*The Canadian Journal of Economics and Political Science*，29（4）：475－485；Fleming，J. M.，1962，"Domestic Financial Policies under Fixed and under Floating Exchange Rates"，*International Monetary Fund Staff Papers*，9（3）：369－380.

1. 基于泰勒规则的汇率决定理论

假设开放经济体的中央银行依据泰勒规则调控名义利率且无抛补利率平价成立，那么名义汇率变动可以表示为预期通胀变动和产出缺口的线性函数。目前，基于泰勒规则的汇率决定理论已经成为学界评估样本外汇率动态的主要模型。实证研究发现，与其他汇率决定模型特别是随机游走模型相比，利用泰勒规则对汇率进行样本内和样本外的预测效果更好①。2008 年国际金融危机发生后，名义利率触及零下限（Zero Lower Bound）使常规货币政策失效，泰勒规则也由传统的线性形式变为非线性形式。Byrne 等利用贝叶斯方法对具有时变参数特征的非线性泰勒规则估计发现，基于泰勒规则的汇率决定理论仍具有较强的预测效果②。

2. 基于货币政策冲击的汇率决定理论

传统观点认为，美联储加息通过抑制需求降低通胀，但新费雪效应（Neo-fisher Effect）认为美联储永久性加息会助长通胀行为，这表明不同类型的货币政策冲击（暂时性或永久性）可能是决定汇率动态的关键因素③。Schmitt-Grohé 和 Uribe 在一个包含家庭资产调整成本的 NOEM

① Molodtsova, T. and Papell, D. H., 2009, "Out-of-Sample Exchange Rate Predictability with Taylor Rule Fundamentals", *Journal of International Economics*, 77 (2): 167 - 180; Wang, J. and Wu, J. J., 2012, "The Taylor Rule and Forecast Intervals for Exchange Rates", *Journal of Money, Credit and Banking*, 44 (1): 103 - 144; Ince, O., Molodtsova, T. and Papell, D. H., 2016, "Taylor Rule Deviations and Out-of-Sample Exchange Rate Predictability", *Journal of International Money and Finance*, 69: 22 - 44.

② Byrne, J. P., Korobilis, D. and Ribeiro, P. J., 2016, "Exchange Rate Predictability in a Changing World", *Journal of International Money and Finance*, 62: 1 - 24.

③ 传统的货币政策规则为：$1+i_t=(1+i)(1+\pi_t)^{\alpha_\pi}\left(\frac{Y_t}{Y}\right)^{\alpha_Y}exp(z_t^m)$，其中 i_t、π_t 和 Y_t 分别表示名义利率、通货膨胀和产出，z_t^m 表示货币政策冲击，i 和 Y 分别表示稳态利率和稳态产出，α_π 和 α_Y 分别表示利率对通胀缺口和产出缺口的反应系数。通常假设 z_t^m 服从 AR（1）过程，此时 z_t^m 表示暂时性货币政策冲击。如果令 $z_t^m=a_t^m+(1-\alpha_\pi)x_t^m$，假设 a_t^m 服从 AR（1）过程，称 a_t^m 为暂时性货币政策冲击；假设 x_t^m 与名义利率及通胀存在协整关系，称 x_t^m 为永久性货币政策冲击。

模型中重新审视了基于货币政策冲击的汇率决定理论，发现暂时性紧缩货币政策冲击使名义利率和实际利率同时上升，消费、投资和产出下降，本币升值。相反，永久性紧缩货币政策冲击使通胀上升幅度大于名义利率，实际利率下降，消费、投资和产出增加，本币贬值。实际利率变化会产生跨期效应（Intertemporal Effect）和期内效应（Intratemporal Effect），跨期效应为实际利率上升使储蓄增加，对外债需求降低，期内效应为实际利率上升使净出口下降，对外债需求增加。当期内效应强于跨期效应，暂时性货币政策冲击使 UIP 正向偏离，永久性货币政策冲击使 UIP 负向偏离。估算结果表明，永久性货币政策冲击造成汇率波动和 UIP 偏离的周期为 1—4 年，暂时性货币政策冲击效果不仅要小得多而且不显著①。

3. 基于金融冲击的汇率决定理论

在标准的 NOEM 模型中，技术冲击和货币政策冲击可以对消费、投资和产出等宏观经济变量的周期性动态给出合理解释，但对汇率动态以及汇率和宏观经济变量协同性的解释效果较差，这被称为“汇率脱节之谜”（Exchange Rate Disconnect Puzzle）。Itskhoki 和 Mukhin 突破了传统的价格黏性模型设定，在 NOEM 模型中引入分割的金融市场，假设两国家庭只能投资本国债券，彼此之间不能直接交易。除了家庭对债券的需求，金融市场还存在来自噪音交易者的流动性需求，它独立于债券的预期回报和宏观经济基本面。家庭和噪音交易者的交易由风险规避的中介（套利者）进行，均衡时中介吸收了家庭和噪音交易者对本币和外币的需求。研究发现，金融冲击（指噪音交易者的流动性需求冲击）在不影响模型主要经济周期特征的前提下，产生的汇率动态及汇率和宏观经

① Schmitt-Grohé, S. and Uribe, M., 2022, “The Effects of Permanent Monetary Shocks on Exchange Rates and Uncovered Interest Rate Differentials”, *Journal of International Economics*, 135 (103560).

济变量的协同性与实际数据高度吻合[①]。这表明，“汇率脱节之谜”不能否定技术冲击和货币政策冲击的国际传导机制，而是说明这些传统冲击不是驱动汇率变动的主要因素。估算结果表明，汇率波动主要由金融冲击引起，而消费、投资和产出很大程度上仍由传统冲击决定。

4. 基于货币政策制度的汇率决定理论

20 世纪 70 年代“滞胀”危机以来，美联储等发达经济体央行逐步形成了通胀目标制（Inflation Targeting Regime）的货币政策制度。Eichenbaum 等通过选取不同货币政策制度的国家进行实证研究，发现实际汇率在通胀目标制下只受名义汇率影响，在其他货币政策制度下实际汇率主要受通胀影响[②]。为了解释该现象，Eichenbaum 等构建了一个包含不完备金融市场的三国 NOEM 模型，其中金融市场唯一能进行交易的资产为美元计价的债券。结果显示，来自金融市场的冲击（外国对美元计价债券的需求冲击）是驱动汇率变化的主要因素，外国对美元计价债券的需求冲击能解释 75% 的实际汇率和名义汇率变动。给定样本期估算得到的冲击分布，反事实试验结果表明：在名义汇率目标制下，实际汇率主要受通胀影响，且实际汇率的持续性明显增强；在资本管制目标制下，实际汇率和名义汇率的波动性显著下降，但汇率动态和通胀目标制没有太大差异。

（四）汇率决定理论的最新研究进展

近年来，关于汇率决定理论的研究涌现出一批最新成果。这些新理论的分析基础虽然仍基于利率平价，但它们的研究视角十分独特，提出的观点针对性很强，对于我们认识汇率是如何决定这一问题具有很强的

---

① Itskhoki, O. and Mukhin, D., 2021, “Exchange Rate Disconnect in General Equilibrium”, *Journal of Political Economy*, 129 (8): 2183 – 2232.

② Eichenbaum, M. S., Johannsen, B. K. and Rebelo, S. T., 2021, “Monetary Policy and the Predictability of Nominal Exchange Rates”, *Review of Economic Studies*, 88 (1): 192 – 228.

启示意义，现将其概述如下。

1. 基于全球流动性的汇率决定理论

“汇率脱节之谜”使学者从非经济基本面因素如从全球流动性视角考虑汇率决定问题。在这一领域中，Gabaix 和 Maggiori 作出了开创性贡献，他们在一个包含全球流动性的动态模型中讨论了汇率的决定机制①。他们认为，均衡汇率取决于金融中介的资产负债表及风险承受能力。高利率货币吸引国际套利资本，金融中介为套利资本提供融资并承担货币错配风险，如果全球流动性紧缩，金融中介的风险偏好随之下降，套利交易发生逆转，此时资本流出压力迫使高利率货币贬值。由于金融中介利用自身的风险承受能力容纳经济基本面冲击产生的资金流动，在一定程度上扮演了冲击缓冲器的角色，因此汇率和传统的宏观经济变量（消费和产出）关联性较弱。Blanchard 等进一步讨论了外汇市场干预对汇率的影响，发现外汇储备政策可以减弱全球流动性对汇率的影响②。缪延亮等提出了一个包含外汇储备和全球流动性的动态汇率决定模型，讨论了官方流动性对汇率的影响，发现全球流动性趋紧时，一国汇率的稳定不仅取决于外汇储备的充足程度，更取决于外汇储备的使用意愿③。

2. 基于外部失衡的汇率决定理论

经典的跨期方法将经常账户余额归结为家庭消费储蓄决策和企业投资决策的结果④，忽视了资产头寸变化产生的“估值效应”。对此，

① Gabaix, X. and Maggiori, M., 2015, “International Liquidity and Exchange Rate Dynamics”, *Quarterly Journal of Economics*, 130 (3): 1369 - 1420.

② Blanchard, O., Adler, G. and Filho, I. C., 2015, “Can Foreign Exchange Intervention Stem Exchange Rate Pressures from Global Capital Flow Shocks”, NBER Working Paper No. 21427.

③ 缪延亮、郝阳、杨媛媛：《外汇储备、全球流动性与汇率的决定》，《经济研究》2021 年第 8 期。

④ Obstfeld, M. and Rogoff, K., 1995b, “The Intertemporal Approach to the Current Account”, *Handbook of International Economics*, Vol. 3, Chapter 34: 1731 - 1799.

Gourinchas 和 Rey 提出了一个国际资本调整机制，发现汇率在短期通过“估值渠道”改善了美国持有的外国债务及其资产价值，在长期通过“贸易渠道”改善了美国的贸易赤字①，这意味着当前的外部失衡包含了未来汇率变化的信息。张明和刘瑶进一步审视了外部失衡对汇率的影响，他们利用三国模型推导出决定实际有效汇率的结构方程式，不仅在理论上得到了经常账户调整对实际有效汇率变动的影响和作用机制，还利用跨国面板数据对理论结果提供了可靠的经验证据②。

3. 基于大宗商品价格的汇率决定理论

随着全球资本市场迅速发展，大宗商品表现出越来越强的金融属性，已经成为重要的投资标的。华盛顿大学副教授 Yu-Chin Chen 长期关注大宗商品价格和汇率之间的关系，并就此展开了一系列研究。Chen 和 Rogoff 分析澳大利亚、新西兰和加拿大三国汇率和大宗商品价格的动态关系，发现澳大利亚和新西兰两国汇率和大宗商品价格存在明显的协整关系，但这一关系在加拿大并不显著③。Chen 等评估了汇率对大宗商品价格的预测能力，发现汇率可以很稳健地预测大宗商品价格走势，反之则不然，主要原因是大宗商品价格和汇率之间的因果关系并不明确④。

4. 基于极端事件的汇率决定理论

极端事件发生的概率和各国对极端事件的暴露程度具有时变特征，这使货币市场、外汇市场、期权市场和股票市场会形成联动反应。基于极端事件是影响资产市场风险溢价的重要因素，Farhi 和 Gabaix 提出了

---

① Gourinchas, P. O. and Rey, H., 2007, “International Financial Adjustment”, *Journal of Political Economy*, 115 (4): 665-703.

② 张明、刘瑶:《经常账户变动对实际有效汇率的非对称影响及潜在渠道探析》,《经济学(季刊)》2022 年第 5 期。

③ Chen, Y. C. and Rogoff, K., 2003, “Commodity Currencies”, *Journal of International Economics*, 60 (1): 133-160.

④ Chen, Y. C., Rogoff, K. and Rossi, B., 2010, “Can Exchange Rates Forecast Commodity Prices?”, *Quarterly Journal of Economics*, 125 (3): 1145-1194.

一个与实际数据的主要特征相匹配的汇率决定模型①。虽然极端事件具有随机性，但其发生概率和国家的风险程度高度相关。作为一种资产价格，汇率未来风险会影响当前价值，因此风险相对较高的国家汇率贬值幅度更大。由于公众对极端事件的认知与传统的经济基本面并不完全相关，因此极端事件引发汇率波动可以解释“汇率脱节之谜”。与其他理论相比，基于极端事件的汇率决定理论将汇率、利率与期权市场和股票市场相互联系起来，其对期权价格和股票收益率所提供的有效预测得到了数据支持。

二　利率平价的偏离

利率平价和购买力平价是两个最基本也是最重要的汇率决定理论，它们分别从资金套利和商品套利的视角描述了驱动外汇市场的均衡汇率的两股力量。但从现实来看，不同国家间的金融市场联系比商品市场联系要更加紧密，特别是全球经济金融一体化发展使各国的金融市场高度融合。由于外汇市场上资金流动不仅迅速且频繁，因此利率平价理论具有更加现实的分析基础，对于认识外汇市场上的汇率形成机制具有重要的指导作用。

尽管利率平价分为 CIP 和 UIP，但从原理上看 CIP 和 UIP 是一致的。如果把远期汇率贴（升）水率视为预期汇率变动，即 $\rho = E\rho$ ，则远期汇率可以作为即期汇率重要的指示器。但 CIP 和 UIP 的表现却大相径庭，一个重要的时间节点是 2008 年国际金融危机。在危机前，CIP 是最稳定和最可靠的汇率决定理论。若不存在信用风险，CIP 就是一种纯粹的无套利关系，它是连接外汇市场和货币市场最基本的关系。国际清

① Farhi，E. and Gabaix，X.，2016，“Rare Disasters and Exchange Rates”，*Quarterly Journal of Economics*，131（1）：1－52.

算银行把 CIP 称为是国际金融中最接近物理定律的理论。在学术研究中，CIP 被作为约束条件直接应用于开放经济宏观模型；在实践中，跨国银行在外汇市场依据各国利率差异来确定远期汇率升（贴）水率。相比之下，UIP 在实证文献中几乎均被拒绝。危机后，CIP 表现出持续的、显著性偏离。相反，得益于不断丰富的远期外汇合约数据和债券市场数据，特别是一些利用新兴经济体数据的研究开始得到一些支持 UIP 的有力证据。鉴于利率平价在汇率决定理论中的基石作用，弄清楚利率平价成立的条件十分必要，特别是厘清利率平价偏离的内在原因和作用机理，对于我们认识人民币均衡汇率的形成机制具有重要的政策启示意义。

（一）CIP 偏离

金融危机发生前，无论是利用低频数据还是高频数据进行验证，CIP 都成立，但危机发生后 CIP 不再成立。如果在危机中是因为担心交易对手风险，那么 CIP 出现偏离并不奇怪，之前也曾有过先例。但危机后 CIP 偏离一直存在，甚至在没有信贷风险时也是如此，并且这种持续的、显著性 CIP 偏离无法用传统的交易成本来解释，这种异象引起了学者的广泛关注。作为一种无套利关系，CIP 是货币远期和掉期定价的基石，如果 CIP 出现偏离则意味着全球资产市场（如远期市场和掉期市场）存在套利机会，这不仅与宏观经济学和金融学中的无套利模型相悖，也对汇市定价带来冲击。为了更好地理解 CIP 偏离，我们先简要描述 CIP 偏离的特征事实，再概述 CIP 偏离的代表性观点。

1. CIP 偏离的特征事实

假设 $i^{\$}_{t,t+n}$ 和 $i_{t,t+n}$ 分别表示在第 t 期确定的第 $t+n$ 期的美元利率和其他货币利率，$\rho_{t,t+n}$ 表示基于第 t 期信息的第 $t+n$ 期的美元升水率。根据文献，定义交叉货币基差（Cross-currency Basis）为：$x_{t,t+n} = i^{\$}_{t,t+n} - (i_{t,t+n} - \rho_{t,t+n})$。交叉货币基差互换两种不同货币，互相交换名义本金和

“浮动对浮动”的利率支付，交叉货币基差表明了一种货币对另一种货币的供求关系。它是一种货币和另一种货币之间进行交易的额外成本或收益，不能以基准利率之差来解释。以 EUR/USD 互换为例，图 1—1 描绘了交叉货币基差互换的流程交易，其中 a 表示交叉货币基差。交叉货币基差互换是在非美元端的基础上进行报价，对于 EUR/USD 互换，基差 a 是加上美元端上的负利差。对于 3 月期 EUR/USD 交叉货币互换，报价 -50 个基点表明，借入美元的交易对手方需要支付 3 个月美元 Libor，同一交易借入欧元的交易对手则支付 3 个月 Euribor 减去 50 个基点。对于 EUR/USD 互换而言，欧元相比美元处于折价状态，折价增加说明基差扩大，折价减少说明基差缩小。

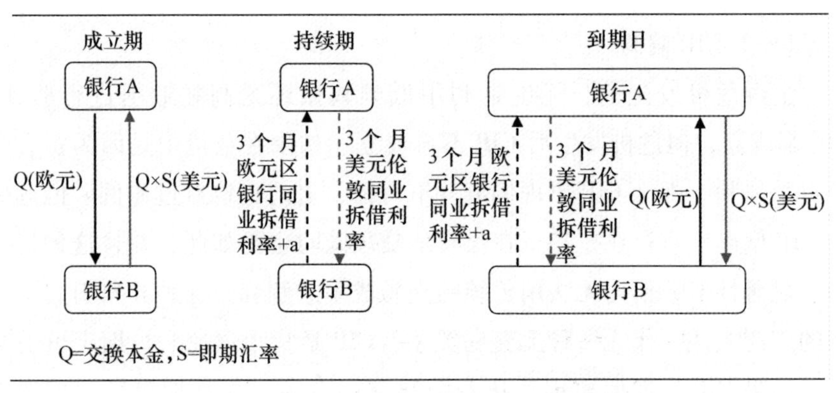

图 1—1　交叉货币基差（EUR/USD）互换流程

资料来源：笔者绘制。

直观上，交叉货币基差 $x_{t,t+n}$ 是直接美元利率 $i^{\$}_{t,t+n}$ 和合成美元利率 $i_{t,t+n}-\rho_{t,t+n}$ 的差值，它是衡量 CIP 是否成立的一个有效指标。如果 $x_{t,t+n}=0$ 则 CIP 成立，反之表明 CIP 出现偏离。以 JPY/USD 为例，图 1—2 给出了套利者从负交叉货币基差（$x_{t,t+1}<0$）获利的现金流示意图。第 t 期，美元套利者以利率 $i^{\$}_{t,t+1}$ 借入 1 美元，换算成 S_t 日元，然后

以利率 $i_{t,t+1}$ 借出日元，同时签订一份远期合约，显然在第 t 期没有净资金变化。第 $t+1$ 期，美元套利者获得 $(1+i_{t,t+1})S_t$ 日元，根据签订的远期合约美元套利者需要偿还 $(1+i_{t,t+1})S_t/F_{t,t+1}$ 美元。由于负交叉货币基差，美元套利者在偿还美元债务后还获得正的剩余收益。本质上，美元套利者做多日元，做空美元，日元现金流完全由远期合约对冲。

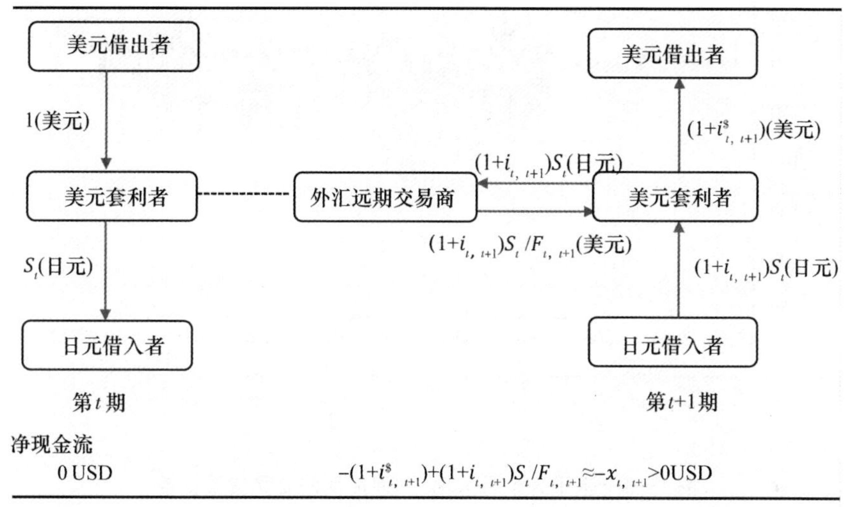

图 1—2　负交叉货币基差（JPY/USD）CIP 套利的现金流示意

资料来源：笔者绘制。

基于 3 个月 Libor 利率数据，我们可以验证 CIP 是否发生偏离。图 1—3 报告了澳大利亚、加拿大、瑞士、丹麦、欧元区、英国、日本、挪威、新西兰、瑞典十个经济体的交叉货币基差，样本时间跨度为 2002—2020 年。从图 1—3 可以看出，2007 年次贷危机发生前，上述十个经济体的交叉货币基差几乎都为零，2007—2009 年，其交叉货币基差出现明显波动，特别是在雷曼兄弟破产后部分货币基差达到 −200 个基点，这种波动在国际金融危机之后并没有消失而是持续存在，这表明国际金融危机之后 CIP 出现显著偏离。进一步使用 5 年期 Libor 利率替换 3 个月 Libor 利率计算交叉货币基差，上述结论不变。这表明无论是短期还是长期，CIP 偏离在危机后时代频频发生。

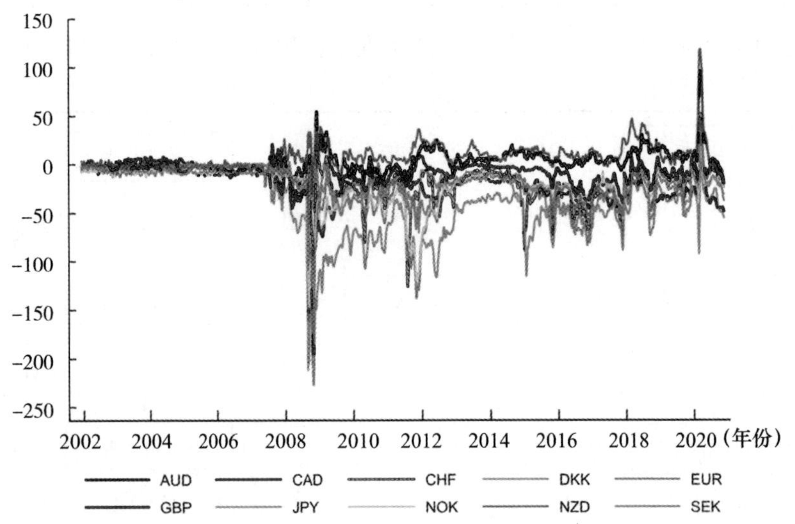

图 1—3　基于 3 个月 Libor 利率测度的交叉货币基差

资料来源：Cerutti，E. M.，Obstfeld，M. and Zhou，H.，2021，“Covered Interest Parity Deviations：Macrofinancial Determinants”，*Journal of International Economics*，130（103447）。

2. CIP 偏离的代表性观点

2008 年国际金融危机发生后的十余年，为什么交易体量巨大、流动性最强的互换市场会存在一个理论上的“套利”机会？一般认为，金融危机使全球风险厌恶情绪加剧，市场参与者出于对交易对手方信用风险的担心，减少直接现金贷款，导致全球货币市场出现较大的美元短缺，市场参与者不得不通过互换市场满足美元需求，导致多数货币兑美元的基差扩大。为了检验交易成本和信用风险是否一直适用于危机之后的 CIP 偏离，Du 等对回购协议和德国复兴信贷银行（KFW）发行的债券进行实证分析，发现在考虑传统交易成本（手续费）后，日元、瑞士法郎和丹麦克朗的回购协议基差仍持续显著为负，欧元、瑞士法郎和日元的德国复兴信贷银行债券基差也显著不为零①。由于回购协议是完全抵押的，而 KFW 债券得到德国政府的大力支持，因此回购协议和 KFW 债券的信用风险非常低，在现实中被视为无信用风险资产。可见，传统的交易成本和信贷风险不能很好地解释危机后的 CIP 偏离。近年来，学者从不同视角对 CIP 偏离展开了大量研究，代表性观点列示如下。

一是基于边际融资成本的视角。不同于交易成本，Rime 等从融资成本视角出发，实证分析国际金融市场主要参与者面临的边际融资成本对其套利活动的影响②。结果发现，尽管 CIP 蕴含的无套利条件对多数市场参与者都适用，但实际上能利用 CIP 进行套利的参与者相当有限，只有以低融资成本进入美元货币市场的高评价国际银行才具有套利机会。危机后时代，美元融资市场的分散和融资成本的差异性，使得不同利率之间一价定律不再成立，如果套利者增加头寸，融资成本显著增加，从而限制套利交易，造成 CIP 偏离。

二是基于美元指数和跨境银行美元借贷能力的视角。理论上，CIP 偏离意味着国际资本市场上的套利行为受到限制。Avdjiev 等指出，限制国际套利的一个重要因素是跨境银行美元借贷能力③。在危机期间，全球对美元流动性需求大幅增加，随着美元指数走强，跨境银行美元借贷杠杆的“影子价格”不断上升，从而抑制美元供给，放大美元需求

① Du, W., Tepper, A. and Verdelhan, A., 2018, “Deviations from Covered Interest Rate Parity”, *Journal of Finance*, 73 (3): 915 - 957.

② Rime, D., Schrimpf, A. and Syrstad, O., 2022, “Covered Interest Parity Arbitrage”, *Review of Financial Studied*, Forthcoming.

③ Avdjiev, S., Du, W., Koch, C. and Shin, H. S., 2019, “The Dollar, Bank Leverage, and Deviations from Covered Interest Parity”, *American Economic Review: Insights*, 1 (2): 193 - 208.

缺口，限制跨境银行的美元借贷能力。美元指数走强导致了更广泛的CIP偏离以及跨境银行美元借贷数量的下降。

三是基于金融监管和美元供给失衡的视角。金融危机以来，美国的银行进行货币市场交易的资产负债表成本不断上升，这来自新监管条例的颁布，包括流动性覆盖率、杠杆率要求、净稳定融资比率以及沃尔克规则①。对交叉货币基差进行套利，可能会降低金融机构的流动性监管指标，同时监管机构要求银行必须持有相应的资本金以防范交易的风险敞口。在某种程度上，金融监管改革通过影响银行管理资产负债表的方式和成本来影响交叉货币基差定价。Du等的实证发现，危机后的CIP偏离是金融监管以及全球范围内美元供给失衡的结果②。

四是基于宏观金融的视角。Cerutti等从宏观金融视角将驱动CIP偏离的因素分为三类：风险因素、货币政策因素、金融监管因素。研究发现在2010—2018年全样本期间，风险因素对CIP的解释力度强于货币政策因素，在2014—2018年子样本期间，风险因素和货币政策对CIP偏离的影响基本相同。此外，分析结果还表明全球系统重要性金融机构的金融监管政策对美元基差动态有显著影响，这表明金融监管也是影响CIP偏离的一个重要因素③。

（二）UIP偏离

根据UIP，如果本国利率高于外国，则本国货币通过贴水抵消利差。从经验上看，利用汇率变化对名义利率差异进行简单回归可以检验UIP是否成立。在理性预期和风险中性的假定下，远期汇率是未来即期

① 沃尔克规则是美国联邦法规，核心是禁止银行从事自营性质的投资业务，以及禁止银行拥有、投资或发起对冲基金和私募基金。

② Du, W., Tepper, A. and Verdelhan, A., 2018, "Deviations from Covered Interest Rate Parity", *Journal of Finance*, 73 (3): 915–957.

③ Cerutti, E. M., Obstfeld, M. and Zhou, H., 2021, "Covered Interest Parity Deviations: Macrofinancial Determinants", *Journal of International Economics*, 130 (103447).

汇率的无偏估计量，因此理论上 UIP 的回归系数应为 1，但这与实际回归结果不符①。对于发达经济体，UIP 回归系数通常远低于 1，且通常为负值，这表明高利率货币不仅不会贬值，相反还会在未来升值，即投资高利率货币会获得超额回报，这称为“远期溢价之谜”（Forward Premium Puzzle）。下面我们先简要描述 UIP 偏离的特征事实，然后概述 UIP 偏离的代表性观点。

1. UIP 偏离的特征事实

为了度量 UIP 偏离，定义 $\lambda_{t+h}^{E}=(i_t-i_t^{\$})+(s_t-s_{t+h}^{E})$，$i_t$ 和 $i_t^{\$}$ 分别表示本国利率和美国利率，s_t 表示直接标价法下本国货币相对美元的名义汇率（对数值），上标 E 表示期望，h 表示时间频率。如果 $\lambda_{t+h}^{E}=0$，说明利差和预期汇率变动完全抵消即 UIP 成立；如果 $\lambda_{t+h}^{E}\neq 0$，说明 UIP 不成立，$\lambda_{t+h}^{E}>0$ 表明投资本国货币存在预期超额收益，$\lambda_{t+h}^{E}<0$ 表明投资美元存在预期超额收益。不同于 CIP，由于 UIP 涉及预期汇率这一心理变量，因此实证检验 UIP 更加困难。早期研究主要聚焦发达经济体，并且使用已实现汇率匹配 UIP 理论的预期汇率。

为了突破现有研究的约束，Kalemli-Özcan 和 Varela 从调查数据获取预期汇率替代已实现汇率，并同时选取发达经济体和新兴经济体对 UIP 偏离进行实证分析，发现全球范围内 UIP 偏离呈现以下几个事实②：第一，发达经济体和新兴经济体的波动率指数（VIX）和 UIP 偏离存在很强的相关性。第二，发达经济体 VIX 和 UIP 偏离的相关性主要由汇率变化引起，新兴经济体 VIX 和 UIP 偏离的相关性主要由利率变化引起。第三，用政策不确定性衡量的国家风险可以解释 UIP 偏离与资本流入的负

① Cumby, R. and Obstfeld, M., 1981, “A Note on Exchange-rate Expectations and Nominal Interest Differentials”, *Journal of Finance*, 36, 697 - 703; Froot, K. A. and Thaler, R. H., 1990, “Anomalies: Foreign Exchange”, *Journal of Economic Perspective*, 4 (3): 179 - 192.

② Kalemli-Özcan, S. and Varela, L., 2022, “Five Facts about the UIP Premium”, NBER Working Paper No. 28923.

向联动关系。第四，不同的汇率测度（已实现汇率或预期汇率）只对发达经济 UIP 偏离有影响，对新兴经济体 UIP 偏离没有影响。第五，长期来看，发达经济体 UIP 基本成立，新兴经济体 UIP 尽管偏离程度较大，但不存在“远期溢价之谜”，即高利率的新兴经济体货币未来不会升值，而是像 UIP 预测的那样贬值，只是汇率贬值程度不足以抵消利差才会出现 UIP 偏离。关于 UIP 在长期表现得更好，Chinn 和 Quayyum 很早就提供了经验证据①，Lothian 基于 17 个发达经济体平均长达百年的历史数据分析发现 UIP 长期来讲确实更加有效②。关于 UIP 在不同经济体的表现，更多的研究认为新兴经济体 UIP 表现优于发达经济体，这一点无论是在金融危机期间还是正常时期都成立③。虽然现有研究对 UIP 偏离存在不同看法，但总的来看支持 UIP 的证据在逐渐增多。

2. UIP 偏离的代表性观点

与 CIP 不同，讨论 UIP 偏离一直是国际金融领域的热点话题。一个被广泛接受和证实的观点是 Fama 提出的“风险溢价假说”④。该假说认为，远期汇率之所以与未来即期汇率背离，是因为远期汇率的风险溢价与未来即期汇率的协方差为负，且前者方差大于后者方差。后续有不少文献对风险溢价进行理论建模，并通过汇率波动、远期汇率收益率以及预期汇率调查等方式，利用计量方法实证检验风险溢价对 UIP 偏离的影

---

① Chinn, M. D. and Quayyum, S., 2012, “Long Horizon Uncovered Interest Parity Re-assessed”, NBER Working Paper No. 18482.

② Lothian, J., 2016, “Uncovered Interest Parity: The Long and the Short of It”, *Journal of Empirical Finance*, 36: 1-7.

③ Alper, C., Ardic, O. and Fendoglu, S., 2009, “The Economics of the Uncovered Interest Parity Conditions for Emerging Markets”, *Journal of Economic Surveys*, 23: 115-138; Frankel, J. and Poonawala, J., 2010, “The Forward Market in Emerging Currencies: Less Biased than in Major Currencies”, *Journal of International Money and Finance*, 29 (3): 585-598; Miah, F. and Altiti, O., 2020, “Risk Premium or Irrational Expectations”, *North American Journal of Economics and Finance*, 51: 1-22.

④ Fama, E. F., 1984, “Forward and Spot Exchange Rates”, *Journal of Monetary Economics*, 14 (3): 319-338.

响。Engel 指出，早期研究 UIP 偏离的时间样本集中在 1970—1980 年，这一时期全球汇率制度正在由固定制向浮动制转变，公众对汇率预期实际上随着汇率制度的演变而变化，因此理性预期偏差会影响对 UIP 的检验①。此外，市场不完备性对国际金融市场的参与者具有重要影响。Lewis 认为，母国偏好使投资者更加偏好本国的资产投资，加上外汇市场的交易成本以及不同国家法律法规的差异，即使资本流动不受限制，投资者也无法在全球范围内无差异地分散其投资组合，这是导致 UIP 偏离的重要原因②。之后的研究主要聚焦金融摩擦和市场分割两大因素对 UIP 偏离的影响，并从数理建模和实证研究对这两个因素展开规范分析，现将其主要观点列示如下。

一是基于金融摩擦的视角。2008 年国际金融危机发生后，金融摩擦在宏观模型上得到广泛关注和充分发展。开放宏观模型引入金融摩擦，可以使经济个体不能完全套利从而造成 UIP 偏离。如 Schmitt-Grohé 和 Uribe 在家庭部门通过刻画资产调整成本得到 UIP 偏离表达式③。他们假设本国家庭持有外国无风险债券 D_t^* 获得的名义利率为 i_t^* ，本币相对外币的汇率为 S_t ，家庭调整外国债券要支付一个资产调整成本 $\psi(D_t^*)$ ，函数 $\psi(\cdot)$ 是严格凸且满足 $\psi(0)=\psi'(\cdot)=0$ 。由于存在资产调整成本，外国债券总利率可以表示为 $R_t^*=(1+i_t^*)/[1-\psi'(D_t^*)]$ 。可以证明，函数 $\psi(\cdot)$ 的凸性假定可以确保外国债券总利率 R_t^* 是关于 D_t^* 的单调增函数。计算家庭效用最大化问题得到一阶条件，然后在稳态附近进行对数线性化运算可得 UIP 偏离 $\lambda_t \equiv (i_t - i_t^*) -$

① Engel, C., 2014, "Exchange Rates and Interest Parity", *Handbook of International Economics*, Vol. 4, Chapter 8: 453 - 522.

② Lewis, K., 1995, "Puzzles in International Financial Markets", *Handbook of International Economics*, Chapter 3: 1913 - 1971.

③ Schmitt-Grohé, S. and Uribe, M., 2022, "The Effects of Permanent Monetary Shocks on Exchange Rates and Uncovered Interest Rate Differentials", *Journal of International Economics*, 135 (103560).

$E_t(S_{t+1}/S_t-1)=\psi''(0)D_t^*$，即引起家庭持有外国债券数量变化的因素都会造成 UIP 偏离。Akinci 和 Queralto 考虑了一个不完备的金融市场，假设本国银行可以同时吸收国内家庭信贷资金 D_t，也可以在国际金融市场吸收国外资金 D_t^*，由于存在道德风险银行可以隐匿部分资金从而造成信贷市场违约，因此银行正常运行的前提必须要满足其激励约束①。银行在不同信贷市场隐匿资金的能力不同，一般来说隐匿国外资金会更加容易，这种差异用参数 γ 刻画。假设银行向企业贷款利率为 R_{kt+1}，吸收国内资金利率为 R_{t+1}，吸收国外资金利率为 R_{t+1}^*，本币相对外币的实际汇率为 S_t，银行净资产的影子贴现值为 $\Lambda_{t,t+1}$。计算银行利润最大化问题可以得到银行持有国内资金的超额收益率 $\mu_t=E_t\Lambda_{t,t+1}(R_{kt+1}-R_{t+1})$，持有国外资金的超额收益率 $\rho_t=E_t\Lambda_{t,t+1}(R_{kt+1}-R_{t+1}^*S_{t+1}/S_t)$。由于均衡时银行的激励约束以等式成立，据此可以解出 UIP 偏离 $\lambda_t\equiv E_t\Lambda_{t,t+1}(R_{t+1}-R_{t+1}^*S_{t+1}/S_t)=\rho_t-\mu_t=\gamma\mu_t$，即本币 UIP 偏离和国内资金超额收益率 μ_t、银行在不同信贷市场道德风险差异参数 γ 正相关。从金融摩擦视角看，资金头寸变化和 UIP 偏离形成正向反馈效应，由此触发的金融加速器效应加剧了汇率波动。

二是基于市场分割的视角。布雷顿森林体系瓦解后，全球汇率制度安排从盯住制转向浮动制，此后名义汇率和实际汇率均出现大幅波动，但主要宏观经济变量（名义量如通胀或实际量如消费、产出）的波动却要小得多，这种异象既不能用传统的国际经济周期模型，也不能用嵌入名义价格黏性的新凯恩斯开放经济模型来解释。Itskhoki 和 Mukhin 构建了一个包含金融市场分割的两国开放模型②。模型假设货币非中性不是来自价格黏性设定而是来自金融市场分割形成的限制性套利。均衡时，金融

---

① Akinci, O. and Queralto, A., 2019, "Exchange Rates Dynamics and Monetary Spillovers with Imperfect Financial Markets", Federal Reserve Bank of New York Staff Reports, No. 849.

② Itskhoki, O. and Mukhin, D., 2021, "Mussa Puzzle Redux", NBER Working Paper No. 28950.

中介吸收了家庭和噪音交易者对本币和外币的需求。如果金融中介为风险中性，则不存在风险溢价即 UIP 成立，但风险厌恶的金融中介要求对有风险的套利交易进行补偿，均衡时风险溢价为正即 UIP 出现偏离。由于套利受限，汇率制度的变化和名义汇率的波动直接影响国际金融市场上金融中介面临的风险。在浮动汇率制下，名义汇率波动加剧导致金融中介活动收缩，从而使 UIP 出现大幅偏离；相反在盯住汇率制下，名义汇率波动降低金融中介活动，实际汇率免受金融冲击的影响，从而使 UIP 基本成立。类似地，Fanelli 和 Straub 在一个分割的外汇市场发现央行的外汇干预政策使本国和外国的债券利差为正①；Rabitsch 在一个两国两物品的标准开放经济宏观模型中通过引入债券借贷限制使得外汇市场形成了随时间变化的风险溢价，对 UIP 偏离均给出了合理的解释②。

三 人民币汇率与利率平价

党的十八大以来，随着人民币国际化各项指标总体向好，人民币在国际货币体系中的重要作用日益凸显，中国如何管理人民币已经成为国际金融市场上一项最重要的决策。在此背景下，深入理解人民币均衡汇率形成机制及其制度安排具有重要的现实指导意义。一方面，人民币汇率决定了中国的出口竞争力。一直以来，常常有人指责中国通过低估人民币价值来促进出口以积累大量的贸易顺差，美国财政部在 2019 年 8 月更是罔顾事实将中国列为“汇率操纵国”，这些责难不乏有意为之，但在一定程度上说明人民币定价机制的透明度还不够。另一方面，人民币均衡汇率形成机制仍在不断完善，总结具有中国特色的人民币汇改经

---

① Fanelli, S. and Straub, L., 2021, “A Theory of Foreign Exchange Interventions”, *Review of Economic Studies*, 88 (6): 2857 – 2885.

② Rabitsch, K., 2016, “An Incomplete Markets Explanation of the Uncovered Interest Rate Parity Puzzle”, *Review of International Economics*, 24 (2): 422 – 446.

验，可以明确未来人民币汇改的方向和路径，为“双循环”新发展格局下建设更高水平开放型经济新体制提供政策启示。

（一）人民币汇率形成机制及制度安排

人民币汇率政策随着中国经济体制的变化而演变。1994 年以来，人民币汇率制度改革主要经历了以下三个阶段：第一阶段是 1994 年至 2005 年上半年，标志性汇改事件是 1994 年人民币汇率制度从双轨制向单一汇率制转变；第二阶段是 2005 年下半年至 2015 年上半年，标志性汇率事件是 2005 年 7 月 21 日人民币汇率制度从硬挂钩向有管理的浮动汇率制转变；第三阶段是 2015 年下半年至今，标志性汇改事件是 2015 年 8 月 11 日调整人民币汇率中间定价机制①。2005 年“7・21”汇改后，中国人民银行正式宣布实行以市场供求为基础、参考一篮子货币进行调节、有管理的浮动汇率制度。人民币兑美元汇率的日浮动幅度从最初的 0.3% 经过数次调整最终扩大至 2%，人民币汇率中间价也由“参考上一日银行间市场加权价确定”改为“参考上一日收盘价确定”。虽然 2005 年“7・21”汇改后人民币汇率采用有管理的浮动汇率制，但在很长的一段时间里，中国人民银行对人民币汇率形成机制公布的信息较少。例如，人民币汇率参考的一篮子外币到底有哪些，对应的权重又分别是多少，这些都是未知数，鲜有人知道人民币汇率中间价究竟是如何确定的。直到 2015 年“8・11”汇改，中国人民银行在人民币汇率形成机制的市场化上迈出了积极的、重要的一大步，通过实施多项改革措施（见表 1—1），目前人民币汇率中间价形成机制变得更加清晰透明以及市场化。

当前，人民币汇率政策可以简称为“双支柱政策”，第一个支柱为“市场支柱”，是指“收盘汇率”，反映外汇市场供求状况；第二个支柱

---

① 张明、陈胤默：《人民币汇率制度改革的结构性演进：历史回顾、经验总结与前景展望》，《财贸经济》2022 年第 12 期。

为“篮子支柱”，是指“一篮子货币汇率变化”，反映人民币在货币篮子中的整体稳定性。双支柱政策在人民币汇率弹性与稳定性之间权衡，这是基于当前中国国情作出的最优汇率政策安排。一方面，贸易在中国经济增长中具有重要作用，篮子支柱使人民币相对主要贸易伙伴的货币价值保持稳定，有利于开展对外贸易，为稳定外贸、金融、经济等提供了有力支撑。另一方面，中国作为世界第二大经济体，人民币已经成为国际储备货币之一，随着中国稳步推进金融开放，资本账户日益自由化，根据“三元悖论”中国迫切需要通过市场支柱实现汇率的弹性以确保货币政策的独立性。

在经济转型期，人民币双支柱政策是有效的，因为它不仅兼顾了人民币汇率的弹性和稳定性，借助“逆周期因子”还保留了央行调节外汇市场的能力。但从全球主要经济体的汇率政策实践来看，人民币双支柱政策只是经济转型期一种过渡性质的制度安排，自由浮动将是人民币汇改的终极目标。虽然人民币自由浮动可以有效抵御外部冲击，但同时也要承受人民币汇率大幅波动。从当前国内外经济形势综合考量，我们认为在短期甚至中期人民币汇率自由浮动的目标都不太可能实现。换言之，人民币汇率仍需要在弹性与稳定性之间进行权衡。在迈向浮动汇率制的过程中，中国应继续完善“宏观审慎 + 微观监管”两位一体的管理框架，退出外汇市场常态化干预，只在市场异常波动才出手，为跨境资本平稳流动、外汇市场理性交易提供良性健康的市场环境，逐步实现人民币汇率清洁浮动①。有学者认为，现阶段构建人民币篮子汇率的年度宽幅目标区可以更好地实现人民币汇率弹性和稳定性的双重目标，同时辅之配套的保障性汇率制度改革措施②。

---

① 缪延亮：《从此岸到彼岸：人民币汇率如何实现清洁浮动》，中国金融出版社 2019 年版。

② 张明、陈胤默：《人民币汇率制度改革的结构性演进：历史回顾、经验总结与前景展望》，《财贸经济》2022 年第 12 期。

表1—1　2015年“8·11”汇改以来人民币汇率中间价形成机制的发展历程

时间	主要汇改措施
2015年8月	中国人民银行决定完善人民币兑美元汇率中间价报价，即做市商在每日银行间外汇市场开盘前，参考上日银行间外汇市场收盘汇率，综合考虑外汇供求情况以及国际主要货币汇率变化向中国外汇交易中心提供中间价报价
2015年12月	中国外汇交易中心在中国货币网正式发布CFETS人民币汇率指数，同时参考BIS和SDR人民币汇率指数，积极引导市场改变过去主要关注人民币兑美元双边汇率的习惯，逐渐把参考一篮子货币计算的有效汇率作为人民币汇率水平的主要参照系
2016年2月	中国人民银行明确提出，做市商在进行人民币兑美元汇率中间价报价时，要考虑“收盘汇率”和“一篮子货币汇率变化”两个组成部分，从而形成了“收盘汇率+一篮子货币汇率变化”双因子报价模型
2017年5月	中国人民银行在“收盘汇率+一篮子货币汇率变化”双因子报价模型中加入“逆周期因子”形成三因子报价模型，通过缓冲市场顺周期波动以遏制市场单边贬值预期
2020年10月	中间价报价行陆续淡出使用“逆周期因子”，一个规则清晰、透明公开、市场主导的人民币汇率中间价形成机制沿用至今

资料来源：根据中国人民银行发布的公告整理得到。

（二）人民币利率平价

理论上，利率平价成立的前提是资本可以自由流动。在2005年“7·21”汇改前，由于中国资本账户受到严格管制，人民币利率和汇率都缺乏弹性，国内外利差对人民币汇率的影响非常有限，因此早期研究一致认为利率平价理论在我国并不成立，它们指出人民币利率平价需要考虑交易成本或由体制因素形成的摩擦系数①。不过，早期研究更多地侧重定性分析，并没有利用实际数据检验人民币利率平价的适用性，很难判定其研究结论的科学性和严谨性，更遑论随着中国利率政策和汇

① 张萍：《利率平价理论及其在中国的表现》，《经济研究》1996年第10期；易纲、范敏：《人民币汇率的决定因素及走势分析》，《经济研究》1997年第10期；薛宏立：《浅析利率平价模型在中国的演变》，《财经研究》2002年第2期。

率政策的演变，以及人民币国际化有序推进，人民币利率平价成立的基本条件日趋完善。通过检验利率平价理论在中国的适用性，可以探析人民币汇率与利率之间的联动关系及其影响因素，这对于我国今后推进高水平金融开放、人民币国际化以及资本账户开放改革具有重要启示。

1. 人民币抛补利率平价

如前文所述，2008 年国际金融危机发生前，CIP 作为“铁律”有着极佳的表现，但这些国外的研究样本大多剔除了中国。人民币 CIP 是否成立，它在危机前后是否发生逆转，这些问题也吸引了国内学者的关注。以时间维度，区分危机前和危机后人民币 CIP 的表现。崔明超和黄运成利用格兰杰检验和协整检验对 2005 年“7·21”汇改之后至 2008 年国际金融危机以前的人民币 CIP 进行验证，结果显示人民币 CIP 在长期基本成立①，但利用人民币兑美元在岸远期汇率以及上海银行间同业拆放利率计算发现，人民币 CIP 存在一定程度的偏离。在危机发生前，人民币 CIP 偏离程度较小（不足 2%）且相对稳定，危机期间人民币 CIP 偏离程度显著增大（峰值接近 12%），之后逐渐减少。对此一个可能的解释是，中国政府为防止危机期间跨境资本大量涌入，在 2007 年 5 月收紧人民币和美元汇兑限制，导致人民币兑美元 CIP 偏离急剧扩大，而危机后外汇市场限制放松，即期汇率企稳，热钱流入减少，人民币 CIP 偏离程度逐渐消失②。谭小芬和高志鹏构建了 2003—2015 年月度中美两国利率平价偏离程度，发现风险溢价和资本管制是导致人民币 CIP 不成立的重要原因，其中资本管制对 CIP 的影响远大于风险溢价③。

上述针对人民币 CIP 的实证研究中，关于利率指标均选取货币市场

① 崔明超、黄运成：《人民币远期汇率定价实证分析》，《国际金融研究》2008 年第 10 期。

② Wang, Y., 2010, “Anomaly in China’s Dollar-RMB Forward Market”, *China & World Economy*, 18: 96 - 120.

③ 谭小芬、高志鹏：《中美利率平价的偏离：资本管制抑或风险因素?》，《国际金融研究》2017 年第 4 期。

短期利率数据。张雪春等以中国债券市场为切入点，用中资企业境内外债券收益率代替货币市场短期利率数据，检验了抛补利率平价在中国的适用性①。选择债券收益率的好处在于，2017 年我国推出的“债券通”大幅提升了境内外债券市场互联互通和一体化程度，作为中国资本账户开放的一个准自然试验，利用中资企业债券收益率可以实证检验资本账户开放对人民币 CIP 的影响。结果显示，在“债券通”之前的很长一段时间，由于资本管制 CIP 理论在中国并不成立，这一点和既有研究一致，但“债券通”之后 CIP 基本适用于中国。这表明，与大部分国家 CIP 偏离的原因有所不同，制约人民币 CIP 成立的主要因素是资本管制。

2. 人民币非抛补利率平价

现有研究表明人民币 UIP 尚不成立，存在一定程度的偏离。关于人民币 UIP 偏离的解释，潘锡泉从交易成本视角出发，对传统利率平价理论进行拓展和修正，并利用 2005 年“7・21”汇改以后的数据对修正后的人民币 UIP 是否成立进行验证，结果显示汇改推动人民币汇率市场化不断提升，在放松交易成本假设下人民币 UIP 基本成立②。肖祖沔和向丽锦从资本监管视角出发，在一般均衡模型中假设家庭投资国内外资产存在调整成本，通过理论推导发现汇率、汇率预期和通胀预期的波动都会增加人民币 UIP 偏离程度③。为了捕捉政策冲击导致利率平价出现结构性突变，他们采用带结构突变分位数回归分析，实证结果不仅证实了理论发现，即资本管制是人民币 UIP 不成立的重要原因，还预见到了 2015 年“8・11”汇改对人民币 UIP 造成的巨大冲击。肖立晟和刘永余

① 张雪春、李宏瑾、张文婷：《利率平价理论在中国的适用性——基于债券市场开放的视角》，《金融评论》2022 年第 1 期。

② 潘锡泉：《中美利率和汇率动态效应研究：理论与实证——基于拓展的非抛补利率平价模型的研究》，《国际贸易问题》2013 年第 6 期。

③ 肖祖沔、向丽锦：《资本管制与中国非抛补利率平价扭曲》，《世界经济研究》2019 年第 4 期。

在实证检验人民币 UIP 的策略上作出了 4 点突破：一是放松投资者理性预期假定；二是采用市场调查数据作为人民币汇率预期数据；三是为捕捉利差对人民币汇率的非线性影响，采用时变平滑转换回归（TV - STR）模型作为分析工具；四是将“风险溢价”“交易成本”“外汇市场干预”“套利受限”4 种 UIP 偏离假说纳入统一框架进行检验①。他们的实证结果支持人民币 UIP 不成立的结论，还发现人民币远期汇率偏离程度呈上升态势，并指出“风险溢价”不是人民币 UIP 偏离的主要原因，央行外汇市场干预是导致人民币 UIP 不成立最重要的因素。

综上，由于资本管制等制度因素，人民币利率平价尚不成立。如果人民币利率平价长期出现偏离，且无法通过金融工具进行相应的定价及风险补偿，就将造成对外资产与负债回报结构上的失衡，影响我国外部经济的再平衡。但可以预见的是，随着中国向人民币完全可兑换和资本自由流动的方向不断迈进，人民币利率平价的牵引力将越来越强，基于金融创新所形成的新工具一定会更为充分地反映出利率平价的定价关系。

四　结论与启示

本章从汇率决定理论入手，详细梳理了购买力平价和利率平价两大基础理论，并总结了 2008 年国际金融危机以来汇率决定理论的最新研究进展。总结发现，现代汇率理论大多建立在利率平价的基础上。2008 年国际金融危机发生后，此前表现良好的 CIP 出现持续的、显著性偏离，且无法用传统的交易成本和信用风险解释。最新文献从边际融资成本、美元指数和跨境银行美元借贷能力、金融监管和美元供给失衡、宏

① 肖立晟、刘永余：《人民币非抛补利率平价为什么不成立》，《管理世界》2016 年第 7 期。

观金融等因素对危机之后的 CIP 偏离给出了解释。与 CIP 不同，UIP 在危机前几乎找不到任何有利的证据。但近年来，随着远期市场数据不断丰富以及计量方法的更新，包括发达经济体和新兴经济体在内的一些研究开始得到了支持 UIP 的证据。但总的来看，UIP 偏离仍然存在。最新文献从金融摩擦和市场分割两个角度分析 UIP 偏离的内在机制，结果发现 UIP 偏离本质上还是由于风险溢价驱动。

就人民币汇均衡汇率形成机制及其制度安排而言，1994 年以来人民币汇率经历了三次重要改革。2005 年“7・21”汇改后，人民币实行以市场供求为基础、参考一篮子货币进行调节、有管理的浮动汇率制度。2015 年“8・11”汇改以来，人民币均衡汇率由“收盘汇率”和“一篮子货币汇率变化”两个支柱共同决定。双支柱政策实现了人民币汇率弹性和稳定性的双重目标，通过“逆周期因子”还保留了央行在市场异常波动下调节汇市的能力，这是基于我国国情作出的最优汇率制度安排。目前中国经济仍处于经济转型期，维持人民币双支柱政策是有效的，进一步优化人民币双支柱政策是平抑外部冲击、防范系统性风险以及强化货币政策有效性的必要前提，保持人民币汇率在合理均衡水平上基本稳定，是稳定外贸、金融、经济的重要抓手。为此，外汇管理当局应继续完善“宏观审慎 + 微观监管”两位一体的管理框架，退出外汇市场常态化干预，为跨境资本平稳流动、外汇市场交易提供健康的市场环境。同时，为了更好地兼顾人民币汇率弹性与稳定性的平衡，可以考虑构建人民币篮子汇率的年度宽幅目标区。

研究发现，人民币与主要发达国家利率平价偏差所反映出的差异及其影响，对于理解中国外汇管理体制改革具有深远意义。作为外汇市场定价的基石理论，利率平价在次贷危机后于全球范围内均出现了偏离，但发达国家出现的偏离在资本自由流动的情景下可以通过一些产品的市场定价得到补偿。观察美元流动性结构的转变能够看出，当利率平价出现偏差时，一定有其他被更广泛接受的工具来填补这一偏差，以保证利率平价的有效，而美元基差互换正是这一工具。而目前人民币利率平价不成立的主要原因来自制度因素（如资本管制），我们很难为人民币利率平价的偏离提供合理的定价补偿。由于成为主要国际货币的关键性技术条件之一是该国货币必须具备充分合理的定价机制，人民币汇率对于利率平价的偏离将在一定程度上限制金融市场的定价效率以及制约人民币国际化的纵深推进。当然，我们必须强调人民币市场化定价机制完善是一个复杂的过程，不可能一蹴而就。在经济转型期保持人民币汇率弹性和稳定性的双支柱政策仍然有效，在保持人民币汇率合理均衡水平的基础上适当增强人民币汇率弹性是有序推进人民币国际化的重要支撑。

（执笔人：胡志浩、江振龙）

第二章

虚拟资本对银行风险的影响

资本是银行开展业务、实现规模扩张的基础，也是银行抵抗风险的最后一道防线，对银行长远健康发展起到至关重要的作用。近年来，中国银行业经营业绩和资本实力大幅提升。截至 2022 年年底，中国商业银行所有者权益达到 25.28 万亿元，比 2021 年年底增长了 6.04 个百分点。从实际中看，银行的资本构成是多样的：既包括个人资本，也包括法人资本；既有国有资本，也有民营资本；既有产业资本，也有虚拟资本。2020 年 12 月，中央政治局会议首次提出要强化反垄断和防止资本无序扩张。那么，从防范金融风险角度看，什么样的资本对于银行是有利的？银行业需要防范或鼓励什么样的资本扩张？

与其他行业相比，金融业受到严格的管制，金融牌照具有很高的特许权价值，金融业的盈利能力总体上要高于其他很多行业。作为中国金融体系的主体，中国银行业的平均盈利能力要高于其他行业。以上市公司为例，2017—2021 年，中国 A 股上市银行平均资本利润率（ROE）为 10.5%，除银行业以外的其他金融业上市公司 ROE 为 6.8%，除金融业以外的其他行业上市公司 ROE 为 6.6%①。可以看到，上市银行盈利能力不仅远高于非金融行业上市公司，也要高于其他非银行金融业。

① 作者根据上市公司数据自行计算，数据来源于 Wind 数据库。

尽管近年来吸引力有所下降，但长期以来较高的盈利能力使得银行业吸引了各类资本的大量涌入。其中，既有为获得产融结合优势而进入的产业资本，也有一些主要出于追求利润、具有较高逐利性的虚拟资本。以包商银行为例，其实际控制人明天控股是一家主要从事股权投资的投资公司，从实际中看，包商银行资本构成的这种特点正是造成其风险的主要因素。明天控股操纵股东大会，干预包商银行正常经营，通过各种方式进行利益输送。2005 年以来，“明天系”通过注册 209 家空壳公司从包商银行套取信贷资金，形成 1560 亿元占款，并全部成了不良贷款①。那么，那些具有较高逐利性的虚拟资本会如何影响银行风险？不同类型的资本对银行风险产生了什么样的影响？

针对上述问题，本章基于 2010—2020 年 231 家商业银行数据，通过手工搜集整理得到商业银行不同年度前十大股东中法人股东行业属性数据，将租赁和商务服务业、金融业的资本定义为虚拟资本，在此基础上分析了前十大股东中虚拟资本总持股比例对银行风险的影响。分析结果表明，前十大股东中虚拟资本总持股比例越高，银行下一年度不良贷款率也越高，说明虚拟资本会增大银行风险。这一结果对于不同类型的银行来说均成立。异质性分析显示，在那些盈利能力相对较差的银行，虚拟资本对于增大银行风险的作用会越明显。此外，本章还发现国有资本有助于降低银行风险。

本章的边际贡献主要有两个方面。一是首次分析了虚拟资本对银行风险的影响。已有文献主要关注股东的所有权性质、股权结构、股权集中度等因素与银行风险或绩效之间的关系，但还没有文献对虚拟资本如何影响银行风险或绩效进行分析。本章通过构建指标对虚拟资本进行刻画，并分析了虚拟资本对银行风险的影响，对已有文献形成补充。二是在研究样本和研究方法上进行了一定创新。首先，本章的样本包括 231

① 周学东：《中小银行金融风险主要源于公司治理失灵》，《中国金融》2020 年第 15 期。

家银行 2010—2020 年数据，包含了中国绝大多数规模较大的商业银行，具有较好的代表性；其次，与已有文献主要关注第一大股东或控股股东不同，结合数据可得性，本章的分析包含了商业银行前十大股东数据，对资本属性和虚拟资本的刻画更加准确和全面。

一　制度背景、文献综述与理论分析

这一部分将首先对中国关于商业银行股权管理的主要制度进行总结，并对与股权结构或资本属性有关的研究文献进行梳理，在此基础上分析虚拟资本影响银行风险的理论机制并提出相应的研究假设。

（一）制度背景

股权管理是中国银行业监管的重点领域。近年来，监管部门在银行股权管理方面出台了一系列制度。其中，2018 年 1 月银保监会出台的《商业银行股权管理暂行办法》是中国银行股权管理的一项基础性制度，该制度明确了股东责任、商业银行股权管理职责等，提出了“两参一控”的要求，即同一投资人及其关联方、一致行动人作为主要股东参股商业银行的数量不得超过 2 家，或控股商业银行的数量不得超过 1 家。此外，银保监会还于 2019 年 7 月出台《商业银行股权托管办法》，要求商业银行应委托依法设立的证券登记结算机构、符合条件的区域性股权市场运营机构或其他股权托管机构管理其股权事务。2021 年 6 月，银保监会出台《银行保险机构公司治理准则》，对 2013 年出台的《商业银行公司治理指引》进行修订，该准则从公司治理的角度对商业银行股东行为和股权管理进行了规范。特别是，针对近些年来银行大股东出现的问题，2021 年 10 月银保监会专门出台《银行保险机构大股东行为监管办法（试行）》，将持股 15%（大型银行）或 10%（城商行、农商行）以上的股东定义为大股东，对大股东的持股行为、治理行为、交易行为等提出了要求。此外，银保监会先后多次公布重大违法违规股东名单，加大对违法违规股东的教育惩戒和公开披露力度。总体上看，现有监管制度侧重于从股权结构和股东行为等角度加强银行股权管理，对银行股东或资本的行业属性关注得还不多。

（二）文献综述

股权结构或资本属性属于银行公司治理范畴。已有文献表明，公司治理对银行风险产生了重要影响①。基于股权结构与银行风险关系的研究主要涉及股权性质和股权集中度两个方面。

在股权性质方面，世界上大部分国家的商业银行都存在政府持股的现象，但是关于政府持股对银行风险承担的影响则存在争议。La Porta 等对世界主要国家的银行股权结构进行了研究，发现政府持有银行股权是一种普遍现象②。他们认为有两种理论可以解释政府参与金融体系：一是发展观点。该观点认为政府持股银行有利于促进金融发展和经济增长，而且政府持有银行股份对有国家战略意义的行业具有十分重要的影响。二是政治观点。政府持有银行股份是为了政治目的，如利用银行向政府的支持者提供就业机会、补贴和其他福利。Bonin 等以及 Fries 和 Taci 研究发现，银行所有权性质对其风险具有显

① Pathan, S., 2009, "Strong Boards, CEO Power and Bank Risk-taking", *Journal of Banking and Finance*, 33 (7): 1340 - 1350; John, K., Mehran, H. and Y. Qian, 2010, "Outside Monitoring and CEO Compensation in the Banking Industry", *Journal of Corporate Finance*, 16 (4): 383 - 399; Srivastav, A., Armitage, S. and J. Hagendorff, 2014, "CEO Inside Debt Holdings and Risk Shifting: Evidence from Bank Payout Policies", *Journal of Banking and Finance*, 47 (10): 41 - 53; Minton, B., Taillard, J. and R. Williamson, 2014, "Financial Expertise of the Board, Risk Taking, and Performance: Evidence from Bank Holding Companies", *Journal of Financial and Quantitative Analysis*, 49 (2): 351 - 380; 赵昌文、杨记军、夏秋：《中国转型期商业银行的公司治理与绩效研究》，《管理世界》2009 年第 7 期；赵尚梅、杜华东、车亚斌：《城市商业银行股权结构与绩效关系及作用机制研究》，《财贸经济》2012 年第 7 期。

② La Porta, R., Lopez-De-Silanes, F. and A. Shleifer, 2002, "Government Ownership of Banks", *Journal of Finance*, 57 (1): 265 - 301.

著影响，在转轨经济国家，国有股比例越高，银行面临的风险就越大[①]。国内相关研究并未得到一致性结论。曹廷求等研究发现，政府以股东身份对银行（董事会）的控制起到了降低银行风险的效果[②]；而曹艳华和牛筱颖则发现，第一大股东的性质没有对银行风险产生显著影响[③]。

关于股权集中度对风险的影响，已有研究主要有两种观点：一种观点认为，股权集中会有利于银行公司治理，股权集中使得对管理层的监督更为有效，即利益协调假说。在一般意义上，Shleifer 和 Vishny 认为，由于大股东更加重视自身利益，因而具有更强的监督动机，能够有效地减少股东在监督管理层中的“搭便车”行为，从而提高公司治理效率[④]。但是，另一种观点则认为，股权集中会导致大股东追逐控制权私利，从而损害其他中小股东的利益，即存在大股东对中小股东的“掏空”行为。Laeven 和 Levine 通过对 48 个国家 300 家银行的研究，发现银行大股东的现金流权与银行的承担风险行为正相关，这说明股权集中能够协调管理层和股东的利益冲突，降低银行风险[⑤]。曹廷求和王营运用中国 34 家商业银行数据发现，第一大股东持股比例越高，银行风险承担越高，而前十大股东持股比例却与风险承担负相

---

① Bonin, J., Hasan, I. and P. Wachtel, 2005, “Bank Performance, Efficiency and Ownership in Transition Countries”, *Journal of Banking and Finance*, 29 (1): 31 - 53; Fries, S. and A. Taci, 2005, “Cost Efficiency of Banks in Transition: Evidence from 289 Banks in 15 Post-communist Countries”, *Journal of Banking and Finance*, 29 (1): 55 - 81.

② 曹廷求、郑录军、于建霞：《政府股东、银行治理与中小商业银行风险控制——以山东、河南两省为例的实证分析》，《金融研究》2006 年第 6 期。

③ 曹艳华、牛筱颖：《上市银行治理机制对风险承担的影响（2000 ~ 2007）》，《金融论坛》2009 年第 1 期。

④ Shleifer, A. and R. Vishny, 1997, “A Survey of Corporate Governance”, *Journal of Finance*, 52 (2): 737 - 783.

⑤ Laeven, L. and R. Levine, 2009, “Bank Governance, Regulation and Risk Taking”, *Journal of Financial Economics*, 93 (2): 259 - 275.

关[1]；与之类似，祝继高等也发现，银行第一大股东的控股能力越强，其不良贷款率越高[2]。

总体上看，已有文献较多地关注股权性质和股权集中度对银行风险的影响，还没有文献从资本的行业属性角度分析虚拟资本与银行绩效或风险的关系。本章首次基于银行前十大股东中法人股东行业属性数据，构建指标反映虚拟资本在银行中的持股比例，并分析其对银行风险的影响，对已有文献形成补充。

（三）理论分析

关于虚拟资本，马克思是最早提出者之一。根据《资本论》的论述，虚拟资本是指独立于现实的资本运动之外，以有价证券的形式存在，能给持有者带来一定收入的资本，它包括股票、债券、商业票据、银行券和不动产抵押单等。虚拟资本在质上和量上都与实际资本有着根本的不同。按照马克思的观点：虚拟资本是与实际资本相对立，本身没有价值但却能带来价值的以有价证券形式存在的资本。与虚拟资本紧密相关的另一个概念是虚拟经济。虚拟经济是从虚拟资本演化而来的、与实体经济相对而言的概念。成思危认为，虚拟经济相对实体经济而言，存在有自己的活动模型和演化规律，不需要通过实体经济模型的交换—生产—流通—交换的循环方式就能产生利润[3]。虚拟经济依托金融系统进行循环，不需经过实体经济循环就可获利，是一种“钱生钱”的活动。李晓西和杨琳认为，虚拟经济有相对独立于实体经济之外虚拟资本的持有和交易活动，与实体经济相比，虚拟经济具有高风险、高投机、

① 曹廷求、王营：《特许权价值、公司治理机制和商业银行风险承担》，《金融论坛》2010年第10期。

② 祝继高、饶品贵、鲍明明：《股权结构、信贷行为与银行绩效——基于我国城市商业银行数据的实证研究》，《金融研究》2012年第7期。

③ 成思危：《虚拟经济探微》，《南开学报》2003年第2期；成思危：《虚拟经济的基本理论及研究方法》，《管理评论》2009年第1期。

高流动和不稳定等特征①。结合虚拟资本的这种特点，我们认为，虚拟资本进入银行体系之后至少会从以下两方面对银行风险产生影响：一方面，高投机性使得虚拟资本有更强的动机推动商业银行承担高风险行为，以获取更高的收益；另一方面，虚拟资本具有高流动性和不稳定性特点，这又会使得商业银行经营层在获取虚拟资本之后，将面临更大的经营压力。这是因为，一旦银行业绩无法满足虚拟资本的需要，虚拟资本可能随时抛售银行股权，退出商业银行，由此对银行的稳定运营带来重大不利影响。经营压力的上升进而会导致商业银行经营层在业务开展中采取更多的激进行为，由此增大银行风险。基于以上分析，我们得到基本研究假设如下：

假设：银行股东中虚拟资本持股比例越高，银行风险越高。

二　虚拟资本在银行体系中的持股特征

这一部分中，我们将对研究方法和研究数据进行介绍，并基于样本数据对虚拟资本在中国商业银行中的持股特征进行分析。

（一）研究方法

1. 研究样本

本章的数据来源于CSMAR银行数据库和Wind数据库。具体地，研究样本所涉及的银行股东数据取自CSMAR银行数据库，研究样本共包括231家银行2010—2020年前十大股东中法人股东数据和银行财务数据。其中231家银行具体包括6家国有大型银行，12家股份制银行，63家农村商业银行，其余150家为城商行或外资银行或村镇银行。剔除缺失值后，231家银行2010—2020年前十大股东涉及5128家企业。

① 李晓西、杨琳：《虚拟经济、泡沫经济与实体经济》，《财贸经济》2000年第6期。

数据显示，2020年样本银行前十大股东持股比例之和的均值为58%，说明中国商业银行股权集中度处于较高水平，也意味着基于前十大股东数据能够较好地反映银行的资本构成。为对样本银行法人股东的行业属性进行分析，我们通过企查查、爱企查等网站手工收集得到各家银行前十大股东中法人股东的注册信息，依据中国证监会2012年修订公布的《上市公司行业分类指引》分类，对银行各年度前十大股东中法人股东所处行业进行分类，在此基础上分别得到样本银行各年度前十大股东中不同行业法人股东的总持股比例。《上市公司行业分类指引》总共包含19个大类行业，如表2—1所示；样本银行前十大股东中法人股东的行业分布情况，如表2—2所示。

表2—1　**上市公司行业分类指引**

行业代码	行业名称	行业代码	行业名称
A	农、林、牧、渔业	K	房地产业
B	采矿业	L	租赁和商务服务业
C	制造业	M	科学研究和技术服务业
D	电力、热力、燃气及水生产和供应业	N	水利、环境和公共设施管理业
E	建筑业	O	居民服务、修理和其他服务业
F	批发和零售业	P	教育业
G	交通运输、仓储和邮政业	Q	卫生和社会工作
H	住宿和餐饮业	R	文化、体育和娱乐业
I	信息传输、软件和信息技术服务业	S	综合
J	金融业		

表2—2　**样本银行法人股东所属行业分布**

行业名称	行业代码	数量	百分比（%）
农林牧渔业	A	67	1.31
采矿业	B	100	1.95

续表

行业名称	行业代码	数量	百分比（%）
制造业	C	1244	24. 26
电力、热力、燃气及水生产和供应业	D	109	2. 13
建筑业	E	268	5. 23
批发和零售业	F	716	13. 96
交通运输、仓储和邮政业	G	136	2. 65
住宿和餐饮业	H	39	0. 76
信息传输、软件和信息技术服务业	I	52	1. 01
金融业	J	491	9. 57
房地产业	K	480	9. 36
租赁和商务服务业	L	1214	23. 67
科学研究和技术服务业	M	115	2. 24
水利、环境和公共设施管理业	N	41	0. 80
居民服务、修理和其他服务业	O	8	0. 16
教育业	P	4	0. 08
卫生和社会工作	Q	5	0. 10
文化、体育和娱乐业	R	30	0. 59
综合	S	9	0. 18
总计		5128	100

从表 2—2 可以看到，样本银行前十大股东中法人股东所处行业占比前三的分别是制造业（行业代码为 C）、租赁和商务服务业（行业代码为 L）、批发和零售业（行业代码为 F），分别占比 24. 26%、23. 67%、13. 96%；此外，来自金融业、房地产业等行业的股东占比也较高。与之相比，教育业、卫生和社会工作等行业的企业股东占比则较少。

2. 指标构建

如何构建反映虚拟资本的指标是本章的一个关键。我们依据《上市公司行业分类指引》，对所包含的19个大类行业进行逐一分析。分析表明，金融业（行业代码为J）、租赁和商务服务业（行业代码为L）这两大类行业中的企业一般不从事具体的生产活动，主要从事股权投资业务等，与虚拟资本的特点最为接近。因此，我们将金融业（行业代码为J）、租赁和商务服务业（行业代码为L）资本定义为虚拟资本，将银行各年度前十大股东中隶属于金融业（行业代码为J）、租赁和商务服务业（行业代码为L）的股东期末持股比例之和作为银行虚拟资本持股比例的度量。

（二）时间趋势

随着宏观经济的下行，过去一个时期中国商业银行信用风险总体上有所上升。其中，商业银行不良贷款余额从2012年的4279亿元增加到2022年的29829亿元；不良贷款率从2012年的阶段性低点0.95%上升到2022年的1.63%（见图2—1）。需要说明的是，随着近年来不良资产处置力度的加大，2019年以来商业银行不良贷款率有所下降。

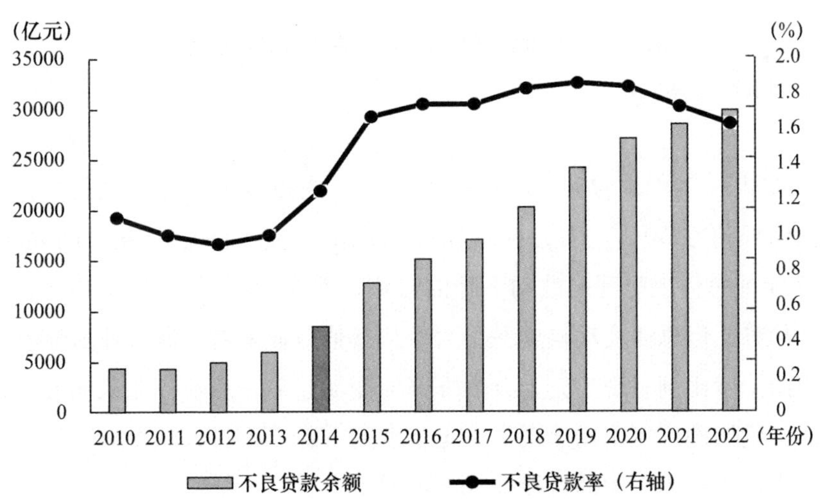

图2—1　中国商业银行信用风险变动情况

资料来源：Wind数据库。

基于前文构建的虚拟资本指标，我们对 2010—2020 年虚拟资本（行业代码为 J 和 L）、制造业（行业代码为 C）、房地产业（行业代码为 K）资本在样本银行中的持股变动情况进行了分析，如图 2—2 所示。

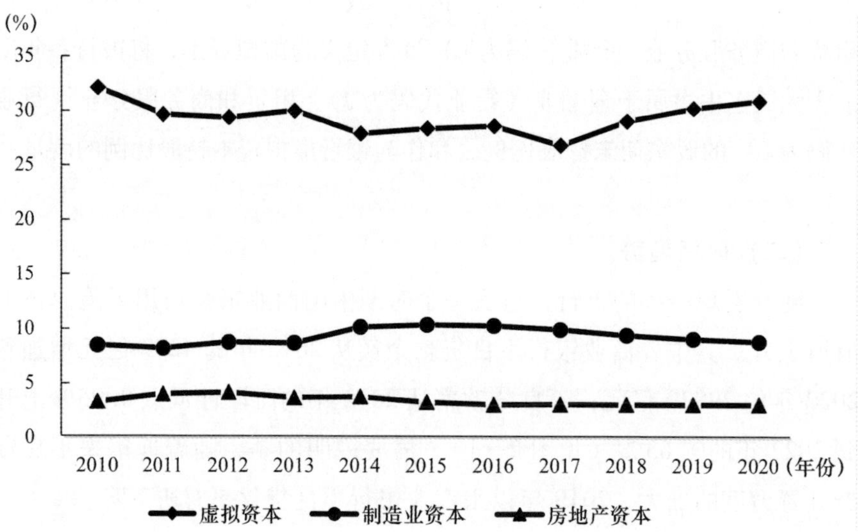

图 2—2　样本银行股权中不同资本持股变动情况

资料来源：笔者自制。

从图 2—2 可以看到，2010—2020 年，虚拟资本在样本银行中的持股比例保持在 30% 左右，样本期间呈现出“先下降后上升”的趋势：2017 年前总体上呈现出波动下降的趋势，而在 2017 年之后呈现一定的上升趋势，但总体变动幅度并不大。从其他行业来看，制造业股东在银行中的持股比例呈现出先上升后下降的变动趋势，房地产业股东在银行中的持股比例近年来则出现了一定幅度的下降。不过，从总体上看，各类资本在银行体系中的持股变动幅度并不大。

不同类型银行虚拟资本持股变动情况如图 2—3 所示。从不同类型银行来看，首先，不同类型银行中虚拟资本持股比例存在较大差异。国

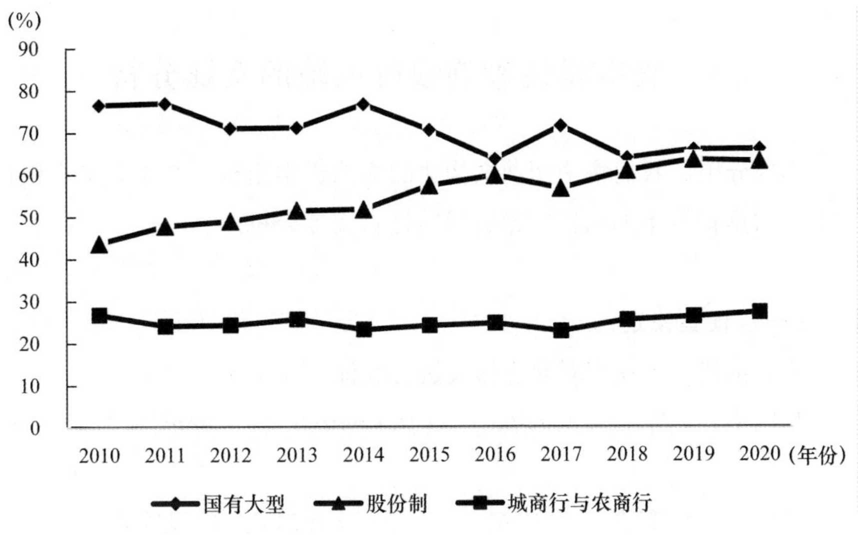

图 2—3　不同类型银行股权中虚拟资本持股变动情况

资料来源：笔者自制。

有大型银行中虚拟资本持股比例最高，股份制银行次之，城商行和农商行股权中虚拟资本占比平均不到 30%，低于其他两类银行。其次，不同类型银行中虚拟资本的持股比例呈现出不同的变动趋势。具体地，2010—2020 年，国有大型银行虚拟资本持股比例总体上呈现一定的下降趋势，从 2010 年的 76.6% 缓慢下降到 2020 年的 66.1%，降低了 10.5 个百分点。之所以出现这种情况，可能与近年来作为国有金融资本持有者的中央汇金公司减持国有大型银行的股权有关。城商行、农商行的情况则较为平稳，虚拟资本的持股比例基本保持在 30% 以下的水平。与之相比，虚拟资本在股份制银行股权中的份额则呈现出明显的上升趋势。从 2010 年的 43.7% 上升到 2020 年的 63.1%，上升了 19.4 个百分点。这说明在快速发展的背景下，过去一个时期股份制银行的股权对各类虚拟资本的吸引力在上升，大量虚拟资本纷纷涌入股份制银行。

三　资本属性影响银行风险的实证分析

本部分中，我们将采用前文构建的虚拟资本指标，基于 231 家银行数据，对虚拟资本如何影响银行风险进行实证分析。

（一）模型设定

我们构建以下模型对研究假设进行验证。

$$NPLR_{i,t} = \beta_1 + \beta_2 Fcapital_{i,t-1} + \beta_3 Controls_{i,t-1} + Bank_i + Year_t + \varepsilon_{i,t} \quad (2—1)$$

其中，被解释变量 $NPLR_{i,t}$ 代表银行 i 在时期 t 的风险水平，以银行的不良贷款率来衡量。该比率越高，说明银行资产质量越差，银行信用风险越高。*Fcapital* 为前文所构建的银行虚拟资本持股比例变量，以商业银行前十大股东中隶属于金融业（行业代码为 J）、租赁和商务服务业（行业代码为 L）的股东期末持股比例之和来衡量，该比率越高，说明银行资本构成中虚拟资本持股比例越高。如果研究假设成立，我们预期 *Fcapital* 的系数 β_2 为显著为正。*Controls* 为选取的可能会对银行风险产生影响的控制变量，包括银行层面的变量和宏观经济层面的变量。具体包括：①资产规模（Size），以银行总资产（元）的自然对数来表示。资产规模较大的银行一般也具备较为完善的风控体系，从而能够更好地控制风险。②盈利能力（Profitability），以银行当年净利润除以总收入来表示，该指标越大意味着银行盈利能力越强。类似的，盈利能力越强的银行往往具备较强的风控能力，因此风险一般也较低。③管理费用率（Management）。以银行当年管理费用除以总收入来表示。该指标取值越高，银行为获取一定收入而需要支付的管理费用就越多，一定程度上意味着银行的运营效率越低，银行风险可能会越高。④第一大股东持股比例（First）。表示银行年末第一大股东持股比例，反映了银行的股权集中度。第一大股东持股比例对银行风险的影响是不确定的。一方面，第一大股东持股比例越高，对经营层的监督可能会更有效，从而降低银行的风险承担行为；另一方面，持股比例越高，第一大股东对银行的控制力就越强，进而更容易引发对商业银行的利益侵占行为，由此增大银行风险①。⑤董事会规模（Director）。以银行年末董事数量的自然对数来表示。董事会规模对银行风险的影响也是不确定的。一方面，董事会规模越大，说明董事会可能越强大，银行决策层对经营层的监督可能会越有效，进而有助于银行控制风险；另一方面，董事会规模越大，不同董事之间的代理成本会更严重，董事会中发生"搭便车"的可能性就越高，反而可能降低银行决策的科学性，进而不利于银行控制风险。⑥GDP 增长率（GDP Growth）。反映宏观经济增长情况。以各年度银行所在省份 GDP 增速来衡量，对于国有大型银行和股份制银行等全国性银行，以全国层面的 GDP 增速来衡量。GDP 增速对银行风险可能会产生两方面影响：一方面，经济增速越快，银行所面临的外部信用环境越好，借款人发生违约的可能性会下降，由此降低银行风险；另一方面，地区经济增速越快，外部需求的上升可能会使得银行的经营行为更加激进，一些信用等级较低的借款人也可能会获得银行资金，这会加大银行风险。⑦M2 增速（M2 Growth）。反映货币政策宽松程度，以各年度 M2 增长率来衡量。M2 增长率越快，说明货币政策越宽松。货币政策对银行风险的影响也是不确定的。一方面，在货币政策宽松时期，市场流动性较为充裕，借款人面临流动性危机的可能性会降低，履约能力将会上升，从而有助于降低银行风险；另一方面，货币政策宽松时期往往处于经济下行期，货币政策当局处于刺激经济的目的而加大

① 曹廷求、王营：《特许权价值、公司治理机制和商业银行风险承担》，《金融论坛》2010 年第 10 期；祝继高、饶品贵、鲍明明：《股权结构、信贷行为与银行绩效——基于我国城市商业银行数据的实证研究》，《金融研究》2012 年第 7 期。

货币供应，而在经济下行期借款人的履约能力一般相对较差。

为尽可能降低内生性的影响，我们将核心解释变量和控制变量都滞后一期。其中 $Bank_i$ 、$Year_t$ 分别表示银行个体和年份固定效应，$\varepsilon_{i,t}$ 为残差项。我们对所有连续型变量均按 1%（99%）的标准进行了缩尾处理以剔除异常值影响。

（二）描述性统计

剔除缺失值后，我们最终使用的样本包括 231 家银行 2010—2020 年的 1451 个银行年度观测值，相关变量描述性统计如表 2—3 所示。

表 2—3　**变量的描述性统计**

变量	N	Mean	STD	Min	Max
NPLR	1451	0. 0156	0. 0086	0. 0013	0. 0609
Fcapital	1451	0. 2930	0. 2352	0	0. 9645
Size	1451	18. 9636	3. 7545	14. 0028	26. 8772
Profitability	1451	0. 3168	0. 0948	0. 0379	0. 5243
Management	1451	0. 3409	0. 0729	0. 1933	0. 5849
First	1451	0. 1791	0. 1380	0. 0317	0. 7533
Director	1451	2. 3077	0. 7257	0	2. 8904
GDP Growth	1451	0. 0673	0. 0198	0. 0220	0. 1060
M2 Growth	1451	0. 1132	0. 0284	0. 0810	0. 1970

从表 2—3 可以看到，样本银行平均不良贷款率（NPLR）为 1. 56%，保持在较低水平，说明中国商业银行资产质量总体较好，信用风险较低。虚拟资本在样本银行中的平均持股比例（Fcapital）为 29. 30%，接近 30%。样本银行平均收入利润率（Profitability）31. 68%，整体盈利能力较强。平均管理费用率（Management）为 34. 09%，第一大股东平均持股比例（First）为 17. 91%。

（三）实证结果

1. 基本结果

基于（2—1）式所得到的分析结果如表 2—4 所示。表 2—4 中不同列的结果是类似的，虚拟资本持股比例变量（Fcapital）在所有回归中均为正且显著性水平均低于 1%，说明虚拟资本对银行风险具有显著的正向影响。以第（4）列为例，Fcapital 的回归系数为 0.0064，意味

表 2—4　　　　　　**实证结果（因变量：NPLR）**

	(1)	(2)	(3)	(4)
Fcapital	0.0087*** (3.8695)	0.0078*** (3.5653)	0.0064*** (2.9369)	0.0064*** (2.9369)
Size	—	0.0022*** (7.1961)	0.0007 (1.3712)	0.0007 (1.3712)
Profitability	—	-0.0445*** (-19.7059)	-0.0425*** (-18.0134)	-0.0425*** (-18.0134)
Management	—	0.0077** (2.3702)	0.0064** (2.0232)	0.0064** (2.0232)
First	—	-0.0007 (-0.1607)	0.0001 (0.0345)	0.0001 (0.0345)
Director	—	-0.0006** (-2.5156)	-0.0005** (-2.2956)	-0.0005** (-2.2956)
GDP Growth	—	—	—	0.0319*** (2.6082)
M2 Growth	—	—	—	-0.0308*** (-2.9035)
Bank	Yes	Yes	Yes	Yes
Year	Yes	No	Yes	Yes
Constant	0.0215*** (8.2606)	-0.0161** (-2.0130)	0.0170 (1.4667)	0.0197 (1.5158)
Observations	1451	1451	1451	1451
R-squared	0.653	0.716	0.738	0.738

注：t-statistics in parentheses，*** $p<0.01$，** $p<0.05$，* $p<0.1$。

着银行虚拟资本持股比例每提高 10 个百分点，下一年度商业银行的不良贷款率将增加 0.064 个百分点。考虑到样本银行平均不良贷款率为 1.56%，这个幅度在经济意义上也是显著的。

从控制变量来看，资产规模（Size）对银行风险具有一定的正向影响但并不显著，银行盈利能力（Profitability）、董事会规模（Director）、M2 增速（M2 Growth）等对银行风险具有一定的负向影响，而管理费用率（Management）、GDP 增长率（GDP Growth）等则会对银行风险产生正向影响，与理论预期基本一致。

2. 不同类型银行的比较

本章的样本包含国有大型银行、股份制银行、城商行和农商行等其他中小银行多种类型。对不同类型银行的分析结果如表 2—5 所示。

表 2—5　　**不同类型银行（因变量：NPLR）**

	国有大型 + 股份制		其他中小银行	
	(1)	(2)	(3)	(4)
Fcapital	0.0126*** (4.2260)	0.0126*** (4.2260)	0.0054** (2.1888)	0.0054** (2.1888)
Size	0.0051*** (3.3264)	0.0051*** (3.3264)	0.0008 (1.4016)	0.0008 (1.4016)
Profitability	-0.0180*** (-2.8562)	-0.0180*** (-2.8562)	-0.0432*** (-17.0367)	-0.0432*** (-17.0367)
Management	0.0144** (2.1829)	0.0144** (2.1829)	0.0076** (2.1515)	0.0076** (2.1515)
First	-0.0044 (-1.0862)	-0.0044 (-1.0862)	0.0026 (0.5150)	0.0026 (0.5150)
Director	-0.0005 (-1.2677)	-0.0005 (-1.2677)	-0.0005** (-2.0274)	-0.0005** (-2.0274)
GDP Growth	0.0308 (1.6165)	—	0.0349** (2.5592)	—
M2 Growth	-0.0126 (-0.7332)	—	-0.0277** (-2.3020)	—

续表

	国有大型 + 股份制		其他中小银行	
	(1)	(2)	(3)	(4)
Bank	Yes	Yes	Yes	Yes
Year	Yes	Yes	Yes	Yes
Constant	-0.0884 *** (-3.2019)	-0.0892 *** (-2.9233)	0.0152 (1.2095)	0.0170 (1.1975)
Observations	176	176	1275	1275
R-squared	0.825	0.825	0.733	0.733

注：t-statistics in parentheses，*** p<0.01，** p<0.05，* p<0.1。

从表2—5可以看到，虚拟资本对不同类型银行的风险均有显著的正向影响，无论是对于国有大型银行、股份制银行这些规模相对较大的银行，还是对于城商行、农商行等其他中小银行来说，虚拟资本持股比例的提高都会带来银行风险的上升。比较可以看到，第（1）列和第（2）列中虚拟资本持股比例（Fcapital）回归系数的绝对值要高于第（3）列和第（4）列，说明虚拟资本对银行风险的影响在国有大型银行和股份制银行中可能会更加明显一些。

3. 不同类型虚拟资本

我们在构建虚拟资本指标时，将金融业（行业代码为J）、租赁和商务服务业（行业代码为L）资本作为虚拟资本。那么，不同类型的虚拟资本对银行风险的影响是否存在差异？针对这一问题，我们对金融业（行业代码为J）、租赁和商务服务业（行业代码为L）资本如何影响银行风险分别进行分析。具体地，我们以各年度各银行前十大股东中金融业股东持股比例之和、租赁和商务服务业股东持股比例之和分别构建金融业虚拟资本持股比例（Fcapital Finance）、租赁和商务服务业虚拟资本持股比例（Fcapital Business）指标，在此基础上分析其对银行风险的影响，结果如表2—6所示。

表2—6　　不同类型虚拟资本（因变量：NPLR）

	(1)	(2)
Fcapital Business	0.0041* (1.7687)	—
Fcapital Finance	—	0.0038 (1.5197)
Size	0.0006 (1.1576)	0.0007 (1.3480)
Profitability	-0.0424*** (-17.9099)	-0.0427*** (-18.0449)
Management	0.0068** (2.1355)	0.0064** (2.0180)
First	0.0036 (0.9193)	0.0039 (0.9943)
Director	-0.0005** (-2.2226)	-0.0005** (-2.2961)
GDP Growth	0.0300** (2.4567)	0.0301** (2.4583)
M2 Growth	-0.0345*** (-3.2854)	-0.0333*** (-3.1441)
Bank	Yes	Yes
Year	Yes	Yes
Constant	0.0229* (1.7675)	0.0211 (1.6173)
Observations	1451	1451
R-squared	0.737	0.737

注：t-statistics in parentheses，*** $p<0.01$，** $p<0.05$，* $p<0.1$。

从表2—6可以看到，不同类型的虚拟资本对银行风险均有一定的正向影响，但显著性略有差异。与金融业虚拟资本持股比例（Fcapital Finance）相比，租赁和商务服务业虚拟资本持股比例（Fcapital Business）对银行风险的影响更为明显。可能的原因在于，金融业虚拟资本与银行在业务范围上较为接近，可能会与银行形成一定的协同效应，进而能够在一定程度上抵消虚拟资本对银行风险的不利影响。与之相比，租赁和商务服务业虚拟资本（Fcapital Business）与银行的业务经营活动关联度不大，对银行风险的影响也会更加明显。

4. 盈利能力的影响

前文的分析表明，虚拟资本持股将会增大银行风险。这一部分里，我们将进一步分析哪些因素会对虚拟资本与银行风险之间的关系产生影响。具体地，我们主要考察银行盈利能力的影响。从理论上说，盈利能力反映了一个银行的整体运营状况，盈利能力越好，银行在公司治理和日常运营等方面一般也越规范，能够对具有较高投机性和逐利性的虚拟资本形成约束，进而降低虚拟资本对银行风险的不利影响；反之，盈利能力较差的银行在公司治理和日常运营等方面一般也相对不规范，对虚拟资本无法形成有效制约，虚拟资本对银行风险的不利影响可能会更明显。为对上述推断进行验证，我们在（2-1）式中加入虚拟资本持股比例（Fcapital）与银行盈利能力（Profitability）的交互项（Fcapital × Profitability）。如果上述推论成立，预期交互项回归系数将显著为负。具体结果如表2—7所示。

表2—7　　**盈利能力的影响（因变量：NPLR）**

	(1)	(2)
Fcapital	0.0107*** (3.3136)	0.0122*** (3.5161)
Fcapital × Profitability	-0.0131* (-1.6784)	-0.0171** (-2.1456)
Profitability	-0.0400*** (-12.2862)	-0.0372*** (-10.8452)
Size	—	0.0008 (1.5384)
Management	—	0.0076** (2.3520)
First	—	-0.0007 (-0.1738)

续表

	(1)	(2)
Director	—	-0.0005** (-2.3048)
GDP Growth	—	0.0325*** (2.6644)
M2 Growth	—	-0.0302*** (-2.8499)
Bank	Yes	Yes
Year	Yes	Yes
Constant	0.0335*** (13.5061)	0.0155 (1.1819)
Observations	1451	1451
R-squared	0.736	0.739

注：t-statistics in parentheses，*** p<0.01，** p<0.05，* p<0.1。

从表2—7可以看到，虚拟资本持股比例（Fcapital）与银行盈利能力（Profitability）的交互项（Fcapital × Profitability）回归系数在两个回归中均显著为负，说明银行盈利能力越强，虚拟资本对银行风险的会越弱。换言之，虚拟资本对银行风险的不利影响在那些经营绩效相对较差的银行表现得更为明显。前文的推论得到支持。

5. 进一步分析

前文分析了虚拟资本对银行风险的影响。除了虚拟资本，国有资本与民营资本的区分亦可能会对银行风险产生影响。本节将进一步分析国有资本对银行风险的影响。从理论上说，国有资本对银行风险的影响是不确定的。一方面，与民营资本相比，国有资本面临所有者缺位问题，无法对经营层进行有效监督，导致银行运营效率偏低，由此增大银行风险①；另

① Bonin, J., Hasan, I. and P. Wachtel, 2005, "Bank Performance, Efficiency and Ownership in Transition Countries", *Journal of Banking and Finance*, 29 (1): 31-53; Fries, S. and A. Taci, 2005, "Cost Efficiency of Banks in Transition: Evidence from 289 Banks in 15 Post-communist Countries", *Journal of Banking and Finance*, 29 (1): 55-81.

一方面，国有股东的角色与政府部门较为接近，通常会更加关注防范金融风险、维护金融体系稳定等目标，而不完全着眼于商业利益。从这个角度讲，国有资本的风险偏好一般低于民营资本，从而有助于降低银行风险。因此，国有资本对银行风险的影响取决于上述两种因素的比较，是一个实证问题。为对国有资本如何影响银行风险进行验证，本节构建国有银行虚拟变量（SOB）指标反映国有资本。具体地，以银行第一大股东是否为国有股东来衡量，国有股东包括政府股东和国有法人股东。如果第一大股东为国有股东，该变量取值为 1，否则为 0。在此基础上，基于（2－1）式进行回归分析，结果如表 2—8 所示。

表 2—8 **国有资本与银行风险（因变量：NPLR）**

	(1)	(2)
SOB	-0.0012* (-1.9412)	-0.0012* (-1.9412)
Size	0.0006 (1.2114)	0.0006 (1.2114)
Profitability	-0.0429*** (-18.1024)	-0.0429*** (-18.1024)
Management	0.0066** (2.0743)	0.0066** (2.0743)
First	0.0060 (1.6001)	0.0060 (1.6001)
Director	-0.0005** (-2.1516)	-0.0005** (-2.1516)
GDP Growth	—	0.0294** (2.4110)
M2 Growth	—	-0.0347*** (-3.3022)
Bank	Yes	Yes
Year	Yes	Yes

续表

	(1)	(2)
Constant	0.0192* (1.6536)	0.0229* (1.7652)
Observations	1451	1451
R-squared	0.737	0.737

注：t-statistics in parentheses，*** $p<0.01$，** $p<0.05$，* $p<0.1$。

从表 2—8 可以看到，国有资本对银行风险分担行为具有一定的负向影响，即国有资本一定程度上有助于降低银行风险。这一结果说明，国有资本的低风险偏好对银行风险的积极影响要超过国有股东所导致的所有者缺位对银行风险造成的消极影响。

四　结论与政策建议

资本是银行生存和发展的基础，而不同类型的资本对银行的影响可能存在较大差异。本章以中国 231 家商业银行作为研究样本，通过手工收集整理样本银行 2010—2020 年前十大法人股东中法人股东的行业属性数据，将金融业、租赁和商务服务业定义为虚拟资本，在此基础上分析了虚拟资本对银行风险的影响。主要研究发现：首先，虚拟资本由于其较高的逐利性和流动性，会增大银行的风险承担行为，虚拟资本持股比例越高，银行风险也越高。其中，租赁与服务业资本在加剧银行风险方面的作用尤为明显。其次，虚拟资本对于银行风险的影响大小与银行盈利能力有关，银行盈利能力越差，虚拟资本对银行风险的不利影响会越明显。最后，本章还分析了国有资本对银行风险的影响。研究结果显示，国有资本能够在一定程度上降低银行风险。

本章的研究具有重要的政策含义。从银行角度看，商业银行应当根据自身特点，确立符合自身特点的最优资本结构。在引入资本时，应当认识到并非所有类型的资本都是合适的。应当考虑银行资本的行业属性，避免虚拟资本过多对银行风险造成的潜在不利影响。从金融监管角度看，考虑到虚拟资本的高投机性、高逐利性等特点，应当在加强商业银行股权管理中充分考虑股东的行业属性因素，对虚拟资本在银行中的持股比例设置一定限额。在吸收社会资本壮大银行资本实力的同时，也要防范虚拟资本的潜在阴暗面。

（执笔人：李广子、刘政）

第三章

国有上市公司估值的典型特征与提升路径

国有控股上市公司估值偏低的问题近期受到较多关注，到底是市场因素、企业因素还是政策因素所导致，各方面的讨论莫衷一是。找不到根源，就不能明确国有上市公司低估值的解决思路，甚至有可能误导投资者，加剧估值的扭曲程度。我们从多个维度比较分析了国有上市公司估值的典型特征及国有企业低估值的成因，提出了改善低估值现象的对策建议。

一　国有与非国有上市公司估值的比较分析

本章从静态和动态两个方面，以非国有上市公司为对照组，研究国有上市公司的估值问题。研究发现，无论是静态比较，还是动态比较，国有上市公司估值都存在明显低于非国有上市公司的情况，这种低估值现象与国有上市公司的行业分布有一定关系，但是与其所处的外部环境和上市地点没有直接关系。

（一）静态比较

本章以 2022 年 12 月 30 日 A 股市场收盘价为基点，从行业、地区以及市场三个维度对于国有上市公司与非国有上市公司的估值水平进行静态比较分析，以归纳国有公司估值的静态特点。非国有上市公司包括了以民营企业为主体、含集体企业、公众企业和外资企业在内的多种所有制企业。分析发现，无论从哪一个维度，都存在国有企业估值明显低于非国有企业的情况。

市盈率和市净率是市场中常用的传统估值指标。前者粗略代表了投资者对上市公司生命周期内的盈利总额预期，后者代表了投资者对公司股东权益成长性的预期。随着客观条件和投资者情绪的变化，估值指标会发生一定幅度的波动甚至扭曲，因此它们并不能完全代表企业内在价值，但是可以代表投资者对企业内在价值的看法。我们比较了 A 股市场 1300 余家国有上市公司和 3700 余家非国有上市公司的市盈率和市净率两项估值指标。国有上市公司市盈率和市净率中位数分别是 21. 5 倍和 1. 8 倍，而非国有上市公司这两项指标的中值分别是 30. 6 倍和 2. 6 倍。显然从整体来看，国有企业估值确实明显低于非国有企业。但是国企低估值也可能是其他原因造成的，比如恰巧集中分布在低估值的行业、地区或者市场板块，那么导致其低估值的就可能不是企业属性因素，而是其他因素。所以我们又从行业、地区和市场板块的维度，分别进行了比较。

本章选择了国有上市公司分布数量较多的 10 个行业，与非国有上市公司的估值水平进行比较（见表 3—1）。这些行业的国有上市公司数量，占 A 股市场全部国有上市公司的 50% 以上，具有一定代表性。我们发现，在行业水平上，国有上市公司估值低于非国有上市公司的现象有所弱化，国有与非国有公司的估值差异小于总样本的计算结果，公用事业、房地产、计算机和非银金融行业的国有上市公司市盈率甚至高于非国有公司。当然，总体而言国有公司估值仍然低于非国有公司，特别是按市净率衡量的估值水平，仅有计算机行业的国有公司略高于非国有公司。

表 3—1　　　　**部分行业国有与非国有上市公司估值比较**

序号	行业	上市公司数量		市盈率			市净率		
		国有	非国有	国有	非国有	差值	国有	非国有	差值
1	机械设备	91	419	28.5	32.8	4.3	2.0	2.6	0.6
2	基础化工	86	299	22.4	26.9	4.5	1.9	2.3	0.4
3	公用事业	80	45	22.3	20.0	-2.3	1.6	1.9	0.3
4	交通运输	80	46	11.9	26.0	14.1	1.1	2.3	1.2
5	医药生物	67	408	25.0	34.9	9.9	2.0	2.9	0.9
6	房地产	64	51	12.0	7.4	-4.6	1.1	1.1	0.0
7	计算机	57	282	44.0	37.8	-6.2	3.5	2.6	-0.9
8	汽车	56	204	22.1	34.0	11.9	1.6	2.3	0.7
9	传媒	56	85	18.2	18.3	0.1	1.6	2.6	1.0
10	非银金融	55	33	17.0	14.7	-2.3	1.1	1.6	0.5
合计（中位数）	—	692	1872	22.2	26.5	2.2	1.6	2.3	0.6

注：市盈率为扣除非经常损益后的静态市盈率；差值等于对应非国有上市公司估值数据减国有上市公司估值数据。

资料来源：作者根据 Wind 数据库 2022 年 12 月 30 日股市收盘数据计算得出。

表 3—1 的数据提示我们，不同行业的估值水平，无论是国有还是非国有上市公司，都存在明显差异。考虑到行业估值特点，我们推测或许是国有公司较多分布在低估值行业，进而拉低了国有企业的整体估值水平，对此需要进一步考察。从图 3—1 和图 3—2 可知，国有上市公司市值所占比重较大的行业，多数估值较低，如煤炭、公用事业、银行、石油石化、建筑、钢铁等。这些传统行业虽然经营指标增速不快，但存在较高的进入门槛，经营整体稳定，是我国经济稳定增长的压舱石。而计算机、汽车制造、机械设备、医药生物、电子、电力设备、美容护理等非国有企业市值所占比重较大的热点行业，发展前景好，增长潜力大，估值水平相对较高。当然也有例外，如在国防

军工、综合、食品饮料等增长较快的行业中，国有企业所占比重也相对较大，业绩弹性较大。

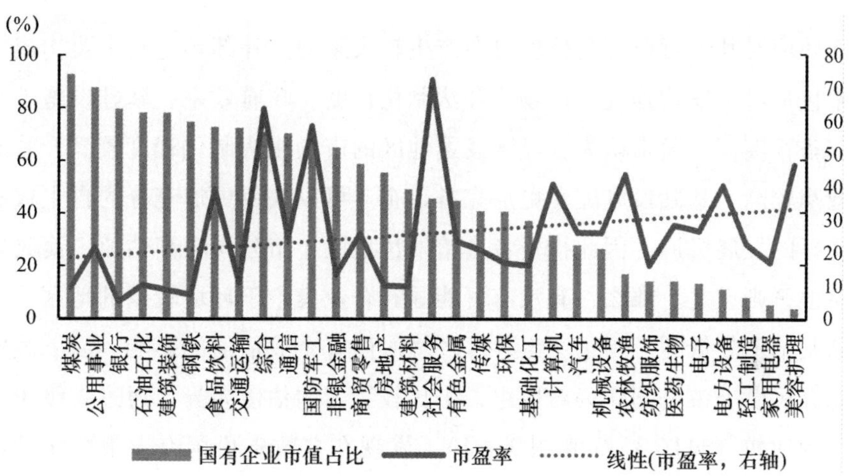

图 3—1　国有股行业占比与行业市盈率

资料来源：Wind 数据库。

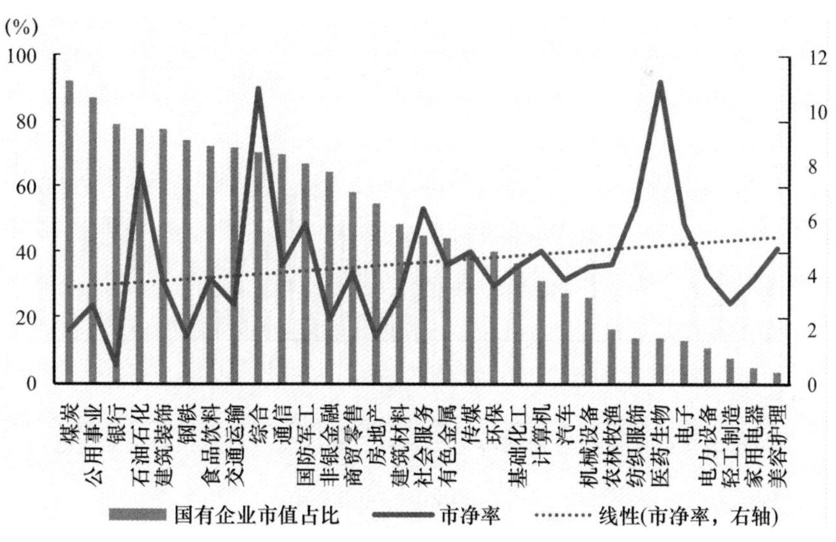

图 3—2　国有股市值占比与行业市净率

资料来源：Wind 数据库。

从上述分析可以初步得出结论，即行业属性是影响国有企业估值的一个重要因素，但并非决定性因素，毕竟仍然存在广泛的同行业非国企估值高于国企的情况。除了行业属性，近年来的研究发现企业所处的外部环境对其经营业绩和估值也会产生较大影响。外部环境的主要构成要素包括经济发达程度、市场化和法制化程度、政府效率、基础设施配套完备程度等。通常认为，经济发达地区的市场化法制化程度较高，政府效率较高，基础设施配套更加完备，企业可以获得更加充分的自主权和更好的发展机遇，因此投资者会给发达地区上市公司较高估值，而欠发达地区则反之。那么，有没有可能国有企业集中于环境较差的地区，导致其估值较低呢？为了突出外部环境对国有企业估值的影响，以下我们选择民营上市公司作为对照组，来比较二者的估值差异。通过省级水平上的比较（见图 3—3 和图 3—4），发现在多数省份国有上市公司估值都低于民营上市公司。这些省份既有发达省份，也有欠发达省份，表明二者的估值差异同其外部环境没有直接关系。

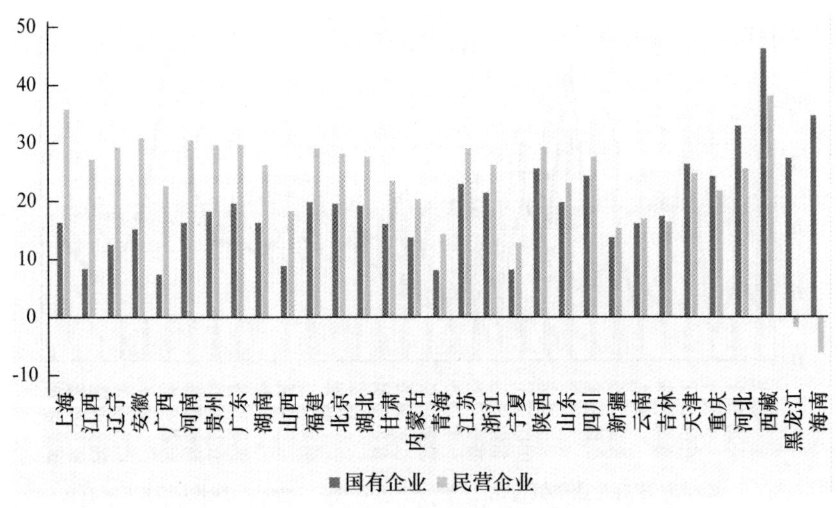

图 3—3　各省国有、民营上市公司市盈率中位数比较

资料来源：Wind 数据库。

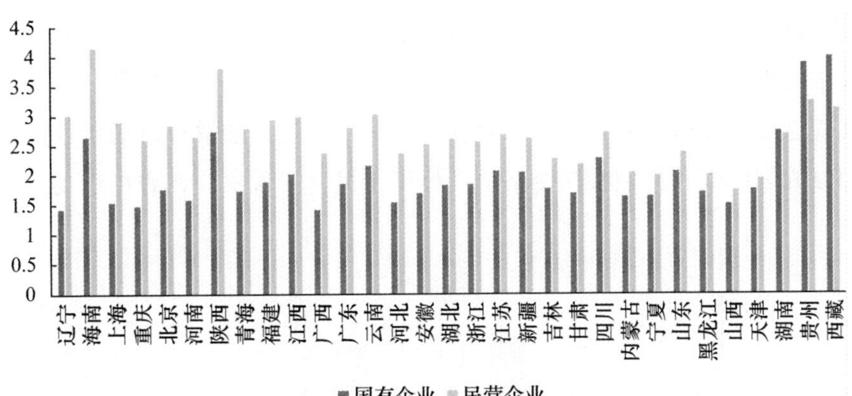

图 3—4　各省国有、民营上市公司市净率估值中位数比较

资料来源：Wind 数据库。

如果行业属性、外部发展环境都不是导致国企与非国企估值差异的主因，那么最后一个要考察的因素就是股票市场。不同的股票市场会对同一企业给出不同的估值，这对于跨市场上市的企业而言是正常现象。该现象的原因比较复杂，这里不一一赘述。我们的考虑是，或许由于国有企业比较集中于某个低估值的市场板块，而导致整体估值偏低，这是与国有企业基本面无关的市场因素，但确实有可能影响国企估值水平。参考分析行业属性的方法，我们分别比较了 A 股主板、创业板、科创板和北交所市场的国有与民营上市公司估值指标，以及在香港上市的内地国企与民企估值指标。在 A 股市场内部，由于 86% 的国有上市公司都在主板上市，因此可以认为主板市场估值实际上主导了国有上市公司估值的总体水平。数据显示，主板和科创板两市场中国有企业的市盈率明显低于民营企业，但是创业板和北交所两市场中国有企业估值水平略高于民营企业。同时，主板、科创板和北交所三个市场中的国有企业市净率低于民营企业。那么是不是主板市场的估值体系迥异于其他板块市场呢？答案是否定的。主板市场的交易模式、监管机制、信息披露要求等基础性制度与创业板和科创板高度相似，投资者群体比上述两个板块数量更多且更加多元化。

根据国有控股上市公司以主板为主体的市场分布特征，可以认为 A 股市场中的国企估值偏低主要源于主板市场中的国企估值偏低，但并不代表这是主板市场的估值体系存在问题，否则就无法解释市场条件高度相似的创业板和科创板国企估值指标高于民企的现象。在香港市场，上

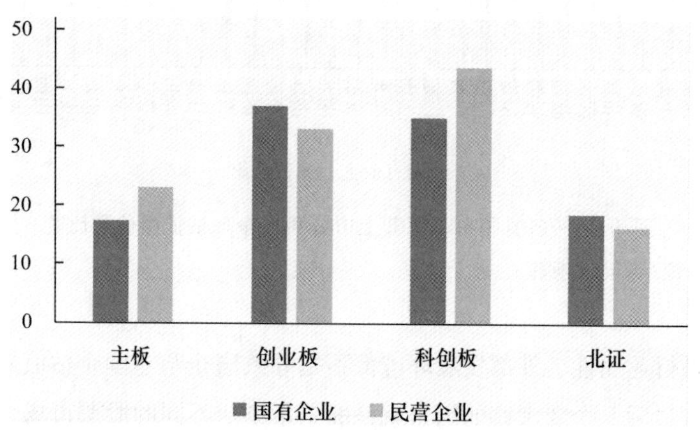

图 3—5　A 股各市场板块国有与民营上市公司市盈率

资料来源：Wind 数据库。

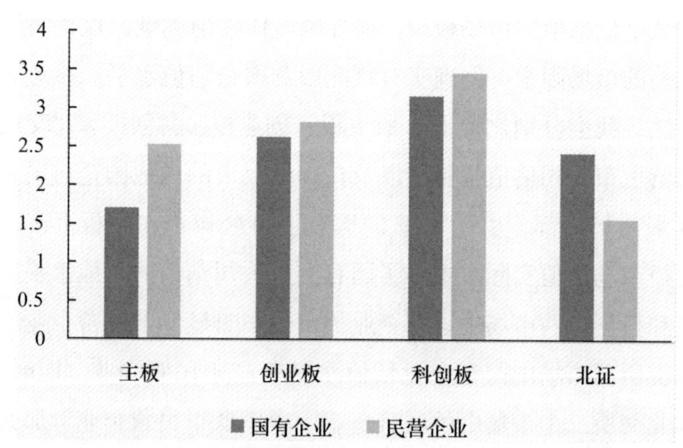

图 3—6　A 股各市场板块国有与民营上市公司市净率

资料来源：Wind 数据库。

市国企有300余家，民企有900余家，如果不考虑亏损企业，那么国企的平均市盈率为6.4倍，民企为10.8倍，显然香港市场同样给予民企以较高估值。A股主板市场和香港市场有着差异较大的交易和估值体系，在完全不同的市场条件下国企都获得了相对较低的估值，一定程度上说明市场环境并非国企低估值的主要原因。

（二）动态比较

静态分析只是提供了国有企业估值水平的时点性特征，虽然它能够进行较充分的横向对比，但却无法反映随着时间推移的动态变化特征。我们利用2010—2022年的上市公司估值数据，以民企估值数据和市场指数为对照，分析了国有上市公司估值水平的历史变化趋势（见图3—7和图3—8）。从数据来看，在整个周期内国企估值都要低于民企估值，显然二者的差异并不是阶段性的市场风格切换所导致的。而且二者的差值会伴随市场指数的上升（回落）而增大（减小）。市场指数代表了投资者对于上市公司估值的总体预期，且估值水平基于投资者对企业未来盈利能力的判断，指数上升代表投资者预期乐观，指数回落则相反。从估值走势上看，在投资者情绪乐观时，市场对民企的估值提升更高，反之则反是，国企估值的变动幅度则要小得多。因此，我们认为股票市场估值主要是基于经济因素，即投资者对企业未来盈利能力和价值创造能力的预期，而不存在对国有企业的歧视性估值。需要强调的是，国有上市公司估值稳定性本身也是一种优势，它可以鼓励投资者进行长期投资，并持续分享企业创造的价值。而民营企业股价的大幅波动，则容易引发短期炒作，进而加剧市场波动。

在这一时期，有三个重点阶段需要加以说明。一是2008年国际金融危机后，国家为提振经济实施了“四万亿”刺激计划，国有企业在其中受益较多，2009—2012年的经营业绩有很大提升，但是在此期间国企的估值表现仍然没有超过民企，说明阶段性的业绩转好不能改变国

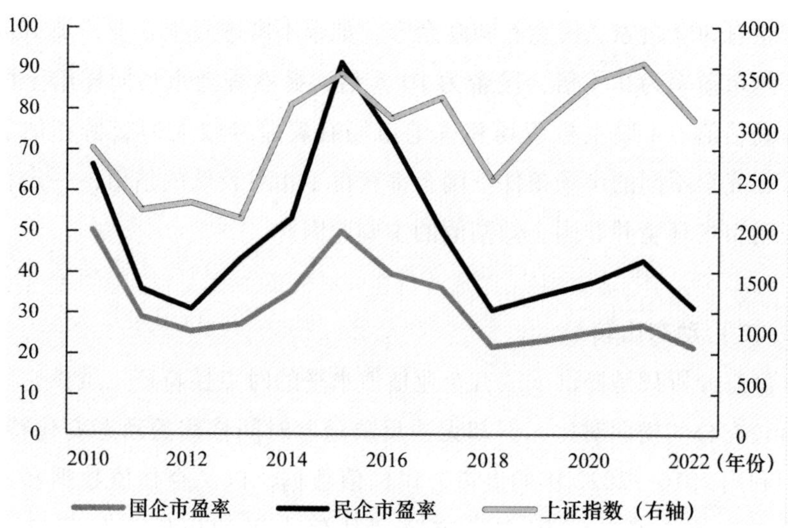

图 3—7　国企与民企市盈率变化

资料来源：Wind 数据库。

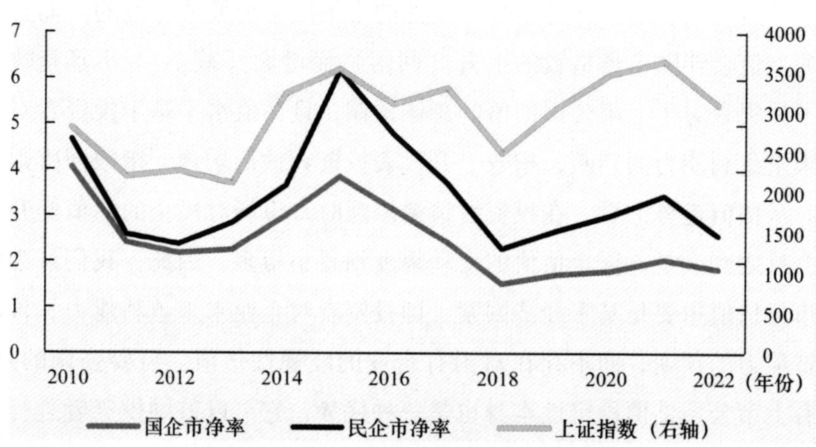

图 3—8　国企与民企市净率变化

资料来源：Wind 数据库。

企估值低于民企的长期趋势；二是 2015 年“股灾”前后，“股灾”前夕民企估值上升较快，但国企并没有完全跟随，“股灾”后民企估值经历大幅调整，投资者损失较多，国企投资者由于前期进入成本较低，因此“股灾”造成的损失也相对较小；三是2020—2022年新冠疫情期间，国企和民企面对同样的疫情冲击，经营业绩下滑，估值水平变化的方向和幅度基本保持同步，表明同质化的外部冲击对国有企业和民营企业会产生相似影响，但不会导致二者估值关系的变化。

综合以上分析，可以得出结论：国企估值低于其他企业的情况长期存在，低估值主要是根据市场投资者对企业盈利能力和股权内在价值的预期形成的，外部经营环境、资源供给和资本市场环境都没能改变这一现象。

二　国有上市公司估值偏低的原因分析

本章第一部分没有发现客观条件导致国有企业估值偏低的直接证据，那么这一问题的根源有没有可能在企业自身呢？即使问题出在企业内部，由于低估值现象在国有上市公司群体普遍存在，也不太可能是一般的、个性化的企业管理问题，而更可能是政策性、体制性乃至国有经济大战略方面的问题。只有这一层级的问题才有可能对国有上市公司群体产生独有的一致性影响，进而拉低了市场投资者对这一企业群体的估值。

（一）关于国有企业低估值的理论解释

大量实证研究表明，民营企业相较国有企业具有明显的效率优势，如宋立刚和姚洋①、白重恩等②、宋来和常亚青③。在以企业盈利能力和价值提升潜力为主要定价参考指标的市场中，民营企业的效率优势显然会受到更多重视，其估值也会高于国有企业。国家推行混合所有制改革，也包含借助民营企业的效率优势提升国有企业运营绩效的目标。有

① 宋立刚、姚洋：《改制对企业绩效的影响》，《中国社会科学》2005年第2期。

② 白重恩、路江涌、陶志刚：《国有企业改制效果的实证研究》，《经济研究》2006年第8期。

③ 宋来、常亚青：《国有和私营工业企业的相对效率研究》，《工业工程与管理》2009年第4期。

研究认为，非国有资本的引入，可以有效抑制国有企业高官腐败行为，改善内部人控制和监管缺失等问题，促进企业投融资和创新决策更加科学①；有利于充分发挥不同产权主体的优势，实现要素和核心生产能力的共享，提升国有企业长期价值的实现②；提升国有企业的股权多样性和制衡度，缓解因国有企业所有者虚位等治理结构缺陷导致的政策性负担过重、预算软约束、高管任免行政化以及激励机制不完善等问题③。上述研究从侧面说明了国有企业现存效率问题的主要根源，仍然是所有者缺位造成的政企不分和内部人控制。大股东的利益和公众股东是一致的，如果大股东不能够充分行使重大决策权和监督权，那么具有信息弱势和行动弱势的公众股东就不敢向企业投出信任票，由此导致国有企业估值低于其他企业。当然，国有企业也有自己经营稳健和外部资源丰富的优势，使得这一群体表现出较强的风险承受能力、融资能力和投资实力④，只不过这些优势不能完全转化为简单易见的企业利润，相对单一的市场估值体系对此难以充分反映。

（二）国有企业低估值的现实原因

第一，民营企业在以财务衡量的经营效率优于国有企业。不同所有

---

① 张任之：《非国有股东治理能够抑制国有企业高管腐败吗?》，《经济与管理研究》2019 年第 8 期。

② 綦好东、郭骏超、朱炜：《国有企业混合所有制改革：动力、阻力与实现路径》，《管理世界》2017 第 10 期；逯东、黄丹、杨丹：《国有企业非实际控制人的董事会权力与并购效率》，《管理世界》2019 年第 6 期。

③ 许晨曦、金宇超、杜珂：《国有企业混合所有制改革提高了企业投资效率吗?》，《北京师范大学学报》（社会科学版）2020 年第 3 期；张涛、徐婷、邵群：《混合所有制改革、国有资本与治理效率——基于我国工业企业数据的经验研究》，《宏观经济研究》2017 年第 10 期；赵放、刘雅君：《混合所有制改革对国有企业创新效率影响的政策效果分析——基于双重差分法的实证研究》，《山东大学学报》（哲学社会科学版）2016 年第 6 期。

④ 张敏、童丽静、许浩然：《社会网络与企业风险承担——基于我国上市公司的经验证据》，《管理世界》2015 年第 11 期；李世刚、钟柠锴：《国有资本参股能降低民营企业股价崩盘风险吗?》，《金融与经济》2022 年第 10 期。

制的企业经营效率差异是公认存在的，效率差会造成估值差。早先就有研究发现，国有企业效率低于民营企业①，研究视角是从传统产权理论和委托—代理理论出发。但随着国内国有企业市场化改革的推进，对企业效率的研究和扩展也在不断深化，有实证研究发现国有企业的社会效益较好，而非国有企业的经济效益较好②。特别是，近年来国有工业企业改革效果显著，具有较高的综合效率水平，呈现不断提升的发展趋势。而民营企业在实现企业利润最大化单一目标上占优。

第二，国有企业的政策性负担影响其实现经济价值。国有企业承担一部分社会责任的特征是全球共有的，在中国这一现象表现得更为突出，也更为多样化。中国社会科学院发布的《企业社会责任蓝皮书(2022)》显示，国有企业社会责任发展指数达 55.5 分，连续 14 年领先民营企业（33.4 分）与外资企业（20.2 分）。在中国社会保障制度还不健全的时期，国有企业要承担职工医疗、养老、安置、住房甚至子女教育等各种社会职能③，国有企业院区内多设有住宅、医院、学校、幼儿园等。时至今日，国有企业仍会承担部分经济发展、社会稳定、充分就业和扶贫支农等政策性任务或社会职责，必要时不得不放弃一部分经济利润。例如，在 2008 年国际金融危机前后，国有企业吸纳就业规模数据出现下降到上升的明显转折，说明国有企业主动发挥了“稳就业”的社会责任，但也增加了经营成本。又例如，当中国人民银行实行积极的货币政策时，国有商业银行往往会超常扩张信贷投放予以配合，但其承担的信用风险也必然会有所增高。国有企业的这种所有权带来的特殊政策性负担，有可能导致低效率投资、过度吸收劳动力或抑制企业

① 姚洋：《非国有经济成分对我国工业企业技术效率的影响》，《经济研究》1998 年第 12 期。

② 白重恩、路江涌、陶志刚：《国有企业改制效果的实证研究》，《经济研究》2006 年第 8 期。

③ 徐朝阳：《作为政策工具的国有企业与国企改革：基于预算软约束的视角》，《中国软科学》2014 年第 3 期。

创新投入，长此以往会导致企业价值的降低①。

第三，预算软约束弱化国有企业市场竞争力。如前文所述，国有企业承担部分社会责任后，中央或地方政府会对国有企业给予各种形式的补贴，以补偿由于承担社会责任而导致的经济效益损失，产生了多种预算软约束，如软补贴、软税收、软信贷和软价格等。改革开放以来，这类政府补贴作为国有企业的历史遗留问题一直存在，极易破坏市场公平竞争环境。对于国有企业而言，政策性负担虽拖累国有企业产出效率，但各种政府补贴的存在更难以提升其市场竞争力，反而扭曲了其参与市场竞争的激励机制和内在动力，使得国有企业的全要素生产率显著低于非国有企业②。同时，这些补贴都会抬高国有企业的退出壁垒，制约其提高经营效率和创新积极性，影响企业价值。

第四，部分投资者对国有企业持有偏见。由于历史及体制性原因，部分投资者认为国有企业天然地存在低效率运营问题，即便经过多轮国企改革，一些国有企业的运营效率已经明显提升，但仍然没能改变市场偏见，投资者在对国有企业估值时仍会打一定折扣。同时，我国资本市场个人投资者规模占比相对较大，较其他市场投资者风险偏好较高，绩差股、小盘股、题材股的估值水平在较长时间内多高于国企大盘股和蓝筹股，投资者积极参与对非国有企业的短期投资，在市场繁荣期对这类企业给予更高估值，形成了 A 股市场特有现象。

第五，国有企业市值管理动力弱于民营企业。这一差别也可以从融资约束角度解释，主要是信贷资金配置中出现的所有制歧视问题，即政府对金融体系的控制、银行对国有企业的迷信以及银行“肉烂在锅里”的免责心态。从贷款安全性、信息透明度、担保能力等理性角度分析，

① 任广乾、冯瑞瑞、田野：《混合所有制、非效率投资抑制与国有企业价值》，《中国软科学》2020 年第 4 期。

② 陈思宇、张峰、殷西乐：《混合所有制改革促进了公平竞争吗——来自国有企业硬化预算约束的证据》，《山西财经大学学报》2021 年第 11 期。

信贷资金确实偏好国有企业。而所有制歧视致使国有企业在信贷这一我国主要融资渠道上具有先天优势，低成本资金获取难度远低于民营企业，使得国有企业容易忽视直接融资市场和市值管理的重要性。民营企业则更加倚重直接融资市场，重视市值管理，提升公司估值水平，降低融资成本，便于企业或大股东再融资行为。

三　中国特色估值体系与国有企业估值

估值体系是针对不同资产特性对资产价值进行评估的方法集合，中国特色估值体系，是体现现阶段中国经济与社会发展特征和发展趋势的估值体系。正如证监会主席易会满所言："要深刻认识我们的市场体制机制、行业产业结构、主体持续发展能力所体现的鲜明中国元素、发展阶段特征，深入研究成熟市场估值理论的适用场景，把握好不同类型上市公司的估值逻辑，探索建立具有中国特色的估值体系，促进市场资源配置功能更好发挥。"①

（一）传统企业估值方法比较

在国内外理论界与实务界的共同努力下，企业估值方法论体系不断完善，实务应用不断推广，主流的估值方法已经广泛应用于我国资本市场。经常被运用的估值方法通常分为两类：一是绝对估值方法，二是相对估值法。

绝对估值法，以现金流折现法为代表，这类方法逻辑严谨但相对复杂，多为金融专业人士使用，其基本估值理念是认为企业股权的内在价值等于该股权未来能够获得的全部收益的折现值之和。由于企业生命周

① 易会满：《在2022年金融街论坛年会上的主题演讲》，http：//www.csrc.gov.cn/csrc/c106311/c6609543/content.shtml。

期、未来现金流总量以及折现率等未来变量难以准确估计，因此使用此类方法通过需要对相关变量进行挖掘或者假设，这使得此类方法的估计结论经常受到质疑。

相对估值法，主要是通过寻找可比公司，依据某些共同驱动因素，如收入、现金流量、盈余等，借用可比公司价值来估计标的公司的相对价值。在运用相对估值法时，根据价值驱动因素可采用不同比率指标进行比较，如前文所采用的市盈率和市净率估值法，其他还有 EV/EBITDA 估值法、PEG 估值法、市销率估值法等。相对估值法并非严格意义上的估值模型，更类似于一种价格比对方法，而且由于该估值方法挂钩股价，因此要求股价在估值期内要相对稳定，波动比较频繁的市场难以满足要求。此外，一些模型化程度较高的方法也开始受到重视，如资本资产定价模型、套利定价模型、期权定价模型、Fama-French 多因素模型等。但是这些模型的求解过程较复杂，假设条件比较苛刻，还没有成为国内实务界主流的估值方法。

不同的估值方法，因其选用指标不同，适用性也各不相同。例如，市净率估值法主要适用于那些无形资产对其收入、现金流和价值创造起关键作用的企业，如银行业、房地产业和投资公司等。可见传统的公司估值方法并非万能，既不全面也不科学。特别是，目前我国资本市场相对于国外资本市场成熟度和有效性都有待提高，企业所有制结构存在较大差别，部分行业仍处转型升级阶段，投资者结构也与成熟市场有较大差别，非专业的个人投资者数量庞大，所占比重较大，因此市场还没有能力为不同类型的企业选择适当的估值方法，投资者更倾向于采用相对简单的方法来比较不同类型的企业，并据此做出投资决策，这不可避免地会导致市场估值失真。

（二）成熟市场估值体系一致性分析

在对比估值方法后，我们再来看全球各主要市场是否存在统一的估值体系或标准，或者说各市场的估值水平是否会趋于一致。第一，采用传统方法进行横向比较，各主要市场估值水平并不统一。2002 年以来，美国、日本、韩国、中国香港四地股市的平均市盈率分别为 20.0 倍、40.1 倍、16.8 倍和 13.3 倍。再看 2008 年国际金融危机至今，美国、日本、韩国、中国香港四地股市的平均市盈率分别为 20.6 倍、20.9 倍、16.6 倍和 12.2 倍。整体来看，上述四个主要市场的估值水平是存在差别的，横向统一并不现实。

第二，单一市场历史市盈率变化差异也很大，并不存在唯一合理估值标准。2002 年以来，标普 500 市盈率最高点为 2021 年第一季度的 38.7 倍，最低点为 2009 年第一季度的 13.3 倍；韩国综合指数市盈率最高为 2003 年年末的 68.8 倍，最低为 2004 年年末的 6.7 倍，两者相差 10 倍以上。

第三，不同国家、地区上市企业行业构成、发展水平存在较大的差别，估值体系不存在跨市场通用的基础。美国股市的服务业、信息技术、个人消费等行业上市公司所占比重较大。日本股市电子设备、医药、零售、贸易、服务等行业上市公司市值较大。而中国香港则是金融业、服务业占比较大。对比中国 A 股市场，银行、石化、电力、钢铁、机械等传统行业市值靠前，与其他市场上市公司行业结构并不完全相同，凸显经济结构特点和发展特征。用单一方法对不同国家的上市公司群体进行整体估值和比较，显然不可取。

通过以上分析可知，常用的估值指标在不同的国家运用会产生不同的估值结果，反映了各国的经济发展阶段和制度及文化差异，也反映了各国投资者在特定阶段对本国企业阶段的不同看法，具有较强的主观性。对于成熟市场中的理性投资者而言，这类估值方法或许适用。但遗憾的是，市场往往是不完美的，投资者也难以保持长期理性，信息不对称问题广泛存在，以单一指标反映上市公司及其所发行证券的全部信息，理论上或许可以，实践中则只能是一厢情愿。

（三）建立中国特色估值体系的目的

对于特定资产进行客观、准确的估值，需要以现金流折现模型为基础，对资产隶属的国家、市场和企业的发展阶段、发展环境及发展趋势进行细致考察，在掌握总体发展趋势的基础上，理性判断资产未来现金流和贴现率的变动趋势，并据此形成资产估值结论。

传统的估值方法对于企业的财务绩效和行业属性等微观基本面特征关注较多，但是对于可能间接影响企业价值的宏观经济结构变化、国家经济制度特征、自然环境和社会公共福利等因素很少有直接的关注。以往的看法认为，宏观因素会传导到企业的短期财务绩效，因此忽略这些因素并不会影响到传统估值方法的有效性。但事实并非如此，宏观因素对于企业绩效的中长期影响，并不能在短期财务指标中得到全面体现。比如环境与社会演变是长期的、缓慢的，其对企业价值的影响也同样是长期的、缓慢的，但是确定存在的。而企业所采取的应对环境与社会变化的行动，短期内体现为投入增加、成本增加，可能会损害企业的短期财务表现，但长期来看对于企业价值却有提升作用，而当前常用的估值指标对于宏观因素变化的反映则是很不充分的。

国际资本市场自 20 世纪末兴起的可持续投资、ESG 投资是国际投资者将上市公司履行公共责任的情况纳入估值体系的新型投资理念，是企业社会价值回归资本市场估值体系的重要信号。在新的估值体系指引下，上市公司和投资者不仅需要关注财务指标，还需要更多关注包括环境、社会和治理方面的表现，相当于加重了私营企业的社会责任。尽管成熟市场对于如何将企业社会价值融入现有估值体系仍然没有达成高度共识，但是投资者在制定投资决策时要参考标目企业的 ESG 表现，则已经成为通行做法。

西方投资者价值观的重大转变和中国人民对企业履行公共责任的更高要求，促使我们反思当前主流估值方法的弊端，探索建立符合中国实际和国际资本市场潮流的中国特色估值体系。在这一体系指引下，企业的环保投入和履行社会责任的行动对其内在价值的影响会在估值中得到更全面的反映，客观上也会促使上市公司和大股东有更强烈的意愿履行社会职责。

（四）新估值体系对国有企业的影响

将企业创造的社会价值纳入估值体系，对于国有企业显然是有利的。国有企业天然地需要肩负社会公共职责，而依托传统估值方法遴选出的优质公司，多是财务投资价值较高的公司，社会价值高的公司就可能被低估或者忽视，这对国有企业是不公平的。随着我国国企改革的不断深入，经营绩效在国企考评中的权重逐步加大，如果国企创造的社会价值再长期得不到重视，有可能会促使部分国有企业放松履行社会职能，专注于提升对股东的短期财务贡献，由此可能导致经济社会运行出现重大风险。

当然，在投资者实际投资回报较低、上市公司现金流紧张的情况下奢谈社会价值是不现实的。国外市场的 ESG 投资理念，也是在投资者获得相对满意回报的基础上提出的，它所反映的是投资者对上市公司更高层次的要求。而我国股市中的国有企业面临的首要任务仍是提高对投资者的真实回报，这要求国有企业应当继续深化改革，提高运营效率，这与将社会价值纳入新估值体系，是同等重要的工作。

（五）估值体系是改造还是重构

中国资本市场的现行估值体系是伴随 20 世纪 90 年代国内资本市场建设逐步发展起来的。特别是，随着市场经济的深入发展和现代企业制度的建立、股份制改造以及并购重组等产权制度改革的全面推行，企业直接融资活动变得日益频繁，推动估值体系不断完善和发展。现行估值体系基本沿用西方传统估值方法，但是由于国内资本市场制度、开放程度、投资者结构与行为、信息对称性等方面与西方成熟市场均有明显差异，导致国内市场估值出现失真或偏差。

现实中并不存在完美估值体系的唯一标准，任何国家或地区资本市场估值体系都要符合其自身发展阶段特征，符合市场主体的认知特征。同时，结合资本市场的高水平双向开放，具有中国特色的估值体系也需要得到外国投资者的认可和广泛运用，因此新估值体系的形成在路径上应是随着市场主体对企业社会价值认识的逐步深入，自觉地对原有估值体系进行逐步改造，在此过程中，政府和监管机构会给予适当引导。我们可以考虑在现有估值指标的基础上，先推出包含社会价值调整因子的传统估值指标，再逐步发展出更精确的社会价值转化为经济价值的评估方法，并最终形成一套能够反映企业全生命周期价值创造能力的估值体系。目前正在蓬勃发展的大数据和人工智能技术，为新估值体系的研究和运用，提供了可能。

四　关于国有上市公司提升估值的对策建议

国有企业是中国特色社会主义建设的重要物质基础和政治基础，优化国有资本配置效率、提升国有资本保值增值可以强化国家治理效能，为经济高质量发展提供坚实的物质保障，是中国经济增长的重要驱动力。国有上市公司是国有企业中的精英群体，是做大做强国有经济的中坚力量。努力提升国有上市公司的内在价值和市场价值，符合国家利益，也符合广大投资者利益。这是一个系统工程，需要从企业和市场两端推进。一是从价值创造、价值管理和价值分配三个方面努力提高国有上市公司的内在价值，并且通过适当的信息披露和投资者关系管理措施，及时准确地向市场投资者传递企业真实的价值信号①；二是丰富和

① 张跃文、王力：《中国上市公司质量评价报告（2014—2015）》，社会科学文献出版社2011年版，第1—39页。

完善市场估值体系，以推广和使用ESG评级为切入点，引导市场投资者运用新型估值方法，充分评估国有上市公司对国家安全、社会福利、公平正义、国际交往等公共职能所做出的贡献，并将其视为企业估值所必须考虑的因素。关于提升国有上市公司估值的工作，国务院于2020年发布的《关于进一步提高上市公司质量的意见》和国资委2022年发布的《提高央企控股上市公司质量工作方案》等文件提出了丰富而详细的指导意见，不同类型的国有上市公司都可以参照执行，这里仅提出若干补充建议。

（一）确保国有上市公司独立性，充分重视和防范上市公司平台化倾向

由于历史的原因，国有上市公司通常与母公司存在密切的资金往来、关联交易和业务协同关系。有的部门和地方，还在将国有上市公司视为母公司甚至地方政府的融资平台和资产整合平台，部分国有上市公司董事会和管理层在公司独立性问题上认识不清，做出了一些有利于母公司但可能损害本公司其他股东利益的决策。这也是广大投资者对国有上市公司最为担心的问题之一。如果要提升国有上市公司估值，就必须确保公司独立性，在资金、人员、资产、业务等方面同母公司划清界限，确保公司“三会一层”真正代表本公司全体股东履行职责，切实保护好所有股东权益。

（二）平衡好信息披露与信息安全的关系

将国有上市公司的社会贡献纳入估值范畴，需要上市公司充分披露其履行公共职责的内容、成本和效果。出于信息安全的考虑，部分国有上公司无法公布全部内容，导致相关信息披露不完整，证券中介机构和市场投资者不能在估值时充分考虑企业的社会贡献。我们的建议是，一方面有关部门要合理界定保密信息边界，尽量扩大公开信息范围，允许

不涉及敏感信息的企业全面公布社会贡献信息，并逐步将涉及敏感信息的公共职责从上市公司剥离出去；另一方面，允许符合条件的证券中介机构接触和掌握保密信息，以评级或者评分等形式向社会公布上市公司做出社会贡献的大小，投资者可以参考中介机构评估结果对上市公司进行全面估值。

（三）尽快完善国有上市公司管理层激励机制

国有上市公司的经营绩效涉及广大非国有股东利益，需要对公司管理层设定适宜的激励机制，以鼓励其为公司全体股东服务。首先，母公司委派的上市公司高级管理人员，应在人事、薪酬、实际从属关系等方面与母公司完全分离，以利其全心全意地为上市公司工作。其次，按照市场化原则制定管理层薪酬，具体酬薪水平不应受到各类“限薪令”的限制，以鼓励管理层规范操作、勤勉尽责。最后，加快实施国有上市公司管理层股权激励计划，增加管理层持股数量，提高股权收益的薪酬占比，推进管理层利益与股东利益协调一致。

（四）引导市场投资者使用经 ESG 调整的估值指标

目前中国 A 股市场已经有多家机构发布上市公司 ESG 评级，一些机构投资者已经明确表示在投资选股时会关注上市公司的 ESG 评级。但是对于多数投资者而言，仍然不能很好地处理传统估值指标与 ESG 评级的关系。建议监管机构引导证券交易所和主要金融信息企业发布经 ESG 调整的传统估值指标，将其融入已有股市行情系统并免费提供，使得投资者可以在继续使用传统指标估值的同时，也可以参考和使用经调整的估值指标，以更全面地考察国有上市公司内在价值。

（执笔人：张跃文、赵金鑫）

第四章

房地产新模式的构建及金融支持

2021年年底，中央经济工作会议首次提出探索房地产发展的新模式，此后“两会”政府工作报告、国务院重要会议以及部委领导的重要讲话都提及房地产发展的新模式（见表4—1相关政策梳理），由此可见在新发展阶段房地产业转型的必要性。学界和业界对房地产新模式并未形成统一概念，大部分文献从某一视角展开研究：如任荣荣从房企运营模式和房地产市场供给模式展开研究①，贝壳研究院从住房租赁企业探讨新模式②，李宇嘉提出“先租后售”新的住房消费模式③，中金公司研究部从住房、房企、土地三个方面探讨了新模式的转型方向④。本章认为，房地产业向新模式转型的必要性源于旧模式的不可持续性，房地产新模式的构建只有与需求端以及供给端环境转变相适应才能取得成功。由于房地产业是资金密集型行业，其发展离不开金融支持，而随着房地产模式由旧转新，房地产金融也须转型。

---

① 任荣荣：《对房地产业新发展模式的探讨》，《中国经贸导刊》2022年第12期。

② 贝壳研究院：《国内集体土地租赁住房模式的创新实践》，2022年。

③ 李宇嘉：《推进房地产新发展模式落地的几点思考》，《住宅与房地产》2022年第27期。

④ 张宇、宋志达、李昊：《房地产新模式之住房篇：租购并举，惠享优居》，《中金点睛》2022年；王惠菁、旷美琦等：《房地产新模式之企业篇：守正出奇，万象更新》，《中金点睛》2022年；张宇、李昊等：《房地产新模式之土地篇：人地相宜，挖潜拓新》，《中金点睛》2022年。

本章首先阐述什么是房地产业的旧模式，以及旧模式不可持续的原因；其次对新模式构建的需求侧和供给侧展开分析，提炼房地产新模式的内涵，即“租购并举，以租为主；挖掘存量，多渠道供给”，在此基础上指出新模式构建的两个方向；最后探讨金融支持房地产新模式的构建。

表 4—1　　房地产新发展模式相关政策及表述

时间	来源	相关表述
2021 年 12 月	2021 年中央经济工作会议	要坚持房子是用来住的，不是炒的定位，加强预期引导，探索新的发展模式
2021 年 12 月	住建部部长王蒙徽接受新华社专访	过去形成的“高负债、高杠杆、高周转”的房地产开发经营模式是不可持续的
2021 年 12 月	中国人民银行行长易纲接受新华社专访	房地产市场的结构调整，有利于形成新的发展模式，实现房地产的良性循环和健康发展
2022 年 3 月	两会政府工作报告	探索新的发展模式，坚持租购并举，加快发展长租房市场，推进保障性住房建设
2022 年 3 月	国务院金融稳定委员会会议	及时研究和提出有力有效的防范化解风险应对方案，提出新发展模式转型的配套措施
2022 年 5 月	《中国银保监会关于银行业保险业支持城市建设和治理的指导意见》银保监发〔2022〕10 号	探索房地产发展新模式，坚持租购并举，加快发展长租房市场，推进保障性住房建设，支持商品房市场更好满足购房者的合理住房需求
2022 年 12 月	2022 年中央经济工作会议	支持刚性和改善性住房需求，解决好新市民、青年人等住房问题，探索长租房市场建设。要坚持房子是用来住的、不是用来炒的定位，推动房地产业向新发展模式平稳过渡
2023 年 1 月	中国人民银行、银保监会召开主要银行信贷工作座谈会	推动房地产业向新发展模式平稳过渡。要有效防范化解优质头部房企风险，实施改善优质房企资产负债表计划，开展“资产激活”“负债接续”“权益补充”“预期提升”四项行动

资料来源：笔者整理。

一　房地产旧模式为什么不可持续

（一）房地产旧模式的主要特征

什么是房地产业的旧模式？住建部前部长王蒙徽 2021 年 12 月 25 日接受新华社专访指出，房地产业的旧模式是“高负债、高杠杆、高周转”的房地产经营开发模式。学界和业界普遍认可用“三高”概括房地产旧模式。高杠杆是对房地产业高度金融化的提炼，高负债和高周转是实现高度金融化的两个手段，前者对应金融杠杆，后者对应经营杠杆。房地产业的高负债特征可以从三个方面考察：从行业比较来看，将主营业务在内地的全部 A 股和 H 股上市房企与其他非金融行业的 A 股进行比较，房地产业的资产负债率在 2021 年达到 78. 13%，高于排名第二的建筑业 2. 73 个百分点，高于其他行业的幅度为 17—40 个百分点（见图 4—1）。房地产业本身属于资金密集型行业，再加之中国金融体系

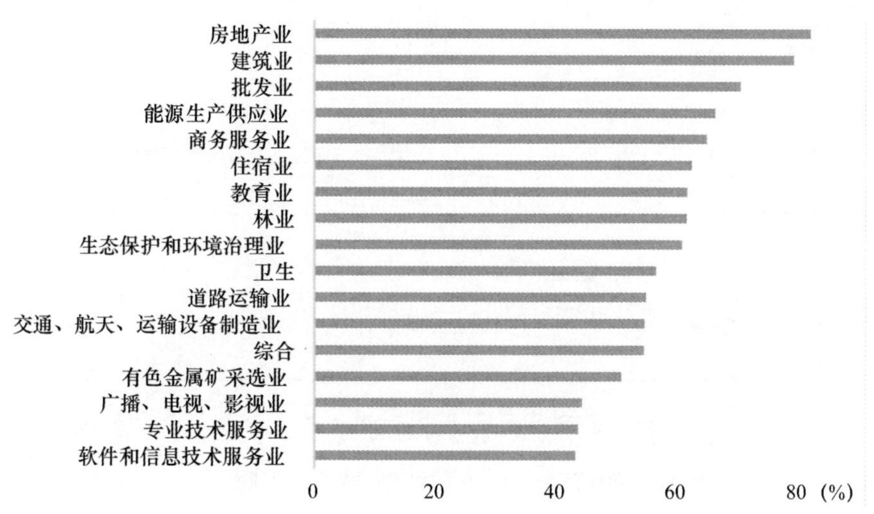

图 4—1　2021 年各行业资产负债率对比

资料来源：根据 Wind 数据库整理计算。

以间接融资为主的特征，其高负债一部分可以归结为行业原因。然而从时间序列看，中国 A 股房地产业资产负债率从 1998 年住房改革后整体呈现上升趋势，至 2021 年年底达到 78. 13%。2015 年中央提出“去杠杆”政策，在其他行业普遍降杠杆的形势下房地产业的资产负债率却呈现上升趋势，考察扣除预收款后的资产负债率，也表现出相同的走势（见图 4—2）。从跨国比较来看，中国房地产行业的资产负债率也大幅高于主要发达国家，2021 年分别高于以直接融资体系为主的美国和英国 19. 73 个和 47. 82 个百分点，高于以间接融资体系为主的日本和德国 10. 67 个和 24. 83 个百分点（见图 4—3）。

高周转的本质是在保证销售收益为正的前提下尽可能提高一年内资金的使用次数，从而提高净资产收益率。提高资金使用次数主要通过压缩产品生产周期实现，对于房企而言可压缩周期的环节包括拿地、设计、建设和销售等环节。房企的高周转模式可追溯至 2008 年，万科提出“5986”模式，即拿地 5 个月内开工、9 个月内首次开盘、普通住宅销售占比 80% 以上、开盘当月销量达到 60% 以上。此后碧桂园提出

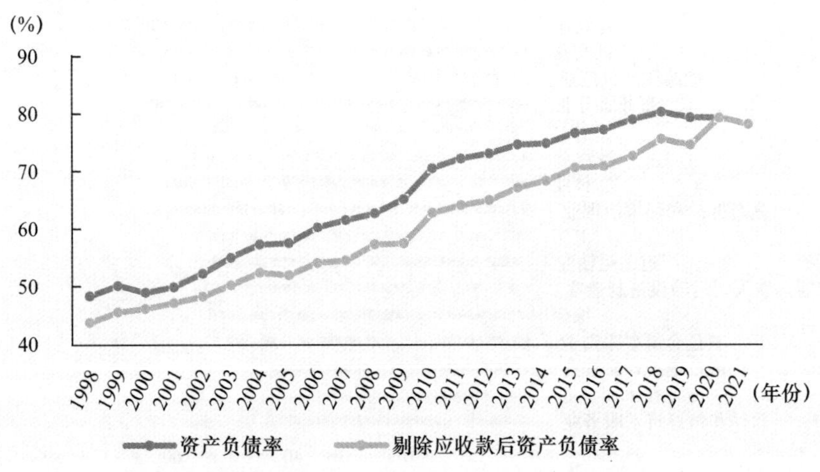

图 4—2　房地产行业资产负债率变化趋势

资料来源：根据 Wind 数据库整理计算。

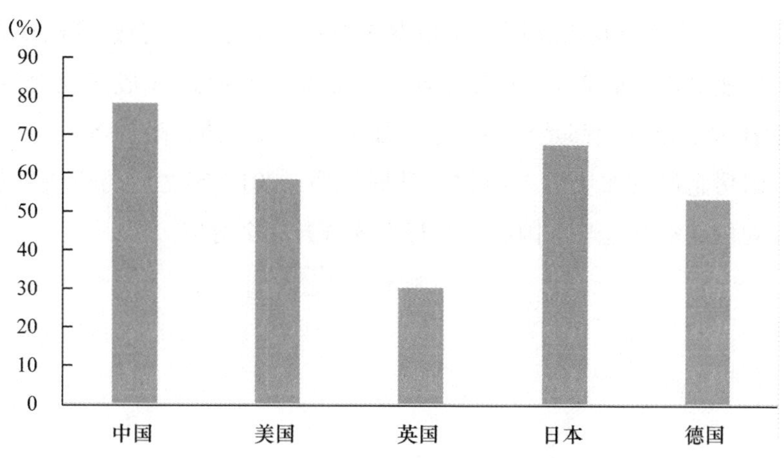

图 4—3　各国房地产行业资产负债率对比

资料来源：Wind 数据库。

“4568”法则，即拿地 4 个月内首次开盘、5 个月内资金回笼、6 个月内现金流回正、8 个月再投资新项目。2012 年碧桂园提出“成就共享”计划，在激励机制的加持下碧桂园高周转模式迅速发挥作用，其销售额于 2013 年迈过千亿元门槛，此后高周转模式成为许多房企模仿学习的对象。2018 年碧桂园更是提出了高周转的极限模式——“345”模式，即拿地当天出图、3 个月开盘、4 个月资金回笼、5 个月资金再周转。

中国房地产行业的高周转表现出两个特征：第一，高周转现象主要出现在头部房企中，行业整体并不明显。根据 Wind 数据可知，全部上市房企（包括开发业务主要在内地的 H 股）总资产周转率 2008—2021 年基本保持在 0.24 的水平，甚至波动中略有下降；但头部房企碧桂园和万科的总资产周转率一直高于行业均值，恒大在 2010—2014 年远远高于行业均值（见图 4—4）。第二，高周转主要压缩的是销售环节的周期。在所有环节中应收账款的周转次数达到 10 以上，是总资产周转率的几十倍甚至一百倍以上，而应收账款的产生主要对应着期房销售。从

图 4—5 反映的应收账款周转率情况来看，H 股上市房企的应收账款周转率提速更快，而 2017 年之后 H 股房企总资产超过 A 股房企总资产，且在 H 股上市的大都是头部房企（如恒大、碧桂园、融创等），这意味着头部房企通过加快销售回款提升周转率。2017 年之后的应收账款周转率的快速提升也与中国居民杠杆率的跃升完全对应。

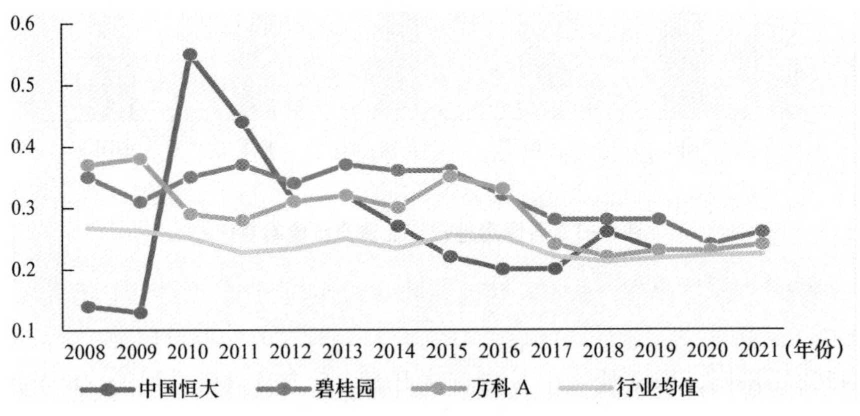

图 4—4　头部房企和行业总资产周转率

资料来源：Wind 数据库。

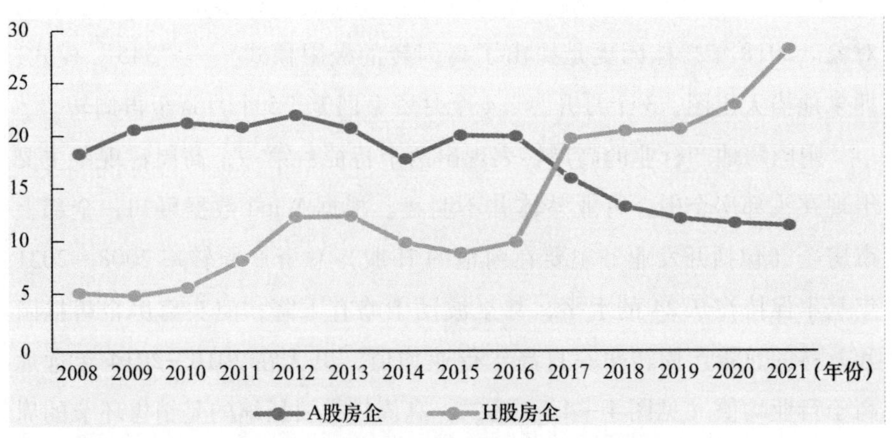

图 4—5　A 股和 H 股房企应收账款周转率

资料来源：Wind 数据库。

（二）旧模式不可持续的原因

旧模式在过去三十多年中存续，依托的背景是人口红利和快速城市化。这两点因素导致住房需求快速增长，而中国人均住房面积处于较低水平，供需缺口形成了行业高利润。根据Wind数据可知，2007—2019年房地产开发行业销售毛利率高达33.9%，净资产收益率为13.4%。正是由于行业高回报的特性，房企才采取高周转（经营杠杆）和高负债（金融杠杆）的方式进一步增加回报，这是地产行业形成“三高”模式的根本原因。

随着中国发展进入新时代、跨入新征程，旧模式依托的环境因素发生深刻转变。从需求端看，人口负增长和城镇化进程放缓导致住房需求下行。2023年1月17日，国家统计局公布2022年中国人口减少85万，中国人口正式进入负增长时代。根据第七次全国人口普查数据，我国城镇居民占人口的比重达到63.9%，接近纳瑟姆曲线第二阶段的终点，这意味着快速城镇化阶段已经过去。根据的测算，2021—2025年年均城镇新增住房需求约为656万套，2026—2030年约为年均455万套，分别较2011—2015年下降33%和53%[①]。从供给端看，我国人均住房存量已达到相当水平。根据第七次全国人口普查数据，2020年全国人均住房建筑面积达到41.76平方米，人均住房间数1.2间（城镇人均住房间数0.99间）。从每人获得独立居住空间的视角来看，住房资产的人均配备也接近上限；此外有研究表明，中国住房人均和户均居住面积已超过部分发达国家[②]，这也意味着在居住条件上中国向国际平均水准逼近。随着住房供需缺口的缩小，行业超额利润向正常利润回归，房企自身逐渐失去加杠杆的动力。

---

① 吴璟、徐曼迪：《中国城镇新增住房需求规模的测算与分析》，《统计研究》2021年第9期。

② 蔡真：《中国住房金融报告（2019）》，社会科学文献出版社2019年版。

住房作为大额消费品需要杠杆支撑才能完成交易，从整个行业负债构成来看，居民杠杆是其中最大的一块。然而在新发展阶段，住房需求端加杠杆的意愿也不足。第一，经济进入高质量发展阶段，尽管人均 GDP 和居民人均收入处于较高水平，但增速放缓，这使得加杠杆失去动力；第二，老龄化进程加速使得居民资产结构调整，由房产转向流动性较高的现金或其他资产，这不仅导致加杠杆失去动力，甚至还会“去杠杆”。

综合以上因素来看，旧的“三高”模式转型成为必然。

二　房地产新模式的构建

中央财办韩文秀主任在解读中央经济工作会议精神中指出，要深入研判房地产市场供求关系、人口变化和城镇化格局，推动向新模式过渡①。这实际上给出了探寻新模式应遵循的原则，即发展新模式应与人口变化导致的需求变动相适应。

（一）新模式构建的需求侧分析：人口结构和空间分布转变

人口负增长以及城镇化进程放缓尽管导致住房总需求下行，但人口结构转变和深度城市化会导致租赁市场需求增加。具体因素包括两点：第一，新市民人口持续增长。新市民的概念最早在 2015 年 12 月召开的中共中央政治局会议上提出，2022 年 3 月 4 日，银保监会、中国人民银行联合印发的《关于加强新市民金融服务工作的通知》对新市民的范围进行了较为清晰的界定：“新市民主要是指因本人创业就业、子女上学、投靠子女等原因来到城镇常住，未获得当地户籍或获得当地户籍不满三年的各类群体，包括但不限于进城务工人员、新就

① 韩文秀：《防范化解房地产市场风险是重中之重，推动房地产业向新发展模式平稳过渡》，《21 世纪经济报道》2022 年 12 月 17 日。

业大中专毕业生等，目前约有三亿人。”新市民中未落户常住居民群体近似等于流动人口①，根据国家统计局数据，2010—2021 年中国流动人口由 2.21 亿人上升至 3.85 亿人（见图 4—6）。根据王培刚的研究，“80 后”成为流动人口的主力，他们作为产业工人的中坚和新市民的主体，返迁回农村的概率较小②。未来随着深度城市化的推进，城市公共服务进一步提升，新市民群体不仅会增加，更重要的是定居下来。第二，独居户家庭持续增长。中国独居户家庭由 1990 年的 1735 万户上升至 2020 年的 1.25 亿户，同期占家庭户的比例由 6.27% 上升至 25.39%（见图 4—7）。独居家庭的增长一方面由于初婚年龄推迟，这自然导致独居人口增长，1990—2020 年中国平均初婚 22.9 岁上升至 28.7 岁。

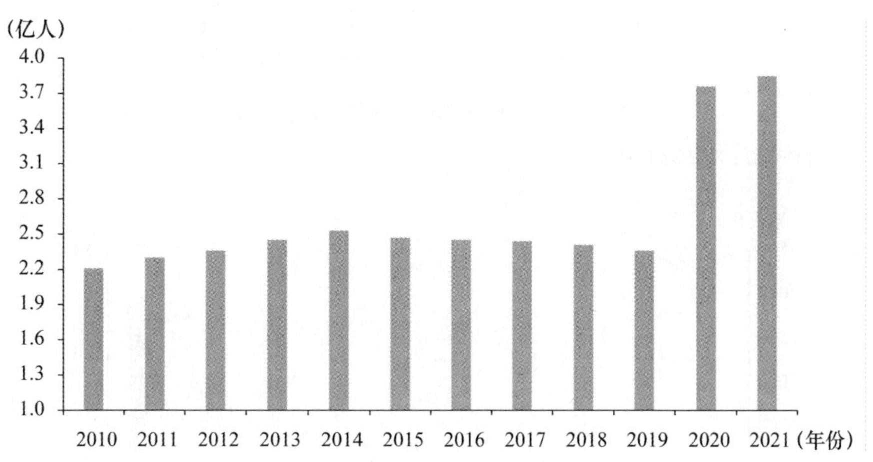

图 4—6　中国流动人口数量

资料来源：国家统计局。

① 根据第七次全国人口普查公报的定义，流动人口计算方式如下：流动人口 = 人户分离人口 - 市辖区内人户分离人口。其中，人户分离人口是指居住地与户口登记地所在的乡镇街道不一致且离开户口登记地半年以上的人口。市辖区内人户分离人口是指一个直辖市或地级市所辖的区内和区与区之间，居住地和户口登记地不在同一乡镇街道的人口。因此，流动人口的定义与常住城镇但尚未落户的这部分新市民群体较为接近。

② 王培刚：《把握流动人口特征变化趋势》，中国社会科学网，2021 年 8 月 4 日。

另一方面，更多人选择终身独居。以2020年独居人群年龄分布为例，假定30岁以前未婚、60岁之后丧偶，30—60岁独居人口占总独居人口比例达到47.8%（见图4—8），而1990年这一数值为37.8%。

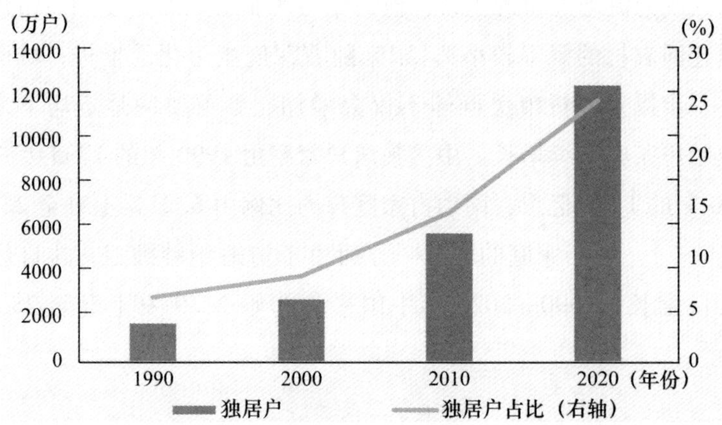

图4—7　1990—2020年中国独居户走势

资料来源：国家统计局。

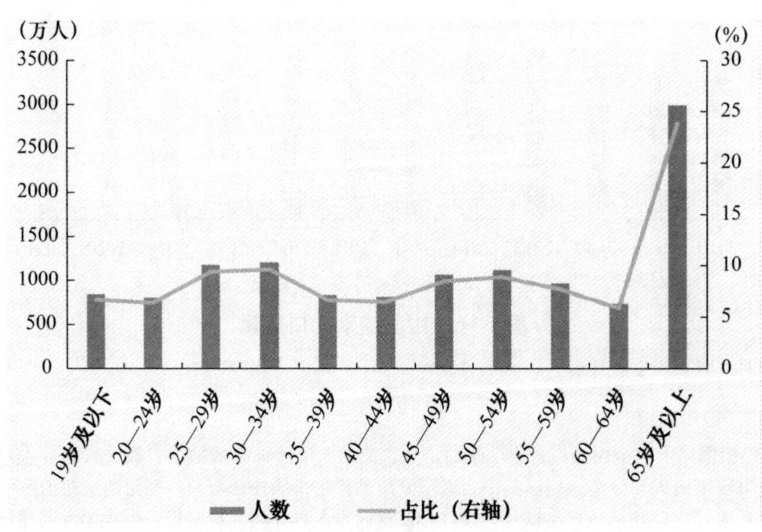

图4—8　2020年独居人群年龄分布

资料来源：国家统计局。

这两类人群增长导致住房租赁需求增加[①]，具体原因包括：第一，流动人口支付能力有限。根据贝壳研究院对北京、上海等10个一、二线城市的调研结果，住房租赁人群平均租金收入比为19.9%[②]。假定收入为1，则租金为0.199；以这一数据为基础，假设年利率4%、贷款8成、首付完全由父母资助，并根据"收入为月供2倍"的银行要求，我们可以测算出消费者购房的租金资本化率上限为53.5年。一线和热点二线城市的这一指标普遍高于这一数值，这意味着在这些城市处于平均收入以下的人群较长时间是买不起房的，大多数人只能租房。第二，新生代流动人口更多地在服务业工作，不可能像第一、第二代流动人口那样住在工棚、厂区。一方面，他们对居住品质和周边配套的要求会对租房产生强烈的需求；另一方面，流动人口中有相当比例是夫妻同时外出，且已婚流动家庭携子女外出，他们需要一个稳定的住所，也会产生租房的需求。根据原国家人口计生委发布的《中国流动人口发展报告2018》，2017年我国流动人口家庭中租住私房的比例为59.8%。第三，独居人口中有相当比例会选择租房。一方面，从代际传承的角度看购房没有必要；另一方面，租房具有更大灵活性，可以依照工作地点随时调整。

从空间分布来看，流动人口和独居人口主要向一、二线城市集聚，这就决定了住房租赁需求集中于这些区域。在流动人口方面，人口长期向大都市圈集聚是趋势，其经济逻辑是流入地和流出地之间存在收入差、工作机会差。以美国为例，1950—2019年美国500万人以上都市圈人口比重从12.2%增至24.7%；日本即使出现人口负增长，但人口依然随产业持续向大都市圈集聚，并且表现为由"三极"集聚向东京圈"一极"集聚。独居人口方面，主要表现为年轻人集聚在发达城市。一方面，发达城市的高经济发展水平为年轻人独居提供了物质基础。发达城市较高的经济发展水

① 这两类人群有重合。

② 数据来源于清华大学建筑学院住宅与社区研究所联合贝壳研究院2021年发布的《新市民租赁需求洞察报告系列之一线城市新市民租赁需求调查》报告。

平能够吸引大量年轻人前来就业，并为其提供较高的经济收入，使大量年轻人拥有了承担独居住房成本的能力。另一方面，经济发展水平不断提高、社会服务保障体系逐步完善，传统的家庭与婚姻观念发生改变并在城市环境下拥有新的定义①。在此背景下，中国发达城市年轻人的自我意识逐渐觉醒，自我意识激发了他们对个体化价值观、价值分离的认同，增加了他们对于独立生活、生活自由、拥有个人隐私空间的渴望，使其具有更高的独居倾向②。从“七普”数据来看，中国 19 岁以下和 60 岁以上独居人口主要分布在农村，而 20—44 岁城市独居人口占比在 50% 以上，45—59 岁城市独居人口保持在 40% 左右（见图 4—9）。

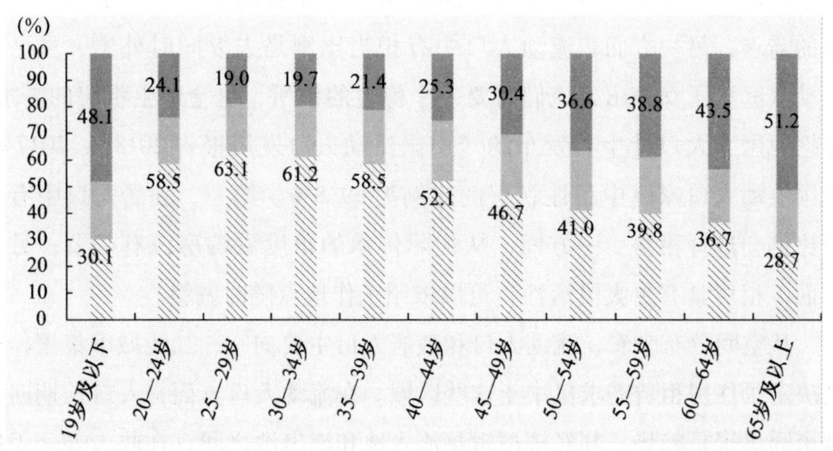

城市占比（%）	30.1	58.5	63.1	61.2	58.5	52.1	46.7	41.0	39.8	36.7	28.7
镇占比（%）	21.8	17.5	17.9	19.1	20.1	22.5	22.8	22.4	21.3	19.9	20.1
乡村占比（%）	48.1	24.1	19.0	19.7	21.4	25.3	30.4	36.6	38.8	43.5	51.2

图 4—9　2020 年独居人群年龄及城乡分布情况

资料来源：国家统计局。

① 宋月萍：《单身族群带来的文化空间与发展向度》，《人民论坛》2020 年第 34 期。

② 邢海燕、邸涵：《大城市独居青年的时空边界重塑》，《青年探索》2022 年第 6 期；黄苏萍、李倩倩：《大城市独居青年的生活与心态研究》，《青年探索》2018 年第 4 期。

（二）新模式构建的供给侧分析：土地供给的结构性问题

中国城镇人均住房面积向国际平均水准逼近，而人均住房间数接近 1 间，这提示住宅投资接近稳态，住宅在总量上基本供需平衡。然而现实中，一线和二线热点城市房价高企，高昂居住用地与低廉工业用地并存现象长期存在①，一些城市政府采取“饿地”“限地”等手段抬高居住用地房价，这也提示我们土地供给存在结构性失衡问题。

第一，城市农村土地供给失衡，主要表现为农村集体土地存在闲置。城镇化进程推动人口向城市流动，二元体制下农民凭户籍享受集体土地权益且不受人口流动影响，因此保留原籍的农村转移人口既加重了城市建设用地负荷，也导致了农村集体土地的闲置。2010—2021 年中国城镇常住人口占比较城镇户籍人口占比始终高出 15 个百分点以上（见图 4—10），这意味着约一成以上农村用地处于闲置状态。根据李婷婷等的调研，有 1/4 的样本村庄宅基地闲置比例超过 15%②。

第二，区域间土地供给失衡，主要表现为土地规划与人口动态分布不适配。中央政府每 15 年期初编制土地利用总体规划，以确定期间各省建设用地总量。根据 2006—2020 年土地利用总体规划，人口净流入省份新增建设用地 370 万亩，建设用地指标明显不足，且难以通过区域间交易、筹措来弥补缺口，导致房价、地价上涨压力长期存在；人口净流出省份新增建设用地 406 万亩，用地指标相对充裕但用地需求不足，导致土地低效利用（见图 4—11）。

---

① 王岳龙、邹秀清：《土地出让：以地生财还是招商引资——基于居住—工业用地价格剪刀差的视角》，《经济评论》2016 年第 5 期。

② 李婷婷、龙花楼、王艳飞：《中国农村宅基地闲置程度及其成因分析》，《中国土地科学》2019 年第 12 期。

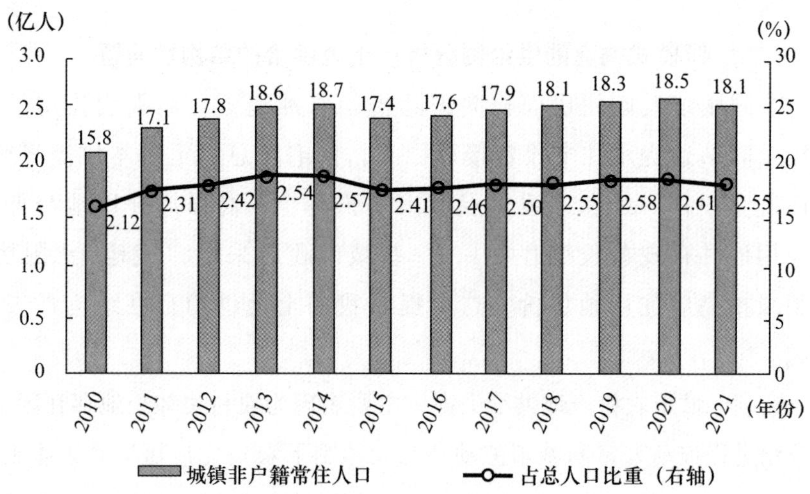

图 4—10　城镇非户籍常住人口及总人口占比情况

资料来源：国家统计局、公安部、发改委。

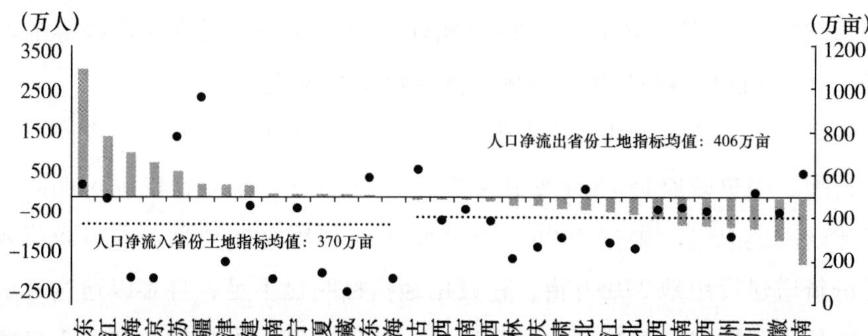

图 4—11　2006—2020 年各省份规划新增建设用地与人口净流入情况对比

资料来源：根据各省 2006—2020 年土地规划整理。

第三，城市内部土地供给失衡，主要表现为居住用地所占比重较小。截至 2019 年，中国城镇范围内存量居住用地合计不足 2.7 万平方公里，占城镇范围国有建设用地的 31%，约为存量工业用地的 1.51 倍。而海外成熟经济体的核心城市居住用地比重为 40%—55%，且为存量工业用地的 6—10 倍（见图 4—12）。工业用地所占比重较大与过往工业化进程相适配的，随着经济向服务化转型，居住类和商服用地所占比重应该相应提升。

2019 年上海城镇建设用地利用结构

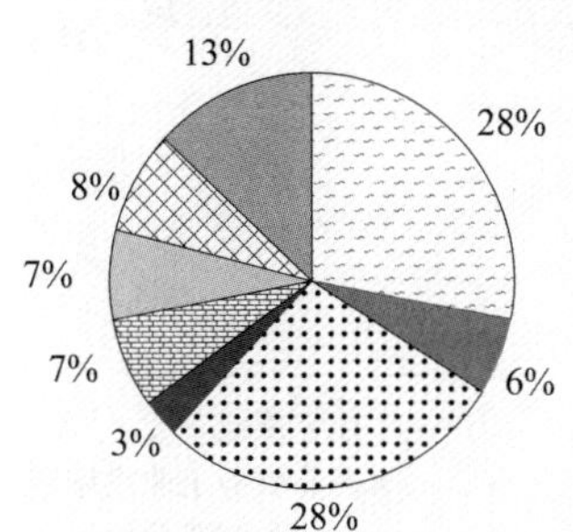

居住用地
商业服务工业设施用地
工业用地
仓储物流用地
道路交通设施用地
绿地与广场用地
公共管理与公共服务用地
公用设施用地

2019 年深圳城镇建设用地利用结构

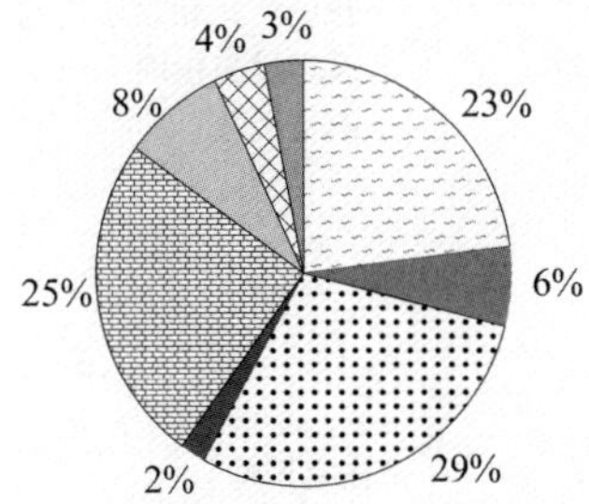

居住用地
商业服务工业设施用地
工业用地
仓储物流用地
道路交通设施用地
绿地与广场用地
公共管理与公共服务用地
公用设施用地

2019 年中国城镇建设用地利用结构

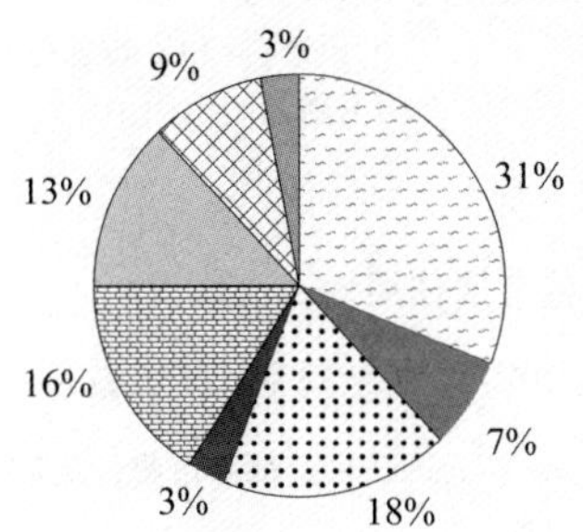

居住用地
商业服务工业设施用地
工业用地
仓储物流用地
道路交通设施用地
绿地与广场用地
公共管理与公共服务用地
公用设施用地

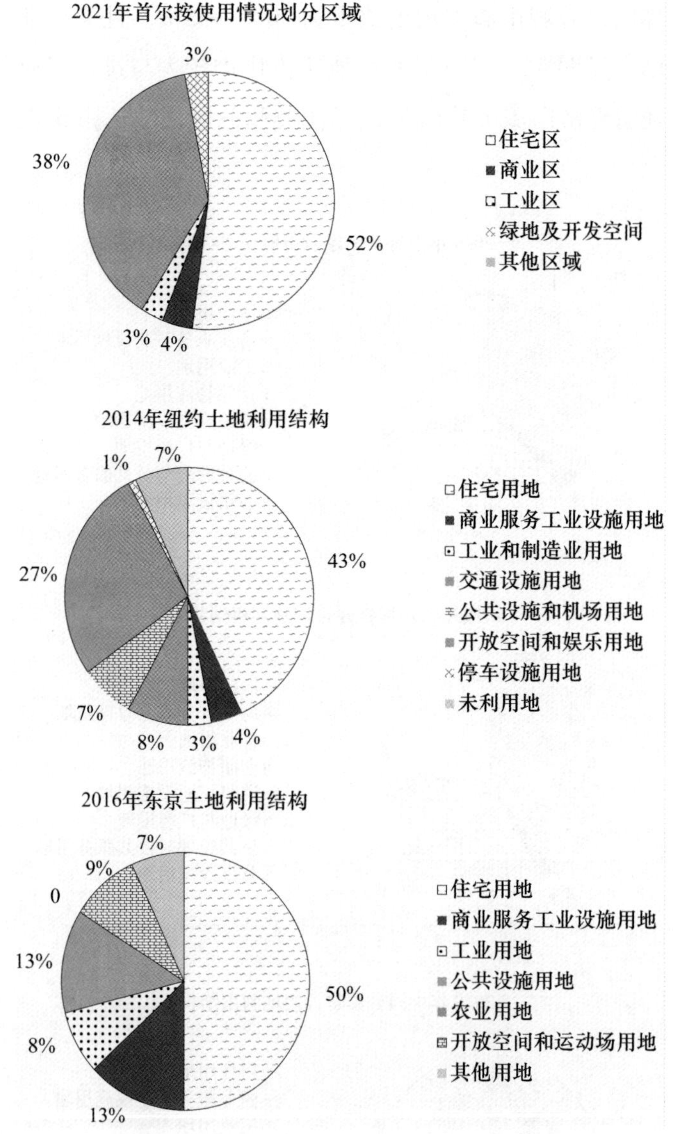

图 4—12　国内外主要城市居住用地占比情况

资料来源：资料来源：中国各省份 2006—2020 年土地规划；韩国政府官网：http：//www. korea. go. kr；纽约市政府官网：https：//www. ny. gov；东京都都市整备局：https：//www. toshiseibi. metro. tokyo. lg. jp。

（三）房地产新模式：内涵与构建方向

结合供需两方面的分析，我们可以得出房地产市场未来所处的环境是：住房总量基本均衡，但区域上人、地供需失配严重，租赁市场和买卖市场结构性矛盾突出。基于此，我们认为房地产新模式的内涵包括：租购并举，以租为主；挖掘存量，多渠道供给。内涵的前半句话指明了房地产新模式的目标，即着力解决的主要矛盾是什么；后半句话指明了实现目标的主要手段，即解决主要矛盾要充分利用总量基本均衡的条件。

对于房地产新模式的构建，我们认为可以从两个方向同时展开：第一，规范促进散租房市场发展。新增租赁住房的供给缺乏弹性，即使采取工改居、商改居等盘活存量的方式，但改造大致需要1—3年时间，因此在现有条件下增加租赁住房供给仍然要依靠散租房市场。对此可从供需两方面促进散租房市场发展。

其一，降低个人出租房税负，促进更多散户将闲置存量房用于出租。目前家庭出租住房名义税率很高，要缴纳1.5%的增值税、10%的个人所得税、4%的房产税，三者合计占租金收入的15.5%。为规避税收，房东与租户私下签约合同，租赁住房市场成为地下市场，既导致市场乱象丛生，税收部门也难以征到税收。可对个人出租住房采用综合征收方式，征收率按1.5%计算。

其二，保障租房群体权益，使租客形成租房的稳定预期。具体来讲：一是期限保护政策。租赁缔约时期限由租客和房东共同商议，但房东不得提出三年以下的期限要求，除非租客自己主动提出。租客提出三年期限要求，房东不得拒绝，三年以上情形由双方共同商议。期限保护政策可以使得租客获得稳定预期。二是付款方式[①]由租客确定，租客可

① 这里付款方式指按月、按季、按年支付。

以选择有利于自己的付款方式，房东不得拒绝。三是租金支付的违约责任向租客倾斜。当租客连续六个月未支付租金时，房东才可进行民事诉讼。然而，作为对房东的一种补偿，可引入租金保险机制，将对租客的信用监督由第三方承担。

第二，挖掘存量土地潜力，多渠道增加住房租赁市场的土地供给，具体可以从跨区域以及城市内部两个方面着手。

其一，跨区域层面可以"人地挂钩"原则进一步放开土地跨省交易指标，降低用地成本。这既可以缓解人口净流入地区的用地需求压力，又使得净流出地区分享深度城市化时代的发展红利，对于推动土地要素扭转和构建全国统一大市场具有重要意义。中国跨省土地交易系统自 2018 年建立①，但目前交易指标主要用于扶贫纾困等公益性场景，指标供给方主要为少数民族地区的深度贫困县。建议以该体系为基础，以人口净流入（流出）作为买（卖）方准入资格，扩大交易主体范围。

其二，从城市内部盘活存量用地一方面可以解决土地闲置问题、提高土地利用效率，另一方面，存量土地许多位于城市核心区域，有利于解决职住不平衡问题。具体包括：一是鼓励集体经营性用地入市。新《土地管理法（2020 年）》确立了集体经营性建设用地的入市地位，但目前集体经营性用地并不积极，可以从以下两个方面破除供给障碍：调整村集体土地规划解决经营性用地高度碎片化问题；合理引导以提升村集体意愿，鼓励其通过自主开发、经营权合作、股权合作、入市出让等多渠道供给。二是产业园区用地盘活（即工改租）、闲置商办物业改造（即商改租）是增加租赁住房土地供给的重要渠道。目前工改租、商改租的土地性质调整政策不明确，租赁企业无法办理改造后的二次消防验

① 2018 年 3 月 26 日，国务院办公厅发布的《跨省域补充耕地国家统筹管理办法和城乡建设用地增加挂钩节余指标跨省与调剂管理办法》，有条件解禁了耕地占补、增减挂钩指标的跨省交易。

收，一些长租房项目建成后无法投入运营。建议明确土地性质调整政策，对改造非居住存量房屋用于长租房的，经城市人民政府认定，可以维持原有土地用途不变；需要调整土地用途的，应当按照居住用地（租赁型住房）重新核定土地价款，允许分期支付。

（四）新旧模式转换应渐进推行

房地产新模式的目标是"租购并举、以租为主"，但这绝不意味着购房完全偏废。"租购并举"的一种重要原因是新旧模式的转换是一个渐进式的过程，应遵循先立再破的原则，这是中国渐进式改革的宝贵经验。热若尔·罗兰总结了渐进式改革的优势①，包括：第一，在总和不确定情况下，渐进式改革减少了事前政治约束，可以使得改革有效推进；爆炸式改革尽管创造了不可逆转性，但最大的错误认识是错以为改革完成后一定成功。第二，渐进式改革体现了"稳中求进"的思想。"稳"字体现在渐进式改革保持原有的计划合同义务，避免了生产链条的破坏和新的高昂的搜寻成本。"进"字体现在渐进式改革以帕累托改进的方式实施价格自由化，通过边际上的放开改善潜在受益者的状况。对应房地产市场，如果采取先破再立的改革方式，势必对行业乃至经济稳定产生影响。2021 年下半年以来，恒大风险事件逐渐蔓延扩散，大量房企违约，并最终引发"保交楼"事件。这提示我们旧模式中的购买需求依然需要重视，但购的需求主要集中于改善性需求，对此我们进行了改善性需求的测算。

改善性需求主要集中于两个方面：第一，因房龄较老需要拆迁改造形成的改善性需求。黄敬亭和吴璟应用"六普"数据计算了中国城镇住房不同年代的拆除率，并预测 2011—2020 年中国城镇住房拆迁套

---

① ［比］热若尔·罗兰：《转型与经济学》，北京大学出版社 2002 年版。

数[①]。本章应用该文拆除率参数[②]并根据最新的“七普”数据计算出中国城市 2021—2030 年因拆迁导致的改善性需求（见表 4—2）。1969—2030 年全国城市因住房拆迁产生的改善性需求为 217.28 万套，按城市户均面积 36.52 平方米计算，共计 7935.1 万平方米。第二，因住房面积较小而形成的改善性需求。我国城市居民住房面积分布不均，60 平方米以上户数占比高达 20.56%。19 平方米以下户数占比为 18.04%，中间 20—29 平方米组和 30—39 平方米组占比分别为 22.79% 和 17.89%（见图 4—13）。19 平方米以下组别有改善意愿但缺乏改善能力，假定 20—29 平方米组平均居住面积为 25 平方米，30—39 平方米组有一半人群低于 35 平方米且这部分群体的平均居住面积为 32.5 平方米，假设未来 10 年这些群体达到目前城市户均居住面积，则产生的改善性需求为 5.38 亿平方米。

表 4—2　　　　**全国城市住房拆除量及预测**

	住房拆除率（%）	住房拆除量（万套）
1969 年以前	59.90	11.66
1970—1979 年	39.19	13.33
1980—1989 年	31.67	53.42
1990—1999 年	28.75	111.29
2000—2009 年	4.40	27.57
2010—2030 年	0	0
合计	—	217.28

① 黄敬婷、吴璟：《中国城镇住房拆除规模及其影响因素研究》，《统计研究》2016 年第 9 期。

② 该文将房龄 60 年以前和 50—60 年的拆除率分别设定为 59.9% 和 52.71%，本章将房龄 50 年以前的全部设定为 59.9%，其他房龄拆除率设置一致。

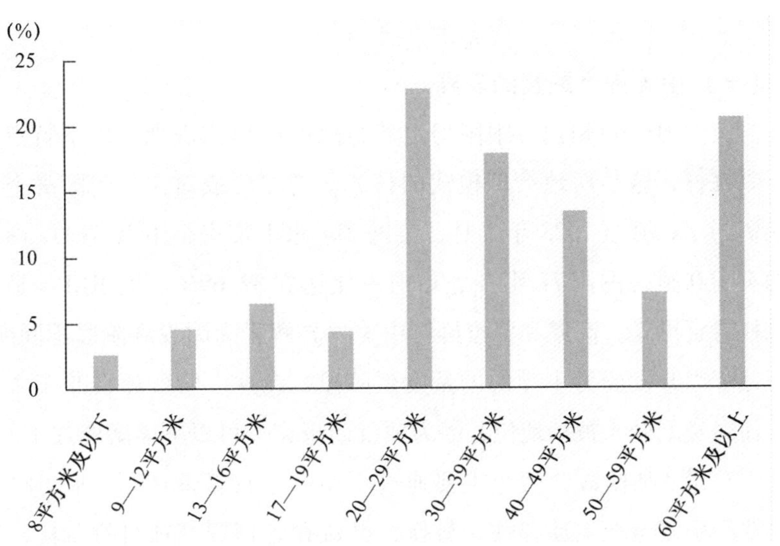

图 4—13　2020 年全国城市人均住房面积分布情况

资料来源：国家统计局。

三　金融支持房地产新模式的构建

房地产业的发展离不开金融支持。从消费端来讲，住房是个人消费中最大的一笔耐用消费品支出，若没有金融的跨期配置功能的支持，仅靠工资积累个人是难以在生命周期内实现住房消费的。从生产端来讲，房地产开发具有资金规模大的特点，需要使用金融的资金集聚功能。然而，金融过度支持房地产会产生严重的负面影响。远有美国居民部门过度负债导致次贷危机，近有中国房企“三高”模式导致违约潮。因此金融与房地产应形成良性循环，随着房地产新旧发展模式的转换，金融应支持房地产新模式的构建。下文通过中美地产融资的比较，既找出旧模式下房地产金融的问题，又提出支持新模式构建的房地产金融转型方向。

(一) 中美地产融资的差异

与美国地产界相比，中国房地产金融的旧模式表现出以下特点：第一，高杠杆，这是房地产旧模式的核心。与之形成对比，美国房企以股权融资为主，截至 2023 年 2 月，美国 224 家上市房企中以 REITs 形式存在的有 160 家，占比 71.43%，市值占比达到 82.69%，而 REITs 是典型的股权融资形式。高攀和郭杰群将中美差异解释为因发展阶段不同所致：中国处于以开发商为主导的增量发展阶段，在这一阶段项目基于主导地位，而融资上处于被动地位，因为项目回报完全可以覆盖融资成本①；美国处于存量发展阶段，房企主要通过不动产运营管理获利，而 REITs 往往需要经历资金池主动寻找、替换、更新和管理资产项目等阶段，这与存量时代的房企运营模式是适配的。对于投资者而言，众多小投资人可以利用 REITs 份额化的特点分享房地产的管理红利（见表 4—3）。

表 4—3 **中美地产行业及融资模式比较**

	中国	美国
行业分类	房地产和金融业是平行的国民经济分类	商业地产与金融业同属一类
企业构成	以住宅开发商为主	以 REIT 为主
投资人投资房地产途径	持有物业	持有物业或投资 REIT
资金管理模式	项目被动管理—为存在或即将开始的新项目寻找资金	资金主动管理—成立资金池，主动寻找、替换、更新和管理资产项目
融资渠道	贷款为主的间接融资	间接融资和直接融资并举

注：其中美国行业分类是基于美国标准行业分类（SIC）。

资料来源：高攀、郭杰群：《地产融资：从中美模式比较中思考转型路径》，《金融市场研究》2018 年第 9 期。

① 高攀、郭杰群：《地产融资：从中美模式比较中思考转型路径》，《金融市场研究》2018 年第 9 期。

第二，债务期限较短。高攀和郭杰群对比了中国25家和美国9家典型住宅开发商1年期及以上债务占比情况，中国开发商长期债务占比一直很低，在2007年之前甚至不超过20%，目前维持30%左右；而美国开发商的长期债务占比保持在60%左右①。长期债务占比高可以有效减少期限错配风险，在金融危机期间房企的资产周转速度明显放慢，而美国著名的Hovnanian房企在2008年5年期以上债务占比为42%，到2009年该指标上升至61%，期限较长的债务结构有效帮助房企渡过了危机。

第三，影子银行融资盛行。由于房地产行业的高利润特点，融资饥渴症普遍存在，当正规渠道不能满足需求时，影子银行自然成为备选项。以某头部房企为例，2019年该房企银行开发贷款占比仅为17.48%，

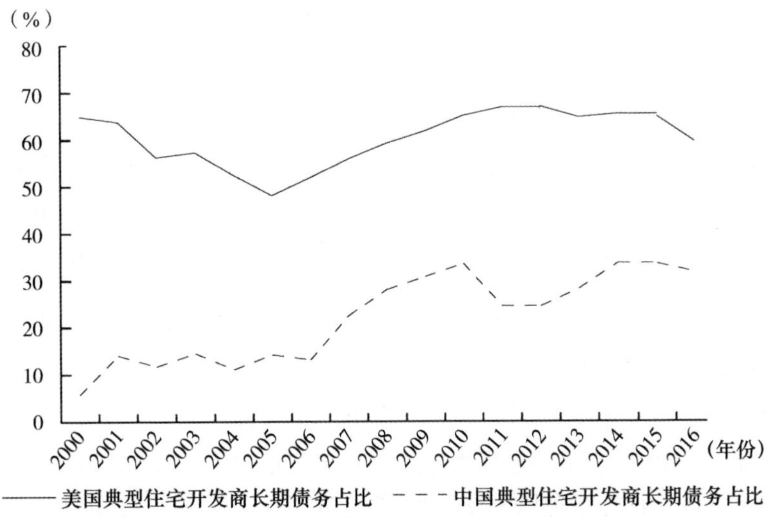

图4—14　中美典型住宅开发商长期债务占比

资料来源：高攀、郭杰群：《地产融资：从中美模式比较中思考转型路径》，《金融市场研究》2018年第9期。

---

① 高攀、郭杰群：《地产融资：从中美模式比较中思考转型路径》，《金融市场研究》2018年第9期。

债券融资占比 21.09%，信托等影子银行融资占比高达 61.43%。同时该房企还存在短债长用现象，3 年期以上债务占比仅为 7.51%①。随着影子银行产品逐渐进入治理框架，这类融资成本贵的产品无法继续“借新”，自然也就难以“还旧”，该房企于 2020 年出现流动性危机。

表 4—4　　2019 年年末某房企有息负债融资品种和期限结构

融资品种	余额（亿元）	百分比（%）	融资期限	余额（亿元）	百分比（%）
银行贷款	169.54	17.48	1 年之内	555.11	57.23
债券	204.59	21.09	1—3 年	342.04	35.26
非银行类贷款	595.86	61.43	3 年以上	72.84	7.51
合计	969.99	100	合计	969.99	100

资料来源：蔡真：《中国住房金融报告（2019）》，社会科学文献出版社 2019 年版。

（二）房地产金融的转型方向

房地产新模式的目标是“租购并举、以租为主”，支持住房租赁市场发展自然成为房地产金融转型的方向，结合美国经验来看，进一步发展和完善 REITs 制度是促进住房租赁市场发展的重要抓手。因为当地产进入存量时代，大量房企会转向长期持有并管理资产的运营模式，其现金流特点表现为小额、高频、周期长，这与 REITs 产品的特点是完全适配的。针对当前 REITs 制度还可从以下三个方面完善：其一，进一步拓宽租赁住房 REITs 的发行主体范围。目前首批保租房 REITs 已上市，此类主体以地方住保办及下属专项企业为主，具有资产规模充裕、土地权属清晰的特点，利于租赁住房 REITs 早期发展。中长期看，鉴于投资、运营以及管理能力的提升，可逐步支持以房企系为主的原始权益人发行 REITs。可先从央国企试行，为后续民企参与摸索可行路径。其二，开

① 该房企案例及数据源于蔡真《中国住房金融报告（2019）》，社会科学文献出版社 2019 年版。

发 REITs 配套融资工具。对于 REITs 来说传统融资工具如贷款涉及较大本金偿还，必然会影响正常的股息分派，建议大力发展没有本金摊还的 CMBS 产品。其三，发展 Pre-REITs、私募 REITs 等产品，形成多层次不动产资本市场。

住房租赁市场具有投资金额大、期限长、收益率低的特点，因此传统的银行体系并不愿意在租赁市场提供金融支持。然而中国在政策性金融的运用方面较为擅长，而住房租赁市场又具有一定准公共物品属性，二者恰好匹配。短期看，目前住房租赁专项债的利率较高、期限较短，可将其商业性金融属性转化成政策性金融属性。具体操作上，以项目为主体确定发行规模，以国开行信用进行债券担保，并对资金用途进行严格监管，力争住房租赁专项债利率降至 2%，发行期限达到 15 年以上。长期看，可成立国家住房银行或类似机构，加强对住房租赁企业或政府住房保障部门等主体的金融支持。政策性住房金融机构的资金来源，可以通过发行金融债券、政府担保债券和财政拨款多渠道筹集；并根据市场的变化和政府住房政策目标的调整，与时俱进地提供金融服务和资金支持。

从需求侧角度，应形成多层次住房消费金融支持体系，并完善住房金融监管架构。时至今日，中国住房金融调整效果不佳的深层原因是缺乏完整的住房金融体系和监管架构：一级市场方面，只有住建部公积金监管司负责整个市场很小一部分的监管；大量的住房抵押贷款除了要考虑信用风险外还需要考虑房地产市场风险，这部分产品并没有对应专业的监管机构；此外，一些非正规渠道的住房贷款存在“掠夺性消费贷款”的性质，这部分产品也游离于监管之外。对此，我们提出中国住房金融市场体系和监管架构的建议：一级市场方面，应形成三个层次的住房体系并形成对应的金融支持。其一，针对低收入人群的市场，应以住房租赁为主，资金方面应由财政兜底；其二，针对中等收入人群，如果他们进入住房购买市场，则金融支持应发挥一定的政策性金融功能，可对其首付款进行担保或提供利率补贴，具体执行机构可由当地的住房置业担保公司承担，但申请人的相关信息应严格审核；其三，针对高收入人群，应以住房购买市场为主，金融方面以商业贷款为主。无论上述哪一个市场，都应由专门的监管机构监管，该机构主要负责房价、租金市场运行监测，房租补贴、房贷首付比标准制定，房贷压力测试等职能。二级市场方面，应设立政府支持机构负责住房抵押贷款的发起、担保等工作，从国外经验来看这部分工作都是由政策性金融机构承担的，这是由流动性和金融稳定的公共物品性质决定的；二级市场方面，监管机构负责贷款入池标准化、政府支持机构的资本充足率监管、二级市场流动性及利率风险监测等。

（执笔人：蔡真、万兆）

第五章

防范化解系统性金融风险与加强现代金融监管

早在2017年，习近平总书记在全国第五次金融工作会议上就强调，“防止发生系统性金融风险，是金融工作的根本性任务，也是金融工作的永恒主题。要把主动防范化解金融风险放在更重要的位置”①。党的二十大对金融工作提出了针对性十分明显的工作要求。党的二十大报告指出，“深化金融体制改革，建设现代中央银行制度，加强和完善现代金融监管，强化金融稳定保障体系，依法将各类金融活动全部纳入监管，守住不发生系统性风险底线”②。党的二十大报告对金融体系的要求与2017年全国第五次金融工作会议的精神一脉相承、赓续发展。2022年12月中央经济工作会议更是进一步强调，要有效防范化解重大经济金融风险，压实各方责任，防止形成区域性、系统性金融风险。

系统性金融风险防控最为核心的任务就是有效梳理系统性金融风险的演进机制，厘清当前金融系统最为重大的风险威胁。继而，针对重大的金融风险威胁，特别是系统性金融风险威胁，通过深化金融体制改

---

① 《习近平关于防范风险挑战、应对突发事件论述摘编》，中央文献出版社2020年版，第59页。

② 习近平：《高举中国特色社会主义伟大旗帜　为全面建设社会主义现代化国家而团结奋斗——在中国共产党第二十次全国代表大会上的报告》，人民出版社2022年版，第29、30页。

革，改善和加强金融监管，有效统筹相关政策、围堵监管漏洞、填补监管空白、提升监管效率，全面提升金融风险应对和处置的针对性、有效性和适宜度，确保金融稳定和金融安全。

一　系统性金融风险的演进

防止发生系统性金融风险是金融工作的永恒主题。此前，系统性金融风险防控取得阶段性胜利，但是，由于内外多种因素的叠加影响，系统性金融风险威胁仍然存在。从政策应对的现实需要出发，亟须从理论机理上认清系统性金融风险的演进机制，并厘清系统性金融风险的重点环节。本节将在简要梳理系统性金融风险内涵的基础上，重点分析我国系统性金融风险在时间维度和空间维度上的重点威胁。

（一）系统性金融风险的内涵

早期重大的金融风险概念与金融危机、金融不稳定大致等同，或者说，金融稳定是金融体系没有重大风险或危机威胁的状态。结合金融不稳定、金融危机等研究，大致可以将金融不稳定或金融危机分为三个类别。一是 D－D 模型（或挤兑模型或外生模型）；二是 Allen 等发展的传染模型；三是明斯基和金德尔伯格等的内生模型。

2008 年国际金融危机以来，系统性金融风险成为理论界和政策界的重要议题。国际金融危机深化了理论界和政策界对金融危机和系统性金融风险的认识①，将风险管理、应对和处置的范畴从单一机构或市场向宏观系统或关联体系演进，全局性或系统性成为理论研究和政策举措的核心视角。系统性金融风险的传染研究是非常丰富的，比如在开放条

① 张晓朴：《系统性金融风险研究：演进、成因与监管》，《国际金融研究》2010 年第 7 期。

件下对于内部风险传染和外部风险传染的区分就非常有意义，也有从信贷紧缩机制、流动性紧缩机制以及资产价格波动机制进行分析①。一般地，系统性金融风险的认识、应对和处置，更多是从时间维度和空间维度来进行梳理的②，其中时间维度主要考虑的是顺周期效应，而空间维度则主要考虑的是系统关联性或复杂性，对应的监管对象就是系统重要性机构。

与此同时，系统性金融风险的政策应对成为国际社会的热议话题，国内也将此作为金融改革和政策优化的重点，宏观审慎政策应运而生。周小川指出，宏观审慎政策框架是一个跟随经济金融体系变化而改变的政策框架，该政策框架的核心目标是防范系统性金融风险，保障金融体系宏观稳定性③。宏观审慎政策的重点是一个更加具有逆周期特征的风险应对和政策处置体系，其中最为核心的是资本金、流动性和杠杆率等的宏观审慎要求。当然，系统性金融风险还可以在空间上进行传染，其中对于系统重要性机构要施加额外的监管要求，包括但不限于资本金、流动性和杠杆率等。

2010 年以来，我国就不断强化宏观审慎政策框架建设，先后出台了逆周期跨境资本管理、宏观审慎评估体系、系统重要性金融机构监管、金融控股公司管理等典型的宏观审慎政策。当然，与中国式现代化和高质量发展的内在要求对比，系统性金融风险的防控仍然需要进一步加强和优化。2015 年年底开始，防范化解系统性金融风险成为党中央国务院的重要政策要求，2018 年还实施了为期三年的重大金融风险攻坚战。经过三年金融风险攻坚战，中国系统性金融风险应对取得了阶段

---

① 陶玲、朱迎：《系统性金融风险的监测和度量——基于中国金融体系的研究》，《金融研究》2016 年第 6 期。

② 何德旭、郑联盛：《金融危机：演进、冲击与政府应对》，《世界经济》2009 年第 9 期。

③ 周小川：《金融政策对金融危机的响应——宏观审慎政策框架的形成背景、内在逻辑和主要内容》，《金融研究》2011 年第 1 期。

性成果，2021 年以来中国金融体系整体保持稳定，但是 2022 年因为面临需求收缩、供给冲击、预期转弱三重压力，再叠加新冠疫情冲击、国际地缘政治以及多个国家利益博弈等因素影响，国内系统性风险威胁有所加大，特别是房地产市场风险及其传染呈现加剧状态。本章将通过时间维度和空间维度，对我国系统性金融风险的威胁进行较为深入的分析。

（二）时间维度的系统性金融风险威胁

时间维度是认识系统性金融风险的首要维度。顺周期效应是系统性金融风险的首要威胁。金融与经济的关系是辩证统一的，经济兴，金融兴；经济强，金融强。金融活，经济活；金融稳，经济稳。由于金融系统的核心职能是有效服务实体经济，在二者的关系中，经济是主要矛盾，金融是次要矛盾；或者说，经济是矛盾的主要方面，金融是矛盾的次要方面。二者的关系中潜在的一个内在机制就是金融随经济运动的被动性以及扩大化，这其中最为重要的是金融系统非常明显的顺周期效应，这里的周期就是经济周期。经济部门的负债，对应的就是金融系统的资产，为此观察经济部门的杠杆率及其构成，就可以清晰地认识金融部门的系统风险及其结构。为此，在时间维度上，本章将通过宏观杠杆率及其部门特征来观察我国系统性金融风险及其演进。

面对风高浪急的国际环境和艰巨繁重的国内改革发展稳定任务，全国上下有效统筹国内国际两个大局，统筹疫情防控和经济社会发展，统筹发展和安全，加大宏观调控力度，应对超预期因素冲击，整体保持经济社会发展稳定。面临需求收缩、供给冲击、预期转弱三重压力，2022 年中国经济顶住压力持续发展，经济发挥一定韧性，总量再上新台阶。2022 年国内生产总值 121 万亿元，同比增长 3%。当然，由于地缘政治风险冲击、部分国家肆意打压以及新冠持续深化等影响，2022 年中国经济增长形势偏弱，总需求相对不足，市场预期仍偏弱，市场主体的主动性和积极性不高，经济复苏基础有待进一步巩固。

1. 宏观杠杆率创历史新高

2022 年中国宏观杠杆率创出历史新高，凸显经济体系面临显著的风险。宏观杠杆率是判断经济系统风险的重要指标，也是一个经济体金融系统顺周期效应和金融稳定的最重要指标之一。宏观杠杆率是一个经济体非金融部门债务余额与当期国内生产总值的比值，该比率上升意味着负债收入比上升，经济主体债务负担加重，信用违约风险更为显著。

从总量看，2022 年因为新冠疫情等因素影响，国内系统性风险威胁有所加大，特别是房地产市场风险及其传染呈现持续累积状态。2022 年宏观杠杆率再度拉升，达到历史峰值。中国社会科学院国家金融与发展实验室数据显示，2022 年第三季度末中国宏观杠杆率为 273.9%，超过 2020 年年底 270.1% 的历史峰值，达到新的历史高位。从宏观杠杆率的分季度变动幅度来看，前两季度杠杆率均有不小幅度拉升，其中，第一季度上升 4.4%，第二季度上升 4.9%，第三季度上升 0.8%[①]。

从结构看，2022 年国内重大风险环节的应对和处置较为得当，房地产市场和地方政府债务等重大风险的应对政策总体合理，但是，其潜在的风险不容忽视。其中，政府部门与非金融企业部门杠杆率呈现明显上升趋势，而居民部门杠杆率继续保持在相对稳定水平。2022 年上半年宏观杠杆率快速上升与经济产出大幅下降以及政府部门、企业部门负债加快上升等直接相关（见图 5—1）。由于金融部门的资产对应的就是非金融企业部门的负债，即实体部门的高杠杆负债与金融部门的高风险资产是一个硬币的两面。面临较为显著的经济下滑压力，金融部门呈现显著的顺周期效应，其整体保持稳健但部分风险也呈现加速暴露状态。

① 本部分关于杠杆率的数据，如无特别说明，均来自国家金融与发展实验室。

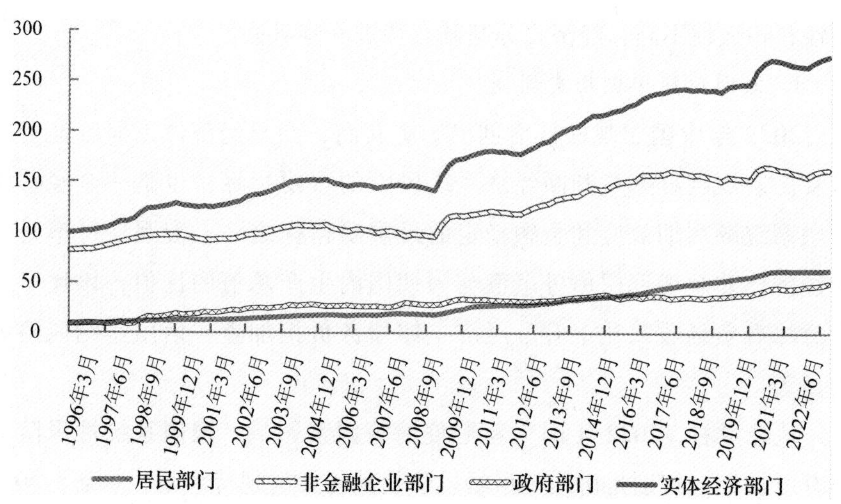

图 5—1　中国宏观杠杆率及其结构

资料来源：国家金融与发展实验室。

2. 企业部门被动加杠杆

企业部门是中国经济增长最为重要的部门，也是国家税收收入的首要部门。由于前端面临成本和负债压力，后端面临需求和收入压力，企业部门杠杆率是一个经济体宏观经济风险最敏感的指标。新冠疫情暴发之后，由于经济增长压力凸显，需求相对不足，企业部门呈现一个主动“去杠杆”的过程，2021 年企业部门保持了四个季度的“去杠杆”，但是 2022 年企业部门杠杆率再度提升，2022 年前三个季度企业杠杆率均为上升，共上升 7 个百分点。企业部门杠杆率上升主要来自债务增加和收入下降，其中债务增加主要通过贷款而形成。企业部门杠杆率高企且通过贷款增加而形成，可能还反映国有企业和民营企业的结构问题，部分国有企业和平台公司承担了稳增长的更大责任或所谓“兜底”功能，从而强化投资并提高杠杆率，同时这也可能与国有企业融资可得性更高相关。企业部门杠杆高企及其结构问题可能是宏观杠杆率创新高的主要原因。

3. 居民部门小幅主动“去杠杆”

相对而言，居民部门是杠杆率变化较为缓慢且滞后的部门，是一个相对的“慢变量”，但是，居民部门是宏观杠杆率变化最具有黏性的领域，即居民杠杆率上升后较难明显大幅下行，即使是居民部门出现主动“去杠杆”的情形。2022 年通过杠杆率变化可以观察到居民部门可能存在一个主动“去杠杆”过程。2022 年前三个季度居民部门杠杆率整体趋于平稳。2022 年第三季度居民部门杠杆率上升了 0.1 个百分点，从第二季度末的 62.3% 上升至 62.4%，前三季度共上升了 0.2 个百分点，已经连续 9 个季度在 62% 的水平左右微幅波动。在总收入的增速下降且未来经济增长不确定性较大的环境下，居民部门主动“去杠杆”的意愿较为显著。这也与居民市场预期偏弱、消费意愿不强等领域的状况相一致。

4. 政府杠杆率持续小幅攀升

政府部门杠杆率从 2021 年第一季度就开始小幅持续上升，从 2021 年年底 46.8% 上升 0.4 个百分点达到 2022 年 3 季度末的 47.2%。2022 年第二季度，由于全国疫情反复，政府防控疫情开支增加与收入递减的双重压力影响下，杠杆率攀升 2.3 个百分点，十分接近 2020 年第三季度的 2.4 个百分点的历史峰值。到了第三季度，势头有所缓解，上升 0.2 个百分点。中央政府和地方政府呈现一定的变化差异，其中，中央政府部门表现出明显的波动上市趋势，在前三个季度中分别下降 0.5 个百分点、上升 0.4 个百分点和上升 0.5 个百分点，而地方政府则在强势上升后有所下降，前三季度分别上升 0.9 个百分点、上升 1.9 个百分点和下降 0.3 个百分点。

政府部门杠杆率整体持续小幅攀升，这与市场预期政府部门面临收入减少和支出增加的双重挤压“感观”略有差异，这其中可能有多个原因，其中重要缘由之一可能是地方政府所属国有企业或平台公司“承接”了部分地方政府的负债。值得注意的是，政府部门及其关联的国有企业或平台公司主动加杠杆来降低企业部门和居民部门负债压力是一种跨期替代效应，在疫情应对中成为国际社会的普遍做法，但是这种效应能否成功取决于政府加杠杆的成效，即政府举债的产出效应。

（三）空间维度的系统性金融风险威胁

空间维度的风险传染主要关注金融风险在跨主体、跨市场、跨行业或跨区域的传染机制，主要体现在三个：一是特定领域中金融主体风险的相互传染，结果就是区域性或行业性金融风险，如 1997 年泰铢崩溃引发东亚地区货币冲击。二是在整个金融体系中的风险自我反馈效应。金融风险在不同市场及行业中相互影响，形成一个不断放大的金融体系冲击，如希腊危机升级为欧洲主权债务危机。三是金融风险与宏观经济中的周期性、结构性和政策性等变量相互叠加与强化，最后形成系统性的金融经济冲击，如 2007 年美国次贷危机演化为国际金融危机。根据系统性金融风险的传染机制，中国在空间维度的系统性风险威胁主要体现在房地产市场、地方政府债务和外部风险冲击三个方面，即内部两只“灰犀牛”和外部一大冲击。

1. 系统重要性：房地产市场

房地产市场风险是我国经济金融风险的第一只“灰犀牛”。在房地产部门风险上，房地产部门是国民经济的支柱行业，其稳定健康发展是关系国计民生的重大问题，也是金融稳定中的系统重要性问题。房地产部门的前向拉动作用和后向推动作用在国民经济各个部门中最为显著，为经济增长和地方政府性基金收入做出了不可替代的作用。但是，房地产市场日益复杂的经济体系，使得风险在持续累积，此前房地产市场形成了高价格、高库存、高杠杆、高度金融化和高度关联性“五高”风险特征，并导致经济地产化、地产金融化、金融泡沫化。2018 年中美贸易摩擦后以及 2020 年新冠疫情全球大流行以来，房地产部门的风险逐步显现，并在 2022 年上半年达到了高峰，甚至形成较为显著的系统性风险威胁。

金融作为经济发展的血液，促进和推动了房地产业的蓬勃发展，也与房地产部门形成了风险关联效应，同时还与地方政府基金性收入密切相关。房地产部门的风险是中国系统性金融风险重大的现实挑战之一。第一，从住户部门看，此前随着房价高企呈现快速加杠杆态势，住户部门的房价收入比处于全球较高水平，居民债务收入比快速上升，偿付面临巨大的压力。即使 2022 年居民部门主动“去杠杆”，但偿付压力并未实质性缓解甚至加大。第二，从房地产企业看，房地产开发企业金融风险不断积聚，有息债务规模高速增长，短期偿债能力持续下降，长期偿付能力不断弱化。2021 年以来较大部分房地产企业违约或陷入融资困境就是典型表现。第三，从发展趋势看，较大部分城市房价出现了较大幅度下跌，将会带来显著的关联或传染风险：一是稳增长目标面临显著压力，因房地产产业链是全国最重要的增长支撑之一；二是地方土地财政难以为继，地方财政和隐性债务风险进一步显性化；三是房地产部门风险将通过住户、房企和地方政府向金融部门传染，对金融稳定造成了冲击。第四，房地产部门及其金融关联在金融体系、财政系统和经济体系中嵌入了金融加速器效应，当风险传染扩散后，金融、财政和经济系统可能引发共振效应。

2022 年以来，房地产固定资产投资和销售明显下滑，3 月后均进入负增长态势（见图 5—2）。70 个大中城市中，新房、二手房销售价格环比上涨的城市数量不断减少，销售价格环比下降的城市数量则不断增多。截至 2022 年 11 月，新房价格环比下跌城市数为 51 个、二手房价格环比下跌城市数为 62 个。房地产市场的系统性威胁在强化。受房地产调控以及融资收紧等政策影响，较大部分大中型房企因长期杠杆经营进而爆发重大金融风险特别是流动性风险。流动性危机使房地产市场出现重大的风险及其显著的传染效应，房企债券信用利差迅速扩大、房企股票大幅震动、评级机构调低信用评级，多家房地产企业遭遇生存危机。2022 年 1—11 月房地产企业境内债违约 114 只，涉及金额高达 1485. 8 亿元；2022 年 1—10 月房地产企业境外债违约 86 只，涉及金额

298.3 亿美元。在较大部分房地产企业面临重大风险之际，部分房地产项目陷入停工，“保交楼”成为显性风险，引发重大的社会稳定问题，同时，房地产市场变化给宏观金融体系带来系统性风险威胁。

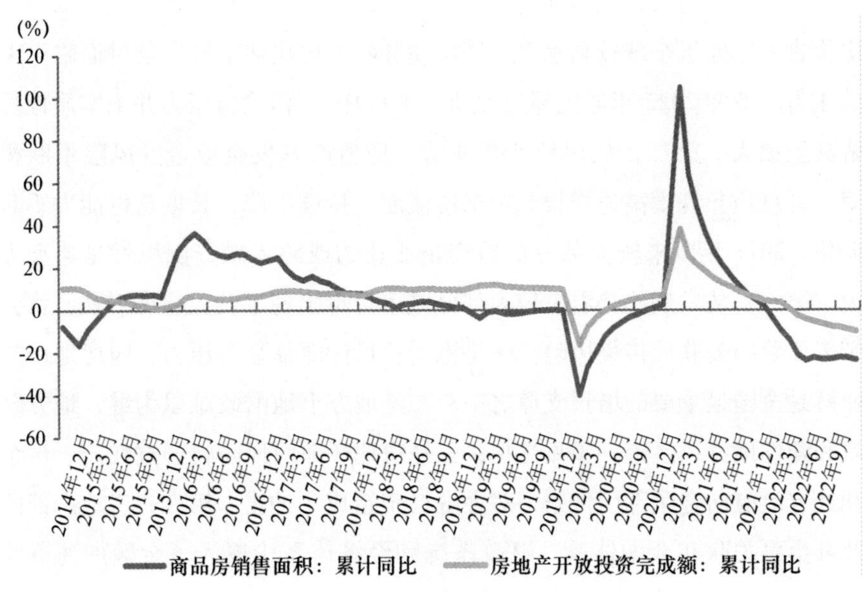

图 5—2　中国房地产投资和销售走势

资料来源：Wind 数据库。

为了应对系统性风险冲击，房地产市场风险应对政策频繁出台，稳定房地产市场政策不断强化，总体呈现“三支箭”大救助格局。2022 年 8 月，住建部、财政部、中国人民银行等部门通过政策性银行专项借款方式支持已售逾期难交付住宅项目建设交付，“保交楼”专项资金为 2000 亿元。希望通过专项借款撬动、银行贷款跟进，支持已售、逾期、难交付住宅项目建设交付，维护购房人合法权益。2022 年 11 月，针对房地产市场风险的政策应对再加码，“三支箭”政策全面实施。在信贷融资方面，中国人民银行将增设 2000 亿元“保交楼”专项再贷款，六大国有银行向 17 家房企授信 1.2 万亿元。在债券融资方面，相关部门强化对民营房企发债的政策支持，交易商协会预计可支持约2500亿元民营房企债券融资。同年11月23日多个部门联合出台支持房地产市场平稳健康发展的“金融十六条”，着重保护债券融资稳定性。在股权融资方面，中国证监会明确表示要支持房地产企业资本市场融资畅通性，同年11月28日证监会指出将恢复上市房企和涉房上市公司再融资，包括并购重组和配套融资等。房地产市场风险成为具有系统重要性的重大经济金融风险，是2022年12月15—16日中央经济工作会议着重强调的领域。2023年房地产市场限购限贷将进一步结构性放松，房地产企业融资将进一步顺畅，房地产对固定资产投资和经济增长将提供一定的支撑，但是以房地产市场作为驱动的模式可能面临的是系统性拐点，中国经济发展模式及其相关体制机制转型改革更加迫切。

2. 复杂关联性：地方政府债务

地方政府债务压力较为凸显。2022年两大账本收支逆差创新高。2022年前11个月一般公共预算收入18.55万亿元，同比增长为-3%；一般公共预算支出22.7万亿元，同比增长6%；一般公共预算收支逆差4.25万亿元。同期，政府性基金收入6万亿元，同比萎缩21.5%，而政府性基金支出9.6万亿元，同比增长5.5%，基金收支逆差3.6万亿元（见图5—3）。两大账本合计的收支缺口高达7.85万亿元，比2021年扩大近5万亿元。

地方政府债务风险是我国经济金融风险体系的第二只“灰犀牛”。由于受到财税制度特别是预算法的约束，地方政府在表内提高负债率面临较大的约束。地方政府为了匹配事权，就通过融资平台进行财权的扩张。地方政府通过隐性担保强化地方政府融资平台的“政府”属性，依托融资平台的“市场”属性，在基础设施、土地开发和产业发展等领域实现“政府”与“市场”的融合，是PPP、产业投资基金、政府购买公共服务、EPC+F等方式迂回融资。但是，此类融资平台本质仍然是政府主导，其所形成的债务是地方政府的或有债务甚至是具有直接

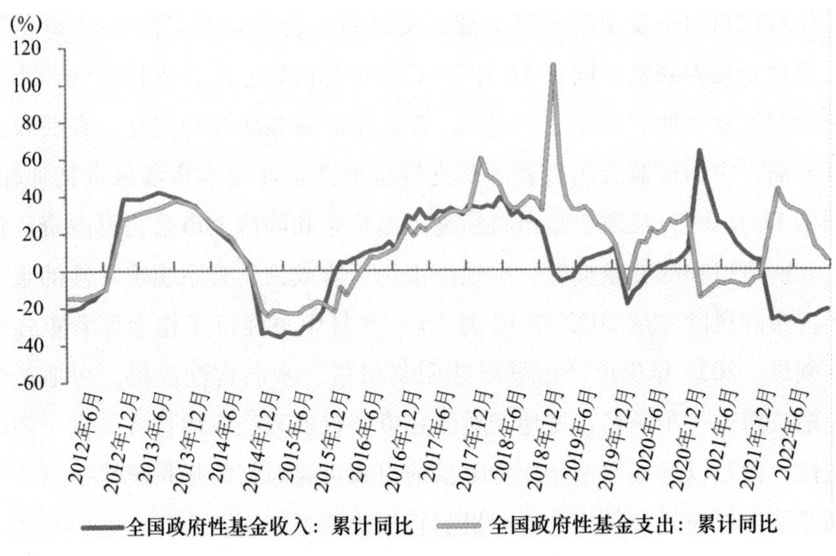

图 5—3　地方政府性基金收入与支出

资料来源：Wind 数据库。

偿付责任的债务。以 PPP 为例，在发改委和财政部的鼓励下，地方政府积极参与政府和社会资本合作，财政部 PPP 综合信息平台和发改委传统基础设施领域 PPP 项目库共入库项目总投资都分别超过 15 万亿元。从 2015 年大力推行 PPP 以来，两个部委的项目库可能存在一定的重叠，但是，整体入库规模应该接近 25 万亿元，实际投资额度可能超过 10 万亿元。这其中就有一定比例是地方政府的债务负担。2018 年后，财政部等部门严控 PPP 迂回融资，地方政府和平台公司的法律关系进一步明晰，但是各地政府通过“授权”等方式，让平台公司承担实质的“业主”职能，通过 EPC + F（工程总承包 + 融资）等方式继续谱写平台公司负债故事，同时也是地方政府隐性债务累积的过程。这种方式使地方政府和平台公司的资产负债表关联在法律上被“切断”，但是本质上仍然存在实质性的资产负债表关联，地方政府在“属地责任”要求下仍然承担着隐性但实质的偿付责任。

地方政府债务问题主要表现在两个方面：一是显性债务的负债成效较低。显性债务主要通过一般债券和专项债券来融资，一般债券对应的是无收益的公共服务提供，规模是相对较小的，偿付是需要一般公共预算作为保证的，风险较为有限；专项债券对应的是有收益的非公益项目，但是在实质操作中，很大一部分专项债券的收益是高估，部分专项债券的项目甚至基本没有收入，这就使得专项债券对应的项目投资成效不高，甚至成为地方政府的负担。在投资成效低下的情况下，政府性或政策性投资规模越大，造成的流动性压力和债务负担就更重，地方政府或其国有企业、平台公司的债务可持续就面临更大的压力。二是隐性债务的复杂性更凸显。与房地产市场存在差异的是，地方政府债务特别是隐性债务的复杂性更加明显，地方政府、平台公司、金融机构甚至一些独立的企业都存在资产负债表关联且透明度低。这样的风险要是加速集中暴露，那带来的风险威胁可能更为剧烈。

如果说 2022 年最显著的风险是房地产部门风险，那么 2023 年最显著的风险可能是地方政府债务或隐性债务风险。2022 年 12 月中央经济工作会议强调，要防范化解地方政府债务风险，坚决遏制增量、化解存量。这其中涉及四个重要的问题：一是 2023 年开始进入地方政府债券本金偿付阶段，地方政府本息偿付压力将陡然增大；截至 2022 年年底，地方债存续规模近 34. 9 万亿元，待偿付利息约 10. 6 万亿元，待还本付息规模合计约 45. 5 万亿元①，还本付息压力相对集中在未来 4 年。二是个别地方政府可能面临现金流或流动性风险，地方政府直至省级政府需要提前做好风险预案；三是增量和存量的关系处理仍面临压力，特别是 2023 年地方政府一般公共预算和政府性基金收入增长仍有不确定性；四是部分地方政府隐性债务特别是平台公司的债务风险可能暴露，市场

① 数据引用自中金固收《2022 年地方债全方位梳理及 2023 年展望》，2023 年 1 月 23 日。

化处置与行政化处置均存在较大压力。

3. 外部传染性：政策外溢效应

过去几年，中国面临的外部经济环境日益复杂，但是，中国经济对外开放进程仍在持续深化，中国与世界经济互动程度也在逐步加深。在内外两个市场相互统筹、内外两个循环相互促进的过程中，中国经济受到的外溢效应也较为明显。特别是，新冠疫情冲击使得全球产业链脆弱性更加显著，大宗商品供给波动性加大，带来供求匹配不畅以及价格扭曲的复杂格局。2022 年 2 月俄乌冲突正式爆发，引发重大的经济金融风险，国际重要金融市场波动加剧。至 2022 年年底，部分市场价格高企已基本缓解，但俄乌冲突仍在继续，国际金融市场的不确定性仍较大。2022 年中国经济增长较为不力，面临更为复杂的不确定性，与外部的风险外溢效应紧密相关。这个趋势将在 2023 年延续。

在新冠疫情暴发后，美国等主要发达经济体实施以零利率或负利率、量化宽松政策、大规模财政刺激以及平均通胀目标制等为代表的巨量宽松政策，以修复市场信心并拉动经济增长。但是，以零利率、负利率、量化宽松政策、大规模财政刺激以及平均通胀目标制为代表的巨量宽松政策是全球经济金融风险的主要政策根源。比如，零利率、负利率使得全球无风险利率或基准利率在风险定价中的功能丧失，使得信用利差难以有效准确为风险进行定价。再比如，央行资产负债表操作潜藏重大的金融稳定风险以及负面溢出效应，尤其可能对金融风险和内外关联存在系统低估。更重要的是，这些宽松的政策带来了严重的通货膨胀问题，使得以通胀稳定为目标的货币政策框架不得不快速转向。通胀风险在俄乌冲突等因素叠加下进一步显性化，美国等发达经济体通胀水平屡创 20 世纪 80 年代以来之新高。

而更大的风险在于上述非常规政策转向之时。2022 年 3 月开始，美国一改两年前的零利率政策，进入快速加息进程。同年 12 月 15 日美联储第 7 次加息，美国联邦基金利率已飙升至 4.25%—4.50%。更值得注意的是，美国联邦基金利率（隔夜批发利率）已高于中国1年期贷款市场报价利率（LPR）（见图5—4），形成十余年来中美两国之间的首度“利率倒挂”。这对我国人民币汇率、股票与债券等资产价格以及风险偏好等形成了显著的外溢冲击。由于美国是以国内经济周期和通胀压力来调整货币政策，当前美国通胀水平已经严重偏离政策目标，美国正在较快地进行政策方向、总量和结构的调整，这会带来三大负面效应：一是全球经济增长可能由此陷入新的衰退，美国总需求缩水将进一步打击疫情大流行下的世界经济增长。二是国际金融市场可能陷入更大的动荡，风险资产可能出现重大的估值调整甚至是价格下跌螺旋。三是新兴经济体资本将面临显著的流出压力，币值稳定将面临重大的冲击。这三个负面效应如果再叠加国内风险因素，就可能引发内外风险共振效应，触发系统性风险威胁。

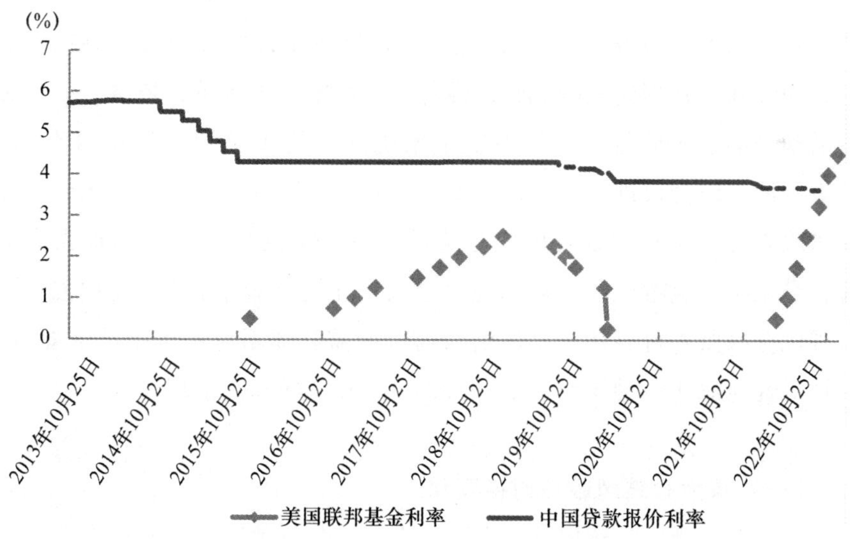

图5—4　美国联邦基金利率与中国贷款报价利率走势

资料来源：Wind数据库。

二　防范化解系统性金融风险的金融监管短板

现代金融监管体系的基本功能是保障金融稳定，发挥金融系统资源配置功能，更好地促进金融部门服务实体经济，同时有效保障金融消费者权益。现代金融监管体系是防范化解系统性金融风险的基本保障。党的二十大报告和党中央多个文件均强调要加强和完善现代金融监管，守住不发生系统性金融风险的底线。本节结合上一节系统性金融风险演进机制特别是时间维度和空间维度的风险威胁，以及系统性金融风险防范化解的内在需求，提出我国金融监管体系面临的重要挑战或短板。

由于新冠疫情的影响以及外部环境的重大变化，2021 年以来中国系统性金融风险的威胁仍然较为严峻。防范化解系统性金融风险是金融工作永恒的主题，系统性金融风险防范化解的长效机制需不断加强和完善。党的二十大报告指出，"深化金融体制改革，建设现代中央银行制度，加强和完善现代金融监管，强化金融稳定保障体系，依法将各类金融活动全部纳入监管，守住不发生系统性风险底线"①。2022 年年底，中央经济工作会议进一步强调，要有效防范化解重大经济金融风险。作为风险管理、应对和处置的核心支撑，现代金融监管体系的加强和完善，是系统性金融风险应对的应有之义甚至是必要前提②。而加强和完善现代金融监管首要任务是厘清当前金融监管体系存在的挑战或短板，以针对性地深化金融体制、金融监管改革和金融稳定治理。

（一）重大领域风险应对待深化

系统性金融风险防控首先是要向内看，着重关注国内经济金融体系

---

① 习近平：《高举中国特色社会主义伟大旗帜　为全面建设社会主义现代化国家而团结奋斗——在中国共产党第二十次全国代表大会上的报告》，人民出版社 2022 年版，第 29、30 页。

② 郭树清：《加强和完善现代金融监管》，《人民日报》2022 年 12 月 14 日。

中存在的重大风险及其对金融稳定的潜在威胁。根据系统性金融风险在时间维度和空间维度的两个演进机制，在国内存在宏观高杠杆、房地产部门风险、地方政府隐性债务以及外部冲击四大重大风险环节，亟待深化风险防控和处置，以缓释甚至消除系统性金融风险隐患。

在宏观高杠杆的风险防范上，流动性风险的应对需强化。2022 年中国宏观杠杆继续上扬并创历史新高，特别是企业部门杠杆率和政府部门杠杆率上升较为明显。宏观杠杆率高企涉及债务总量与债务结构，涉及实体部门与金融部门，整体存在重大的流动性风险。流动性风险是杠杆率提升后的重大威胁，流动性具有极强的嬗变性，容易引致“信用骤停”或“明斯基时刻”。当前，从中国货币市场隔夜拆借的规模看，中国经济金融系统对短期资金的依赖程度极高（见图 5—5），这也潜藏较为显著的金融脆弱性。

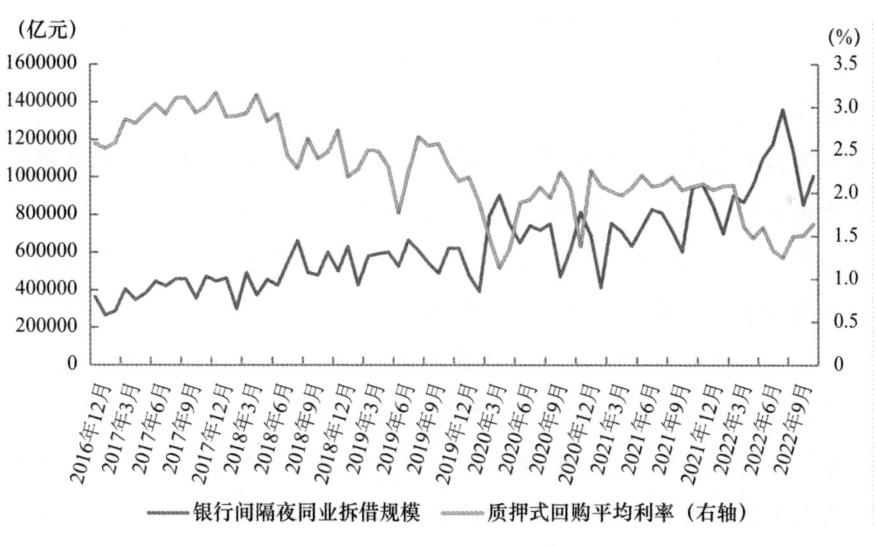

图 5—5 我国银行间隔夜拆借规模与利率

资料来源：Wind 数据库。

在房地产部门的风险防范上，新发展模式尚未建立。2022 年年底，中央经济工作会议对房地产给予了极大的关注，在强调要确保房地产市场平稳发展，有效防范化解优质头部房企风险，改善资产负债状况等的同时，强调要坚持房子是用来住的、不是用来炒的定位，推动房地产业向新发展模式平稳过渡。这一新发展模式是党中央对房地产市场发展的新定位，也是房地产市场风险防范化解的新举措，但是，新发展模式的内涵、目标、政策和保障等是什么，目前尚未有清晰的界定。

在地方政府债务的风险防范上，存量债务处置积重难返。经过十余年的发展，地方政府债务特别是隐性债务已达到了非常大的规模。根据汪德华等的研究，我国存量隐性债务规模为 16. 40 万亿—39. 43 万亿元，上下限差别超过 1 倍[①]。根据沈坤荣和施宇的研究，2020 年我国地方政府隐性债务测算规模为 21. 7 万亿—42. 8 万亿元，上下限差别接近 1 倍[②]。评级公司——中诚信研究以三个不同口径测算地方政府隐性债务得出 45. 43 万亿、46. 99 万亿和 51. 61 万亿元[③]。不同研究者之间的测算存在重大的差异，研究者自身的研究测算也存在巨大的差异，这说明地方政府隐性债务是极其不透明的。这么大规模的隐性债务的处置面临增量和存量、总量和结构等的问题，但是，增量债务当前主要用于债务循环，存量问题的处置可能是一个更为本质的挑战。当时，存量债务的处置当前缺乏较为健全的解决路径。

在外部冲击的风险防范上，被动状态较难扭转。身处一个不平衡、不稳定和不对称的国际货币金融体系，美元是核心货币，美国货币金融政策具有显著的外溢性，包括中国、欧元区、日本等在内的外围经济体承受着美国政策变化的部分不对称调整压力。即便是欧元区进行了统一货币区的改革和发展，但是欧元全面正式流通 20 年，欧元反而在 2022

① 汪德华、刘立品：《地方隐性债务估算与风险化解》，《中国金融》2019 年第 22 期。

② 沈坤荣、施宇：《地方政府隐性债务的表现形式、规模测度及风险评估》，《经济学动态》2022 年第 7 期。

③ 中诚信：《地方政府专项债 2022 年回顾与 2023 年展望》，2023 年 1 月 17 日。

年 7—8 月盘中和收盘跌破 1∶1 平价。这对于金融发展广度和深度弱于欧元区的我国金融体系而言，外溢风险冲击的不对称性和风险应对的被动状态可能会更为明显，且可能会长期存在。

（二）混业经营监管体制待厘清

回顾国际金融危机 15 年，中美金融体系出现了两个较大的分化，进而带来了金融风险总量和结构布局的重大变化。一是美国金融部门出现一个快速“去杠杆”并保持相对低速的增长态势，中国金融部门则出现一个快速加杠杆且资产规模扩张极其迅猛的发展态势。对应地，美国金融业占经济产出的比重小幅下降（7.4%），而中国金融业增加值占经济产出一度在 2020 年达到 7.8%，并且高于英国（7.3%）和日本（4.1%）。这个过程整体是金融业资产扩张和杠杆规模扩大的过程，这潜藏着金融系统的重大脆弱性。

二是美国金融混业经营得到较大的抑制，而我国金融混业经营或综合经营则深入发展，这带来了监管制度和行业发展的一定程度的“错配”。虽然特朗普政府对《多德—弗兰克法》进行了修改，放松了大型金融机构门槛要求和沃尔克规则等重要监管标准，但是，美国过去 15 年混业经营是受到明显约束的。2021—2022 年，美国广义影子银行的规模才恢复至 2007 年的水平，而占比仍未达到金融危机前的水平。中国在 2017 年全面实施宏观审慎评估体系后，银行与非银行之间的债务债权规模增长受到约束，但是总体规模仍然较大（见图 5—6）。这与中国金融系统的混业经营深化是紧密相关的。但是，由于中国整体仍然是一个分业监管、机构监管的格局，混业经营与分业监管的体制性错配可能潜藏重大的金融风险，特别是系统性金融风险。比如，不同子行业的金融机构在银行间市场的短期资金交互规模极其庞大，其中隐藏着重大的流动性风险。为此，中国金融部门混业经营与分业监管的体制性矛盾亟待厘清。

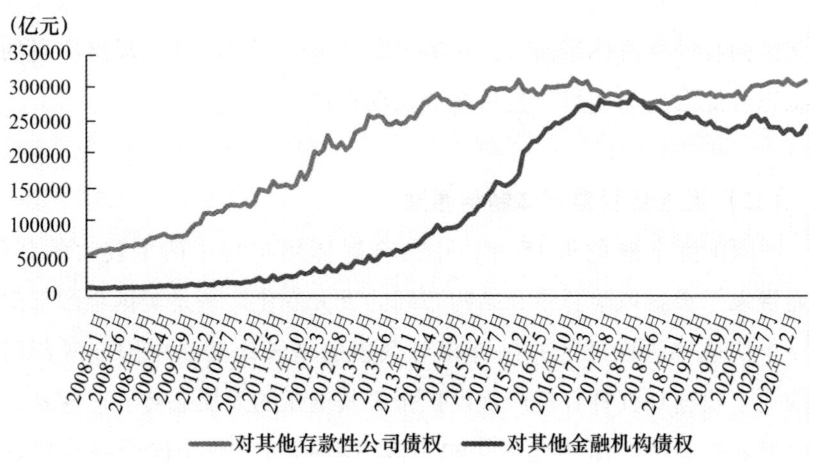

图 5—6　中国商业银行对银行与非银行债权关系

资料来源：Wind 数据库。

（三）新型系统重要性监管待完善

由于金融创新相对较快，而金融监管及其制度完善则相对滞后，为此，金融创新和金融监管的匹配不及时问题是金融监管体系中的一个永恒主题。以金融科技创新为例，中国在第三方支付、网络 P2P 贷款、网络财富管理、众筹等都经历过蓬勃发展或是“野蛮”发展的阶段。金融科技作为一种跨界创新，的确为中国金融发展特别是普惠金融发展提供了重要的支撑，但是，也带来了诸多的风险。以 P2P 为例，从善意忽视野蛮生长到一刀切断全部关停，这种“极端化”监管是非常值得反思的监管事件。

再以大型互联网平台监管为例，其涉及系统性金融风险防控中的系统重要性问题。当然，大型互联网平台是一种新型的系统重要性问题。大型互联网平台是一个具有基础设施秉性、发挥双边市场匹配功能、具有去中介同时再中介并有效链接多个主体或产业的复杂生态系统。大型互联网平台具有特殊的市场行为特征。一是平台能突破时间和空间约束，形成跨行业、跨市场甚至跨国境的服务覆盖体系。二是互联网平台具有网络化和开放性特征，较为容易实现规模经济和范围经济，甚至是极端规模效应。三是平台具有基础设施的功能，能链接双边或多边主体。四是大型互联网平台替代性市场策略、非对称定价策略和基于数据资产的运营模式是有别于传统产业组织和市场行为的重要方面。的确，金融科技公司特别是大型互联网平台具有基础设施属性，不管在规模上还是在结构上都可能具有系统重要性，潜藏系统性风险，同时也可能更容易引发赢者通吃或市场垄断等问题。但是，大型互联网平台“技术化”“大”“双边”“极端规模效应”等特性并不必然导致坏的结果，“大”也不是大型互联网平台的核心问题，关键在于金融监管要能有效适应金融发展技术化、数字化以及国际化的趋势，能够有效防控风险，能够厘清内在关联性，能有效引导金融科技、大型互联网平台及其相关资本运作的方向和作用。特别是能够在鼓励金融科技领域下的新型系统重要性机构或生态发挥双边或多边市场的绩效之同时，又能有效防控潜在的系统性金融风险威胁特别是关联性风险威胁，成为金融监管改革发展的重大任务。

当前和未来一段时间，经济金融数字化转型在新冠疫情全球大流行中被催化了，数字服务和数字市场发展进程大大加速，数字服务及其相关的金融科技是未来国家金融竞争力的基本支撑，如何实施具有包容性的监管框架来鼓励数字服务创新，同时又有效防范风险特别是系统性金融风险，成为国际社会极其关注的政策议题。我国更应该在金融创新领域特别是金融科技创新上有效统筹创新、风险与监管的关系。从过去两年关于大型互联网平台和资本运作的监管实践看，我国金融科技创新与金融监管平衡不仅需求更加完善、更加法制和更加稳健的监管举措，同时，也更加需要现代化的监管理念。在有效处置 P2P 和大型互联网平台风险的同时，监管体系也需要反思监管理念、法律、政策和举措是否有值得提高和优化之处，并进行针对性优化。这样，才能有效顺应经济金融数字化发展趋势，有效提升金融国际竞争力，同时，又能有效防范金融风险，尤其是着重防范新型系统重要性风险。

（四）外部负面因素处置待提高

改革开放以来，我国不断强化与外部世界的合作，金融监管的交流与合作也不断深化，为国际金融稳定和发展提供了重要的支撑。但是，我国对外金融监管合作以及内外监管统筹仍然需要进一步加强。2018 年以来，最典型的内外监管分歧就是中美两国关于中概股的会计底稿问题。虽然这是美国强加于中国、比利时、法国及中国香港等经济体的监管压力，但是监管分歧导致的冲击主要是由我国和我国企业来承担。经过我国监管部门的努力，2022 年 8 月中国证监会、财政部与美国公众公司会计监督委员会签署审计监管合作协议，对相关会计师事务所合作开展监管检查和调查活动作出了明确约定，形成了符合双方法规和监管要求的合作框架。

中美监管合作协议的签署，标志着双方通过加强合作解决“中概股”审计监管问题迈出了关键一步，为双方依法对共同监管范围内的会计师事务所开展日常检查和执法合作建立了监管合作机制，为下一步双方在符合各自法律规定和监管要求的前提下对等、高效开展合作奠定了基础。此次监管政策的协调与安排展现了我国监管机构的灵活性，也凸显了我国更加主动、积极的参与国际资本市场建设和完善全球金融市场监管体系的决心。从长远角度而言，中国资本市场建设在优化自身投资环境的同时，亦应当注重与全球重要经济体及其金融市场的相互链接、深度合作与资源整合。党的二十大要求实施高水平开放，而金融高水平开放下国内监管与国际监管的内外统筹更加重要。

三　加强和完善现代金融监管

在党中央坚强领导下，中国金融改革逐步深入，金融发展取得巨大成就，金融功能不断完善，较好地服务了实体经济，不断满足经济社会发展和人民群众需要。但是，金融风险的隐蔽性、复杂性、突发性和传染性使得党和国家高度重视防控金融风险，防范化解系统性金融风险和金融治理体系建设已上升至国家战略和国家安全的高度[①]。党的二十大以及2022年中央经济工作会议都在强调系统性金融风险防范化解的重要性。过去一段时间，我国金融风险处置整体仍然是一种被动响应式、问题导向式的政策思维，补漏洞、打补丁现象较为显著。根据党的二十大要求，为了更好地服务中国式现代化和高质量发展，为了确保金融稳定和金融安全，未来要加强党中央对金融工作的集中统一领导[②]。我国需要不断深化金融体制改革，构建一个系统性风险防控的长效机制，不断加强和完善现代金融监管。

（一）加强党中央对金融工作的领导

当前，我国社会的主要矛盾是人民日益增长的美好生活需要和不平衡不充分发展之间的矛盾，中国金融体系主要矛盾是金融资源配置的质量效率还不适应中国式现代化特别是高质量发展的要求。应该加强党中央对金融工作的集中统一领导，强化金融风险应对和系统性金融风险防控的战略性和有效性。党的领导是做好金融工作的最大政治优势。走中国特色金融发展之路，要进一步强化党中央对金融工作的领导，建立健全金融稳定和发展统筹协调机制。贯彻落实党的二十大精神，金融高质量发展的首要任务是对接需求，强化供给。金融系统要以自身高质量发展为核心，对接中国式现代化和经济高质量发展的金融需求，深化金融供给侧结构性改革，有效匹配供给和需求。系统性金融风险防控是金融工作的永恒主题，而金融风险防控作为一项长期化的工作，需要健全“风险为本”的审慎监管框架，需要多措并举、有效统筹，完善金融安

① 徐忠：《新时代背景下中国金融体系与国家治理体系现代化》，《经济研究》2018年第7期。

② 韩保江、李志斌：《中国式现代化：特征、挑战与路径》，《管理世界》2022年第11期。

全网和风险处置长效机制。

（二）优化系统性金融风险防控长效机制

加强金融基础设施建设与联通。有效统筹监管基础设施及其互联互通，推进金融业综合统计和监管信息共享，夯实风险防控信息基础。要加快构建全国统一的金融统计信息系统，建立健全统一的国家金融数据库，不断完善金融监管数据支撑体系。借鉴欧洲系统性风险委员会（ESRB）的风险仪表盘方法以及 CISS 合成指数法，建立顶层、中间层和底层的金融风险分层监测机制借鉴学习美国系统性金融风险监察委员会的监测机制，进行早期预警测试、极端事件预警测试和拐点预警测试，提前预示金融风险、预测市场峰谷等极端事件以及培育在风险事件中抓住关键转折时点的能力。

继续强化重点领域的风险整治与处置。时间维度和空间维度并举，强化重点风险领域的应对处置和制度安排。在时间维度上，要重点盯住宏观杠杆率，要高度警惕过高宏观杠杆率，着力防范流动性风险。在空间维度，注重消化房地产金融化及其去化风险，警惕房地产部门风险向银行部门和地方政府传染。稳步推进债务去化，重点防范地方政府隐性债务和国有企业的债务风险，更多以市场化手段应对存量债务。在外部风险防控上，在以政治外交重点解决正面冲突和风险的基础上，着力以市场化改革和市场机制缓释内外共振风险。

优化系统性风险应对及处置的长效机制，构建宏观审慎、微观监管和货币政策为支撑的金融稳定治理体系。一是货币政策需统筹经济增长、物价稳定和金融稳定“多目标”，重点把控宏观杠杆率及流动性风险。二是以宏观审慎评估体系（MPA）为支撑，着力于时间维度和空间维度的风险防控，发挥宏观审慎政策应对系统性金融风险应对的基础功能。三是微观监管需要在机构监管和功能监管上有效发力，强化金融机构和市场的稳定性。四是有效评估系统重要性机构并强化风险缓释额外要求，做好金融产品违约、金融机构破产、市场功能丧失的应对机制和政策储备。要注重对金融科技公司或大型互联网平台的系统重要性进行合理评估并实施公平、法制和规范的监管举措。

最后，着力重大风险和安全威胁的应急、应对和处置机制，分类分层梳理金融稳定威胁要素及冲击效应，压实机构主体责任、部门监管责任和属地管理责任；当风险越过“阈值”时则迅速启动系统性金融风险紧急应对机制，有效发挥中央银行“最后贷款人”职责以及潜在的中央政府“兜底”职责。

（三）构建金融功能监管政策体系

强化金融功能监管，构建金融功能监管政策框架，缓释分业监管与混业经营的制度矛盾。第一，着力提升金融监管与治理的统筹水平。重点把控分业监管与混业经营、内部市场与外部市场、中央监管与地方监管等的统筹水平，实质提升金融治理水平和治理能力现代化建设，构建动态有效的治理体系。第二，进一步整合完善金融监管框架。基于未来金融部门综合经营或混业经营的发展趋势，应考虑在整合银证保监管职能的基础上，建立更加完善的功能监管体系，探索设立专业性市场行为监管机构，强化行为监管、功能监管和穿透监管。第三，加快推进地方金融监管上位法建设，进一步理顺中央与地方金融监管的职责关系，完善地方金融监管的配置改革，重点落实地方监管的法律、制度、人员、资源等保障，着力保障地方金融稳定。

（四）健全金融科技常态化监管机制

一是坚持科技为金融服务的理念。从降低金融服务成本、提高金融服务效率入手探索金融与科技融合的方式和路径，避免为了创新而创新；二是把握好科技应用的节奏。对于暂时无法准确把握风险的创新方式，应当采取分阶段实施的方式，先在小范围内试点，在对相关风险具有较为充分了解的前提下再在大范围内开展，不断优化“监管沙盒”机制和其他各类试点机制；三是定期对科技应用的效果进行检查和评估。特别是对模型和参数的设置要定期进行诊断，及时发现问题并处置，尤其需要对新型系统重要性机构强化风险跟踪、应对和处置；四是建立风险处置预案。在利用科技手段进行金融产品和业务模式创新时，要做好风险处置预案，对于潜在的风险做好充分的准备，一旦发生风险能够及时处置，将损失控制在一定范围内，特别是要保护好金融消费者的合法权益。五是重点加强消费者保护。政府相关部门应当为消费者把关平台资质，并整合社会资源设立相应的机制确保会员的资金安全和信息安全，重点强化网络金融业务健全，在资格准入、资金安全、信息安全等方面强化监管。最后是坚持法治和公平监管，充分尊重和保护各类微观市场主体的法定权利，杜绝“运动式”“一刀切”等监管行为。

（五）优化跨境金融监管

加速对内开放进程，注重公平市场环境建设，给予不同产权结构的微观主体平等的经济金融参与权和资源配置权，以培养内部竞争有效的市场体系和更加完善的金融功能。积极扩大对外开放，秉承同等国民待遇原则，以统筹内外两个市场和内外两个大局为关键举措，通过深化金融对外开放和提升市场机制弹性来缓释对国内经济金融体系的冲击，以避免制度性脱钩[①]。统筹协调人民币汇率形成机制、资本项目开放和人民币国际化等改革进程，推进人民币国际化和人民币资本项目可兑换。不断优化跨境金融监管，重点把控资本项目管理这一“最后防火墙”，循序渐进推进资本项目开放。借鉴国际经验，建立适当的外资投资安全审查制度，以作为负面清单管理模式下的金融安全保障。加强跨境金融

① 王明国：《从制度竞争到制度脱钩——中美国际制度互动的演进逻辑》，《世界经济与政治》2020 年第 10 期。

监管交流与合作，进一步熟悉并运用国际金融体系的原则、规则、标准、规范等，有效提升金融标准的国际话语权，为国际社会提供更多公共产品。着重防范全球债务风险，警惕内外风险引发共振，坚决守住不发生系统性金融风险底线，确保金融稳定和金融安全。

（执笔人：郑联盛）

第六章

发展账户制个人养老金：国际经验和中国设计

2022 年，中国践行“以人民为中心”发展理念的一件大事是正式推出和实施了个人养老金制度①。2022 年 4 月 21 日，国务院办公厅印发《关于推动个人养老金发展的意见》；同年 11 月 4 日，人力资源和社会保障部、财政部、国家税务总局、银保监和证监会联合发布《个人养老金实施办法》，明确了个人养老金采用账户制；同年 11 月 25 日，个人养老金在 36 个城市或地区先行试点。这是中国“发展多层次、多支柱养老保险体系”② 的一次突破，是中国在保障及改善民生领域具有长远意义的一次变革，是对中国金融结构及市场运行将产生显著影响的一大举措。

要理解中国账户制个人养老金，要先弄清楚它与一些常用概念的异同。本章第一部分对账户制个人养老金与基本养老金中的个人账户、有个人账户的企业养老金、账户制个人养老金融产品、享受税收优惠的储蓄账户和非账户制的个人养老金这 5 个概念进行了辨析，然后总结了中国

---

① 在新华社评出的 2022 年国内十大新闻中，以实施个人养老金制度为首的“保障和改善民生惠及千家万户”位列其中，并根据开始试点的日期（11 月 25 日），排在第 7 位。

② 习近平：《高举中国特色社会主义伟大旗帜　为全面建设社会主义现代化国家而团结奋斗——在中国共产党第二十次全国代表大会上的报告》，人民出版社 2022 年版，第 48 页。

2022 年实施的个人养老金制度方案的 5 个特征。中国处于从计划经济向市场经济的深度转型中，社会保障体系较为健全，加之过去较长时期中人口老龄化形势并不严峻，所以个人养老金的建设起步较晚，于是，可以更多参考先发国家的经验。第二部分主要基于影响程度，选择了美国 IRA、英国 SIPP、英国 ISA、德国 Riester 和 Rürup、日本 iDeCo、加拿大 RRSP、澳大利亚 Superannuation、智利强制 IA 这 8 个模式①，依次探讨了这些制度的形成演进、账户运行、财税规则、建设效果、突出特点这 5 个话题。第三部分提出了深化中国账户制个人养老金发展的 6 点建议。

一　账户制个人养老金制度的中国方案

本部分研究的是账户制个人养老金制度。“账户制”“个人”“养老”“金”这 4 个词均是不可或缺的，因此首先对账户制个人养老金与几个相关概念进行辨析，以便读者更好地“看明白”“搞得懂”“好操作”。然后，阐述中国当前账户制个人养老金制度的几个重要特征。

（一）账户制个人养老金的含义

1. 账户制个人养老金与基本养老金中的个人账户

大多数国家的基本养老金采用现收现付制（Pay-As-You-Go，PAYG），没有个人账户，社会统筹的功能强，少数国家的基本养老金是有个人账户的（如中国），发挥激励个体参与和缴费的作用。从账户定位来看，个人养老金是养老保险体系的非基础层次，是第三支柱，是自愿参与的，而基本养老金是养老保险体系的基础层次，是第一支柱，是强制参与的。从账户缴费来看，个人养老金缴费超过上限的部分不能获

① 英国 ISA 有多个目的，养老的色彩弱。智利的强制 IRA 是政府个人养老金、企业个人养老金和个人养老金的混合体。这两个制度有代表性、影响力强，对建设账户制个人养老金也有一定借鉴意义，因此本章进行了分析。

得税收优惠，而基本养老金的雇主缴费和个人缴费均有固定的标准，也有明确的财税支持。从账户资金形态来看，个人养老金账户中的资金是“实账”，而基本养老金个人账户往往是完全或部分“空账”运行，具体账户中并没有所记载数字的对应资金。从账户资金积累来看，个人养老金中的资金由个人决定如何投资，扣除佣金及管理费用后，收益和风险均归账户所有人，而基本养老金个人账户中资金的投资并不由个人决定。从账户携带性来看，二者均很好。

2. 账户制个人养老金与有个人账户的企业养老金

确定缴费型（Defined Contribution，DC）企业养老金设有个人账户，与账户制个人养老金均属于确定缴费型。从账户定位来看，个人养老金和企业养老金均属于养老保险体系的非基础层次，但是，个人养老金属于第三支柱，而企业养老金属于第二支柱。第三支柱的建设通常要晚于第二支柱的建设。虽然有些国家的个人养老金制度允许中小企业甚至所有企业的企业主为“个人”缴费，但它仍是以个人（雇员）为账户所有人的个人养老金。从账户缴费来看，个人养老金缴费超过上限的部分不能获得税收优惠，而企业养老金中企业缴费和个人缴费的标准通常是固定的。从账户资金形态来看，二者均是实账的。从账户资金的使用来看，账户制个人养老金中的资金由个人决定如何使用，而企业养老金个人账户中的资金主要由企业委托管理人进行操作，个人的决定权小。从账户携带性来看，账户制个人养老金的携带性很好，而企业养老金中的个人名下的资产通常只有在个人离开企业时才能携带。不少国家允许企业养老金个人账户中的资金转入账户制个人养老金的账户，反之，则要难很多。

确定待遇型（Defined Benefit，DB）企业养老金在积累阶段形成的是资金池，没有个人账户。在领取阶段，少部分制度有个人账户，但是仅用于估计参与人可获得养老金的期望值，而不由参与人决定如何使用。

3. 账户制个人养老金与账户制个人养老金融产品

在市面上，能够进行全生命周期中的资金管理，进而满足居民个人或家庭的养老需求的金融产品不少，它们大多采用了账户制，但是它们并不一定属于账户制个人养老金；或者说，能够进入账户制个人养老金的金融产品仅是账户制个人养老金融产品中的一部分。作为一项民生保障制度，个人养老金运行在很大程度上是围绕“财税优惠”运转的，因此，在约定俗成的语境下，有财税优惠的养老金融服务才能算做“养老金”（Pension）。有了财税优惠措施，必然要对个人养老金的金融服务进行较为严格的规范，在参与人缴费、服务准入、投资操作、资金转移、资金领取、账户继承、信息披露等方面设定一系列标准，进而形成了制度。在市面上，带有“养老”字样的金融产品，如果没有“进入”到个人养老金账户，那么，无论它们是否能发挥养老功能，都不算入个人养老金[①]。因此，过去的商业养老保险产品，以及当前未进入个人养老金的商业养老保险，均不属于个人养老金产品，2022 年 12 月开始由中国养老金管理公司推出的“商业养老金”，不属于个人养老金产品。

4. 账户制个人养老金与享受税收优惠的储蓄账户

居民进行储蓄的目的既可能是养老，也可能是满足中期流动性开支、大病医疗、购买住房等。发展账户制个人养老金的首要目的是增强养老保障体系的可持续性，因此，需要促进的是长期储蓄。要区分居民储蓄的目的是养老还是其他，不能仅依赖于调查问卷，还要从行动上看。账户制个人养老金通常有一定的锁定期限，如果想提前领取，就要缴纳罚款，并且，制度名称也多使用“养老金”（pension）、“年金”（annuity）、“退休”（retirement）等字样。建立有税收优惠的储蓄账户

① 本部分、诸多文献以及很多官方统计均采用这一标准。笔者认为，这个标准很大程度上是出于管理的需要，在理论上，并不是绝对的。

制度的目的是促进居民进行储蓄。其账户资金存取的灵活性强，享受的税收优惠幅度则要弱于账户制个人养老金。为了满足不同客户在资金期限、灵活性、税优模式等方面的不同偏好，很多国家既发展账户制个人养老金，也发展享受税收优惠的储蓄账户①。

5. 账户制个人养老金与非账户制的个人养老金

非账户制的个人养老金是指“产品制”的个人养老金，通常是指仅有一类个人养老金融产品能够获得税收优惠的模式。因为人寿保险和商业养老保险的定位就是——管理被保险人的生命相关的财务风险，所以在获得财税优惠上，保险业往往是金融业中“先行先试”的。这使得产品制中的“产品”几乎均是指保险产品。在中国，2018 年 5 月起，上海市、福建省（含计划单列市厦门市）和苏州工业园区启动了个人税收递延型商业养老保险试点，推出了产品制的个人养老金。2022 年 11 月发布的《个人养老金实施办法》明确了中国个人养老金实行账户制。不同于个人税延型商业养老保险模式，账户制个人养老金模式下：参与人要先向个人账户缴费，然后，在众多的金融产品中进行选择；资金运行的信息更为清晰；税收优惠的计算和处理更为便捷。可见，账户制是建立在产品制之上的。

（二）中国的账户式个人养老金

2022 年 4 月，国务院办公厅发布《关于推动个人养老金发展的意见》，明确了中国个人养老金制度的框架。同年 11 月，五部委联合发布《个人养老金实施办法》，标志着中国账户制个人养老金已经成型。在此前及此后，银保监会、证监会、相关行业协议发布了多项促进个人养

---

① 中国居民的储蓄率较高，所以不需要对一般性储蓄给予财税优惠政策，而应将财税优惠用于支持养老金积累。

老金产品发展的对策，设计了标准，启动或推进各自领域内的试点①。

当前，中国的个人养老金已全面进入市场运行阶段。中国账户制个人养老金具有如下特征。第一，定位于基本养老保险基础之上的层次。个人需要先参加基本养老保险，才能参加个人养老金。当前，没有允许企业主体为个人缴费，这是由于有些企业对参与基本养老保险的义务还没有完全履行，以及个人养老金制度在运行初期需要更加简明。

第二，享受延迟纳税。个人养老金资金账户缴费按照 1.2 万元/年的限额标准在综合所得或经营所得中据实扣除。个人养老金资金账户的投资收益不征收个人所得税。在领取阶段，个人领取的个人养老金不并入综合所得，而是单独按照 3% 的税率计算缴纳个人所得税。个人养老金目前没有财政补贴的设计。

第三，个人决定投资领域。个人养老金的缴费完全由参与人个人承担，实行完全积累。在资金积累期间，参与人个人可以自主选择购买储蓄存款、理财产品、商业养老保险、公募基金等金融产品。这些金融产品需要具备运作安全、成熟稳定、标的规范、侧重长期保障等特征。

第四，市场化运营。各类金融机构在个人养老金管理服务方面机会平等，展开市场竞争。从全球来看，中国个人养老金供给主体数量庞大，这有助于为参与人提供内容更丰富、费用更低的个人养老金金融服务。

---

① 2018 年 3 月，证监会发布《养老目标证券投资基金指引（试行）》。同年 4 月，财政部等五部委发布《关于开展个人税收递延型商业养老保险试点的通知》。同年 5 月，银保监会发布《关于专属商业养老保险试点的通知》。同年 9 月，银保监会发布《关于开展养老理财产品的通知》和《关于规范养老金融业务发展的通知（征求意见稿）》。2022 年 2 月，银保监会发布《关于扩大专属商业养老保险试点的通知》和《关于扩大养老理财产品试点范围的通知》。同年 11 月 3 日，财政部和税务总局发布《关于个人养老金有关个人所得税政策的公告》，明确了自 2022 年 1 月 1 日起，对个人养老金实施递延纳税优惠政策。同年 11 月 4 日，证监会发布《个人养老金投资公开募集证券投资基金业务管理暂行规定》。同年 11 月 18 日，银保监会发布《关于印发商业银行和理财公司个人养老金业务管理暂行办法的通知》。

第五，参加人需要开设两个账户。一是在人力资源和社会保障部组织建设的个人养老金信息管理服务平台上建立个人养老金账户，用于信息记录、查询和服务等；二是在商业银行或其他符合规定的个人养老金产品销售机构开立或者指定本人唯一的个人养老金资金账户，用于缴费、购买产品、归集收益等。为了便于管理，这两个账户是相互唯一对应的。

二 账户制个人养老金建设的国际经验

从全球来看，各国发展养老保险第三支柱——个人养老金，普遍采用账户制。一些国家在账户制个人养老金建设方面起步较早，已形成较大资金规模，它们的发展模式存在较大差异。本节主要分析了 8 种账户制个人养老金模式。

（一）美国 IRA

美国养老金的第二支柱——以 401（k）为代表的职业养老金很发达，美国养老金的第三支柱——个人退休金账户（Individual Retirement Accounts，IRA）也发展迅速，并已达到相当规模。

1. 形成演进

美国的 IRA 始于 1974 年，由美国的《雇员退休收入保障法案》（*Employee Retirement Income Security Act*，ERISA）改进而来。美国建立 IRA 的目的是：鼓励没有参与企业养老金计划的劳动者为自己退休后的生活进行储蓄；允许参加了企业养老金计划的劳动者在失去雇主缴费时继续进行储蓄，并继续享受税收优惠。

美国的 IRA 由个人自愿设立。IRA 账户主要设立在商业银行，也可以设立在信用合作组织、人寿保险公司、公共基金和资本市场经纪人。参与人自愿缴费，缴费只能来自收入和从其他养老金账户的转账。账户所有人从金融机构提供的选项中选择标的进行投资。

1981 年的《经济复苏法案》将 IRA 的目标人群扩大到所有的劳动者及其配偶，每年的缴费限额也从 1500 美元提高至 2000 美元。1997 年，《纳税人救济法案》批准了一种新型的 IRA——罗斯（Roth）IRA。2006 年，《养老金保护法案》将 IRA 的每年缴费上限与通货膨胀率挂钩。

2. 账户运行

美国的 IRA 分为两大类——传统 IRA 和罗斯 IRA，它们的差别主要在于税收优惠模式和账户资金领取的灵活性。

传统 IRA。如果传统 IRA 的参与人没有参加企业养老金，或者虽然参加了企业养老金，但是收入低于一定门槛（要考虑配偶的收入状况），那么，该人的缴费就可以享受个人所得税的优惠。2019 年的《让每个社区都为退休做好准备法案》规定，2020 年开始，传统 IRA 账户所有人的最高领取年龄从 70.5 岁提高到 72 岁。2020 年，传统 IRA 账户的年缴费上限为：不满 50 岁的人为 6000 美元，50 岁及以上的人为 7000 美元。传统 IRA 账户的大部分资金流入来自于账户所有人的企业养老金计划。传统 IRA 的账户所有人中的中老年人多于青年人。

罗斯 IRA。罗斯 IRA 对参与人的收入有一定限制，只有收入低于一定金额的人才能参与。按照 2020 年的规定：对于个人，年收入不超过 13.9 万美元；对于夫妻，合计家庭年收入不超过 20.6 万美元。罗斯 IRA 的账户的资金可以随时领取。罗斯 IRA 没有 70.5 岁的缴费年龄限制，也没有年满 72 岁时必须领取的规定。罗斯 IRA 账户的大部分资金流入来自于账户所有人的缴费。罗斯 IRA 的账户所有人中，青年人多于中老年人。

2010 年之前，收入超过一定门槛的个人是无法将传统 IRA 账户的资金转入本人的罗斯 IRA 账户的。根据 2005 年通过的《税收增加预防和和解法案》，这种限制从 2010 年起被逐步取消了，即将传统 IRA 的资金转入罗斯 IRA 账户时已经不再受参与人收入的限制。

除了传统 IRA 和罗斯 IRA，还有一些小型的 IRA。自主 IRA（Self-directed IRA），它的托管人在投资选择方面具有更大的灵活性，可以投资房地产、私人抵押贷款、私人公司股票、贵金属、知识产权等。简单 IRA（Savings Incentive Match Plan for Employees IRA），它由雇员缴费的同时，由雇主进行匹配缴费，所以属于雇员储蓄激励匹配计划。简单 IRA 更类似于 401（k）计划，所以通常不被视为 IRA。

3. 财税规则

传统 IRA 的账户所有人在缴费时可以享受个人所得税的税前扣除优惠，而在领取时，领取额要计入当期个人的应税收入。可见，如果传统 IRA 的账户所有人在退休后的所得税税率低于了工作期间的税率，那么，其在领取时缴纳的税款将低于缴费时被免除的税款，从而受益。为了防止过早领取资金，除了《国内税收法》规定的几种情况①，账户所有人在 59.5 岁之前从个人退休账户中提取资金将面临 10% 的罚款。

罗斯 IRA 的账户所有人在缴费时不享受任何个人所得税优惠。IRA 的资金在账户内积累时，不需要缴纳个税；但是对于分红，只有参与人年满 59.5 岁、死亡或残疾，并且账户运行满 5 年后，才能完全免税。在领取阶段，领取额不计入个人当期的应税收入。可见，如果账户所有人在退休后的所得税税率高于工作期间的税率，那么，其在领取时缴纳的税款将低于缴费时被免除的税款，从而受损。

如果在缴费和领取时的个人所得税的边际税率相等，并且账户积累期的投资收益率相等，从缴费到领取的时间相同，那么，传统 IRA 和罗斯 IRA 享受的税收优惠是等值的。

① 可以提前领取而不受罚款的情形包括参与人死亡、残疾、首次购买住宅（在过去两年内没有拥有住所，终身的限额为 1 万美元）、支付符合条件的教育费用、支付健康保险费（失业超过连续 12 个星期）、支付大额医疗费用。

4. 建设效果

2020 年，美国工作年龄（15—64 岁）人群中拥有 IRA 账户的比重为 18%[①]。美国 56—64 岁人群中拥有 IRA 账户或 401（k）等其他账户制养老金的比重达 58.1%，X 世代（1964—1980 年出生的人）中，拥有 IRA 账户的比重也达 56.1%，而在 15—31 岁人群中，拥有 IRA 账户的比重仅为 17.7%[②]。可见，美国人开设 IRA 账户没有“趁早”。2020 年，美国 IRA 账户的存入金额的中位数为 2514 美元，标准差为 199 美元，2022 年第一季度，美国 IRA 账户的平均资产规模为 12.71 万美元，较 2021 年第一季度的 13 万美元下降了 2%[③]。

2022 年第三季度末，美国养老金资产总额为 32.3 万亿美元，较 2022 年第二季度末下降了 4.5%，这主要是源于资本市场低迷。近 30 年来，养老金资产在美国所有家庭金融资产中的占比一直稳定在 30% 左右。2022 年第三季度末，美国 IRA 的资产总额为 11.048 万亿美元，较 2022 年第二季度末减少了 5.3%；43% 的 IRA 资产（4.801 万亿美元）投资于共同基金，其中股票型基金的投资金额为 2.6 万亿美元，混合型基金的投资金额为 9440 亿美元[④]。

5. 突出特点

美国 IRA 养老金的突出特点在于：传统 IRA 和罗斯 IRA 规则简明，在税收和领取方面区别明显，形成了良好的互补关系（见表 6—1）。

---

① Hoffman, M. G., M. A. Klee and B. Sullivan, 2022, “America Counts: Stories Behind the Numbers—Who has Retirement Accounts? Who has Retirement Accounts”, U. S. Census Bureau, August 31.

② Hoffman, M. G., M. A. Klee and B. Sullivan, 2022, “America Counts: Stories Behind the Numbers—Who has Retirement Accounts? Who has Retirement Accounts?”, U. S. Census Bureau, August 31.

③ Fidelity, 2022, “Q1 2022 Retirement Analysis”, Fidelity Retiree Health Care Cost Estimate, May.

④ Investment Company Institute (ICI), 2022, “Release: Quarterly Retirement Market Data”, December 15.

IRA 实现了与第二支柱企业养老金个人账户的对接，使得个人可以统一管理自己拥有的养老金资产，其中传统 IRA 账户的资金大部分来自于其他退休金计划——如 401（k）计划——的转入。

表 6—1　　　　**传统 IRA 和罗斯 IRA 的主要特点**

	传统 IRA	罗斯 IRA
参与人收入限额	无	有，不能超过某一收入门槛，目前，单人为 13.9 万美元，夫妻为 20.6 万美元；限制正在逐步放松
缴费的年龄限制	无，有劳动收入的未成年人可以参加	无，有劳动收入的未成年人可以参加
缴费上限	6000 美元（年满 50 岁者为 7000 美元）	6000 美元（年满 50 岁者为 7000 美元）
缴费的税收处理	自己（和配偶）没有雇主养老金时，可税前扣除；自己（或配偶）获得了雇主养老金时，根据纳税申报状态和收入水平而决定	没有优惠，即不能从计算应纳税所得额时扣除
提前领取处罚	较严格，在 59.5 岁之前，不符合几种情形的领取，要支付 10% 的罚款	很轻，在 59.5 岁之前，不符合几项情形，且账户运行不满 5 年时，一般需要支付 10% 的罚款
最迟领取规定	有，到 72 岁时必须开始领取	无
正常领取的税收处理	缴纳个人所得税	免税

资料来源：笔者对公开资料的整理。

（二）英国 SIPP

英国养老金的第二支柱——职业养老金制度一向发达，养老金的年金化发放和收入取回计划（Income Drawdown）为居民养老提供了较为稳健的资金来源。英国养老金的第三支柱——个人养老金包括个人养老保险（Personal Pension Plan，PPP）、存托养老金（Stakeholder Pension）和自助投资养老金（Self-invested Personal Pension，SIPPs）三类。其中，自助投资养老金的账户性质明显。

1. 形成演进

英国税务局于 1989 年发布了《联合办公室备忘录 101》（*Joint Office Memorandum 101*），提出了一种允许进行广泛投资的个人养老金。第一个 SIPP 是在 1990 年 3 月由一家个人养老金管理公司的母公司推出的。2004 年，英国修改财政法案，对英国养老金制度进行了改革，其中大部分内容于 2006 年 4 月 6 日生效，这常被称为养老金简化改革。养老金简化改革让 SIPP 的参与人有了更大的投资自主权，并构成了当前 SIPP 的规则框架。

SIPP 中，账户所有人需要与 SIPP 服务提供商签订协议，所有人可以选择购买或出售哪些资产，并决定何时操作。SIPP 的账户所有人达到退休年龄后，可以随时从 SIPP 领取资金。能够从 SIPP 账户领取资金的最低年龄在当前为 55 岁，到 2028 年将提升到 58 岁。可见，锁定期限较长。

2. 账户运行

SIPP 具有如下 3 个特征，不同计划在这 3 个特征上的程度不同。第一，混合（Hybrid）。此类计划中，一部分资产需要始终保留在传统养老基金中，其余部分可以“自我投资”。这是主流的做法。第二，递延（Deferred）。通常，大部分或全部的养老金资产以被保险的养老基金形式持有，少部分投资于共同基金。资金进入账户一段时间以后，允许自我投资或领取资金。这些限制正在逐渐放宽。此类计划的投资产品可达上千种。第三，精简或单一（Lite or Single）。此类计划通常只对投资一种资产的账户收取超优惠费用。投资平台、股票经纪人、全权基金经理账户通常采用这种做法。此类计划可以升级为具有多种投资类型的 SIPP。

3. 财税规则

英国对 SIPP 缴费的税优政策与个人养老保险和存托养老金基本相同。年度缴费额的免税额度是本人年收入和某一固定阈值（2022—2023

财年为 4 万英镑）的较低者。适用高税率和附加税率的纳税人通常需要通过填写纳税申报单来申请退税。

SIPP 账户可投资的免税资产范围很广。英国财政部介绍中列举的免税资产类型包括股票、股权、在证券交易所上市的投资信托、金边债券和外国政府发行的债券、单位信托基金、开放式投资公司的股票、公司债券、交易所交易基金（ETF）、银行存款（含英镑账户和外币账户）、商业地产、在证券交易所上市的房地产投资信托和海外基金[①]。不免税的投资资产包括价值较小的动产；所谓的有毒资产，如古董车、酒、邮票和艺术品；居民住宅。

当参与人年满 55 岁时，可一次性免税提取账户金额的 25%。在其他方式下，SIPP 账户的领取资金计入当期个人的应税收入。

4. 建设效果

自建立以来，SIPP 发展迅速，是英国养老金市场中一个重要且不断增长的细分领域。根据英国保险业协会（Association of British Insurers，ABI）的数据[②]，截至 2019 年年底，英国保险业协会监管下的 SIPPs 所持有的资产价值为 2100 亿英镑。SIPPs 数量约定为 200 万左右。英国投资协会的研究表明，约 20% 的英国私人养老金资产是在 SIPPs 中持有的。SIPP 的市场规模还远不能与英国的企业养老金、年金保险和接下来要谈的个人储蓄账户制度相比。

5. 突出特点

SIPP 具有养老金所强调的保障性，也给予了参与人较大的投资自由度，投资收益稳健，但是有以下两点不足。一是领取上有不小的限制。账户所有人在达到退休年龄后才能从 SIPP 领取资金。提款收入有“上

① Her Majesty's Revenue and Customs（HMRC），2022，“What is a SIPP?”，https://www.which.co.uk/money/pensions-and-retirement/personal-pensions/what-is-a-sipp-aBlOf9l200cM.

② Association of British Insurers（ABI），2020，“Pensions Policy，Retirement Income and Savings—UK Trends”，May.

限”，通常由英国政府的精算部门确定。二是费用率较高，限制了市场竞争力。有的 SIPP 使用固定的管理费，有的 SIPP 管理费为投资金额的一个百分比（如 1%），有的 SIPP 还有初始设置费。此外，许多金融机构会为每个账户设置了每月最低缴费额。

（三）英国 ISA

英国发展个人储蓄账户（Individual Savings Account，ISA）的目的是促进居民储蓄，并非一定要长期，也不一定用于养老。本节对其进行了分析，是考虑到：ISA 积累的资金可用于养老；ISA 享受了税收优惠；ISA 是日本、加拿大类似制度的重要参考模板；本书属于金融发展报告。

1. 形成演进

1999 年 6 月，英国整合并扩充了此前存在的个人权益投资计划（Personal Equity Plans，PEPs）和个人免税特殊储蓄账户（Tax-Exempt Special Savings Accounts，TESSA），推出了 ISA 制度。受 2008 年国际金融危机的冲击，英国养老金第二支柱的投资收益率较低，加之居民对养老金灵活性的要求不断提高，英国加强了广义的养老保障体系的建设，积极推动 ISA 的发展。18 岁以上的英国公民均可开设 ISA 账户。2011 年，英国引入了专为 18 岁以下未成年人开设的儿童 ISA（Junior ISA），取代了此前存在的儿童信托基金制度。2016 年，英国推出了创新金融 ISA 账户。2017 年，英国又推出了终身 ISA，以延长 ISA 的资金期限，并且更加定位于支持住房金融。

2. 账户运行

英国针对成年人的 ISA 制度包括 4 类账户，分别是现金 ISA、股票及股权 ISA、创新金融 ISA 和终身 ISA。对于这 4 类账户中的每一类，每人每年仅能向一个具体账户供款。ISA（4 类账户合计）的年度最高供款额度为 20 亿英镑。为了鼓励民众增加储蓄，这 4 类账户的资金均不能从储蓄类账户转入。

现金 ISA。账户所有人可以随时要求取回现金 ISA 账户中的资金，并在 15 天内到账。账户所有人的本金受到保护，利息或投资收益不受保护。现金 ISA 账户的资金大部分由商业银行和住房金融机构管理，少量由投资公司管理。

股票及股权 ISA。账户资金主要投资于现金、信托基金、开放式基金、上市公司股票、政府债券、公司债券、欧洲债券、建房互助会发行的核心资本递延股份、某些类型的保险等。可见，该类 ISA 虽然以股票及股权（Stocks and Shares，S&S）命名，但是其投资领域不仅包括股票及股权这类较高风险的资产，还包括众多不同风险程度的资产。账户所有人可以在 30 天内提取资金。

创新金融 ISA。该类账户不仅可以投资股票及股权 ISA 的投资领域，还可以投资 P2P 贷款（Peer-to-peer Lending）以及可转让公司证券，但是不能投资基于权益的众筹（Crowdfunding）。一个平台要提供创新金融 ISA 管理服务，需要处于英国金融行为监管局（Financial Conduct Authority，FCA）完全监管下。该类 ISA 的规模很小。

终身 ISA。它可以更好地满足参与人购房和退休的财务需要。只有年龄在 18—40 岁的居民才可以开设终身 ISA 账户。到 50 岁时，账户所有人不能再向账户转入资金，但是账户中的资金仍会进行投资积累。在年满 50 岁之前，账户所有人每向 ISA 账户存入 1 英镑，就能得到英国政府 0. 25 英镑的补助。终身 ISA 账户供款的年度限额为 4000 英镑，这包含在 ISA 账户的总年度限额 2 万英镑之中。终身 ISA 的投资领域与股票及股权 ISA 相同。终身 ISA 的领取较为严格，领取条件包括：账户所有人购买价值在 45 万英镑以内的第一套住房、所有人年满 60 岁、所有人患重大疾病且生存期不足 1 年。为了避免终身 ISA 扰乱住房市场，使用终身 ISA 资金购买的住房禁止出租。该类 ISA 的规模不大。

英国有专为18岁以下未成年人设计的儿童ISA账户。该类账户由父母为其未成年子女设立。儿童ISA账户可以分设一个现金ISA账户和一个股票及股权ISA账户。与成年人的ISA账户不同，儿童ISA账户可以从储蓄账户转入。除非账户所有人患绝症或死亡，或者账户所有人的父母患绝症，否则，账户的资金不能取出。在账户所有人年满18岁时，儿童ISA账户将自动转化为成年人的ISA账户。

3. 财税规则

在每个纳税年度，所有人向ISA（含4类账户）供款的额度为20亿英镑。在资金进入ISA账户的环节，没有税收优惠，也就是说，个人收入在缴纳所得税后才能进入ISA账户。

ISA账户资金获得的各类投资收益均免除资本利得税，投资损失也不能用于抵消账户所有人的其他应税收益。英国的资本利得税较重，因此，这是一项很有吸引力的税优政策。

在“先纳税、后免税”的规则下，现金和各类投资的资金可灵活领取，即可以在任何时间支取任意金额的资金，而没有罚款。终身ISA账户因为有补贴，所以在提前领取时，要支付领取金额的20%作为罚款。2020—2021财年，ISA账户所有人的年度最高领取额度为20000英镑。

在账户所有人去世时，如果他/她的遗产价值高于免征额，那么，其ISA账户中的现金或投资资金需要缴纳遗产税。自2013年8月起，股票及股权ISA投资于伦敦交易所另类投资市场（Alternative Investment Market）时，对于符合减免条件的业务，持有达到两年后将免征遗产税。

4. 建设效果

根据英国财政部的数据①，2020—2021财年，英国的成人ISA账户的开设数为1020万个，较上一财年减少了约100万个。现金ISA账户的开设数量减少了约160万个，股票及股权ISA账户的开设数量则增加

① UK Government, 2022, “Individual Savings Accounts Tables”, June.

了86万个。2020—2021财年，英国开设了94万个儿童ISA账户，低于2019—2020财年的100万个。

根据英国财政部的数据[①]，2020—2021财年，成人ISA账户的市场价值总和为6870亿英镑，较2019—2020财年增长了11%。这主要是由于股票及股权ISA账户的投资市值增长了31%。2020—2021财年，成人ISA账户的缴费金额为720亿英镑，较上一财年下降了24亿英镑，这主要是由于，现金ISA账户的缴费金额较上一财年下降了120亿英镑。

英国股票及股权型ISA的投资分布如表6—2所示。英国股票及股权型ISA的投资分布有以下特点：一是投资渠道丰富，高、中、低风险的产品均有，复杂和简单产品兼收，投资的分散化效果好；二是股票及股权投资的占比高，明显高于债权型投资的占比，其中开放式投资公司的股票的占比在2020—2021财年达到了44.7%；三是除了英国本土，投资主要在欧元区经济体，例如，上市公司股票投资中近半数在欧元区经济体。这种投资资产的分布，其风险要明显高于当前中国个人养老金中养老目标基金的投资风格。

表6—2　**英国成年人股票及股权型ISA账户的投资分布**　（单位：%）

财年	2011—2012年	2012—2013年	2013—2014年	2014—2015年	2015—2016年	2016—2017年	2017—2018年	2018—2019年	2019—2020年	2020—2021年
上市公司股票	16.1	15.3	14.7	15.0	11.7	11.2	9.2	10.3	9.6	10.9
欧元区上市公司股票	—	—	1.8	2.2	2.9	3.0	4.9	5.9	5.1	5.7
证券	1.2	1.1	1.2	1.1	0.7	0.7	0.6	0.5	0.5	0.5
金边债券(Gilts)	0.5	0.4	0.3	0.3	0.3	0.3	0.2	0.3	0.3	0.2
单位信托基金	20.0	20.3	21.6	21.6	23.8	26.9	25.8	20.6	22.4	21.4

① UK Government, 2022, "Individual Savings Accounts Tables", June.

续表

财年	2011—2012 年	2012—2013 年	2013—2014 年	2014—2015 年	2015—2016 年	2016—2017 年	2017—2018 年	2018—2019 年	2019—2020 年	2020—2021 年
开放式投资公司的股票	47.7	48.4	47.7	44.9	47.2	46.1	46.4	47.0	44.2	44.7
公司债券基金	4.9	4.5	4.0	4.1	3.7	2.9	2.6	2.7	2.5	1.9
投资信托	3.6	3.8	4.1	4.6	4.6	4.8	5.2	6.3	5.8	6.5
集合投资可转让证券的单位/股份	2.6	2.4	3.0	4.1	3.6	1.9	3.6	4.4	4.7	5.6
保单退保价值	0.6	0.7	0.6	0.8	1.2	1.5	1.9	3.0	2.9	2.3
银行存款	2.8	2.9	2.7	3.4	3.2	3.7	4.4	5.0	7.0	6.0

资料来源：UK Government，2022，“Individual Savings Accounts Tables”，June。

5. 突出特点

丰富和灵活是英国 ISA 账户体系的最大特点。首先，针对不同投资领域、不同投资风险、不同投资期限设计了几个分账户体系，并为未成年人设立了儿童账户。其次，投资领域宽。最后，因为不是专注于养老金的储蓄计划，所以领取很灵活。从一个现金 ISA 账户转到另一个现金 ISA 账户通常可以在 15 天内完成，而其他类型账户的转换需要 30 天内完成。这带来了系统的复杂性，容易给金融素养一般的居民群体带来操作风险。

（四）德国 Riester 和 Rürup

德国的养老保险体系主要依赖第一支柱，第三支柱个人养老金建立较晚。德国第三支柱的社会属性很强。

1. 形成演进

2001 年，作为德国公共退休制度改革的重要内容，德国降低了政府养老金福利的最高限额，并积极发展个人养老金，以保障养老收入的充足性。2002年，德国推出了里斯特养老金（Riester-Rente），2005年又推出了吕库普养老金（Rürup-Rente）。德国为个人养老金的参与人提供了强有力的财税支持。

2. 账户运行

第一，里斯特养老金。适用于有雇主的德国居民。由德国前劳工部长沃尔特·里斯特（Walter Riester）构想并以他的名字命名。有资格参加该计划的人包括：缴纳所得税的人；参加养老退休保险并缴纳预扣税的人；领取失业救济金的人；公务员和军人。没有资格参加该计划的人主要包括：参与了非强制性保险的自由职业者和个体经营者；已豁免强制性养老金缴款的低收入雇员；有其他私人养老保险的人；领取企业退休金的人；领取全额退休金的退休人员；领取社会福利的人；学生。所有符合条件的人的配偶也可以参加里斯特养老金。里斯特养老金要求参与人至少支付年收入的4%。最高限额为每年2100欧元（已婚夫妇为2160欧元）。在养老金服务合同结束时，每个人积累的资金不得少于存入资金的总额。参与人去世后，其个人养老金账户中的余额通常不能被继承。

第二，吕库普养老金。由德国经济学家伯纳德·吕库普（Bernd Rürup）提出，是一种专门为个体经营者、自由职业者和其他较高收入者开发的"基础养老金"。它有基础保障的作用，但是不采用现收现付的融资方式，而是采用资金积累制。参与人死亡后，其个人养老金账户中的余额通常不能被继承。吕库普养老金由个人自愿缴纳和管理，所以是第三支柱。

3. 财税规则

第一，里斯特养老金。参与人每年向里斯特养老金缴费超过60欧元即可获得政府补贴。2008年以来，补贴额一直保持不变：未婚人士为154欧元，符合某些条件的已婚人士为308欧元，2008年以前出生的儿童为185欧元，2008年以后出生的儿童为300欧元。如果新的参与人在合同第一年未满 25 岁，那么，还可额外获得 200 欧元的一次性补贴。所有补贴都是免税的。如果参与人每年存入的金额达到了年收入的 4%，还可获得 2100 欧元的补贴（最高补贴额）。投资收益也是免税的。参与人年满 60 岁可以开始领取养老金，领取额需缴纳个人所得税。

第二，吕库普养老金。参与人虽然无法获得任何政府补贴，但可以从他们缴纳的税款中扣除相当一部分作为特殊费用。此外，缴费是有税收优惠的。2017 年以后，吕库普养老金投资的最高免税额为：单身人士为每年 23362 欧元；已婚夫妇为每年 46724 欧元，可由夫妻双方自由分配。投资收益是免税的。吕库普养老金旨在为参与人提供终身的基本养老保障。

德国的个人养老金由个人选择自己的缴费水平，选择合格的金融服务提供商管理养老金计划的资产。为了保证劳工的利益，该制度还引入了“最低回报保证”。这促使个人养老金的管理者将资金更多地投资于各类债券、衍生品等固定收益金融产品，而不是投资于股票等权益型产品。“最低回报保证”看似是一项技术性的监管规定，但是它重新分配了养老金收支中的风险，具有社会政策工具的力量。它影响了居民储蓄的配置，更广泛地说，影响了整个经济的投融资活动。

4. 建设效果

根据德国联邦财政部网站的数据，截至 2022 年第三季度，里斯特养老金的合约数目为 1594.2 万份，其中，保险合同 1054 万份，银行储蓄合同 53 万份，投资基金合同 321 万份，住宅房地产合同 176 万份。根据中央退休资产津贴办事处（Central Allowance Office for Retirement Assets，ZfA）公布的数据，2020 年和 2021 年，里斯特养老金的总额分别约为 88.879 亿和 79.296 亿欧元，加上财政补贴，总额分别约为 116.59 亿和 106.695 亿欧元。根据 ZfA 的分析，保险公司、商业银行、投资机构和住房金融机构管理的资金分别为 65.552 亿、8.547 亿、18.663 亿和 20.655 亿欧元，占比分别为 55.3%、7.2%、15.8%

和 17.4%。

5. 突出特点

德国个人养老金的社会属性强，保险计划的性质较明显，促进了社会平等。个人养老金计划有较多的财政补贴，有终身收入的保障，有较严格的金融监管。这也导致养老金投资的收益率、资金的积累程度均不算高，不利于资本市场的壮大。

（五）日本 iDeCo

日本的雇佣关系比较紧密，所以除了政府养老金，日本的企业养老金也较发达。因此，虽然日本的人口老龄化很严重，但是它的个人养老金却出现得较晚。日本的个人确定缴费型养老金（Individual Defined Contribution Pension，iDeCo）出现于 2001 年。此外，日本于 2014 年推出了个人储蓄账户（Nippon Individual Savings Account，NISA），它是一种促进储蓄的金融产品，并非专用于养老，并且一般不超过 5 年，使得养老的色彩进一步减弱，因此，本节不对其进行分析。

1. 形成演进

2001 年 10 月，日本实施了《确定缴费型养老金法》，开始建立 iDeCo 制度。iDeCo 保障的对象是个体经营者和未参加企业年金的 20 岁以上的劳动者。2017 年 1 月开始，iDeCo 的保障对象扩展至企业养老金的参保人、公务员互助制度的参保人、全职家务劳动者等。2018 年 1 月开始，iDeCo 允许参与人按年缴费，并提供了更广泛的现金流选择。

2018 年 5 月，iDeCo 进行了如下扩展：为了保障未参加企业养老金的中小企业（100 人以下）的劳动者的退休收入，iDeCo 推出了中小企业业主缴费制度，称为 iDeCo +（也称“iDeCo Plus”）；对于未明确作出投资选择的参与人，其账户资产将自动投资于合格默认投资选择；为避免选项过多带来的困扰，iDeCo 将向参与者展示的投资品数量的上限设定为35个；允许参与人将个人管理的资产从iDeCo转移到确定待遇型（DB）企业养老金。2020年4月，iDeCo将参与年龄上限提高至75岁。2020年10月，iDeCo+将开户资格从100人以下的中小企业拓展到300人以下的中小企业。2020年10月，进一步放宽了已经参与企业养老金的人参与iDeCo的要求。

2. 账户运行

iDeCo为每个参与人开设个人养老金账户。作为养老保险第三支柱，iDeCo与第二支柱有不错的连通性（见表6—3）。iDeCo只要约定了可以转出资产，那么，可以将资金转移至确定缴费型（DC）企业养老金，但不能将资金转移到确定待遇型（DB）企业养老金。iDeCo接受确定缴费型（DC）企业养老金的转入，也接受确定待遇型（DB）企业养老金转入，不过，分别需要满足1项条件和2项条件，具体如表6—3所示。

表6—3 **iDeCo账户与企业养老金的连通性**

		转入系统		
		iDeCo（个人养老金）	确定缴费型企业养老金	确定待遇型企业养老金
转出系统	iDeCo（个人养老金）	√（a）	√	√（a，b）
	确定缴费型企业养老金	√（a，b）	√（b）	√（b）
	确定待遇型企业养老金	√（a）	√	√

注：a为转出系统约定了可转出资产。b为从确定缴费型企业养老金转出时，可根据个人要求一次性转出。

资料来源：iDeCo官网。

3. 财税规则

iDeCo的缴费在大多数情况下是可以全额扣税的。这能为缴费的个人规避居民税，为中小企业规避企业税。参与人的最低缴费金额为每月

5000 日元。缴费金额的上限根据参与人身份类型分为几类。其基本规律是——从第二支柱中获得的保障程度越高，缴费金额的上限越低。参与人的缴费金额每年最多调整一次，调整时间为 12 月到次年的 11 月。参与人如果加入了企业的确定缴费型（DC）养老金计划，就不能选择按年缴费，只能选择按月缴费。

iDeCo 的参与人可以自由选择投资产品，并确定相应的投资金额。管理者可以解释投资产品，但不能推荐具体产品服务。iDeCo 账户内投资产品的投资收益是免税的，但账户内金融产品的投资收益要按 20.315% 的税率纳税。

iDeCo 养老金在领取时是需要纳税的，但可以享受专项扣除额度。iDeCo 的养老金要等到参与人年满 60 岁才能领取。如果参与人死亡或达到一定程度的残疾，那么，可以在 60 岁之前领取一次性的死亡抚恤金或一次性或分期的残疾抚恤金。参与人年满 75 岁时，必须开始领取。领取方式可以是一次性领取、年金化领取，或者两种方式的组合。

4. 建设效果

iDeCo 的规模还不大，但是发展较快。根据日本全国养老基金业协会发布的数据①，截至 2022 年 11 月，iDeCo 的参与人总数为 2736944 人，其中，11 月新加入的人数为 50621 人。参与人的主体是第 2 类参与人——没有资格领取公共养老金的人。2022 年 11 月，此类参与人总数为 2316631 人，11 月新加入的人数为 43304 人。截至 2022 年 11 月，已有 703499 家中小企业加入了 iDeCo，较上月增加了 6164 家。iDeCo 的参与人中，男性占比为 58.4%，女性占比为 41.6%。参与人的平均年龄为 45 岁。

不同年龄段的 iDeCo 参与人的资产结构不同。根据日本全国养老基

① 日本全国养老基金业协会，2022 iDeCo（個人型確定拠出年金）の制度の概況，2023 年。

金业协会发布的数据①：账户中的资金分布于投资信托、银行存款、损害保险和生命保险的比重分别为 69. 4%、23. 4%、5. 6% 和 1. 6%；对于不再缴费者，其账户中的资金分布于投资信托、银行存款、损害保险和生命保险的比重分别为 49. 4%、34. 7%、8. 5% 和 7. 3%。

2021—2022 财年 iDeCo 的领取结构如表 6—4 所示。iDeCo 账户资金的主导性领取形式是养老给付金，养老给付金主要是一次性领取的。

表 6—4　　iDeCo 账户的领取结构（2021—2022 财年）

给付类型	给付方式	获得人数	获得人数增长率（%）	给付金额（千日元）	给付金额增长率（%）	人均给付金额（千日元）
养老给付金	年金	17586	8. 4	11912017	11. 5	667
	一次性	26746	3. 5	91544958	6	3423
	年金 + 一次性	2357	16. 2	4205546	20. 6	1784
损害给付金	年金	129	15. 2	83528	10. 5	648
	一次性	1089	8. 4	2210731	－0. 9	2030
	年金 + 一次性	31	10. 7	62135	274. 5	2004
死亡一次性结付	—	2688	10. 75	5099174	15. 30	3411
脱退一次性结付	—	—	6. 54	—	48. 0	—

资料来源：iDeCo 官网。

5. 突出特点

日本的个人养老金有两个突出特点。一是定位于养老保险的补充层次，其参与金额、税收优惠的规定都考虑了参与人参与第一支柱和第二支柱的情况。这使得个人养老金制度促进了日本所有人实现相同水平的

① 日本全国养老基金业协会，2022 iDeCo（個人型確定拠出年金）の制度の概況，2023 年。

养老保障。二是对于企业的税优力度大，企业为雇员进行缴费可在企业所得税税前扣除。因为只有中小企业（300 人以下）才能参与，所以这支持了中小企业的发展。个人养老金一次性领取的所占比重较大（见表 6—4），这反映了 iDeCo 的投资收益存在竞争力不足的问题。

（六）加拿大 RRSP

加拿大的账户制个人养老金称为注册退休储蓄计划（Registered Retirement Savings Plan，RRSP）。它是以养老为目的进行的个人储蓄、推迟领取的金融产品。加拿大还有两种相关制度，笔者未做分析。一是名称中有"Individual"字样的个人退休金计划（Individual Pension Plan）。它属于养老金，且享受税收优惠，但是，它是雇主为雇员建立的，享受的是企业所得税优惠而非个人所得税优惠，属于第二支柱。因此，不做分析。二是免税储蓄账户（Tax-free Savings Account）。它是一种促进个人储蓄的金融产品，与英国的 ISA、日本的 NISA 类似，并不单纯以养老为目的，因此，也不对其进行分析。

1. 形成演进

RRSP 于 1957 年推出，旨在鼓励雇员和个体经营者为养老而储蓄。RRSP 可由一个人建立，也可与配偶或雇主共同设立。1992 年，加拿大在 RRSP 中嵌入了购房者计划（Home Buyers' Plan，HBP），允许参与人及其配偶从 RRSP 中提取资金（或从 RRSP 借款）购买首套房[①]，还款期限最长可达 15 年。2011 年，加拿大议会通过了建立集合注册退休储蓄计划（Pool PRPP）的立法，将 PRPP 的覆盖面扩展至小型企业的雇员和雇主以及自我雇佣者。

2. 账户运行

单人 RRSP。仅由一个人建立，该人即为账户的缴费人和所有人。

① 这个标准现在有所放松，地区之间也存在差异。

配偶 RRSP。通常是高收入一方为配偶的 RRSP 账户缴费。经过一定的持有期后，配偶可以取出这些资金，并缴纳税款。通常情况下，同时开设单人 RRSP 和配偶 RRSP 时，家庭在领取时的税负会较低。

团体 RRSP。雇主根据雇员的意愿，为雇员的 RRSP 缴费。团体 RRSP 的主要好处是，雇主的缴费可以像支付给雇员的工资一样在企业所得税税前扣除，并也为雇员实现了节税。团体 RRSP 也有激励员工工作的效果。这类投资的投资自主权要低于单人 RRSP 和配偶 RRSP。

集合 RRSP。多个小型企业的雇主或自我雇佣者可以联合起来建立一个 RRSP。该类账户的管理费用通常要高于其他三类账户。

3. 财税规则

个人向 RRSP 的缴费可在个人所得税税前扣除。1991 年制定的税前扣除上限为上一年申报收入的 20%：对于有雇主缴费的参与人，个人的税优额度为 3500 加拿大元；对于没有雇主缴费的参与人，个人的税优额度为 7500 加拿大元。此后，税前扣除限额与加拿大人平均工资的年度增长率挂钩，每年公布一次。缴费限额的任何未使用部分不能在将来使用。根据加拿大税务局的规定，向 RRSP 超额缴费的部分需缴纳罚款。向 RRSP 的缴费的最高年龄是 65 岁。

RRSP 的投资范围广泛。它可以投资储蓄、担保投资证书、债券、抵押贷款、共同基金、收入信托、公司股票、交易所交易基金等。这些投资的收益都是免税的。

参与人从 RRSP 领取养老金时，需按当时的税率缴纳个人所得税。这与雇主设立的养老金的税务待遇相同。参与人在未满 60 岁时可以从 RRSP 提前领取养老金，但需支付罚款。参与人在年满 75 岁之前，可以随时将 RRSP 的资金转移到注册退休收入基金（Registered Retirement Income Fund，RRIF）。参与人年满 75 岁时，必须从 RRSP 计划中提取所有资金、转移到 RRIF 或者购买年金。

与其他税延型养老金账户类似，RRSP 对储蓄的吸引力主要取决于两个方面。一是参与人面临的税率高低。对于收入为 7.5 万加拿大元的加拿大人，向 RRSP 缴费可以节省 30% 以上的税负；对于收入为 15 万加拿大元的加拿大人，向 RRSP 缴费可以节省 40% 左右的税负。二是参与人的收入水平。在养老金领取环节，参与人的收入水平越低，RRSP 越有吸引力。对于收入水平较低（如低于 5 万加拿大元）或没有雇主匹配缴费的人，RRSP 比较有吸引力。

4. 建设效果

近年来，RRSP 对加拿大储蓄投资者的吸引力有所下降。35—44 岁年龄段人群的 RRSP 参与率从 2000 年的 30% 下降到 2019 年的 24%，其中，劳动者群体的参与率从 41% 下降到 37%。RRSP 吸引力下降的原因有很多。第一，在过去 20 年，加拿大的房地产价格上涨较快，年化增长率接近 8%，因此很多人将储蓄用于购房，支付首付款和还贷款。还有越来越多的人购买了基于房地产租金的金融产品。第二，近年来，加密货币和不可替代代币（Non-Fungible Token，NFT）兴起，吸引了加拿大居民，尤其是年轻人的目光。约有 15% 的加拿大人持有加密货币或不可替代代币。RRSP 的资金自然不能投资于加密货币和不可替代代币，所以降低了吸引力。

根据加拿大统计局公布的 RRSP 的运行情况①，2020 年，RRSP 总缴费人数超过 620 万，较上年增加约 4.9%。RRSP 缴费总额达 501 亿加元，较上年增加约 13.1%。2020 年，RRSP 缴费的中位数为 3600 加拿大元，高于 2019 年的 3260 加拿大元，为有记录以来的最高水平。2020 年，RRSP 的参与率扭转了自 2008 年以来连续 12 年下降的趋势。2020 年，加拿大纳税申报人中，缴纳 RRSP 的比例达到 22.3%，较 2019 年增加了 0.5 个百分点。2020 年，在加拿大 10 个省中的 7 个省

① Statistics Canada, "Registered Retirement Savings Plan Contributions", 2020, *The Daily*, April 1, 2022.

以及所有 3 个地区，纳税申报人向 RRSP 缴费的比例和向 RRSP 缴费的总额均增加了。除了纽芬兰和拉布拉多省，加拿大十省三地区的 RRSP 缴款中位数均有所增加。

5. 突出特点

RRSP 的特点在于缴费方式的多样化，可以由个人、配偶或雇主缴费，多个小型企业的雇主以及多个自我雇佣者也可以联合起来共同建立一个 RRSP。作为养老金的第三支柱，RRSP 不仅有与企业养老金之间的账户互通机制，还实现了与养老金融产品（如 TFSA）的账户互通，以便于参与人统一管理个人养老金资产。此外，加拿大养老金的养老保障属性较弱，一般储蓄性较强，并在支持参与人购买刚性住房方面发挥了积极作用。

（七）澳大利亚 Superannuation

澳大利亚的养老金称为超级年金（Superannuation），它覆盖了雇员和非雇员的居民。超级年金采用账户制。雇主和雇员根据法律进行的缴费所形成的资金构成了第二支柱——企业养老金[①]，而个人自愿缴费所形成的资金构成了第三支柱——个人养老金（Voluntary Superannuation）。

1. 形成演进

1973 年，澳大利亚工会组织与雇主达到协议，雇主不必给雇员的工资提高 3%，而是转为向雇员的超级年金账户缴费。1992 年的《退休金保（管理）法》明确了雇主的强制性缴款义务。超级年金缴费的基数包括工资和薪金、奖金、佣金、补贴，但不包括加班费。2022—2023 财年，雇主向超级年金的缴费率提高到了 9%。自 2014 年 7 月 1 日起，雇主缴费率提高到了 9.5%。自 2021 年 6 月 30 日起，雇主的缴费率以每年 0.5% 的速度增长，到 2025 年，提高至 12%。2022，澳大利亚开展了超级年金

① 从 2002 年到本书定稿时，雇员依法要将收入的至少 10% 交到超级年金账户。

改革，内容包括提高账户的可携带性、增强账户管理方面的竞争。

2. 账户运行

超级年金按照委托人类型可分为如下几类。①行业（Industry）基金。它是由雇主协会和/或工会管理的多雇主基金。它的设立和运作完全是为了会员的利益。②雇主（Employer）基金。它是雇主为雇员设立的基金。每个基金都有自己的信托结构。③公共部门（Public Sector）基金。它主要是由政府设立的基金，其中的一些基金没有实际资金，采用现收现付的名义账户制度。在公共部门工作的新雇员通常加入的是公共部门的基金。④零售（Retail）基金。它是由金融机构负责运营的基金，允许个人自主缴费，也允许雇主为其雇员设计并缴费。后者有时可单独视为一类，称为批发综合（Wholesale Master）基金。⑤自我管理养老（Self Managed）基金。它是由少量个人（6 人以下）在澳大利亚税务局的许可下建立的基金。此类基金的受托人与成员是完全一致的。

表 6—5 报告了澳大利亚超级年金的 5 类基金的情况。雇主基金的规模明显小于另外 4 类基金。零售基金的实体数目明显多于其他几类由机构管理的基金。这些基金的资产集中度均比较高。在资产配置方面，除自我管理的养老基金较少配置了债券、较多配置了现金之外，其他几类基金的资产配置结构相近。

表 6—5 **澳大利亚超级年金投资管理比较分析**

<table>
<tr><th colspan="2" rowspan="2">指标</th><th rowspan="2">行业基金</th><th rowspan="2">雇主基金</th><th colspan="2">公共部门基金</th><th rowspan="2">零售基金</th><th rowspan="2">自我管理的养老基金</th></tr>
<tr><th>普通</th><th>免监管</th></tr>
<tr><td colspan="2">总资产（百万澳元）</td><td>718.6</td><td>59.7</td><td>520.1</td><td>148.4</td><td>625.9</td><td>747.6</td></tr>
<tr><td colspan="2">实体数目</td><td>37</td><td>19</td><td>18</td><td>19</td><td>112</td><td>—</td></tr>
<tr><td rowspan="2">资产集中度（%）</td><td>前十合计占比</td><td>82</td><td>—</td><td>96</td><td>—</td><td>73</td><td>—</td></tr>
<tr><td>前三合计占比</td><td>46</td><td>76</td><td>58</td><td>—</td><td>37</td><td>—</td></tr>
<tr><td colspan="2">监管者</td><td>APRA</td><td>APRA</td><td>APRA</td><td>联邦或州财政部门</td><td>APRA</td><td>自我监管</td></tr>
</table>

续表

指标		行业基金	雇主基金	公共部门基金		零售基金	自我管理的养老基金
				普通	免监管		
资产配置（%）	上市公司股票	47	43	39	—	53	36
	非上市公司股票	5	2	6	—	2	0
	债券	19	29	26	—	21	6
	房地产	10	9	9	—	7	21
	基础设施	9	4	5	—	2	1
	现金	8	9	9	—	12	24
	其他	2	5	5	—	4	12

资料来源：Australian Prudential Regulation Authority（APRA），2019，“Annual Superannuation Bulletin”，June；Australian Prudential Regulation Authority（APRA），2019，“APRA Annual Fund-Level Superannuation Statistics”；Principles for Responsible Investment（PRI），2020，“Private Retirement Systems and Sustainability：Australia”。

超级年金提供的养老待遇可分为如下三类。第一类，保留待遇。是指在员工达到“保留年龄”之前，必须保留在参与人退休基金中的部分。目前，超级年金领取年龄最低为55岁，到2025年，最低领取年龄将提高到60岁。1999年7月1日以后的所有缴费都归为这一类。第二类，受限制的非保留待遇。只有在规定的触发事件（如终止受雇于当前雇主）发生时，超级年金才能被领取。第三类，不受限制的非保留待遇。可由参与人自由支配。

3. 财税规则

个人对超级年金的缴费可在一定限额内在个人所得税税前扣除。2021—2022财年的免税缴费上限为2.75万澳元。账户所有人的免税额度与其单位工作时间的收入水平挂钩，按照2500澳元的倍数计。超级年金为养老金积累少的参与人设计了更灵活的税收优惠——如果参与人在上一财年末的养老金总额低于50万澳元，那么，他/她未使用的免税缴费额度可以结转至下一财年使用，最长结转期为 5 年。

澳大利亚超级年金对提前领取有较严格的规定。参与人只有在面临严重的经济困难或处于其他悲惨境地时，如医疗保险无法覆盖巨额医疗费用，才能寻求提前领取个人账户内的养老金。

4. 建设效果

根据澳大利亚超级年金协会（Association of Superannuation Funds of Australia，ASFA）网站公布的数据①，截至 2022 年第二季度末，澳大利亚养老基金总规模达到 3.3 万亿澳元，较年初下降了 3.2%，较上年同期下降了 0.5%。澳大利亚的养老基金规模位列世界第四。2022 年 1—9 月，基金产品的数量从 80 个减少到 69 个，表明行业出现了整合态势。

2021—2022 财年，超级年金的缴费和待遇支付均有所增长；超级年金缴费总额达 392 亿澳元，比上一财年增长了 17.1%，这是由于经济形势向好，个人自愿缴费增加。2021—2022 财年，超级年金的待遇支付总额为 237 亿澳元，比上一财年增长了 7.8%。

2022 年第三季度，超级年金的投资回报率约为 -0.7%，较上年同期（16.9%）大幅下降。这是连续三个季度投资回报率出现负增长。澳大利亚超级年金协会认为，这主要归因于全球多家央行收紧货币政策、乌克兰冲突导致市场不确定性增加、供应链中断带来的压力以及全球增长前景趋弱。

5. 突出特点

在澳大利亚，个人养老金的突出特点是，与第二支柱企业养老金在相同制度框架下运行，并且高度融合。这主要缘于澳大利亚的企业养老金发展较早、较好。这种完整、简便的制度设计创造了制度红利，提高了税收优惠政策的设计和执行的效率，也降低了管理成本和监管成本。

---

① Association of Superannuation Funds of Australia (ASFA), 2023, Super Statistics.

（八）智利强制 IA

智利的养老金制度很有特点，是国际比较研究中常被研究的。1981年，智利进行了养老金市场化改革，建立了强制个人退休账户（Compulsive Individual Accounts，强制 IA）。智利的“试验”引起了十几个拉丁美洲国家的效仿，并影响了包括中国在内的多个国家的养老保险制度的改革。运行十余年后，由于出现了过度市场化的问题，智利在国际金融危机爆发前启动了第二轮养老金改革，以加强养老金的公共性质。智利的强制 IA 是政府、企业和个人养老金的混合体①。

1. 形成演进

20 世纪 70 年代，公共养老金成了智利政府的重大债务负担。1981年，在倡导市场化改革的右翼政府的领导下，智利成为世界上第一个引进个人退休账户的国家。新入职的员工只能参加个人退休账户，且依法应当参加个人退休账户，个体经营者自愿加入，公务员也没有额外的制度，只有武装部队和安全部队有单独的固定待遇型（DB）计划。雇主的责任是为雇员涨薪 18%。账户所有人选择养老金管理公司（Pension Fund Management Company）进行投资。2002 年起，智利开始实施多基金制度。2007 年，智利修改了提前退休的规定，使得退休更加严格。2008 年，智利政府加大了力度支持弱势群体的养老金保障，并设立养老金监管局（Superintendence of Pension Fund Management Companies）对养老金管理公司进行监管。

2. 账户运行

养老金账户所有人通过选择养老金管理公司为其管理养老金。养老

---

① 对于低收入者，智利还有基本团结养老金（Basic Solidarity Pension）。它是向没有其他养老金的人提供的一项权利，主要针对年满 65 岁的低收入者，领取条件包括在智利居住至少满 20 年，以及领取前 5 年里至少有 4 年居住在智利。OECD，*Pensions at a Glance* 2021 – *OECD and G20 Indicators*，OECD Publishing，Paris，2021.

金管理公司是私营的，其职能是在政府规定的投资领域中进行投资、管理养老基金以及提供和管理某些养老金待遇。

2002 年之前，养老金管理公司只能为同一参与人提供一个养老金资金账户。2002 年 8 月起，养老金管理公司可以为同一参与人提供 4 种不同类型的基金——称为基金 B、基金 C、基金 D 和基金 E（它们的风险程度不同），也可以提供一个基金（基金 A）。这 5 种基金的特点如表 6—6 所示。2002 年 8 月起，账户所有人可以在一个养老金管理公司中选择两个基金，并在两个基金之间分配缴费①。

表 6—6 **智利不同类型养老基金的权益投资比重要求** （单位：%）

基金类型	最低要求	最高要求
基金 A	40	80
基金 B	25	60
基金 C	15	40
基金 D	5	20
基金 E	无	0

资料来源：Superintendencia de Administradora de Fondos de Pensiones（SAFP）. 2005 - 2008. Boletín Estadístico. El sistema chileno. 6a Edición. Santiago, Chile, 2007。

1981 年，智利养老金管理公司只能投资于政府债券。1985 年起，养老基金可以投资于股票。养老金管理公司可以将 10%—30% 的资产投资于股票。1996 年，允许养老金投资外国资产，此后，逐渐放宽限制，到 2008 年 4 月，该比例提高至 45%。2002 年开始，允许养老金管理公司将更多的资金投资于高风险资产。这些措施旨在提高养老金管理

① 55 岁以下的男性和 50 岁以下的女性可以从 5 种不同风险程度的基金中选择。超过 55 岁的男性和超过 50 岁的女性只能从 4 种风险较小的基金中选择。退休人员只能在 3 种风险较小的基金中选择。

公司的投资收益，降低投资集中度。

智利养老金管理公司之间的竞争程度弱。1981 年实施强制 IA 时，智利有 12 家养老金管理公司，到 1994 年，有 21 家，到 2008 年，仅有 5 家[①]。养老金管理公司数量的减少主要是缘于合并和关闭。1982—2007 年，智利最大的三家养老金管理公司所管理的资产占比从 64% 增加到近 80%[②]。养老金管理公司向账户所有人收取高额管理费用，导致其利润远高于金融服务业的其他部门。这自然会降低账户所有人养老金账户的资金积累率。

养老金账户可以通过 4 种方式领取：即时生命年金、递延生命年金、收入取回计划、递延生命年金和收入取回计划的结合。养老金最低标准会根据消费者物价指数进行调整。

3. 财税规则

雇主有义务为工作条件艰苦的员工缴纳养老金，因此，在大部分情况下，雇主不需要缴费，也就降低了工资税总额。雇员基于工资缴费，缴费率为 10%，缴费金额不得超过某一随通货膨胀率挂钩的额度上限。雇员在向养老金账户缴存个人养老金的同时，还要缴纳约 2.4% 的管理费和残疾保险费。政府承诺为参与人提供最低养老金、社会救助养老金，并根据需要为计划提供补贴。

个人养老金账户的投资领域是有法律规定的，投资收益免税。自 1987 年 8 月以后，参与人可以定期或不定期地把钱存入一个单独的自愿储蓄账户，从而享受较低程度的税收优惠。

2007 年以后，智利法定养老金领取年龄默认设定为男性 65 岁、女

① Kritzer, B., 2008, "Chile's Next Generation Pension Reform", *Social Security Bulletin*, 68 (2): 69 – 84.

② De Mesa, Alberto Arenas, and Carmelo Mesa-Lago, "The Structural Pension Reform in Chile: Effects, Comparisons and Other Latin American Reforms, and Lessons", *Oxford Review of Economic Policy*, 2006, 22 (1): 149 – 167.

性60岁，如果账户所有人有足够的储备，让退休后收入达到退休前工资的58%，或达到最低养老金150%所对应的退休收入水平，那么，他们可以提前退休。强制IA的领取额在一定范围内是免税的。对于那些已经向养老金账户缴费20年的参与人，政府承诺确保他们退休后的养老金替代率达到61%，或者说，政府将补足个人积累的养老金与法定最低养老金之间的差额。

对于通过定期取回方式领取养老金的参与人，如果他们生存时间过长，个人账户中的养老金耗尽，智利政府承诺会提供补贴。

4. 建设效果

截至2007年年底，智利养老金公司管理的总资产达到1110亿美元，约占智利国内生产总值的64%[①]。据报道，自1981年以来，基金C的历史实际年化回报率约为10%，1997—2007年，智利养老金公司投资的实际年化回报率约为6.8%[②]。

2005年，强制IA账户为退休者提供的平均养老金水平为每月131615比索（约合252美元），而当时智利的最低月工资为127500比索（约合244美元）[③]。因此，强制IA账户仅能提供基础养老生活保障，养老金的替代率较低。

5. 突出特点

20世纪80年代，智利强制IA养老金改革的最大特点是，完全放弃了社会养老金体系一直遵循的现收现付制，而采用了强制的个人积累制。强制IA是政府养老金、企业养老金和个人养老金的混合体。这对

① Kritzer, B., 2008, "Chile's Next Generation Pension Reform", *Social Security Bulletin*, 68 (2): 69-84.

② Kritzer, B., 2008, "Chile's Next Generation Pension Reform", *Social Security Bulletin*, 68 (2): 69-84.

③ Berstein, S, G. Larrain and F. Pino, 2006, "Chilean Pension Reform: Coverage Facts and Policy Alternatives", *Journal of the Latin American and Caribbean Economic Association*, 6 (2): 227-279.

个人缴费有很强的激励作用，通过资金积累促进了资本市场的壮大，通过养老金管理公司的市场化运作提升养老金的投资收益率。然而，强制IA制度缺乏再分配功能，加之账户的投资损失会让个人的养老金收入减少，因此，可能造成更大的不平等问题和老年贫困问题。80年代，智利强制IA养老金向“传统”进行了回归。

三　账户制个人养老金发展的一些建议

（一）覆盖拓展

个人养老金制度有税优设计（目前的税前扣除额度为每人每年1.2万元），这对于广大未常态化缴纳个人所得税的低收入者不能起到激励作用，所以可以探索多渠道扩大个人养老金的覆盖面。一是社会就业方式越来越呈现多元化趋势。金融机构可以与行业组织、大型平台合作，根据它们所连接的劳动者的特点和现实需求，基于具体工作场景，设计并提供参与便利的个人养老金产品，让他们既可以以个人方式参与，也可以以团体方式参与。二是一段时间以后，探索允许个人为家庭成员建立个人养老金账户并进行合并缴费，甚至家庭成员的税优额度可以合并，由参与人进行税前扣除。三是个人养老金定位于个人承担权利和义务的补充养老保险制度，应当尤其关注中低收入人群，政府可以通过更直接的财政支持促进低收入人群加入。

（二）投资高效

中国个人养老金“实行完全积累”，所以参与人最关注的是投资收益和账户管理费用率。二者也是对不同个人养老金产品进行比较和排名的重要指标。一是个人养老金的投资应基于参与人的生命周期特征。如果个人养老金产品参与人有较多的其他收入来源，或者投资结束期不明确，则不用太拘泥于生命周期原则。例如，在个人养老金发展较早的国家，部分临近退休者的个人养老金账户的资金仍然较多地投资于有一定风险的资产，或者说，年轻人账户和老年人账户的投资组合的构成没有太明显的差异。二是个人养老金投资越来越多地采用长期回报策略，即在某一风险水平之内，追求投资收益最大化。为了保护参与人的利益，在今后较长时期内，不应允许个人选择具体的投资标的，以避免个人的不成熟心态影响养老金积累。三是个人养老金应是低费率的，销售服务费、产品购买费用、交易费、托管费、资金领取费等应当大幅减轻，甚至免除。

（三）信息透明

个人养老金产品应做好信息披露，以便参与人基于充分、准确的信息作出决策。这是保护参与人权益的有效途径，也是近些年各类个人金融产品和大资管行业在不断改进的内容。一是参与阶段。可以向客户提供前瞻性的风险—收益特征分析。对于客户参与养老金受到的流动性约束，应给予充分的提示。对于个人养老金产品过去实现的投资收益，应给予客观清晰的展示，而不应夸大高收益情况或掩盖低收益情况。二是资金积累阶段。在投资业绩方面，参保人账户中的流量和存量信息应清晰透明，便于查询。一方面，“信息平台”当前最好不做“实时性”要求，以免助长参与人的短期投机的情绪；另一方面，一些参与人可能长期不思考投资问题，所以可以向他们更多地推送经济金融环境的客观分析等信息，以促进其思考。

（四）监管严格

个人养老金有参与人广泛、市场竞争激烈、投资规模大等特点，需要从多个方面防范风险。一是机构层面。为了减少产品同质化，应当为不同类型的金融机构分别设置门槛。个人养老金是 DC 模式，金融机构承担信托责任，因此，应更加关注金融机构的股东情况和公司治理状况。当前阶段，金融机构合作的销售渠道、科技公司的责任应当由合作的金融机构连带承担。产品提供者应能够熟练使用投资限额分析、久期分析、敏感性分析、随机压力测试等分析工具。二是产品层面。“账户制”建立在“产品制”基础上，因此，应根据产品的性质、规模、复杂性等因素设置准入门槛。三是个人层面。销售和投资人员应具备专业知识、从业经验、良好品行等。

（五）账户连通

个人养老金作为养老保险体系的必要补充和第三支柱，可以逐步实现与第二支柱和第一支柱的连通，助力养老金“统一大市场”建设。一是税收优惠的连通。逐步建立与第二支柱企业年金之间的税优额度共享机制。允许将第二支柱的税优额度转到第三支柱，使无法参与企业年金的人群可以在个人养老金中获得更多的税优额度，助力其积累个人养老金。二是资金的连通。在资金积累环节，在分类记账的基础上，允许离职人员将其企业年金、职业年金中归属个人的资金转移到其个人养老金账户中。在资金领取环节，探索第二、第三支柱合并账户的领取方式。三是账户信息的连通。提升参与人的操作效率，促进参与人对养老金资产的统一分析和管理。

（六）养老服务

要实现居民“老有所养”，除了提供货币购买力，还需要有养老服务的有效供给，因此，养老金体系在设计中要通过支付功能，促进和补足“养老服务”这块短板。一是将养老金领取与长期护理保险，甚至居家养老、社区养老服务进行对接。建设居家、社区、机构相协调、医养康养相结合的养老服务体系，推进居家养老服务发展。二是鼓励达到退休年龄的参与人，尤其是中低收入者，以年金方式领取养老金。这将有助于个人更好地规划养老消费，降低养老服务的供给成本。三是可以将养老金领取与养老机构居住、老年康复护理、老年休闲娱乐等市场化养老服务产品对接，促进这些服务的规范化、高效化供给。

（执笔人：王向楠）

第七章

企业职工基本养老保险全国统筹：现状、政策效果与建议

企业职工基本养老保险统筹层次低、区域收支不平衡一直是困扰我国基本养老保险可持续发展的重要问题。经过了数十年的发展完善，中国基本养老保险统筹层次不断提高，全国统筹工作有序推进。2018 年，中国开始实行基本养老保险中央调剂制度，迈出了全国统筹的第一步。2022 年 1 月开始，正式启动实施企业职工基本养老保险全国统筹（以下简称“养老保险全国统筹”），标志着我国基本养老保险正式进入全国统筹的新时期。养老保险全国统筹在缓解养老保险地区分割严重、收支区域性不平衡问题上具有重要意义。2021 年“十四五”规划纲要明确提出“十四五”时期应实现基本养老保险的全国统筹，为基本养老保险统筹确定了工作目标。2022 年 12 月，中央经济工作会议再次强调要稳妥推进养老保险全国统筹，进一步凸显出养老保险全国统筹工作的重要性。实现养老保险全国统筹制度的政策影响是多方面的，除了对养老基金收入支出、财政支出压力产生直接影响，还将“牵一发动全身”，通过影响居民收入、劳动力流动、企业负担等间接影响经济发展。因此，养老保险全国统筹对于建立全国统一的大市场、促进劳动力合理流动、区域经济均衡高质量发展均具有重要意义。本章从推进养老保险全国统筹的现实背景出发，全面分析

了当前全国统筹制度的实施情况及其对养老基金收支区域差异以及基金收缴的影响，并对其未来的推进提出相关建议。

一　推行养老保险全国统筹制度的现实背景

养老保险的统筹层次是在我国养老保险制度环境下的专用词，其内涵包括养老保险资金流的收入、支出、核算、使用和管理的政府层级和行政管辖范围①。养老保险的全国统筹是早在20世纪80年代就提出的设想，但由于客观发展条件的限制，养老保险全国统筹的设想只能采取自下而上、“摸着石头过河”的方式不断试点和探索②。1986—2005年，国务院不断出台相关文件，“调试”缴费比例和统账比例，养老保险制度架构基本形成并稳定，统筹层次低的格局也基本形成并开始固化③。至今，养老保险制度经历了县市与行业统筹并存、省级统筹、中央调剂等不同阶段，统筹层次不断提高，制度不断优化完善。在人口结构、劳动力分布不均衡、缴费负担不均衡以及经济面临三重压力等现实背景下，建立和完善可持续的养老保险制度体系，是当前现实环境下的迫切需求。

（一）人口结构变化导致养老基金面临支出压力显著增大

2022年统计局公布的数据显示，中国总人口出现60多年以来的首次负增长，老龄化程度将不断加剧。2010—2020年十年间，我国65岁以上老年人口抚养比由2010年的11.98%，上升到2020年的19.74%。除了西藏、广东，其余29个省份的老年人口抚养比均明显上升。如图

---

① 郑秉文：《职工基本养老保险全国统筹的实现路径与制度目标》，《中国人口科学》2022年第2期。

② 刘洪清：《全国统筹的前世今生》，《中国社会保障》2022年第4期。

③ 郑秉文：《职工基本养老保险全国统筹的实现路径与制度目标》，《中国人口科学》2022年第2期。

7—1 所示，2020 年，重庆、四川、辽宁、江苏、山东、安徽、湖南、上海、吉林、河南、河北、湖北、黑龙江、天津等省份城市的老年人口抚养比超过 20%，即不到 5 个劳动年龄人口需要抚养一个老年人。受 1963 年以来婴儿潮一代的影响，2023 年我国将迎来退休高峰。从 2020 年全国人口普查数据看，2020 年，我国 57 岁的男性人口为 1313 万，47 岁女性人口为 1139 万人，这意味着 2023 年，将有超过 2400 万人口进入退休年龄。从图 7—2 可以看出，退休人数高峰（尤其是男性人口）仍将持续近 10 年。近年来，养老金待遇水平不断上调，叠加人口结构的变化，养老金面临的支出压力不断加剧。

（二）劳动力人口的跨区域流动加剧养老保险基金收支的区域性不平衡

由于我国各地区经济发展水平的不均衡，劳动力人口向经济发达地区转移，导致欠发达地区的劳动力人口净流出。从“六普”“七普”的

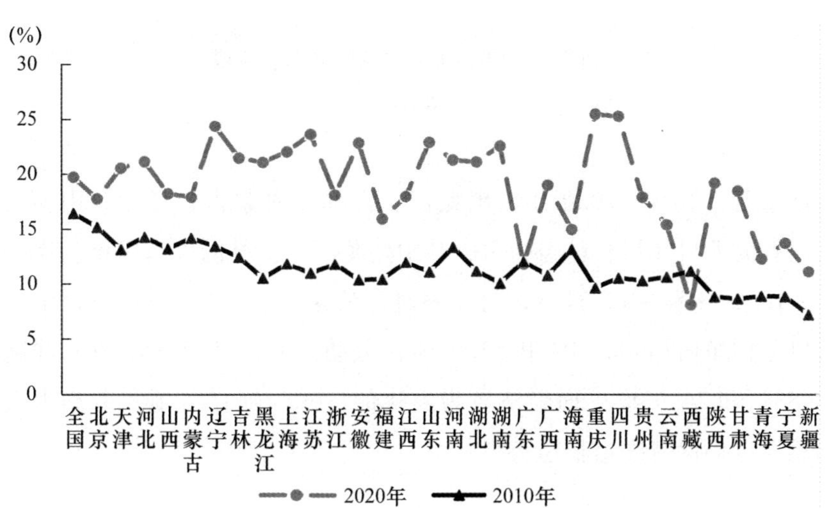

图 7—1　2010 年、2020 年各省份老年人口抚养比

资料来源：根据国家统计局第六次、第七次全国人口普查数据计算所得。

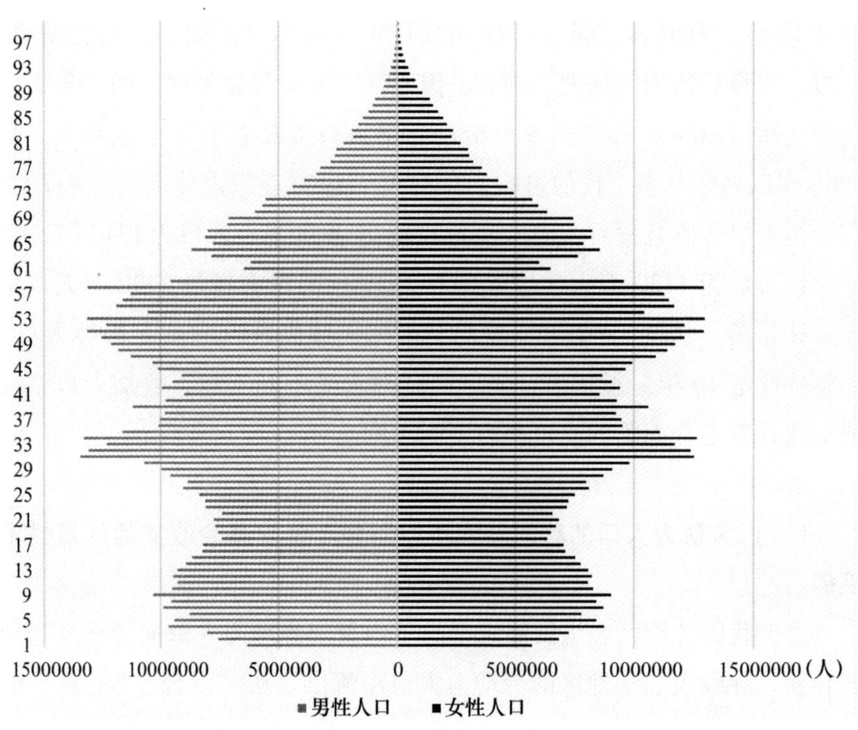

图 7—2　2020 年中国人口年龄金字塔

资料来源：国家统计局第七次全国人口普查数据。

数据来看，2010—2020 年，黑龙江、吉林、内蒙古、辽宁、山西、甘肃六省的人口净增长已经为负，其中黑龙江、吉林的人口净增长率分别为 -16.87% 和 -12.31%，与此同时，黑龙江和吉林的 60 岁以上老年人口分别净增加 48.13% 和 53.07%，劳动力人口（15—59 岁）净减少 27.83% 和 24.63%。而经济较为发达的广东、浙江等地，劳动力人口和总人口仍保持净增长态势。

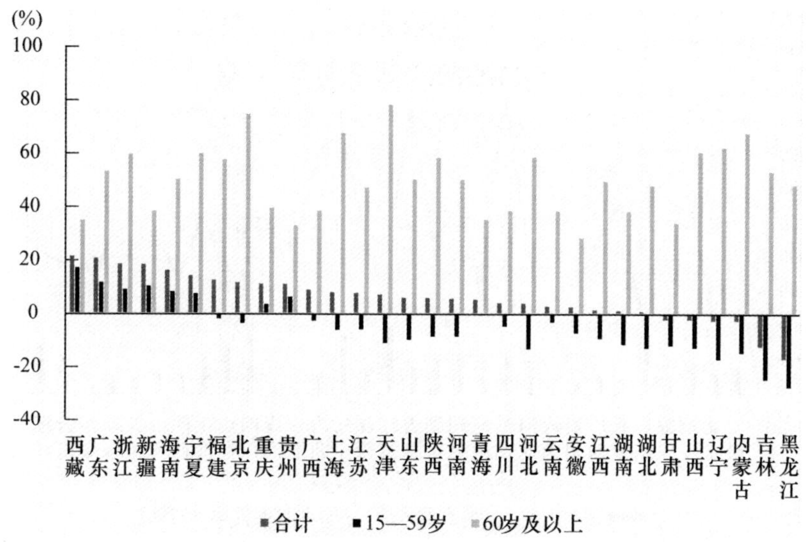

图 7—3 2010—2020 年各省份劳动力人口和 60 岁以上人口变化情况

资料来源：国家统计局第六次、第七次全国人口普查数据。

2020 年，中国流动人口规模达 3.75 亿人。但受限于生活压力、户口、家乡情节等因素，劳动力也呈现出“回迁养老”的特征①。因此，从养老保险的在职人数、退休人数和制度赡养率看，我国各省份的制度赡养率差异巨大，2021 年制度赡养率最高的黑龙江、吉林省高达 78% 和 75%，即每个在职的参保人需要赡养超过 0.7 个退休人员，而制度赡养率较低的广东、福建等发达省份的制度赡养率则不到 20%（见图 7—4）。人口在劳动年龄向经济发达地区流动、退休年龄向家乡回迁的现象，进一步加剧了养老保险收支的区域不平衡。黑龙江、吉林、青海等欠发达省份的养老基金当期结余已连续多年为负，地方财政面临较大的压力。

① 周心怡、蒋云赟：《基本养老保险全国统筹、人口流动与地区不平衡》，《财政研究》2021 年第 3 期。

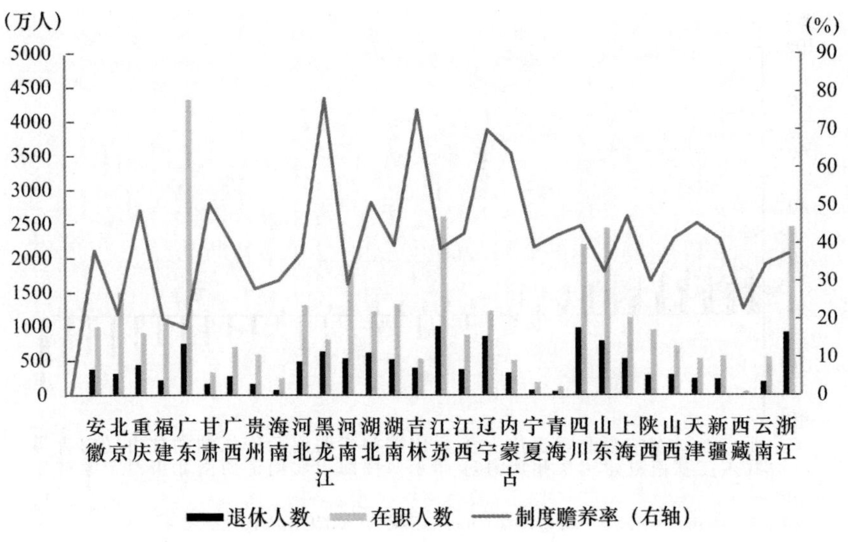

图 7—4　2021 年各省份职业养老保险在职、退休人数与制度赡养率

资料来源：国家统计局。

（三）养老保险“高缴费率—高缺口”的特征阻碍全国经济均衡发展

中国区域间基本养老保险具有“高缴费率—高缺口”的特征，表现为各省份之间的实际缴费率存在较大差距。北京、福建、广东等经济较发达、结余较充分的省份，实际缴费率多处于较低水平，而黑龙江、辽宁等严重收不抵支的经济相对落后省份，其实际缴费率却处于较高水平，较高的税费成本则进一步推高企业的成本，不利于地方发展经济，从而进一步加剧区域间的不平衡，造成恶性循环。周心怡和蒋云赟基于2018 年的数据测算验证了“高缴费率—高缺口”的特点①，本章基于2021 年的养老保险基金收支数据，计算各省份的实际缴费率发现，对

① 周心怡、蒋云赟：《基本养老保险全国统筹、人口流动与地区不平衡》，《财政研究》2021 年第 3 期。

于养老保险基金结余较充分的中央调剂“贡献省份”[①] 实际缴费率明显低于中央调剂基金“受益省份”[②]，同样符合“高缴费率—高缺口”的特征。

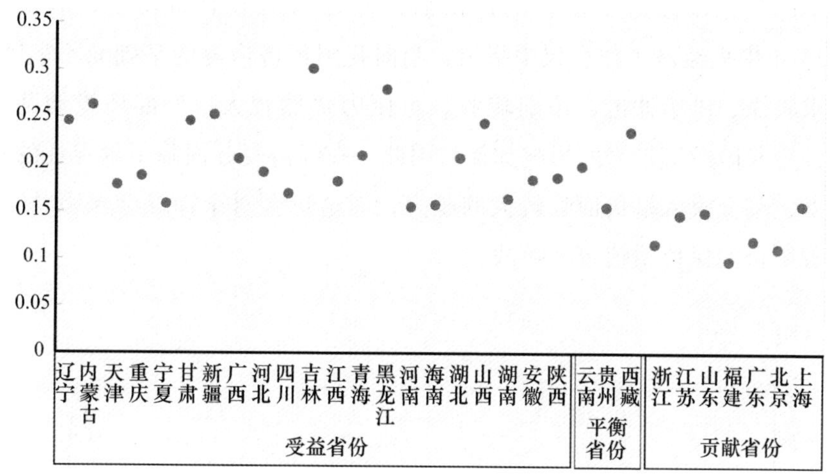

图 7—5 2021 年各省份的实际缴费率情况

注：实际缴费率 = 养老保险基金收入/（在职参加养老保险人数 × 平均工资）。

资料来源：国家统计局，笔者计算得出。

（四）三重压力下，养老保险基金收入与保值增值持续承压

2020 年以来，新冠疫情给经济造成了巨大的冲击，同样也对养老保险基金收入带来巨大冲击。一方面，为保护抗风险能力较弱的中小企业，中央和地方政府陆续出台了相应的减、免、缓等政策[③]，直接减少

---

① 贡献省份是指 2021 年中央调剂基金的上缴金额大于下拨金额的省份。

② 受益省份是指 2021 中央调剂基金的上缴金额小于下拨金额的省份。

③ 2020 年，为应对突如其来的新冠疫情冲击，人社部 2020 年上半年陆续发布《关于阶段性减免企业社会保险费的通知》（人社部发〔2020〕11 号）、《关于延长阶段性减免企业社会保险费政策实施期限等问题的通知》（人社部发〔2020〕49 号），减免中小微企业的 2—12 月三项社会保险的单位缴费部分，对大型企业 2—6 月的减半征收。2021 年相关减免政策退出。2022 年 4 月，人社部等部门针对餐饮、零售、旅游、民航、公路水路铁路运输等特困行业实施缓交政策，政策执行至 2022 年年底。

了当期的基金收入；另一方面，疫情冲击还会导致失业率上升（见图7—6）、新增就业下降，一些风险抵御能力较差的中小微企业破产倒闭，使得社保基金收入来源进一步收缩。2022 年 11 月以来，疫情防控政策科学调整，在经历了短暂的冲击后，各方面信心有所恢复，但正如2023 年中央经济工作会议中指出，当前我国经济恢复的基础尚不牢固，需求收缩、供给冲击、预期转弱三重压力仍然较大，外部环境动荡不安，给我国经济带来的影响加深。因此，在经济复苏面临不确定性的背景下，基金收入端仍面临较大的压力，而这也会对全国社会保障基金、各省结余的保值增值带来挑战。

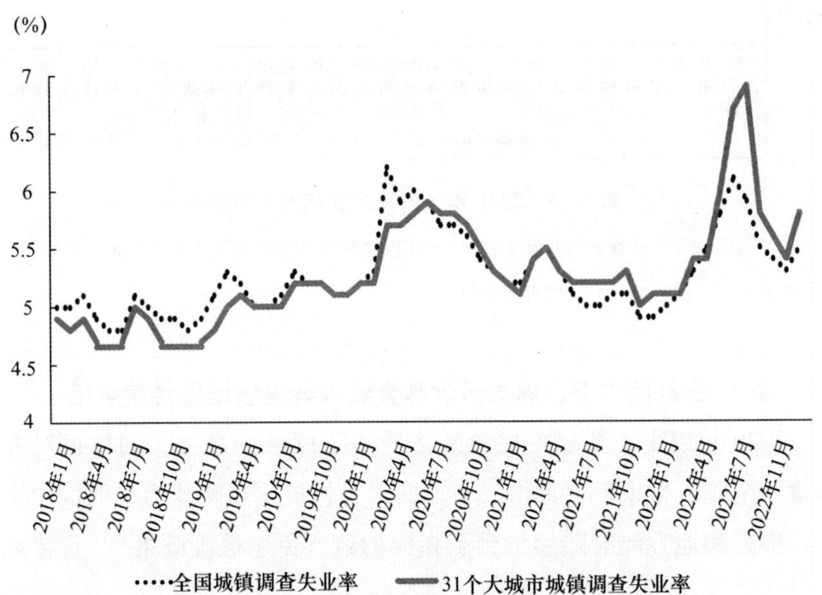

图 7—6　2018 年 10 月以来的月度调查失业率数据

注：2022 年 9 月为最新数据。

资料来源：国家统计局。

二　养老保险全国统筹的实施情况

养老保险全国统筹是一个系统工程，本部分主要从其制度实施路径、政策机制与政策运行情况，进行定性和定量分析。

（一）养老保险全国统筹的实现路径

养老保险全国统筹分两步推进。中央调剂制度是我国实现全国统筹目标的第一步，作为实施全国统筹前的过渡性措施，自 2018 年 7 月启动实施，已平稳运行了 4 年。在此阶段，各省市完成了养老基金的省级统筹，并通过中央调剂制度的实施不断理顺各级政府的基金管理体制，明确中央和地方的责任范围，为实现全国统筹打下了较好的基础。在中央调剂制度的基础上，全国统筹制度于 2022 年 1 月正式实施。

1. 中央调剂制度及其运行机制

中央调剂制度的核心在于建立中央调剂基金，通过中央调剂基金对各省份养老保险基金进行调剂。中央调剂基金由各省份从其养老保险基金上缴①构成，某省份上解额 =（某省份职工平均工资 ×90%）×某省份在职应参保人数 × 上解比例。

$$\mu_i = w_i \times 0.9 \times p_i \times \rho \tag{7—1}$$

其中，μ_i 为 i 省份上解额，w_i 为 i 省份的职工平均工资，p_i 为 i 省份在职应参保人数，ρ 为上解比例。

当年中央调剂基金筹集的资金全部拨付到各地方省份，某省份拨付额 = 核定的某省份离退休人数 × 全国人均拨付额。全国人均拨付额 = 筹集的中央调剂基金/核定的全国离退休人数因此，某省份拨付额可为：

① 《国务院关于建立企业职工基本养老保险基金中央调剂制度的通知》（国发〔2018〕18 号）的表述为“上解”，为便于理解，此处使用“上缴”。

$$d_i = r_i 7 - \frac{U}{\sum_i r_i} = r_i 7 - \frac{\sum_i \mu_i}{\sum_i r_i} \tag{7—2}$$

其中，d_i 为 i 省份下拨额，r_i 为 i 省份离退休人数，U 为筹集的中央调剂基金总额。

i 省份的净上解额 σ_i 可用公式表示为：

$$\sigma_i = \mu_i - d_i$$

进一步计算可得：

$$\begin{aligned}\sigma_i &= 0.9\rho \times w_i p_i - r_i \times \frac{\sum_i \mu_i}{\sum_i r_i} \\ &= 0.9\rho\left(w_i p_i - r_i \times \frac{\sum_i w_i p_i}{\sum_i r_i}\right) \\ &= 0.9\rho \times \sum_i w_i p_i\left(\frac{w_i p_i}{\sum_i w_i p_i} - \frac{r_i}{\sum_i r_i}\right)\end{aligned} \tag{7—3}$$

由式（7—3）可以看出，某省份的净上解额大于0（即该省向中央调剂基金贡献）还是小于0（该省从中央调剂基金受益）主要取决于 $\frac{w_i p_i}{\sum_i w_i p_i} - \frac{r_i}{\sum_i r_i}$ 项的正负或 $\frac{w_i p_i}{\sum_i w_i p_i} / \frac{r_i}{\sum_i r_i}$ 是否大于1（大于1表示向中央调剂基金贡献，反之则受益）。用 θ 表示 $\frac{w_i p_i}{\sum_i w_i p_i} / \frac{r_i}{\sum_i r_i}$，并进一步简单变换可得[①]：

① 推导过程为：$\theta = \frac{\frac{w_i p_i}{\sum_i w_i p_i}}{\frac{r_i}{\sum_i r_i}} = \frac{w_i p_i}{\sum_i w_i p_i} \times \frac{\sum_i r_i}{r_i} = \frac{w_i p_i}{\sum_i w_i p_i / N} \times \frac{\sum_i r_i / N}{r_i} = \frac{w_i p_i}{\overline{wp}} \times \frac{\bar{r}}{r_i}$，其中，N为省份数目。

$$\theta = \frac{w_i p_i}{\bar{wp}} \times \frac{\bar{r}}{r_i} = \frac{w_i p_i}{r_i} \times \frac{\bar{r}}{\bar{wp}} \quad (7—4)$$

其中，$\bar{wp}$ 为全国各省份在职职工工资总额的算数平均值，$\bar{r}$ 为全国退休人口的算数平均值。因此，某省份的净上解额主要由该省的在职职工的工资水平与制度赡养率决定。而工资水平主要与经济发展水平有关，制度赡养率由参保人员的年龄结构决定。以全国平均水平为基准，中央调剂制度实现了由经济较发达、制度赡养率较低省份向经济欠发达、制度赡养率较高省份的调剂。

2. 全国统筹制度及其运行机制

实施全国统筹后，全国职业基本养老保险将建立起政策统一、基金收支管理制度统一、中央和地方分责机制统一、经办服务管理和信息系统统一、省级政府考核机制统一的“五统一”制度体系①。目前，大部分省份的养老保险单位缴费比例已统一为 16%，全国统一的社会保险公共服务平台也已经建成，为实施全国统筹奠定了基础。

基于当前的现实环境，尚不具备实行全国范围的统收统支的条件，因此目前全国统筹是以省级统筹为基础，可以理解为中央调剂制度的“升级版”。具体操作上，中央和省级政府仍采用两级预算管理体制，通过向当年有结余省份筹集全国统筹调剂基金来填补当年的收支缺口。具体的调剂方法为，在资金筹集端按当年统一筹集比例（当年缺口额/当年各省结余总额）从当期收支有结余的省份筹集资金，建立统筹调剂基金资产池。在拨付端，按两种不同拨付比例对有累计结余和没有累计结余两类省份的缺口进行弥补。对前者的拨付比例可以小于后者，地方承担的缺口兜底责任通过公共预算与累计结余按结构性比例进行弥补，而后者获得的拨付虽然大于前者，但其缺口需要完全由公共预算进行弥

① 郑秉文：《职工基本养老保险全国统筹的实现路径与制度目标》，《中国人口科学》2022 年第 2 期。

补；当期筹资规模与拨付规模以收定支，在结余为零的情况下中央政府则表现为没有建立资金池的意愿和必要，如果编制预算时制订略有结余的筹集比例则意味着中央将逐渐建立起“全国统筹调剂基金”，此时将实行收支两条线，专款专用，单独建账，独立核算①。

（二）中央调剂制度/全国统筹制度的运行情况

企业职工基本养老保险基金中央调剂制度实施以来，调剂比例不断增加，从3%起步，此后每年增加0.5个百分点，2021年，中央调剂比例提高到4.5%。如表7—1所示，2018—2021年，中央调剂基金累计筹集/拨付中央调剂/统筹基金2.4万亿元，跨省调剂基金超过6000亿元。

表7—1　　2018—2022年中央调剂/统筹基金规模

地区	2018年	2019年	2020年	2021年*	2022年*	合计（不含2022年数据）
上解比例（%）	3	3.5	4	4.5	—	—
中央调剂/统筹基金规模（亿元）	2422.3	6303	7399.72	8326	2175.88	24451.02

注：受限于数据可得性，2018—2020年数据为财政部中央调剂基金决算数，2021年数据为预算数，2022年为全国统筹调剂基金的预算数。

资料来源：财政部网站，由笔者整理。

从分省份上缴下拨情况看（见图7—7和图7—8），广东、北京、江苏、福建、浙江、山东六省份为主要的净上缴省份，即贡献省份，广东和北京的中央调剂基金净上缴额占比超过60%；辽宁、黑龙江、吉林、内蒙古是主要的净下拨省份，即受益省份，而东北三省的净下拨金额占比超过65%。

① 郑秉文：《职工基本养老保险全国统筹的实现路径与制度目标》，《中国人口科学》2022年第2期。

(亿元)
2500
2000
1500
1000
500
0
-500
-1000
-1500
-2000
广东 北京 江苏 福建 浙江 上海 山东 贵州 云南 西藏 海南 宁夏 青海 天津 河南 安徽 陕西 广西 新疆 甘肃 重庆 湖南 河北 山西 江西 四川 内蒙古 吉林 湖北 黑龙江 辽宁

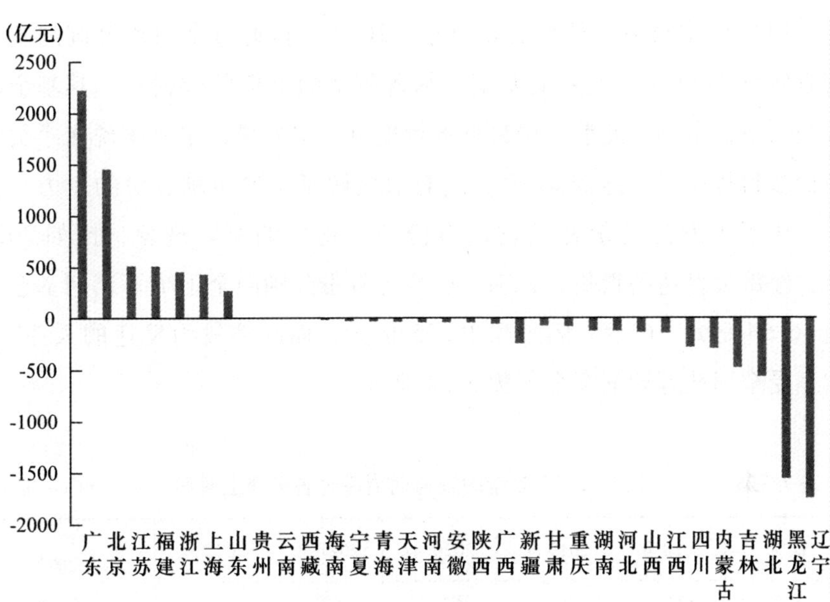

图7—7　2018—2021年中央调剂基金在各省份累计调剂情况

资料来源：财政部网站，笔者汇总整理。

(亿元)
1000
800
600
400
200
0
-200
-400
-600
-800
-1000
广东 北京 江苏 浙江 四川 安徽 上海 福建 云南 新疆 重庆 贵州 陕西 江西 广西 河南 湖南 海南 西藏 宁夏 山西 河北 甘肃 青海 山东 湖北 天津 内蒙古 吉林 辽宁 黑龙江

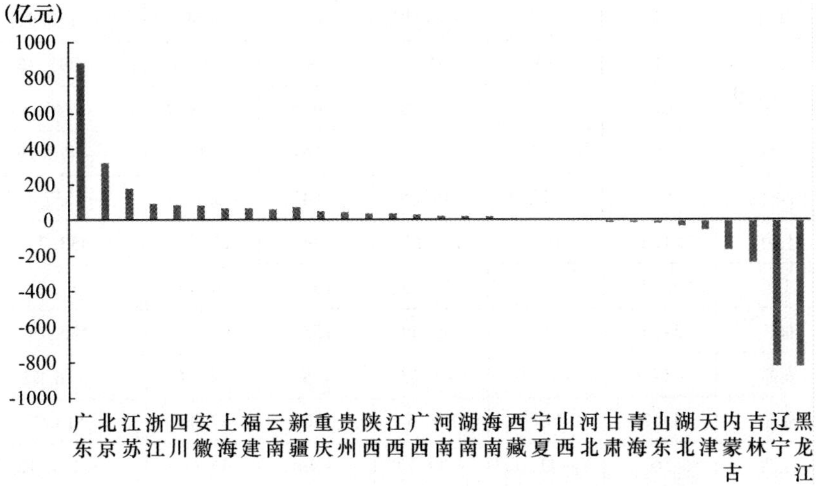

图7—8　2022年全国统筹调剂基金在各省份累计调剂情况

资料来源：财政部网站，笔者汇总整理。

2022 年中央财政预算披露显示，2022 年拟通过全国统筹调剂基金跨省转移 2175 亿元的养老基金。从各省上缴下拨的数据看，其基金的收缴与下拨金额与此前的中央调剂制度有一定差异，主要体现在净贡献省份数目提高了，达到 21 个，这有效缓解了主要贡献省份的压力。但也产生了欠发达省份补贴发达省份的“逆向调节”现象，比如 2022 年，经济欠发达的贵州、云南、广西等省份分别向全国统筹调剂基金上缴 46. 54 亿元、61. 81 亿元和 30. 55 亿元，而经济较为发达的天津市，却享受全国统筹调剂资金下拨 54. 4 亿元。

表 7—2　　**2018—2022 年全国统筹调剂基金各省净上解额**　　（单位：亿元）

地区	2018 年	2019 年	2020 年	2021 年	2022 年	合计（不含 2022 年）
北京	131. 4	342	462. 59	520	323. 26	1455. 99
天津	-5. 9	-5. 5	-8. 82	-10	-54. 4	-30. 22
河北	-29. 8	-27. 9	-29. 49	-33	-4	-120. 19
山西	-17. 6	-21	-44. 37	-50	2. 59	-132. 97
内蒙古	-30. 5	-79. 9	-85. 78	-97	-165. 6	-293. 18
辽宁	-107. 9	-457. 1	-555. 58	-625	-819. 9	-1745. 58
吉林	-49. 1	-118. 5	-145. 19	-164	-237. 6	-476. 79
黑龙江	-91. 9	-432. 9	-485. 56	-547	-821. 58	-1557. 36
上海	51. 2	106	130. 53	146	67. 92	433. 73
江苏	53. 8	140	152. 43	171	178. 86	517. 23
浙江	54. 3	113	136. 49	153	94. 72	456. 79
安徽	-14. 6	-12. 6	-4. 27	-5	84. 14	-36. 47
福建	43. 2	112	168. 5	190	67. 45	513. 7
江西	-16. 1	-41. 6	-39. 72	-44	36. 66	-141. 42
山东	39. 4	82	70. 71	80	-15. 2	272. 11
河南	-7. 5	-6. 7	-10. 5	-11	24. 44	-35. 7
湖北	-46. 2	-120. 2	-186. 87	-210	-32	-563. 27

续表

地区	2018 年	2019 年	2020 年	2021 年	2022 年	合计（不含 2022 年）
湖南	-34.4	-31.9	-25.63	-28	22.8	-119.93
广东	237	617	645.71	726	885.11	2225.71
广西	-14.6	-13	-11.5	-13	30.55	-52.1
海南	-2.9	-2.4	-1.36	-2	21.62	-8.66
重庆	-19.5	-18.4	-18.39	-20	50.06	-76.29
四川	-88.9	-81.9	-50.57	-57	87.43	-278.37
贵州	0	0	0	0	46.54	0
云南	0	0	0	0	61.81	0
西藏	0	0	0	0	10.58	0
陕西	-8.9	-8.4	-10.11	-11	37.6	-38.41
甘肃	-10.3	-9.7	-22.8	-26	-12	-68.8
青海	-2.3	-5.7	-8.17	-9	-12.8	-25.17
宁夏	-3.6	-9.2	-4.68	-6	2.82	-23.48
新疆	-7.8	-7.5	-19.09	-21	37.27	-55.39

注：2018—2021 年应为中央调剂基金，此处均用全国统筹调剂基金表示。数据为正表示该省份向中央上缴养老基金，为负表示中央向该省份下拨养老金。受限于数据可得性，2018—2020 年数据为财政部中央调剂基金决算数，2021 年数据为预算数，2022 年为全国统筹调剂基金的预算数。

资料来源：财政部网站，由笔者整理。

三　养老保险全国统筹的政策效果

由于全国统筹制度于 2022 年 1 月才开始正式实施，目前仅有 2022 年全国统筹调剂基金的预算数据，其对各省份养老基金的影响尚无法进行量化分析。因此，我们仅以 2018—2021 年实施中央调剂制度期间内的数据对其政策效果进行分析。中央调剂制度是全国统筹的第一步，因此，其实施效果具有代表性。本部分将从全国统筹制度实施对区域养老金收支不平衡的影响与地方基金收缴动机影响两方面对其政策效果进行分析。

（一）缓解区域性养老基金收支不平衡的效果分析

本小节分别从全国统筹制度（从中央调剂制度实施开始）对各省份当期缺口及空间效应两个方面分析其对缓解养老金区域性收支不平衡的影响效果。

1. 对各省份养老基金当期缺口的直接影响。

中央调剂制度和全国统筹的实施，其首要目标是要缓解困难省份的收不抵支以及日益加剧的地区间养老基金的收支不平衡，从中央调剂制度的运行机制分析也可以看出，中央调剂制度可以在一定程度上发挥“劫富济贫”的效果。对中央调剂前后各省份的当期结余进行静态比较发现（具体数据见表7—3），实施调剂后，当期出现结余缺口的省份缺口情况均得到一定的改善。其中，当期缺口较大的辽宁、黑龙江等省份在2019年、2021年的当期收不抵支的状况被大大改善[①]。对于缺口不大的个别省份，调剂后的基金收支压力也得到了有效缓解。

表7—3　　2018—2021年各省中央调剂前后的当期结余情况　　（单位：亿元）

年份 地区	2018年		2019年		2020年		2021年	
	调剂前	调剂后	调剂前	调剂后	调剂前	调剂后	调剂前	调剂后
辽宁	-371.1	-263.2	-463.5	-6.42	-923.0	-367.5	-735.6	-110.6
黑龙江	-162.9	-71.0	-309.3	123.55	-610.8	-125.2	-632.3	-85.3
湖北	-54.4	-8.2	153.5	273.74	-240.8	-53.9	0.1	210.1
青海	-4.0	-1.7	-22.7	-17.04	-41.9	-33.7	-18.7	-9.7
西藏	15.9	15.9	31.7	31.74	13.9	13.9	32.1	32.1

① 2020年受社保降费和缓交减免等政策影响，全国大部分省份的当期结余均为负值。

续表

年份 地区	2018年		2019年		2020年		2021年	
	调剂前	调剂后	调剂前	调剂后	调剂前	调剂后	调剂前	调剂后
内蒙古	20.8	51.3	-140.5	-60.58	-273.7	-188.0	-184.6	-87.6
宁夏	28.7	32.3	2.3	11.48	-24.3	-19.6	-12.0	-6.0
甘肃	44.3	54.6	-0.8	8.86	-112.6	-89.8	-39.3	-13.3
海南	58.2	61.1	44.4	46.81	-34.0	-32.7	70.2	72.2
天津	60.4	66.3	20.6	26.15	-206.7	-197.9	-36.1	-26.1
山西	84.8	102.4	63.7	84.67	-178.7	-134.4	28.7	78.7
河南	85.8	93.3	122.1	128.78	-260.5	-250.0	21.8	32.8
河北	105.5	135.3	11.7	39.61	-297.9	-268.4	-65.9	-32.9
重庆	109.3	128.8	45.8	64.24	-82.6	-64.2	297.7	317.7
山东	110.9	71.5	-88.0	-169.99	-670.9	-741.6	-29.0	-109.0
吉林	115.1	164.2	-120.8	-2.33	-305.9	-160.7	-193.5	-29.5
新疆	121.5	185.7	96.2	156.03	4.2	59.3	151.1	212.1
广西	122.1	136.7	49.0	62.02	-135.4	-123.9	82.5	95.5
陕西	127.9	136.8	66.6	74.97	-60.3	-50.2	95.5	106.5
浙江	141.3	87.0	-98.5	-211.47	-1018.2	-1154.7	-248.5	-401.5
福建	161.8	118.6	149.6	37.62	-97.6	-266.1	137.8	-52.2
贵州	162.7	162.7	112.1	112.13	-15.7	-15.7	152.9	152.9
江西	165.8	181.9	-36.7	4.91	-140.3	-100.6	57.8	101.8
云南	187.6	187.6	186.8	186.82	15.3	15.3	184.7	184.7
上海	224.8	173.6	154.0	48.00	-945.7	-1076.2	157.4	11.4
安徽	273.0	287.6	215.7	228.26	-50.6	-46.4	262.0	267.0
四川	352.2	441.1	-9.2	72.66	-442.6	-392.0	250.5	307.5
湖南	519.0	553.4	147.4	179.27	2.4	28.1	-14.6	13.4
江苏	522.2	468.4	376.9	236.90	-548.2	-700.7	384.5	213.5
北京	1034.7	903.3	1062.3	720.34	207.4	-255.2	1191.1	671.1
广东	2120.7	1883.7	1831.8	1214.77	544.5	-101.2	2628.6	1902.6

资料来源：国家统计局、财政部网站，笔者整理计算。

从各省份间基金结余和缺口不均衡情况的改善看，从改善前后的基金结余箱型图[①]（见图 7—9）可以看出，实施中央调剂后，各省份当期结余的离散程度明显改善。表现为异常值的减少、极差的降低以及数据更为密集地分布于 75% 分位数和 25% 分位数之间。表明中央调剂制度有效缓解了整体的收支缺口，降低了养老基金收支的不平衡[②]。

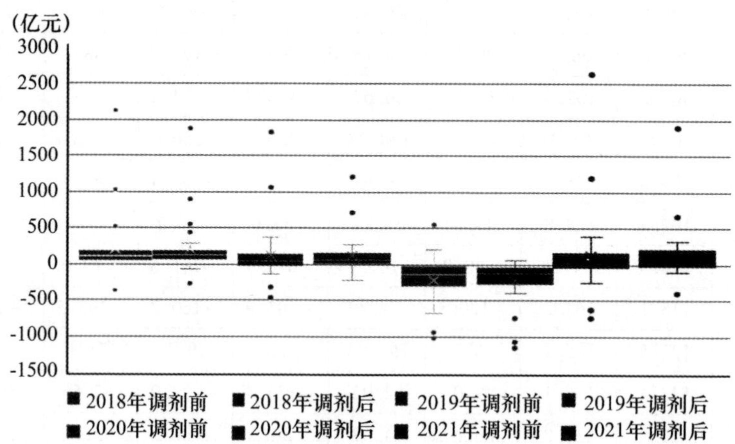

图 7—9　2018—2021 年中央调剂基金调剂前后各省的当期结余情况箱型图

资料来源：国家统计局、财政部网站，笔者整理计算。

2. 对养老基金当期结余的空间效应分析。

自然断点分级法通过组内方差最小化和组间方差最大化将数据划分为不同的等级[③]，是地理经济中常用的区域分类方法。基于自然断点分

① 箱型图可用于直观考察数据的离散程度，从上到下依次标出了数据的上限、75% 分位点、中位数、25% 分位点和下限。上限和下限以外的数据点为异常值，X 表示均值。

② 参考国家统计局的划分标准，东部地区包括北京、天津、河北、上海、江苏、浙江、福建、山东、广东、海南 10 个省份；中部地区包括山西、安徽、江西、河南、湖北、湖南 6 个省份；西部地区包括内蒙古、广西、重庆、四川、贵州、云南、西藏、陕西、甘肃、青海、宁夏、新疆 12 个省份；东北地区包括辽宁、吉林、黑龙江 3 个省份。

③ Jenks, George F., 1967, "The Data Model Concept in Statistical Mapping", *International Yearbook of Cartography*, 7: 186 - 190.

级法，本章将中央调剂基金调剂前后各省市的当期结余进行分级，从低到高分别为低、较低、中、较高、高。2018—2021 年，调剂前后各省份等级转移矩阵如表 7—4 所示。可以看出，除了政策实施的第一年 2018 年，各个省份间等级变化较少[①]，2019 年、2020 年和 2021 年分别有 14、16、12 个省份的等级都发生了变化。说明调剂基金对一半左右的省份均产生的较为显著的影响。

等级改善方面，主要表现为等级较低的辽宁在 2019 年、2020 年、2021 年，均通过调剂由低等级提升至较低等级，黑龙江在 2019 年、2020 年由较低等级提升至中等级。此外，安徽、湖北和江西、重庆分别在 2018 年和 2019 年、2020 年、2021 年，由中等级提升至较高等级。

表 7—4　**2018—2021 年各省份进行中央调剂前后的当期结余等级变更转移矩阵**

		2018 年调剂后等级				
		低	较低	中	较高	高
调剂前等级	低	辽宁（1）				
	较低		黑龙江、内蒙古、甘肃、天津、宁夏、青海、西藏、湖北、海南（9）			
	中		山东、浙江（2）	吉林、新疆、河北、山西、河南、陕西、上海、重庆、江西、贵州、福建、云南、广西（13）	安徽（1）	
	较高				北京、江苏、四川、湖南（4）	
	高					广东（1）

① 2018 年，山东、浙江两地经过调剂后，当期等级由中下降为较低，安徽由中上升至较高。

续表

		2019 年调剂后等级				
		低	较低	中	较高	高
调剂前等级	低		辽宁（1）			
	较低	浙江（1）	吉林、内蒙古、山东（3）	黑龙江（1）		
	中		甘肃、天津、河北、宁夏、青海、西藏、江西（7）	山西、陕西、四川、重庆、广西、海南（6）		
	较高		福建（1）	河南、上海、贵州（3）	新疆、安徽、湖北、湖南、云南（5）	
	高				江苏（1）	广东、北京（2）

		2020 年调剂后等级				
		低	较低	中	较高	高
调剂前等级	低	上海、浙江(2)				
	较低	山东（1）	辽宁、江苏、四川（3）	黑龙江（1）		
	中		河北（1）	吉林、内蒙古、天津、山西、河南省（5）	湖北、江西（2）	
	较高		北京、福建（2）	广西（1）	甘肃、青海、陕西、安徽、重庆、海南（6）	新疆、宁夏、西藏、湖南、贵州、云南（6）
	高				广东（1）	

续表

		2021 年调剂后等级				
		低	较低	中	较高	高
调剂前等级	低		辽宁（1）			
	较低	浙江（1）	黑龙江、吉林、内蒙古、甘肃、天津、河北、宁夏、山东、青海、河南、西藏、湖南（12）	山西、湖北（2）		
	中		上海、福建、海南（3）	新疆、陕西、江苏、安徽、四川、江西、贵州、云南、广西（9）	重庆（1）	
	较高				北京（1）	
	高					广东（1）

（二）对基金收缴的影响分析

本小节主要考察全国统筹制度对基金收缴的影响，分别从对总量的影响与对各地方征缴动机的影响进行分析。

1. 对养老基金收入的总体影响

虽然从静态比较分析来看，中央调剂缓解了部分省份的养老金不足，但不论是中央调剂制度还是全国统筹的实施，从全国范围看，其无法缓解我国长期的养老金压力。从图 7—10 可以看出，2019 年作为中央调剂政策实施的第一个完整年，全国养老基金收入与支出差额明显变小，养老保险基金收入增速下滑。为了推进全国统筹，国务院于 2019 年 5 月出台《降低社会保险费率综合方案》（国办发〔2019〕13 号），将各地养老保险单位缴费率降至 16%①，当前减轻了养老保险企业缴费近 3000 亿元。2020 年，为 2019 年年底应对突如其来的新冠疫情冲击，

① 广东、浙江、厦门等养老负担较轻的城市，社保费率低于 16%，并将陆续过渡至 16%。

人社部2020年上半年陆续发布《关于阶段性减免企业社会保险费的通知》(人社部发〔2020〕11号)、《关于延长阶段性减免企业社会保险费政策实施期限等问题的通知》(人社部发〔2020〕49号),减免中小微企业的2—12月三项社会保险①的单位缴费部分,对大型企业2—6月减半征收。人社部数据显示,2020年三项社会保险免、减、缓、降等政策合计减费1.54万亿元。简单估算可得,2020年,基本养老保险基金免减缓降的规模约为1.45万亿元②。2020年,受上述因素的综合影响,2019年、2020年当年养老保险基金收入增速分别为3%和-16%。剔除缴费率降低和税费减免的影响,修正后2019年和2020年养老基金收入的增速约为9%和5%。2021年,相关减免政策陆续退出,养老基金规模恢复增长,但若以2017年作为基数计算年复合增长率,增速

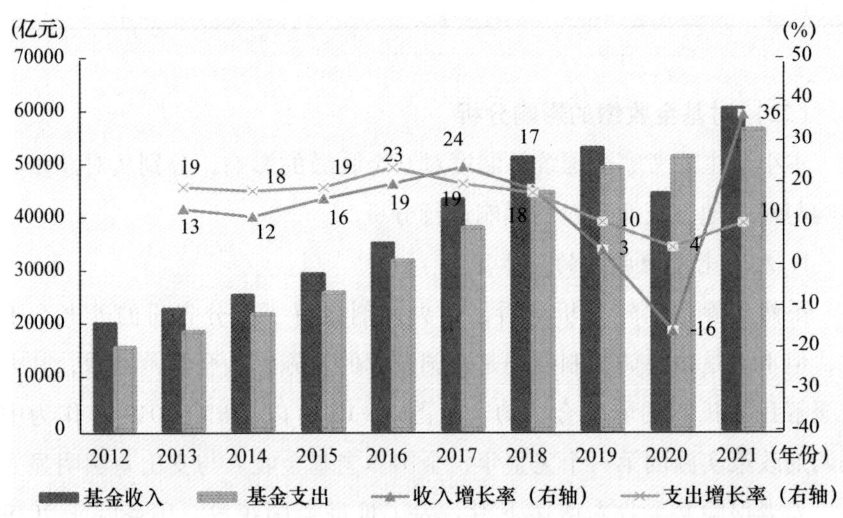

图7—10 2012年—2021年职工基本养老保险收入支出及其变动情况

资料来源:国家统计局。

① 三项社会保险为企业基本养老保险、失业保险、工伤保险。

② 2021年基本养老保险基金占三项社会保险基金规模比例为96.16%,按此比例乘以总减免额度估算得出。

仅为4.25%。从全国来看，实施中央调剂制度后，养老保险基金收入增速远低于中央调剂制度实施前20%的增长水平。

2. 对各省养老基金征缴动机影响的进一步分析

尽管从全国总量上看，全国统筹制度的实施造成了养老基金收入增速的下滑，但其是否与政策实施有显著的因果关系还需进一步分析。已有不少研究从理论分析得出统筹层次的提高可能导致高层级与低层级政府在财政财权与事权上不匹配，导致地方在养老保险征缴上激励不足[①]；且养老保险基金应缴金额的核算依赖于地方社保经办机构和海量的基础数据，在主观和客观上均难以完全保证其准确性[②]，且根据政策规定，在确定缴费基数时，地方也有较大的取舍空间[③]。因此，不论是从理论动机还是实际操作的可行性，实施全国统筹后，省级地方政府将可能降低征缴力度，甚至可能造成费率征缴上的“逐底竞争”[④]，导致基金收入下降。基于此，本章提出以下假设：

假设：全国统筹的实施会降低养老基金收入。

目前的实证经验大都是基于县市统筹向省级统筹演进过程的数据进行分析，为研究全国统筹的影响，本章以2018年中央调剂制度的实施作为对各省养老保险征缴的影响外生冲击，使用2016—2019年[⑤]的省级

---

① 彭宅文：《财政分权、转移支付与地方政府养老保险逃费治理的激励》，《社会保障研究》2010年第1期；朱恒鹏、岳阳、林振翮：《统筹层次提高如何影响社保基金收支——委托—代理视角下的经验证据》，《经济研究》2020年第11期；曾益、杨悦：《从中央调剂走向统收统支——全国统筹能降低养老保险财政负担吗?》，《财经研究》2021年第12期。

② 朱恒鹏、岳阳、林振翮：《统筹层次提高如何影响社保基金收支——委托—代理视角下的经验证据》，《经济研究》2020年第11期。

③ 2019年4月发布的《降低社会保险费率综合方案》明确规定各省的养老保险缴费基数应圈定在上年度全口径城镇单位就业人员平均工资的60%至300%区间内。

④ 郭金龙、郑辉：《推进企业职工基本养老保险全国统筹》，《中国金融》2022年第18期。

⑤ 新冠疫情使经济社会环境发生重大变化，2020年政府出台的相应减免政策对社保缴费进行减免、缓收，亦对养老保险基金收入产生巨大负向影响，为剔除疫情冲击的影响，本章并未使用2020年与2021年数据。

面板数据进行实证分析，样本共计 124 个观测值。其中，养老保险基金收支、参保退休人数等数据来自国家统计局披露的社会保障数据，省级层面的 GDP、平均工资等经济特征变量数据来自中经网数据库。各变量描述统计如表 7—5 所示。

表 7—5 **主要变量的描述统计**

变量名称	均值	标准差
基金收入（万元）	1466	1028
是否实施中央调剂制度（2018 年视为制度未实行）	0.250	0.430
是否实施中央调剂制度（2018 年视为制度已实行）	0.5	0.5
是否为贡献省份	0.230	0.420
GDP（亿元）	28060	23030
社平工资（元/人/年）	77225	20887
在职参保人数（万人）	953.6	866.4
退休人数（万人）	364.1	237

资料来源：笔者计算。

由于中央调剂制度为中央层面的政策，于 2018 年 7 月在各省份同步实施，各省份的上解比例也是一致的，缺乏未实施政策的对照组，因此无法使用政策效果评价中常用的双重差分模型（DID）进行识别。由于样本数据为短面板，本章采用固定效应模型估计中央调剂政策对养老基金收入的影响，参考朱恒鹏等①的研究，构建如下回归模型：

$$\ln(y_{it}) = \beta_0 + \beta_1 Policy_{it} + \theta X_{it} + \mu_i + \gamma_t + \varepsilon_{it} \qquad (7—5)$$

其中，被解释变量 $\ln(y_{it})$ 为养老基金收入的对数值，下标 i 表示

① 朱恒鹏、岳阳、林振翮：《统筹层次提高如何影响社保基金收支——委托—代理视角下的经验证据》，《经济研究》2020 年第 11 期。

省份，t 表示年份；$Policy_{it}$ 为中央调剂制度哑变量，0 表示未实施中央调剂，1 表示实施了中央调剂，由于中央调剂制度自 2018 年 7 月起实施，2018 年政策响应时间较短，本章分别将 2018 年作为政策实施年份与未实施年份进行考察；X_{it} 为控制变量，包括参保人数、退休人数、社平工资、GDP。回归结果如表 7—6 所示。

从实证结果可以看出，在控制了各省份的个体差异以及经济社会发展情况等变量后，中央调剂制度的实施在 2019 年对各省的养老基金收入产生了显著的负向影响，验证了本章提出的假说，说明实施全国统筹会削弱省级政府的基金收缴主动性。对受益省份子样本的回归结果显示，对于此前养老金负担和缴费负担比较高的净受益省份，其影响更大。

表 7—6　　**回归估计结果**

解释变量	全部省份		受益省份	
	(1)	(2)	(3)	(4)
实施中央调剂制度（2018 年视为制度已实行）	0.00383 (0.08)	—	0.0245 (0.0536)	—
实施中央调剂制度（2018 年视为制度未实行）	—	-0.106** (-3.03)	—	-0.122** (0.0431)
ln（在职参保人数）	-0.390 (-1.85)	-0.301 (-1.48)	-0.716* (0.267)	-0.392 (0.376)
ln（退休人数）	1.812*** (5.69)	1.643*** (5.33)	1.840** (0.480)	1.247** (0.459)
ln（社平工资）	0.912* (2.20)	1.347*** (3.46)	-0.405 (0.567)	2.075*** (0.561)
ln（GDP）	-0.341 (-0.86)	-0.372 (-1.00)	0.593 (0.540)	-0.575 (0.475)
常数项	1.756 (0.67)	-2.440 (-1.32)	9.139** (3.068)	—
样本量	124	124	84	84
R^2	0.764	0.787	0.767	0.795

注：*、**、*** 分别表示在 10%、5% 和 1% 置信水平上显著，括号内为标准误。

四　政策建议

中央调剂制度和全国统筹的运行，较好的缓解了各地区养老基金收支失衡与财务负担畸轻畸重的问题。而全国统筹调剂制度的权责将使养老基金可持续发展面临持续压力。而全国统筹制度可能会产生欠发达地区补贴发达地区的“逆向调剂”问题，此外还将对地方的征缴动机与行为产生影响，或将加大地方和中央的财政风险。需要认识到目前我国仍处于全国统筹的起步阶段，在养老保险全国统筹不断推进的过程中，还需从以下几个根本性问题出发，通过改革、补充、完善现有制度，建立起机构、人员、基础设施完备的兼顾公平与可持续的基本养老制度体系。

第一，需要明确养老保险全国统筹的长期政策目标。全国统筹制度无法解决由人口结构变化、经济发展等方面的不确定因素导致的养老金不足问题。养老金缺口的问题，其根源在于现收现付的制度设计和人口结构失衡，全国统筹制度无法从根本上解决这两个问题。我们认为，实行全国统筹的终极或长期政策目标不应当只着眼于养老保险基金的收支缺口，还应当将其置于党中央实现共同富裕的政策目标中予以综合考量。当前采取的一系列制度措施，基本上是着力于由区域间解决发展不平衡、养老保险制度缺陷导致的基金相对短缺问题。未来借由养老保险的全国统筹，应当以提升退休人员共同富裕水平为目标和出发点，建立起以全国平均工资水平为基准，以各省发展水平为调节的养老基金收缴和支出制度。而这需要从改革养老保险待遇计发办法出发，使其在再分配中发挥应有的作用。但考虑到改革阻力和转轨成本，如何“小步慢走”，兼顾全国平均水平与个人缴费贡献，还需要系统谋划。

第二，需要建立中央和地方、政府和企业间激励相容的政策体系。全国统筹制度不应该是简单的“劫富济贫”，更不应该出现“劫贫济富”的现象。如何权衡，是制度设计需要考量的问题。一方面，需要明确中央与地方的权责关系，建立激励相容的基金筹集与拨付机制。养老保险全国统筹并非只是在中央层面设立一个调节余缺的资金池，而是在养老保险制度上，中央与地方权利责任的重新分配。理想的情况，中央层面的责任应当限于以全国平均工资水平为缴费基数和计发系数的“基础”养老金上，各地方根据自身消费水平、养老金结余情况、财政实力等情况可适当提高待遇水平，但需自行承担相应的基金收支风险。另一方面，需找到合理征缴力度，建立政府与企业激励相容的保费缴纳水平。养老保险基金的来源在于基金收缴，而基金收缴本质上是企业经营的负担，企业天然的具有降低缴费基数的动机。而在减税降费、保市场主体的大环境下，扩大缴费基数会增加企业的成本，影响当地的经济活力。而长期以来，养老保险基金的各项工作由地方经办机构负责，形成了庞大的社保经办系统与地方利益格局。更进一步推行全国统筹，需要重构养老保险经办管理体制，建立更为专业、合理的管理体系。一是在中央层面成立专业的政府养老金统筹与精算部门，编制养老金生命表，对养老基金缺口、最优缴费与待遇计发等问题提供精算意见。二是划清中央与地方在权利、责任、义务上的界限。保持对地方政府基金收缴上的激励，鼓励地方做实征缴基数，加大对地方扩大待遇支出项目和范围行为的约束。

第三，需要建立完善的政策配套体系，提升基金保值增值能力。当前全国统筹制度尚未实现中央层面的养老基金池，按当前的规定，2021年年底前地方累积结余和2021年后的新增结余将继续留存地方。虽然此前，各地方也可将其资金结余委托保险保障基金进行投资管理，但截至2021年年底，各省份委托全国社保基金理事会资金规模为1.46万亿元，占全国城镇职工基本养老保险基金累计结余不到3成。大量基金结余留存在地方，无法使资金有效保值增值，而社保基金的投资收益率基本稳定在8%以上。因此，应通过完善配套制度进一步提高养老保险基金的市场化投资，一是将资金进一步向更高层级汇集，将留存在县市、地方的结余资金交由社保基金理事会统一投资管理，可探索更灵活的委托和使用机制，提高地方委托投资的积极性。二是进一步增加中央层面的养老保险基金池，并进行长期投资，以应对人口老龄化的长期挑战。

（执笔人：郭金龙、朱晶晶）

第八章

引导数字金融支持实体经济的路径与对策

党的二十大报告指出，“坚持把发展经济的着力点放在实体经济上”①。改革开放以来，中国实体经济发展取得了巨大成就，实体经济各个重点领域发展水平不断提升。然而，当前实体经济发展仍存在突出的结构性问题，制造业、民营企业特别是中小型和科技型企业的发展面临着诸多困难。数字金融通过人工智能、区块链、大数据、物联网等技术，大大降低了金融交易成本和增强了金融服务的触达性，具备社会普惠性、便利性和外部性特征，成为更好服务实体经济的重要抓手。利用数字金融支持实体经济发展有其内在的理论基础，而在此基础上，数字金融在消费、投资、创新创业、金融服务和应对冲击等领域发挥了积极作用。同时，助力小微企业、ESG 发展、共同富裕、乡村振兴和金融机构数字化转型，是数字金融支持实体经济发展的五大实践路径。

当前数字金融的发展面临一些明显的挑战，表现为发展不平衡不充分，科技伦理问题凸显，行业竞争加剧，部分消费信贷产品不良率攀升等。为此，本章建议未来应当从数字基础设施建设、金融服务质效、科

---

① 习近平：《高举中国特色社会主义伟大旗帜　为全面建设社会主义现代化国家而团结奋斗——在中国共产党第二十次全国代表大会上的报告》，人民出版社 2022 年版，第 30 页。

技伦理治理、行业自律引导、信用风险管理和消费者风险意识等方面入手，引导数字金融更好地支持实体经济发展。

一　数字金融支持实体经济的理论路径

数字金融具备显著的网络外部性，能够有效缓解金融市场交易主体之间的信息不对称，在扩大居民消费、优化投资结构、鼓励创新创业，以及提高金融服务效能等方面发挥着积极作用。与此同时，数字金融发展显著提升了宏观经济应对外部不利冲击的韧性。

（一）降低服务门槛，扩大居民消费

数字金融的发展大大降低了金融机构开展金融交易和提供金融服务的门槛，减少了信息不对称程度，增强了金融服务的易得性、便捷性和普及范围，也显著扩大了居民消费①。首先，流动性约束是制约居民当期消费能力的最重要因素，流动性约束大的消费人群所占比越高，消费支出就会越少；数字金融的发展将有助于降低居民个人的流动性约束，提升居民当期消费水平②。因此，在引入了信用消费制度以后，消费者就能够采取“先消费后付款”的方式选择社会商品或服务项目，转变潜在消费需求为实际购买力，从而扩大社会商品与服务项目的消费总量。与此同时，消费信贷还具有乘数效应。在市场运作中，居民可以利用消费信贷购置商品或服务项目，信贷购买的商品通过市场循环会形成一轮接一轮的购买力，最后所产生的社会消费总量往往是消费信贷服务金额的数倍，由此扩大社会消费总需求。根据厦门大学《互联网消费信

① 易行健、周利：《数字普惠金融发展是否显著影响了居民消费—来自中国家庭的微观证据》，《金融研究》2018 年第 11 期。

② 张勋、杨桐、汪晨等：《数字金融发展与居民消费增长：理论与中国实践》，《管理世界》2020 年第 11 期。

贷、流动性约束与居民消费》研究报告，开通蚂蚁“花呗”可提升18%的消费金额，表明消费信贷有助于缓解消费者流动性约束压力，对提振消费具有较大的积极作用。

其次，数字金融利用数字化手段定位和选择客户，客户覆盖被传统金融机构忽视的小镇青年、新市民等中低收入群体。因此，数字消费信贷的穿透力更强，能够创造适应于各种分类市场的消费信贷产品，有效释放广大中低收入家庭群体的居民消费需求，进一步增强中低收入家庭群体的居民消费购买力，从而产生规模庞大的“长尾市场”。由于“长尾市场”的群体规模巨大，小额消费信贷资金也能产生巨大购买力，从而带动居民消费需求扩张。最后，消费信贷还会影响居民消费倾向，进而释放居民消费潜力。过去中国居民消费长期存在着“量入为出”的消费观念，而伴随消费贷款的发展，超前消费行为的理念被更多的居民所认同，数字消费金融的发展更是强化了人们超前消费理念，逐步改变了“量入为出”的消费意识与消费文化，敢花未来的钱使现在的生活水平提高，用刺激消费来激发劳动者的劳动热情，提高劳动生产力和居民的消费水平①。但是，消费信贷可能会导致过度消费，而前期的过度消费会对后期消费形成挤出。因此，消费信贷对总消费的刺激作用主要集中在当期，可能会挤出居民的长期消费。

（二）改善资源配置，优化投资结构

数字金融涉及银行、居民、企业以及政府等多个参与主体。当面对不同参与主体时，数字金融则利用各种途径调整其投资方式。针对金融机构，数字金融利用大数据、人工智能、量化分析等技术，优化贷款业务的最佳信贷行为，改善金融业务流程，提高资金获取能力与分配效

① 吴雨、李晓、李杰等：《数字金融发展与家庭金融资产组合有效性》，《管理世界》2021年第7期。

率，进而优化金融机构的资产负债结构。就居民部门而言，居民消费构成是产业投资的风向标，数字金融能够通过分析居民消费构成引导产业投资方向。例如，消费信贷需求的扩张将作用于市场需求继而促进产业投资的产品升级改造，市场消费需求将倒逼企业改善生产技术和提升产品质量，并促使其进一步引进新工艺提高技术含量，通过加大产品研发和升级改造以制造出更多符合消费需求的新产品，以及提供更优质的售后服务，从而推动企业产品品质提升和技术创新发展。可以说，数字金融通过分析居民消费构成，继而间接作用于投资结构、产业结构、产品结构、服务结构调整，推进产业转型升级和新兴产业发展，进一步带动投资和优化投资结构。

针对实体企业，一方面，数字金融的普惠性将扩充民营企业的融资路径，有效降低民营企业尤其是小微企业的融资成本，缓解作为创新创业主体的小微企业长期面临的融资难、融资贵问题。另一方面，数字金融可以扩充民营企业的投资路径，为民营企业和小额贷款公司提供创投、股权和债权等投资渠道，并借助大数据技术，有效推动小微企业的产品创新、服务创新和业务创新，进而优化投资结构。针对地方政府部门，数字金融以中小企业数字化赋能为重点，有效降低中小企业的制度性交易成本，积极推进数字化赋能和智慧化管理，不断完善和提高中小企业的营商环境。同时，数字金融赋能政府部门全面推行“一网办公”，加速推进企业证照管理无纸化，鼓励指导平台型、高新技术企业通过大数据手段赋能发展小微经济。此外，数字金融还倒逼政府部门探索适应平台经济、工业数字化、新个体、共享经济等新经济特征的管理方法。

（三）畅通要素流动，促进创新创业

数字金融能够助力科技创新，推动资本、技术等生产要素良性循环，为创新创业提供动力。其一，有效提升普惠金融服务能力。数字金融借助大数据分析技术（如用户在互联网上的大量行为数据），可以面

向中小微客户和长尾消费者构建数字信用评价体系，弥补传统金融服务的缺陷，保证经济不发达地区也可以享受便利的金融服务，为欠发达地区创新、创业活动提供有力的资金支持，更大范围地发挥普惠金融功能。

其二，更有利于降低信息不对称程度。企业创新的投资行为具备投资规模大、经营风险高、投资回报不稳定、投资可逆性弱的特点，这和金融机构的一般风险偏好并不匹配。不过，借助于互联网、云计算、人工智能和大数据技术，数字金融将赋能金融机构数字化革新，充分发挥降低金融机构信息不对称方面的关键作用，提升网络信息系统与交易数据的准确性和可追溯性，促进商业银行等金融机构在法律许可的范围之内，搜集运用信贷记录、消费数据和交易记录等历史数据。进一步地，数字金融能够增强金融机构的风险识别能力，帮助金融机构破除“数据壁垒”和“信息烟囱”，促进创新型企业与金融机构之间的高效交流，助力企业创新。

其三，通过创新商业模式继而创造更多商业机会。数字金融还具备价值发现功能，通过集成产业链、供应链、价值链等上下游数据，形成数据信息闭环和优质投资环境，有效促进数据、技术、资本等生产要素向生产效率较高的科技产业流动，推动区域经济社会改革创新发展。同时，作为一种金融基础设施，数字金融的发展通过创新商业模式和经营理念，为创新创业活动创造更多商业机会和就业岗位①，如移动数字支付的出现，极大促进了电子商务模式的演进，推动传统线下业务活动的线上化，引致出新的商业机会。

（四）助推数字化转型，提升金融效率

数字金融借助数字化技术，不但能够提高金融服务质量，同时能够

① 谢绚丽、沈艳、张皓星等：《数字金融能促进创业吗？——来自中国的证据》，《经济学（季刊）》2018 年第 4 期。

提高金融风险管理能力，成为金融机构数字化转型发展的关键路径。

一是提升金融服务的实效性。首先，数字金融可以有效突破传统金融产品的空间界限和数量约束，进而提升金融服务的效率和覆盖范围，同时通过广泛应用大数据、云计算、人工智能、区块链等技术，开展金融服务深化，创新金融机构的经营管理模式、流程和产品，完善产品模式和拓宽金融服务范围。其次，数字金融的发展为信贷市场提供了新的产品与服务模式，为同质化的信贷市场注入新鲜血液，能够有效提升信贷市场的竞争强度和产品质量，增强商业银行、小额贷款公司等提供消费信贷产品与金融服务的竞争意识，促进其革新技术手段和改善经营管理理念以提高运营效率，推动金融市场高质量发展。再次，数字金融创新的大量数字化产品对传统金融机构的盈利模式造成冲击，并由此倒逼金融机构大力拓展盈利途径，开发更加多元化和市场化的产品，提高自身资产配置效率，继而提升市场运行效率①。

二是提升金融风险控制能力。一方面，商业银行的资产和负债之间的期限错配风险和流动性错配风险，是其长期面临的一大重要难题。但是，随着数字金融的快速发展，大数据分析、人工智能和数字算法等技术的引入，不仅推动了商业银行资产负债结构的迅速转变，还促进了其负债结构的多元化转型。同时，银行建立实时大数据动态风险评估框架，可以提高对自身资产负债期限结构和流动性结构的判断能力，继而降低资产负债到期损失，增强对流动性头寸数量的有效控制。另一方面，数字金融有效弥补了传统金融机构的量化风险管理短板，利用全面场景应用、大数据等技术，提升风险评估、反欺诈、金融服务合同分析、贷前审查和贷后管理等风险管控能力。

① 陆凤芝、王群勇：《数字普惠金融与金融服务实体经济效率提升》，《南开学报》（哲学社会科学版）2022 年第 3 期。

（五）增强风险分担，提高经济韧性

数字金融的发展能够提高经济应对外部冲击的韧性。消费信贷作为有效的消费风险分担机制，可以平滑个人流动性约束、降低收入和其他不确定性因素对居民消费的不利冲击。随着互联网消费信贷的出现，更加健全和完善的风控体系、更低的获客成本和更广的覆盖范围，有助于进一步发挥消费信贷在风险分担中的功能，降低异质性冲击对居民消费和社会福利的影响。美国芝加哥大学的一项研究表明，由于消费信贷可以帮助很多家庭满足临时的刚性需求，在受自然灾害冲击后，有“领薪日贷款”等消费信贷服务社区的居民的房贷违约率仅为没有消费信贷服务社区居民的一半左右，同时有消费信贷服务社区的偷盗发生率也比没有消费信贷服务社区少增30%左右。因此，消费信贷有助于提升社区应对风险和应对意外事件的能力①。

2020年受新冠疫情的影响，消费者减少了外出就餐、旅行、娱乐等方面的支出，进而导致总体消费需求下降，社会消费环境变差，部分行业发展不景气。但疫情也加速了数字化转型进程，线上、线下消费场景加速链接，“无接触金融”服务能力的重要性愈发凸显，不断开拓出新的业务场景。尤其是在金融服务领域，以数字化平台为依托的互联网消费信贷有效补充了传统金融服务的不足，发挥了重要的作用。首先，疫情使企业生产活动受到诸多限制，导致部分居民收入不稳定，消费能力受到抑制。而互联网消费信贷具有“无接触服务”“非接触贷款”等特征，可快速调配信息流、商品流和资金流，在缓解居民消费流动性约束、支持小微企业和个体工商户复工复产过程中发挥了积极作用，成为稳消费、稳信心和稳就业的重要支持力量，很大程度上提高疫情后的经

---

① Morse, A., 2011, “Payday Lenders: Heroes or Villains?”, *Journal of Financial Economics*, 102 (1): 28-44.

济复苏能力。其次，大型平台获客渠道更加多元，服务客群更为广泛。相对传统金融机构的白名单、体内账户体系或线下展业而言，平台通过线上生活类 App 为广大消费者提供了丰富、便利的金融和生活服务，已成为数亿消费者所信任的数字金融服务入口。疫情期间，政府部门通过支付宝、微信、美团、云闪付、大众点评、携程等平台发放的消费券对于企业复工复产、提振消费信心、促进稳定就业发挥了重要作用。数字化“加持”后的消费券具有发放速度快、市场转化率高等优点。同时，数字消费券的“杠杆效应”会通过需求侧传导到供给侧，通过叠加“乘数效应”扩大产出，刺激相关企业加大投资，进而形成良性循环，对消费回暖和经济复苏产生了更加积极的作用。例如，中国社会科学院关于绍兴消费券政策的一项研究表明，数字消费券显著提高了零售商户的营业额，其中新增营业额的 75% 来自消费者自身支出，且影响具有一定的持续性，缓解了疫情对零售商户经营的不利冲击①。

二　数字金融支持实体经济的长期目标

数字金融借助先进的数字技术和创新的数字产品和服务，通过理论和现实路径支持实体经济发展，最终实现在助力小微企业成长、赋能 ESG 发展、促进共同富裕和支持乡村振兴等长期目标，促进经济社会高质量发展。

（一）创新风控模式，纾解小微企业

小微企业一直面临融资难、融资贵问题，可获取的金融资源相对较少，资金需求无法实现。这主要有两方面原因。其一，按照商业银行传

① 汪勇、尹振涛、邢剑炜：《数字化工具对内循环堵点的疏通效应——基于消费券纾困商户的实证研究》，《经济学（季刊）》2022 年第 1 期。

统的信贷考核标准，小微企业抵御风险能力较弱，缺乏足值抵押物，导致商业银行在授信过程中普遍存在规模歧视和所有权歧视。其二，商业银行强调摩根法则，即银行内部的企业信用记录在授信管理流程上具有显著影响。在社会信用制度和担保体制不健全的背景下，针对信息披露不透明以及财务会计核算不规范的小微企业，商业银行放贷倾向相对较弱。近年来，数字金融在促进小微企业成长的作用日益明显，其助力小微企业发展主要表现在以下两种路径。

一是数字金融助力信贷投放模式转变。在单一贷款来源的投放方式下，传统商业银行更加重视抵质押物、担保品价值与第二偿债主体责任人，但是在企业风险甄别功能欠缺的前提下，传统授信模式的附件条款虽然减少了企业违约可能性，增加了企业在违约产生时的损失回收率，但不利于提高传统商业银行的风险定价能力，还引发资产价格判断准确性和市场公允价值波动性等难题，使得小微企业融资难、融资贵。与此同时，伴随着新业态的涌现，以新技术、新能源等为代表的新兴企业也将面临与传统小微企业类似的问题。数字金融的迅速发展，促进了资产风险管理模式变革，不仅是解决中小微企业融资难、融资贵，而且也是缓解新业态企业投融资需求的必要条件。数字金融利用大数据搜集和技术分析，形成科学的风险评价模型，更加突出信息获取与评估管理的作用，从而有效降低信息不对称程度，促进贷款授信回归本源价值。通过分析企业经营主体的真实违约概率和资金成本等，银行借助数字金融技术，提升信用风险分析能力，促进传统信贷投放模式转变，甄别出盈利水平良好和偿债意愿较强的小微企业，促使小微企业获得金融资源。

二是数字金融提升信贷资金投放效率。商业银行的信贷资金投放要经过申请、审批、签约、授信等诸多流程，复杂且需要花费大量时间。商业银行内部的层层上报审批、汇总反馈等信息流转与报批浪费了大量时间，极大地降低了信贷资金投放效率，造成不少小微企业在尚未获得信贷资金之前就出现破产清算。而数字金融的迅速发展，有效简化了商业银行贷款审批流程和环节，提高了信贷资金投放效率，对于助力小微企业发展具有积极意义。

一方面，数字金融运用各种技术，实现小微企业贷款申请报批线上化。这不但大大减少了信息流转、合同调阅、项目审核等环节中所花费的时间，还打破了空间上的束缚。通过线上办公和网上办理，减少申请人因为开会、外出等原因造成的申请延迟，实现贷款资料的线上精准高效传送。同时，数字金融技术的应用极大缩短了审批流程。由于商业银行层层授权审批的传统模式使得信贷审核流程冗长，而这些流程尽管能够起到共同审批、责任共担、风险分散的作用，却未能从根本上抓住风险评估与定价的实质，还延长了信贷审核链条，加大了中小微企业的信贷资金投放困难。而数字金融利用大数据分析、云计算、区块链等技术，构建信贷风险评价和量化管理模型，运用交叉核验和量化评估以智能化识别客户风险，实现从前期了解用户到授信申请审批，从信贷投放到贷后管理等多个流程的智能化和精细化管理，提升小微企业信贷投放审核质量。

另一方面，数字金融提升了针对目标优质企业的甄别效率。相比于信息公开透明、企业规模较大、经营资质良好的大中型和国有企业，小微企业规模一般较小，经营项目也千差万别，因此甄别出优质小微企业难度较大，投入成本和甄别错误率也较高。一方面，数字金融利用人工智能、量化分析等信息管理手段，不仅可以迅速获取小微企业的信息资源和相关财务数据，还能通过企业数据共享有效降低信息不对称程度，减少针对小微企业重复判断、反复甄别的时间成本和技术投入。另一方面，数字金融可以利用大数据技术对各个领域的小微企业进行横向对比，分析评估目标企业的实际信用风险，从而筛选出具备良好投资条件和信用记录的小微企业，有效提高小微企业的筛选效率和显著降低筛选成本。

（二）支持多元场景，赋能ESG发展

新兴数字技术的快速发展，结合超大的市场规模和丰富的应用场景，

成为数字金融赋能ESG发展的重要路径。第一，数字金融赋能实现绿色金融的技术支撑和应用场景。当前数字金融已经与绿色金融深度融合，应用各类新兴金融工具和创新金融模式，为“双碳”目标的实现提供技术支撑。大数据技术支撑下的绿色金融综合服务平台形成以及碳评估、碳核算、绿色标识等深入推进，助力数字金融技术在绿色信托、绿色债券、绿色票据、绿色供应链金融、ESG基金管理等更丰富场景下的全面运用，不仅能够提高金融机构开展绿色业务和金融服务的效率和安全性，降低绿色金融业务成本，保证绿色业务数据真实性，而且还能为金融监管在ESG标准推广和激励考核等方面提供更加高效的技术支持。

第二，数字金融赋能ESG数据生态系统的底座支撑。构建数据系统是实现ESG理念落地实践的一个关键节点。这主要是因为ESG数据采集难，ESG的绩效评估和考核认定难，ESG的实时监测和风险监控难。例如，ESG涉及数据的体量庞大，来源分散，数据结构复杂和维度叠层多，以及存在大量非结构化数据等。而数字金融将引入自然语言处理、数据图谱、智能模型等技术手段，协助构建ESG数据生态系统，在数据采集、数据验证、数据识别、数据评估、数据使用、数据交易等方面发挥基础性的支撑功能。例如，新加坡金管局专门成立了ESG数据中心，以数字金融赋能高质量、可信的ESG数据生态系统建设，为ESG发展提供有益的启示。

第三，数字金融赋能助力数字国家和智慧政府、智慧城市建设。目前，通过金融科技平台可以开展公积金缴纳、买药看病、税务申报、生活缴费、民政服务以及教育培训等便民服务和政务管理活动，提高了整个社会的政府治理能力和公共服务效率，特别是在新冠疫情防控过程中，精准化的涉疫数据应用、数字化消费券发放等方面作用凸显，为建设数字社会、数字政府、智慧城市贡献了数字金融的力量。

（三）深化金融服务，推进共同富裕

可持续性、发展和共享是社会主义共同富裕的三大特征。社会可

持续性是建立在社会稳定和环境可持续发展基础上的共同富裕，结合在金融领域体现为金融可持续性；发展通过提升社会产出效益和生产力形成共同富裕的物质基础，结合在金融领域体现为金融增长；共享是通过建立在权利、机会平等上的人人参与、共享发展和共同富裕过程，结合在金融领域体现为金融深化①。而数字金融基于金融可持续性、金融增长和金融深化三个维度，实现共同富裕和助力实体经济发展。

首先，数字金融基于金融可持续性路径促进共同富裕，重点表现在绿色金融发展。数字金融的快速发展，改进了中小企业电子化和线上化的办公模式，促进绿色低碳生活。同时，数字金融通过技术外溢等方法逐步融入社会其他产业，可以有效减少经济社会的实物资源耗费，从而达到降碳减排目标。通过数字金融手段支持金融机构管理实体企业的环保指标，一方面可以有效遏制部分中小企业“洗绿”行为，为真实的绿色低碳企业发展配置更多金融资源；另一方面能够有效构筑金融机构的绿色信贷门槛，引导环保行业和低碳企业的发展壮大，推动传统产业向降碳减排转变，从而助力“双碳”目标早日实现。

其次，数字金融基于金融增长路径促进共同富裕。数字金融是金融的资本属性和运用数字技术的数据属性的结合，是以数字技术支撑金融发展的新业态，能够发挥促进金融产业增长和服务实体经济的功能。一方面，数字金融符合金融的资本属性，能够有效提升资本配置效率，并采用信息化和网络化技术提高金融服务效能，缓解金融市场的金融摩擦与信息不对称程度，降低金融交易成本，大幅缩减信贷审批周期，达到提升资本、数据等生产要素配置效率的目标，促进金融

---

① 晏景瑞、朱诗怡、杜金岷：《金融科技如何促进共同富裕：理论机制和经验证据》，《经济问题探索》2022 年第 10 期。

增长和共同富裕。另一方面，数字金融能够发现并搜集大量“数字足迹”信息，采用机器学习和深度学习方法，有效分类和管理结构化数据和非结构化数据。通过研究不同非线性关系和信息间的关联特性，挖掘数据要素和信息资源提供有意义的潜在用户体验，匹配准确的金融产品与服务，改善企业经营管理模式和提升企业内在价值，促进社会共同富裕和实体企业发展。

最后，数字金融基于金融深化路径促进共同富裕。金融机构的高准入门槛是造成金融抑制和阻碍金融深化的重要因素，而数字金融基于金融深化路径赋能金融机构具体业务，能够突破金融高准入门槛和打破金融抑制，实现金融深化以促进共同富裕。以商业银行最主要的存、贷款业务为例，数字金融赋能商业银行，不仅能够突破原有物理网点的线下局限，创新网上银行和移动银行的金融服务功能，进一步增强金融普惠性和覆盖面。尤其针对偏远地区的金融服务，数字金融有效改善了弱势群体的资金可得性，同时运用大数据分析、云计算等数字技术，以满足潜在客户的差异化和个性化金融服务需求，并针对不同资产负债管理水平和风险偏好的客户群体提供定制化、多元化的金融服务，以提高用户群体的存款收益率和社会整体财富水平。针对贷款业务，因为资金需求方和供给方之间一直存在的信息不对称问题，使得大部分长尾客户无法有效获取金融资源，而数字金融赋能贷款业务，利用大数据搜集客户数据信息，实现对客户资产价值和违约概率的精准刻画，进而甄选出优质的长尾客户，帮助一直受到规模歧视与所有权歧视的中小微企业获取信贷资金，同时兼顾金融服务效率、公平性和普惠性，实现金融深化和促进实体经济发展。

（四）引导资源流向，助力乡村振兴

数字金融围绕完善真正适合三农特色的农村金融体制，坚持农村金融改革发展正确方向，聚焦乡村振兴战略，基于农村的金融服务和数字

科技赋能路径，将更多金融资源配置到农村经济社会发展的重点领域，提供优质高效全面的金融服务，助力乡村振兴。

一方面，数字金融基于金融服务路径促进乡村振兴。针对当前中国乡村振兴战略和农村经济社会发展的特征需要，数字金融面向农村的金融服务分为融资和融智两个方面：融资包括消费金融、绿色金融、农村普惠金融和供应链金融四个方面，以实现面向广大乡村人群的差异化和个性化融资金融服务；融智则基于与融资相结合的生产经营全流程，涉及农村经济数据链、价值链、创新链、产业链和供应链五大领域的金融服务。农村金融需求不同于城市，其产品和服务必须符合“三农”要求下的新主体和新产业的乡村金融要求。根据乡村日益增长的交易、投资、理财的需要，数字金融的发展有助于丰富农村金融产品，畅通金融业务路径，全面革新乡村金融模式，实现地域有差异、业务无区别的乡村金融理念。利用融资与融智两条途径，数字金融有助于解析农村居民全链条金融服务需求，开展农村客户群体全生命周期的智能评估，科学评价风险和合理分配金融资源，提出智慧农村金融解决方案，切实满足农村居民日益增长的美好生活需求①。

另一方面，数字金融基于数字科技赋能路径促进乡村振兴。随着新兴数字科技向农业市场延伸和金融重心倾斜，数字科技作为促进农业农村繁荣发展的重要动力，能够通过搭建农业乡村发展全产业链的金融产品体系，加快农户与企业合作和融合，加速资金融通，促进现代化农业发展模式升级，以达到农村增效、农业增绿和农户增收的发展目标。数字金融利用数字科技与综合财政服务体系，深度融入农村中小企业生意圈和乡村居民生活圈，沿着农村经济供给侧结构性改革目标，能够有效推进农业产业的集群化发展，培植农业农村发展新动力，带动先进产

---

① 江世银、冯瑞莹、朱廷菁：《金融科技在乡村振兴中的应用探索》，《金融理论与实践》2022 年第 1 期。

业、新科技和优秀项目等向农村集中，促进农村走向生产高效、产品安全、资源节约、环境友好的社会主义现代化农村道路①。

三　数字金融支持实体经济面临的问题和挑战

近年来中国数字金融得到迅猛发展，但仍然面临着诸多挑战，特别是数字金融发展不平衡不充分下的城乡差距和地区差异较大，数据安全、算法歧视、限制竞争和数字鸿沟等问题愈发显著，行业竞争加剧同质化严重导致金融机构的成本攀升和收益率下降，受到多重因素影响下风险隐患有所提升，并对金融监管模式提出挑战。

（一）数字金融发展不平衡不充分，数字鸿沟问题显现

中国数字金融发展面临着不平衡不充分的问题。一方面，数字金融在城乡之间发展不平衡。目前，中国农村仍有部分地区未能实现互联网和移动通信的全地域覆盖，特别是在偏远地区互联网和移动通信的可达性更差。《中国互联网发展状况统计报告》显示，截至2022年6月，我国城镇地区互联网用户普及率为82.9%，远远高于农村地区的58.8%。由于数字金融的发展依托于互联网基础设施，城乡之间互联网普及率的巨大差异造成了城乡之间数字金融发展的差异。以支付为例，《中国乡村振兴综合调查研究报告2021》显示，农户最主要的小额支付手段仍是现金，70.52%的样本农户首选的支付方式是现金支付，其次为微信支付，占23.73%。另一方面，数字金融发展在地区之间也呈现出明显的不平衡。以北京大学数字普惠金融指数来看，2021年数字普惠金融指数

① 卜银伟、李成林、王卓：《金融科技助力乡村振兴的模式研究》，《西南金融》2022年第4期。

得分最高的上海市是得分最低的青海省的1.4倍（见图8—1）。同时，数字普惠金融的发展具有空间集聚性，并不能完全摆脱地理限制。东部沿海地区数字普惠金融发展水平高，其周边城市的数字普惠金融发展水平也偏高；但是，中西部城市及其周边城市数字普惠金融发展水平都偏低①。

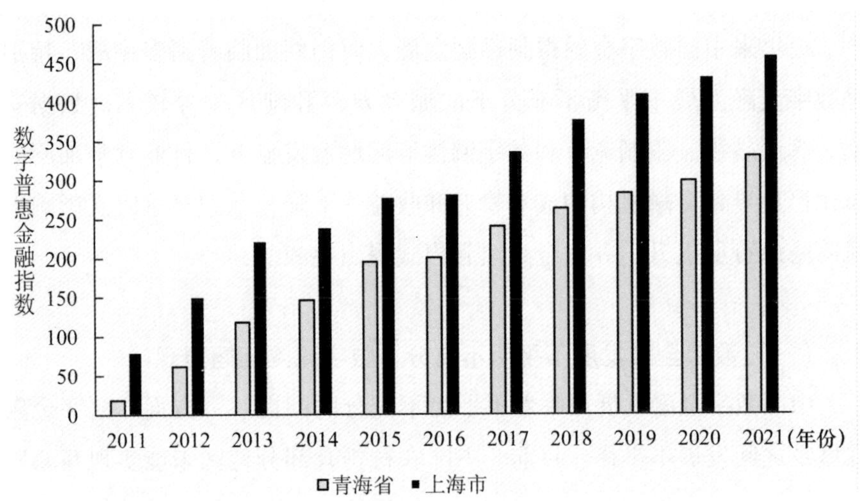

图8—1 2011—2021年青海省、上海市数字普惠金融的发展

资料来源：北京大学数字普惠金融指数。

（二）数据安全与治理问题突出，增加消费者权益保护难度

数字技术具有更新换代频繁、传播速度快、影响范围广等特点，科技与金融的深度融合，在经济社会各领域的应用深度和广度不断拓展的同时，也带来了一系列新问题。第一，数据安全风险增大。平台企业间竞争愈发激烈，越来越重视数据要素这一核心竞争资源。部分互联网平台通过构建生态体系，以“免费”服务的方式，强制授权、超范围收集个

① 郭峰、王靖一、王芳等：《测度中国数字普惠金融发展：指数编制与空间特征》，《经济学（季刊）》2020年第4期。

人信息，甚至违规违法使用用户敏感信息获益。例如，一些金融 App 存在高危漏洞、隐蔽收集用户信息等安全风险，以窃取数据为主要目的攻击事件越来越频繁。第二，算法歧视、“大数据杀熟”现象频发。一些平台企业利用算法黑箱特性实施差别定价（如产生信贷供给歧视、诱导过度借贷等问题），与同业达成“算法共谋”形成市场垄断，并利用信息推荐技术，蓄意构建充斥高风险金融产品服务的信息茧房，阻碍消费者自主选择。第三，金融消费者保护难度加大。金融消费者保护问题在数字化场景下可能被放大，金融消费者受诈骗侵害等风险不容忽视。一些不法分子通过电话、短信、微信朋友圈等渠道发布贷款、理财、投资等虚假信息，甚至利用非法获取的消费者金融信息编造账户冻结、涉及刑事案件等虚假情形，骗取消费者资金。同时，部分金融消费者因线下业务办理不畅，被动选择线上模式，风险防范意识不强，未能有效识别诈骗信息，导致财产安全受侵害的潜在风险增加。第四，限制竞争问题凸显。一些金融科技平台通常涉猎多个业务领域，在电商、社交、出行等其他数字经济平台兼具渠道和流量优势，用户基础庞大、业务数据丰富，又得益于数字经济的网络外部性特点，使其在短时间内便拥有了近乎垄断性的市场竞争优势。强迫“二选一”是限制竞争最为常见的现象。部分平台公司滥用市场支配地位，利用网络效应进行不公平竞争，形成“赢家通吃”的垄断局面，甚至可能引发“大而不能倒”风险。

（三）金融产品同质化竞争加剧，市场秩序亟须规范

数字金融行业的竞争日趋加剧，产品同质化现象严重。近几年，随着互联网快速发展运用，各大金融机构和其他行业的头部企业纷纷加入消费信贷领域。一是消费信贷行业竞争程度不断加剧。在消费信贷供给规模迅速扩大、需求潜力逐渐下降背景下，消费信贷市场也从供给不足的卖方市场逐步转向供求平衡，甚至出现供给过剩的买方市场，由蓝海市场逐渐转入红海市场。市场竞争程度日益加剧，竞争不足的格局逐渐

转向充分竞争，甚至过度竞争，使得消费信贷行业面临越来越大的竞争压力。二是消费信贷行业的竞争方式逐步改变。这主要表现为消费信贷行业逐渐从增量客户的竞争转向存量客户的竞争，从不同客群、不同产品之间的差异化竞争，转向相同客群、同类产品之间同质化的价格竞争，从低水平的市场规模竞争，转向高水平的服务质量的竞争，从产品和价格的竞争逐步转向内部技术和管理能力的竞争。

消费信贷市场的竞争程度日益加剧，增加了企业开展消费信贷数字化业务并取得竞争优势的难度，导致各消费信贷机构的营销成本日益上升，管理难度加大导致管理成本不断上升，整个经营成本趋于上升。同时，价格竞争必然使得消费信贷产品定价不断下降，造成市场收益率趋于下降。

（四）金融风险不确定性加大，可持续性发展有待评估

数字金融的发展放大了信贷的顺周期性，并增加了金融机构的流动性风险。在信贷领域，金融科技企业往往提供短期信贷，与长期贷款相比在经济低迷时更容易受到消费者信心不足的影响，加之由于缺乏激励机制，这些企业准确评估贷款质量和客户信用水平的动机可能没有传统金融机构那么强烈。在投资领域，金融科技企业对于相同算法的依赖会导致投资策略的相关性上升，风险难以收敛，从而放大资产的顺周期波动。新技术的应用使得客户可以更加自由地在不同的存储账户和共同基金之间做出更有利于收益的选择，这在提高了投资效率的同时也加大了数字金融的流动性风险，金融科技企业在货币市场基金领域的业务开展使得这一情况变得更加复杂。

作为典型的数字金融产品，数字消费信贷的发展极大地提升了金融的服务范围与业务规模，提升了金融的普惠性和触达性，但由于消费信贷的本身特征，部分消费信贷企业出现较高不良率的现象。这主要有两个方面的原因。一方面，消费信贷具备信贷额度小、门槛低、审批放款

快以及较少涉及抵质押担保的特点，叠加消费信贷完全基于个人信用而没有抵押担保，贷款人违约成本较低。与此同时，由于互联网消费信贷的客户群体是没有征信记录或信用较低、难以从传统渠道获得贷款的长尾人群，客户偿债能力较弱，更容易出现逾期还款、无法还款甚至恶意拒偿的问题。另一方面，近几年随着银行资本约束趋紧，商业银行对公业务发展受到限制，纷纷加大对零售业务布局与投入，提高个人消费信贷比例。特别是在新的风控数据、风控手段以及金融科技服务商的介入下，在个人贷款结构中，高回报的信用类消费贷款占比不断提升。但是，消费贷款因具备额度低、期限短、无抵押等特点，其对于贷后资产管理的要求也相对较高，而零售贷款余额规模的快速上升和用户群体逐渐下沉等原因带来了更大规模的消费贷款不良资产余额，导致消费贷款不良资产处置需求规模增加。2020 年以来，叠加新冠疫情对经济环境的

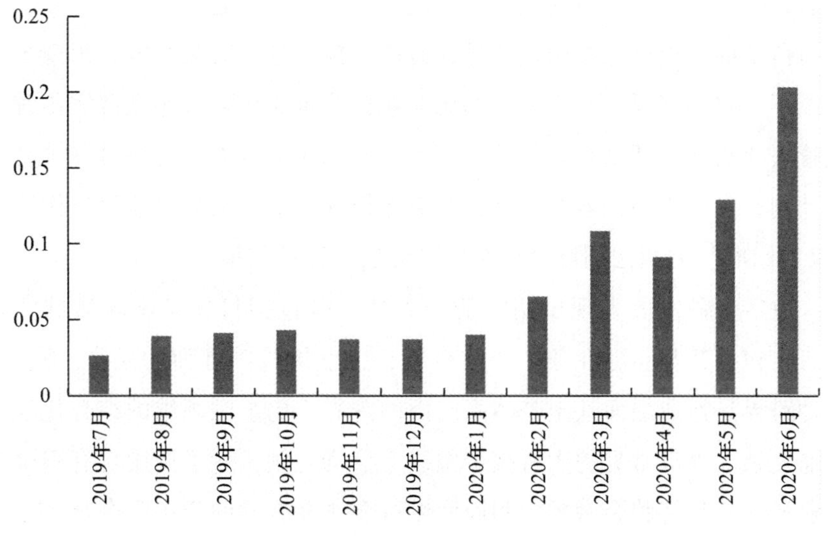

图 8—2　疫情前后金融科技贷款的逾期率

资料来源：Bao，Z. and D. Huang，2021，“Shadow Banking in a Crisis：Evidence from Fintech During COVID－19”，*Journal of Financial and Quantitative Analysis*，56（7）：2320－2355。

影响，消费信贷企业不良贷款率逐渐上升。图8—2展示了疫情暴发前后金融科技贷款的逾期率。在疫情暴发前，金融科技贷款的逾期率为2%—5%，而在疫情暴发后的5个月，金融科技贷款的逾期率超过了20%[①]。

（五）“创新—稳定”权衡难度提升，需要转变监管模式

数字金融监管模式的发展速度远远滞后数字金融的发展速度。目前，监管部门仍然使用针对传统金融业制定的监管策略来监管数字金融行业，没有充分考虑到数字金融的独特性，从而导致现有的金融监管制度难以很好地评估和管理风险。例如，虽然互联网银行已经成为当前支持实体经济，特别是小微企业和个体工商户获得金融服务的重要组成部分，但是其仍然适用和普通商业银行一样的监管制度。针对互联网银行的监管，目前参考城市商业银行标准，但事实上其业务模式和产品服务又与传统商业银行存在明显差异，造成在执行各项政策时容易出现不对等或不一致的情况。一方面，如果金融科技企业被要求完全遵守传统的监管法律法规，那么企业将面临巨大的合规成本压力，甚至最终放弃创新计划；另一方面，若给予其特权免除合规要求，又会使监管工作陷入“双重标准”的执法困境及创新风险无法防控的困境。

数字金融发展表现出明显的跨界性，既包括科技与金融领域的跨界，也包括其与金融业务、金融市场、金融机构等方面的融合。同时，这种跨界是行业层面甚至是体系层面的跨界，比金融领域的综合化经营更加复杂。以最常见的大科技金融线上信贷为例，除了使用自有资金开展业务，其与持牌金融机构和商业银行合作开展的助贷和联合贷款正在考验着监管的智慧和能力。为金融机构提供风控支持是助贷和联合贷款

① Bao, Z. and D. Huang, 2021, “Shadow Banking in a Crisis: Evidence from Fintech During COVID－19”, *Journal of Financial and Quantitative Analysis*, 56（7）: 2320－2355.

业务的主要模式。然而，在实践中部分金融机构缺乏风险控制意识，将授信决策、风险控制等核心业务完全外包给科技合作机构，将助贷机构给出的授信建议直接转化为自己对客户的最终授信决策。有的金融机构作为全部出资人并不承担信用风险，而是将全部风险通过兜底协议转嫁给科技合作机构，这极易产生道德风险。上述新问题对传统监管模式提出了挑战，监管的统筹协调能力、监管科技的应用能力等亟待全面提升。

四　引导数字金融更好支持实体经济的对策建议

为了更好地推动数字金融支持实体经济发展，应当进一步强化数字金融基础设施建设以推进数字金融协调发展，加快金融机构数字化转型以提升金融服务质效，完善科技伦理治理体系以促进科技向善，加强行业自律以引导数字金融有序发展，完善个人征信体系以增强信用风险管理能力，推广公益金融活动以提升消费者风险意识。

（一）加强数字金融基础设施建设，推进数字金融协调发展

数字金融基础设施是数字金融服务实体经济发展的重要基础。数字金融要通过数字驱动和技术驱动缩小金融资源的区域分布差异。要加快突破明显制约数字金融基础设施，以安全多方计算、区块链、联邦学习、大数据、云计算等数字科技为基础，构建安全、合规、统一的数据要素平台，推进区域数据中心集约化建设，加快大数据传输通道建设，不断提升数据传输能力。

中国东部和中西部地区数字金融水平仍存在较大差异，应持续依靠数字技术，拓宽数字金融的覆盖面。中西部经济地区要发挥后发优势，依靠国家对中西部地区的政策倾斜，着力提升智能金融网点的数量和规模，通过数字技术赋能金融提升金融服务的覆盖率，着重提升中小微企

业、个体工商户和居民的资金可得性，加大金融对实体经济的支持力度。东部地区应继续发挥领先优势，着力提升数字金融的资金配置精准度，不断创新和升级金融服务，通过数字金融产品创新提升金融服务于不同企业、不同人群的效率，避免出现大型企业“授信过度”和中小企业“授信不足”并存的局面。此外，要深入落实数字乡村行动计划，加快农村地区的数字金融体系建设，进一步建立完善农村地区数字金融基础设施，开展征信体系、涉农大数据、农业技术服务与培训，做好“线上＋线下”业务，大力支持乡村振兴。

（二）加快金融机构数字化转型，提升金融服务质效

运用数字技术打造数字金融新业态、新应用、新模式，可以大幅提高金融服务的效率，延伸金融服务半径，拓展金融服务类别，扩大普惠金融的覆盖面和受益面。因此，“十四五”规划纲要明确提出要“稳妥发展金融科技，加快金融机构数字化转型”。一方面，金融管理部门要引导和推动金融机构加快数字化转型。加快推进市场化信用信息的整合和共享，打破“信息孤岛”现象；完善数字金融标准体系建设，促进行业之间、机构之间互联互通；平衡好金融创新与审慎监管，充分运用监管科技，提升数字化转型监管效能。另一方面，金融机构要加快推进数字化转型，不断提升金融服务质效。金融机构应基于自身业务发展用户需求，明确数字化转型方向和重点，突破约束数字化转型的体制机制，提升组织敏捷性和扁平化；加强数据治理，提升科技研发、网络金融等人才占比，加快核心系统建设和升级，加快数字金融产品创新和迭代，构建更加全面的技术生态、业务生态体系，为用户提供泛在、无界的综合服务。

（三）构建数字金融伦理治理体系，促进科技向善

数字金融伦理治理是一个复杂的系统工程，需要监管部门、从业

机构、行业组织等各司其职、密切协作。首先，监管部门探索建立行业级科技伦理委员会、专业性科技伦理审查机制，以原则性指引为基础，结合新技术金融应用的风险与效益、技术应用的主观行为等建立伦理判定的软性数字金融治理规则，提升科技伦理审查结果互认水平，严肃查处科技伦理违规行为。其次，从业机构要履行好数字金融伦理管理主体责任，研究设立企业数字金融伦理委员会，强化内部科技伦理审查，做好信息公开、自觉接受外界监督，积极运用数字技术加强伦理风险监测预警。最后，行业组织应发挥贴近行业、机制灵活的优势，通过自律公约、行动倡议、宣传教育等手段，构筑伦理自律防线。

要充分发挥数字金融创新监管工具作用，有效规范数字金融创新活动。第一，在数字金融创新试点的同时，探索开展数字金融伦理评估，为数字金融产品设计融入“科技向善”理念。第二，建立以守正向善为导向的创新测试指标评价体系，运用监管科技强化创新应用检测，加强算法审计，防止算法歧视。畅通投诉建议渠道、完善风险补偿机制，确保算法符合公平原则、具有可解释性，维护消费者合理权益。第三，开展数字金融适老化、普惠性评估，缩小数字鸿沟。创新针对老年人、低收入人群和残障人士的数字金融服务模式，打造适老化、关怀式移动金融产品，提升农村地区数字普惠金融服务水平。

（四）加强行业自律，引导数字金融有序发展

随着更多新技术的运用，数字金融将会出现更多的产品形式，表现为具备主体多元、业态多样、关联紧密等特征，增加了对金融创新的监管难度。需要完善行业自律，通过该机制的建设确保各个主体形成更加规范的合规意识，使行业自律成为促进数字金融健康发展的助推器。

第一，探索数字金融领域有效市场沟通机制。确保相关需要披露的

信息能够及时高质量传递给公众，完善信息数据统计功能模块的建设。针对行业发展过程中出现一些比较具有代表性的问题，加强不同机构、企业与政府的信息沟通。第二，要继续完善标准规则体系，通过标准规则弥补监管制度空白，推动监管政策执行，在更大层面上实现各主体权益的保护。完善统计监测模块，通过功能更加强大的工具对数据进行分析，掌握各个层面发生的最新变化，在最大程度上掌握风险底数。第三，加强行业从业人员培训，提升服务水平。完善从业人员资格评定和继续教育，通过机制构建、平台搭建等多种措施，形成完善的人才培训机制；加强从业人员和金融消费者的风险基础知识普及教育，提高将要上岗的从业人员的专业知识、技能，规范从业人员的行为，有效促进行业整体的运营效率。第四，加强行业共享，行业内部的各种服务商可以建立一种信息共享机制，避免陷入“信息孤岛”。例如，如果借款者在某一个消费信贷平台发生违约事件，该平台商可以马上将该名借款者的相关信息数据上传至信息共享平台。这样的信息共享机制，对不良信誉的借款者起到了一种警示作用，能够有效降低借款者因“多头借贷”而产生的信用风险。第五，规范化管理数字金融的业务创新。在监管框架下鼓励数字金融业务产品和技术创新，提升消费者服务体验。例如，在合规的监管框架下，对数字信贷业务的产品创新实施较为灵活的规范化管控，对数字信贷业务的范围核准、产品报备、平台技术应用等环节允许一定灰度试运行空间，通过监管沙盒、行业引导等方式鼓励数字信贷业务产品和技术创新。

（五）完善个人征信体系，增强信用风险管理能力

在完善个人征信体系方面，一是构建多层次的社会征信体系，以中国人民银行征信为主体，市场化征信行为为辅，构建全方位征信体系；鼓励市场主体参与征信并实现差异化竞争，充分发挥各自的优势并在竞争中不断创新，成为现有征信体系的强力补充。二是积极促进个人信用

数据共享平台构建，建立征信信息共享机制。整合各领域、各行业的信用数据，通过行业规范模式和标准整合信息资源，与中国人民银行征信系统进行有效对接，建立全覆盖、多维度的个人信用数据库。三是积极推进“互联网+征信”，将征信数据覆盖更多的用户和应用场景，通过互联网数字技术快速、广泛、低成本采集数据，更准确地分析用户的违约风险，拓宽数字金融覆盖范围，通过跨平台的信用数据合作机制，推进数字金融的深层次发展。四是严格控制信用评分体系，避免过度授信。多数年轻消费群体具有收入不稳定、消费需求高的特性，消费信贷公司需要控制消费者信用风险，不应提供超过用户偿还能力的贷款额度，需要进一步引导消费者树立正确的消费观和价值观；坚持征信信息动态更新，及时反馈消费者个人信用水平，防止过度授信。

（六）推广公益金融活动，提升消费者风险意识

在复杂的互联网消费信贷环境中，消费者要不断强化自身的风险意识，防止陷入债务陷阱欺诈。消费者安全意识是促进金融市场健康发展的重要一环，需要全方位的宣传培养消费者安全意识。一是金融管理部门将提升数字金融素养作为新一轮国家普惠金融规划的重要内容，明确工作重点和分工安排，并将数字金融教育纳入金融消费者权益日、金融知识普及日等活动，通过体验学习、尝试应用、经验交流、互助帮扶等手段切实增强用户数字素养和金融素养。二是金融机构应当完善金融营销宣传工作制度，建立健全金融营销宣传内控机制，并将金融营销宣传管理工作纳入到金融消费者权益保护体系，加强金融营销宣传专题培训，健全金融营销宣传管理长效机制。三是认真落实全流程管控，从制度层面保障金融消保部门参与产品的设计、营销、售后等环节，补充数字信贷产品前端销售管理缺失的短板，在产品协议中详细说明借款利率的计算标准、方式、形式等，履行告知义务，保障消费者知情权。四是促进消费者学习和了解消费信贷的专业知识，及时关注并学习国家法律

和政策变动情况，增强自己鉴别风险的能力。在进行消费信贷时，消费者应该对平台和产品进行充分地了解，仔细阅读产品合同，选择适合自身的信贷产品，防止个人利益受到侵害。

（执笔人：尹振涛、汪勇）

第九章

数字人民币赋能中小微金融服务

数字人民币作为中国法定数字货币和核心数字金融基础设施[①]，立足我国国情和金融发展现状，兼顾实物货币和电子支付工具优势，兼容现有技术和管理体制，为数字化时代推动我国经济和社会高质量发展提供了技术和政策工具手段。相对于私人数字货币，数字人民币具有国家信用支持，更利于发挥货币职能，发展普惠金融和促进现代货币、金融和公共体系数字化转型[②]。与传统实物货币相比，数字人民币在时间上提高支付效率，节约交易成本，空间上不必依赖第三方支付中介，可实现远距离、点对点、双离线交易[③]。数字人民币具备价值和账户双重特性，支持与银行账户松耦合，具有支付即结算、可控匿名、可编程性、可追溯性、安全可靠、便携性强、效率高等典型优势和特征，其作为政策工具手段更有利于提高中央银行监测货币流动和组织市场的能力，降低基础货币向市场和银行信贷传导的不确定性。

---

① 数字人民币的正式定义参见中国人民银行数字人民币研发工作组 2021 年 7 月发布的《中国数字人民币的研发进展白皮书》第 4 页。

② 姚前：《法定数字货币的经济效应分析：理论与实证》，《国际金融研究》2019 年第 1 期；Boar，C.，H. Holden and A. Wadsworth，2020，“Impending Arrival：A Sequel to the Survey on Central Bank Digital Currency”，BIS Working Paper，No. 107。

③ 徐忠、姚前：《数字票据交易平台初步方案》，《中国金融》2016 年第 17 期；姚前：《法定数字货币对现行货币体制的优化及其发行设计》，《国际金融研究》2018 年第 4 期。

中小微企业在经济社会发展中所起作用，无论如何强调都不为过，然而，中小微企业“融资难”和“融资贵”又是普遍存在的世界性难题。尤其是2020年新冠疫情暴发后，中小微企业面临的冲击尤甚。究其原因，一方面是由于中小微企业自身存在的诸如财务不规范、信息不透明、资产与抵押品不足、经营风险相对较高、信用评级缺位等问题不足，导致其在金融市场中天然处于“融资歧视”的劣势地位①。另一方面，也囿于金融体系发展在结构和形式上存在诸多不利于中小微企业融资需求的制约因素。例如，我国中小银行在银行业中占比，以及中小微企业信贷业务在大型商业银行业务中占比均明显偏低，这种不合理的金融结构和银行业务结构，间接增加了中小微企业的融资难度和融资成本②。此外，宏观经济环境和政策调整等方面的因素也是影响中小微企业“融资难”问题的重要变量。例如，我国经济结构面临转型升级，潜在增速趋于放缓，加之世界经济不稳定性增加，客观上恶化了中小微企业的经营环境，也严重拖累了中小微企业的资信状况③。政策层面，在国内金融“去杠杆”和防范系统性金融风险的双重压力下，商业银行转向紧缩信贷，这也进一步加剧了中小微企业的资金短缺④。

鉴于以上原因，采用一般性的政策支持措施和市场化的调节引导方式为中小微企业提供金融支持，难以取得理想效果。结构性货币政策协同有效的财政政策可能才是解决中小微企业“融资难”和“融资贵”

---

① Bester, H., 1987, “The Role of Collateral in Credit Markets with Imperfect Information”, *European Economic Review*, 31 (4): 887-899；李华民、吴非：《银行规模、贷款技术与小企业融资》，《财贸经济》2019年第9期。

② 林毅夫、李永军：《中小金融机构发展与中小企业融资》，《经济研究》2001年第1期；李广子、熊德华、刘力：《中小银行发展如何影响中小企业融资？兼析产生影响的多重中介效应》，《金融研究》2016年第12期；姜旭：《结构性货币政策作用机制及其有效性研究》，吉林大学，博士学位论文，2021年。

③ 笪哲：《结构性货币政策能纾解小微企业融资困境吗》，《金融经济学研究》2020年第2期。

④ 张思平：《解决民企融资难，出路何在》，载贾康、黄益平等《金融供给侧改革》，浙江大学出版社2019年版。

问题的可靠和合理之策。作为有别于统一货币政策的差异化政策工具，结构性货币政策旨在通过加大对特定领域或行业的信贷投放，促进经济发展方式转型升级，优化金融机构存贷款结构，最终实现资源合理有效利用和经济平稳协调发展。相较于传统货币政策，结构性货币政策优势主要是针对性强且灵活可控，其对中小微金融支持的关键也在于精准性和直达性①。考虑到数字人民币在交易流通中天然具备资金流、信息流和业务流“三流合一”特征，这不仅有利于实现货币、财政和金融市场各主体之间信息互联互通，业务协同配合，也为保证政策目标精准落地和政策效果可靠评估提供了强大的技术工具支持。至此，在数字经济时代全面到来之际，研究如何发挥好数字人民币作为我国法定数字货币和核心数字金融基础设施的底层功能，使其更好赋能中小微金融服务，对改善我国长期存在的不合理融资现状、促进经济社会协调发展具有重要而深远的现实意义。

一　数字人民币及其赋能中小微金融服务现状与进展

（一）数字人民币发展现状与运行态势

作为法定数字货币研究的先行者，我国早在 2014 年就开始着手 CBDC 相关研究。2015 年，中国人民银行通过对央行数字货币进行全面而系统地探讨与研究形成了一系列重要成果，主要涉及央行数字货币的发行、流通等关键技术路线以及面临的经济金融、法律制度环境等。2017 年，中国人民银行数字货币研究所正式成立，专门开展数字货币研究，推动数字人民币尽早落地。2018 年，中国人民银行制定了数字人民币研发框架，作为研发工作的基础性指引。2019 年 8 月，中国人

① 刘康：《创新直达实体经济的货币政策工具》，《中国金融》2020 年第 12 期。

民银行正式对外公布法定数字货币（数字人民币）的研究和发行准备情况，开始进行封闭测试。其后，经历一年多的研究和发行准备工作后，中国数字人民币试点于 2020 年正式启动，由此央行法定数字货币即进入场景应用落地阶段。2021 年 7 月，《中国数字人民币的研发进展》白皮书正式对外发布，至此，中国数字人民币的研究实验已基本完成顶层设计、功能研发、系统调研等工作。

近年来，数字人民币试点工作加快推进，试点地域已覆盖至我国 17 个省市的 28 个地区，试点模式亦从原来各地区独立的“单点”发展至多地区并行联动的“区域网”。与此同时，数字人民币场景应用日趋多元化，已不再局限于原有的纯线下个人客户零售支付，而是衍生出更多针对机构端的创新型应用功能，诸如政务服务、企业信贷、跨境支付等。2022 年以来，随着数字人民币 App 试点版开启上线，数字人民币用户数量加速扩展，运行生态更加丰富。据统计，2022 年 6 月，数字人民币 App（试点版）的月活跃用户数量环比上升 33% 至 2460 万人，日均活跃用户数量环比上升 50% 至 183 万人。与此同时，数字人民币交易量与活跃度亦大幅上升，累计交易笔数从 2021 年 6 月底 7075 万笔飙升至 2022 年 8 月 3.6 亿笔，同期交易金额也从 345 亿元突破至超过千亿元。

2022 年 10 月，中国人民银行数字货币研究所发布《扎实开展数字人民币研发试点工作》指出，数字人民币试点场景应用顺利推进，通过全方位测试有效验证了数字人民币双层运营架构等顶层设计的可行性与可靠性。未来，央行将重点从产品服务、法治化规范化建设以及市场化发展三个方面进一步推动数字人民币业务持续稳定向前发展，其中，产品服务层面重点提到数字人民币要为中小微企业资金管理、薪资发放、进销存等提供便利服务，可见数字人民币支持中小微企业金融服务将成为未来发力的重点之一；法治化规范化建设重点强调要从法律法规与安全运营两个角度分别筑牢数字人民币运行的制度基础与风控底线，市场化发展则着力鼓励各市场主体在依法合规前提下自主开展数字人民币应用推广，以优质服务吸引更多用户流入，从而在积极参与数字人民币发展浪潮的同时也能享受货币数字化转型红利，实现各参与主体合作共赢。

（二）数字人民币支持中小微金融服务现状与进展

当前，中国数字人民币研发试点已形成较好生态格局，场景应用涵盖了包括零售批发、餐饮文旅、教育医疗、公共服务等在内的诸多领域，无论线上还是线下均形成了一大批可复制、可推广的应用模式。作为由央行发行的数字化法定货币，数字人民币具备无限法偿性与价值属性，是提升金融供给能力的底层工具，“支付即结算”功能和非营利性定位亦使其天然适用于普惠金融服务。中小微企业是我国经济大循环的毛细血管，也是推动国民经济增长的中坚力量，承担着保民生、保就业、保社会稳定等关键职能，无疑是普惠金融的重要服务对象。随着试点工作不断推进，数字人民币在企业端应用，尤其是支持中小微企业金融服务方面已取得一系列突破性进展。

一是数字人民币在信贷场景的应用加速落地。2022 年以来，多家银行积极探索通过数字人民币为包括中小微企业等在内的市场主体提供诸如汽车消费贷款、制造业贷款等信贷服务，累计授信超过千万元。2022 年 6 月，中国农业银行太仓分行向太仓市亿砼新型材料科技有限公司发放数字人民币普惠贷款 150 万元，企业通过对公数字钱包即可完成转账交易，实时支付上游供应商货款，并且不含任何交易手续费，该笔贷款的成功发放为小微企业提供了一个速度快、效率高的融资途径，实现数字人民币在普惠贷款应用场景上的首创性突破。2022 年 7 月，苏州银行实现数字人民币在制造业领域的场景拓展，以数字人民币为主要形式向苏州某机械有限公司发放 200 万元无抵押信用贷款，用于企业支付货款和备用金。同期，中国邮政储蓄银行在陕西省成功落地全行首笔数字人民币汽车消费贷款放款及受托支付业务。2022 年 8 月，张家港农村商业银行成功落地全国首笔数字人民币知识产权质押贷款，向市内某环保设备制造企业发放项目融资 50 万元，通过盘活企业知识产权资产有效缓解了企业融资难问题。随着数字人民币深入贷款等金融应用场景，其低成本、可追溯等优势将进一步促进中小微企业信贷效率提升，增强中小微普惠金融便利性和可得性。

二是“数字人民币 + 供应链金融”取得新突破。2022 年 5 月，中国农业银行联合国内供应链金融巨头——联易融，合作开展数字人民币功能与供应链金融二者的融合模式，完成农业银行“银企云联”平台与联易融供应链金融平台成功对接，首次实现数字人民币在供应链金融领域的全流程应用，促进了中小微企业降低财务管理成本、提升资金使用效率。借助数字人民币底层技术，供应链核心企业可“一站式”便捷使用数字人民币在线上办理供应链金融的全流程业务。同时，核心企业引入后，百上千家链上企业也可享受到数字人民币产品与服务，尤其链属的中小微企业可基于核心企业的信用高效便捷地使用数字人民币开展各项日常业务，诸如通过线上流程发起融资申请、实现资金快速到账等，及时缓解了中小微企业面临的现金流压力。对比传统供应链金融服务，“数字人民币 + 供应链金融”融合发展的新业态，可助力产业链上下游的众多中小微企业基于核心企业的信用背书，实现更高效率放款与更低成本融资。未来，随着供应链数字金融持续发展，数字人民币贷款场景将不断上新，为中小微企业切实解决融资难题提供更高效、更普惠的金融服务。

三是数字人民币助力“三农”，服务乡村振兴。2022 年 6 月 29 日，由江苏省农业融资担保有限公司与苏州市农业担保公司合作的“苏农担—惠捷贷”产品，实现了全省首笔以数字人民币发放的政策性“三农”普惠贷款。该产品是一款专为新型农业经营主体以及农户经营者量身定制的“三农”普惠融资担保产品，具有审批快速、材料简单、担保方式灵活等优势，额度最高可达 300 万元，担保费率仅为年化 0.2%。借助数字人民币体系，从客户提出融资需求到资金落地，仅用不到 5 个工作日，苏州市吴中区金庭镇某农产品专业合作社的“数字钱包”就顺利收到以数字人民币形式发放的50万元担保贷款，成功解决了合作社农产品收购旺季的资金需求。数字人民币贷款的时效性和便利性，不仅契合了农业产业对于“农时”的要求，也促使人们更加关注数字人民币在服务“三农”、助力乡村振兴领域的应用。未来，通过政策性农业信贷担保等工具，数字人民币在“三农”领域的场景应用有望得到进一步拓展，数字人民币贷款将可直达新型农业经营主体，促进普惠金融向乡村下沉，更好发挥金融服务实体经济效能，为乡村振兴、共同富裕战略注入新的活力。

二　数字人民币赋能中小微金融支持政策机理

（一）数字人民币政策支持与强化功能

数字人民币系统分布式、平台化技术设计，一方面使得系统韧性和可扩展性大大增强，另一方面也可确保系统能够安全稳健运行。数字人民币采取集中式、分布式融合发展的混合技术架构，兼具集中式与分布式架构特征，既是金融监管重要抓手，也为我国经济、社会和公共治理的数字化转型提供坚实和便捷的技术支撑。

其一，数字人民币有利于央行通过调整资产负债表方式施行结构性货币政策，促进宏观调控效力提升。数字人民币无限法偿性和价值属性等特征，有利于央行发挥金融体系最后贷款人的角色功能，切实保证经济系统中的流通货币数量合理适度①。当前，商业银行等金融机构在我国货币政策调控中充当重要媒介，为了充分利用现有成熟金融体系和维护金融安全与稳定，数字人民币选择二元主体架构，维护了银行作为金融媒介的功能定位，同时也为非金融部门直接纳入央行资产负债表保留了可行性。借助数字人民币技术，央行理论上可实现对非金融部门直接进行干预调控，这

① Fern Endez-Villaverde, J. and D. Sanches, 2016, “Can Currency Competition Work?”, NBER Working Papers 22157; Bordo, M. D. and A. T. Levin, 2017, “Central Bank Digital Currency and the Future of Monetary Policy”, NBER Working Paper 23711.

无疑将大大提高货币政策调控的全面性、及时性和有效性，缓解传统货币政策调控中出现的资金传导不畅、“脱实向虚”等问题。例如，当经济面临严重危机时，央行可直接跳过银行等金融中介传导渠道，以数字人民币形式精准高效向实体部门注入流动性，从而帮助其顺利渡过危机。由此可见，与传统的宽松性货币政策相比，基于数字人民币的逆周期或跨周期货币政策调控无疑表现得更加直接而高效①。

其二，数字人民币作为新的结构性利率政策调控工具，有助于完善货币政策传导机制。尽管目前持有数字人民币并不产生利息，但技术层面而言，数字人民币的确可附加一套可行的生息机制，使得中国人民银行在利率调控方面拥有更多选择性，从而更加及时有效引导市场利率走向。例如，当经济陷入严重危机中，央行可对持有数字人民币施加一定罚息，本质上即等同于负利率，从而增加公众持币成本、避免流动性陷阱加剧；在经济过热阶段，中国人民银行可通过对数字人民币实施正利率的方式，加速货币回笼，降低经济过度膨胀。另外，央行还可利用数字人民币与存款之间的不完全替代性作为调控手段，进一步完善和强化货币政策的传导渠道，提升货币政策的有效性。例如，中国人民银行可利用数字人民币的数字化属性与无限法偿性等特征，从微观层面影响市场资金供需紧张关系，引导资金价格向政策目标靠拢，从而更好促进经济增长②。再如，中国人民银行可对持有数字人民币给予一定利息奖惩，通过改变持币成本调整流通中货币存量，并对总需求产生实质影响③。

---

① Barrdear, J. and M. T. Kumhof, 2016, “The Macroeconomics of Central Bank Issued Digital Currencies”, Bank of England Staff Working Papers No. 605.

② Chiu J., M. Davoodalhosseini, J. H. Jiang and Y. Zhu, 2019, “Central Bank Digital Currency and Banking”, Bank of Canada Staff Working Paper No. 2019 – 20.

③ George, A., T. Xie and J. D. Alba, 2020, “Central Bank Digital Currency with Adjustable Interest Rate in Small Open Economies”, SSRN 3605918；庄子罐、贾红静、刘鼎铭：《居民风险偏好与中国货币政策的宏观经济效应——基于 DSGE 模型的数量分析》，《金融研究》2020 年第 9 期。

其三，数字人民币作为核心数字金融基础设施，提高结构性货币政策调控精准性和直达性。数字人民币系统为精准调控提供基础数据和信息，中国人民银行通过实时追踪和监控数字货币流通、周转速度等，可对货币总量与货币结构有更加全面准确的认识，这为有效应对经济冲击或响应政策变化等提供了更多决策工具，有助于完善央行宏观经济调控职能①。进一步，数字人民币可通过智能合约技术，对投放对象和资金期限、价格等生成必要的前置条款，保证资金流向合理、运用规范，从而更有利于货币政策的精准有效实施②。另外，由于数字人民币等央行数字货币提供可追溯的完整账本，可简化监管报表报送和统计工作流程，提升监管数据质量，为金融监管提供强有力的技术手段③。

（二）数字人民币赋能中小微金融服务逻辑与机理

数字人民币作为国家数字基础设施核心和关键组成，是推进结构性中小微支持货币政策精准实施和落地的重要工具，其作用机理主要体现在政策协调、操作运行和微观响应三个层面上。

首先，政策协调层面。货币、财政以及其他相关政策依托数字人民币的技术、模型和信息支持，可实现互联互通、协调配合，提高结构性政策对中小微金融支持的精准性和有效性。结构性货币政策配合财政对中小微政策支持的调控任务，就是以最高效的货币和财政政策组合，全面推动中小微政策支持目标顺利实现。一直以来，货币和财政部门之间诸如信息不透明、协调技术手段欠缺等不足和困难，是阻碍设计和实施科学、合理、精准的结构性支持政策的重要因素，数字人民币可为货币

① Barrdear, J. and Kumhof, M. T. , 2016, “The Macroeconomics of Central Bank Issued Digital Currencies”, Bank of England Staff Working Papers No. 605.

② 姚前：《理解央行数字货币：一个系统性框架》，《中国科学：信息科学》2017 年第 11 期。

③ 何德旭、姚博：《人民币数字货币法定化的实践、影响及对策建议》，《金融评论》2019 年第 5 期。

和财政政策协调配合与决策评估提供技术、模型和数据支撑。具体而言，数字人民币柔性、易扩展的技术架构有利于实现货币、财政、工信、工商、税务、金融监管、发改委等部门的数据和信息系统的对接和联通，促进货币、财政等各大管理部门的数据信息共享、共治和共融。依托数字人民币资金流、信息流和业务流"三流合一"优势，货币、财政和金融市场、金融机构各部门在中小微金融支持中相互分工协作，重构和完善现有货币、财政数据信息系统的功能与角色定位，增强货币、财政与金融监管、金融机构和金融市场的政策协调配合能力，提高结构性货币政策对中小微金融支持的时效性和精准性。

其次，操作运行层面。结构性中小微支持政策借助数字人民币设计机制和技术特性，提高金融支持的信息透明度，确保资金规范使用。尤其是定向性的再贷款、再贴现以及普惠小微信贷支持工具等结构性政策工具，政策支持的力度大、效果强，也更强调要精准并直达实体，因而具有明确的政策指向性和行政强制性。例如，2020 年受新冠疫情影响，结合疫情防控与复产复工需求所创设的两项普惠小微企业信贷支持工具即属此类。本来，结构性政策支持工具就是为了弥补政策传导中因市场不完全、信息不对称而产生的政策传导梗阻而采取的非常规政策支持工具，但是，在传统的操作模式下，其自身同样也面临着传导渠道不畅，微观信息不实等所导致的政策执行效果不佳问题。

数字人民币集资金流和信息流于一体，系统内所有节点自发、独立地按照统一规范和标准共同记录和维护资金交易信息，从而可突破原有信息流转的业务逻辑，使得数据信息在微观层面自动做到标准化和规范化，克服政策实施和运行中各主体之间的信息不对称问题，为政策目标实施和资金高效管理提供实时、全面、完整、真实的基础信息。数字人民币兼有价值和账户特性，技术上具有资金追踪功能。中小微金融支持资金采用数字人民币进行资金流转，可追本溯源，不可篡改，在机制上实现信息真实和可靠规范。数字人民币交易记录的形成与验证对系统内所有授权节点透明可见，资金流转的来龙去脉均可按照时间顺序进行追溯，从而可形成全流程自动监督机制，增强各节点（各部门和各单位）间监督、协作的能力与意愿。另外，数字人民币结合大数据技术，可支持对资金收支、投放和使用的合规性和合理性进行评价，及时识别和预警异常风险行为，提高定向资金管控的有效性，强化资金管理的事前防控和事后检查能力。

最后，微观响应层面。数字人民币的分布式、可编程性和智能合约技术，有利于精准捕获结构性政策支持的微观效果，优化中小微金融支持的资源配置效率。对于各类长短期借贷便利、再贷款、再贴现等结构性货币政策工具，微观上虽然难以直接将信贷资金提供给中小微企业，但仍然可通过对积极支持小微企业融资发展的中小金融机构以利率优惠、财政补贴或定向投放流动性等方式进行鼓励，引导这些金融机构将信贷资源向小微企业倾斜。此类政策的实施相对更加市场化，不仅能够通过促进利率市场化增强金融服务中小微企业的能力①，也能够向市场释放政策信号，从而通过信号渠道产生积极影响②。

利用数字人民币作为结构性政策工具实施和落地载体，既可以精准捕获金融市场各参与主体的微观响应效果，又可以基于微观响应效果提升政策执行和落地效率。数字人民币集收付、记账与清算三位一体，具备可编程和智能化特征，简化业务流程，降低政策执行和管理过程中对商业银行等机构乃至人工的依赖，提升执行和评估效率。例如，利用数字人民币分布式完全闭合的资金链条，可实现项目资金全生命周期管理，克服评估主体与微观市场主体之间的信息不对称问题；利用数字人

① 师俊国、沈中华、张利平：《普惠金融对投资效率的非线性效应分析》，《南方经济》2016 年第 2 期；黄益平：《尊重金融规律，终结“双轨制”》，贾康、黄益平等：《金融供给侧改革》，浙江大学出版社 2019 年版。

② 刘澜飙、尹海晨、张靖佳：《中国结构性货币政策信号渠道的有效性研究》，《现代财经》（天津财经大学学报）2017 年第 3 期。

民币的数字化、智能化特征，可以实现直接在信贷资金上施加绩效管理指标，使绩效评估结果得到有效的运用；利用数字人民币合理编程，通过对用款项目的分析、对比、评估、排序，可实现信贷资金与项目绩效的智能化精准匹配，将宝贵的信贷资金向最需要的领域倾斜，从而强化政策支持和信贷资源配置效率，提高公共服务能力。

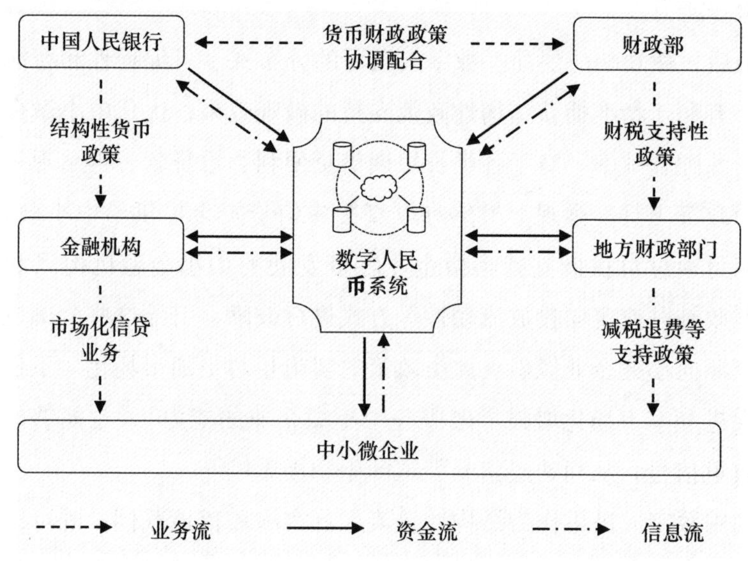

图 9—1　数字人民币强化结构性中小微支持政策运作机制

三　数字人民币赋能中小微金融服务措施与实践

（一）数字人民币促进中小微金融服务具体措施

其一，数字人民币优化信用评测机制，提高中小微企业信贷风险评估能力。一直以来，信息不对称是制约银行等金融机构向中小微企业提供融资服务的关键因素。中小微企业员工流动性较大，缺乏现代企业管理意识，尤其是财务管理机制不完善，财务报表难以做到标准化、规范化，企业资金流向对外不透明，使得融资时自身无法为银行等资金方提供足够的准确信息，导致后者难以对企业开展有效的信用风险评估，只能被动拒绝企业可能的合理融资需求。数字人民币基于大数据分布式记账技术，可保证企业进行的每一笔交易信息被完整、准确的记录且能长期保存，加之其安全、可追溯性更加强了企业资金流向与经营状况的透明度，从而有助于银行等金融机构对企业信贷风险进行有效定价评估，以合理评测企业现金流量、经营状况和偿还能力，并准确识别出信用资质良好的企业来满足其融资需求。

其二，数字人民币强化中小微企业信贷贷前、贷中和贷后管理，提升信贷效率。相比于传统的贷款方式，数字人民币贷款的操作流程更简单，放款速度更快，结算更便捷。利用数字人民币发行的贷款可通过云端自动化技术更高效地建立和处理企业信贷流程，实现数据采集、获客、征信、放款、回款全流程线上化，从而精简业务链条、降低企业成本、提高信贷效率。技术层面，数字人民币还可通过“智能合约”技术设置必要的条件触发条款，如以主体触发或时点触发等方式来有效控制放贷对象与放贷资金流向，前者即通过设置贷款主体合格条件等使得信贷资金只有发放到特定主体账户才能被激活使用，从而有助于实现精准放贷，避免投向中小微企业的资金中途被挪用；后者则是在贷款发放、使用等环节设置必要的约束条件，以控制信贷资金合理流向和运用途径，从而更利于放款机构对中小微企业进行有效的贷中管理。此外，数字人民币依托区块链可追溯、不可篡改的特性也能够有效追踪信贷资金流向，使得企业资金流信息更加透明，从而实现对企业资信和贷后资金使用情况等进行全程自动监督。

其三，数字人民币推进供应链数字金融发展，重塑和创新中小微金融服务。传统供应链金融模式下，一方面中小微企业由于信息不对称、“小额、高频”等风险特征导致融资难、融资贵问题大多得不到有效解决，另一方面中小微企业的交易真实性和合理性难以保证，无法实现放款后资金全流程追溯，从而不可避免存在着资金挪用和截留等潜在风险。相比而言，数字人民币有望通过与大数据、人工智能等金融科技深度融合，赋能中小微金融服务方式变革和重塑，推动供应链数字金融发展提速。供应链金融的最底层需求是利用核心企业信用替代链属上下游中小微企业信用，实现后者快速高效便捷的融资需求。对此，依托数字人民币交易记录，借助区块链技术的可追溯、不可篡改特性，可保证中小微企业交易真实性和透明性，以此增强企业与资金方的互信程度，助力其突破对核心企业担保的依赖，从而有效缓解因信息不对称导致的融资难、融资贵等问题，增强企业普惠金融服务的便利性与可得性。特别地，相较于传统供应链金融服务，基于数字人民币的供应链平台交易安全性好、资金实时到账速度快且无须支付任何手续费用，这也可进一步提高中小微企业资金利用效率，降低企业资金使用成本和风险。

（二）数字人民币促进中小微金融服务案例分析：小微信贷资产证券化

长期以来，中国把破解小微企业融资难问题的注意力更多集中于银行信贷等间接融资领域，没有在资本市场上建立和发展相应的直接融资工具和机制，导致小微企业融资风险过度集中于银行系统。近年来，随着中国经济结构升级转型，促进中小微企业和民营经济发展成为稳增长、稳就业和惠民生战略举措，拓宽和促进中小微企业各类融资渠道，推动中小微企业直接融资市场发展成为关乎经济社会高质量发展的重要举措。

2009 年中国创业板在深交所正式上市，成为国内科技型中小企业通过上市股权进行直接融资的重要平台。2013 年将原三板市场发展为“全国中小企业股权转让系统”（新三板市场），进一步拓宽了创新、创业型中小企业的融资渠道。2019 年，中国“科创板”在上交所正式上市，旨在充分发挥资本市场直接融资渠道，进一步为科技创新型中小型企业注入资本动能，促进科研成果资本化，实现经济高质量发展。2021

年，为打造服务创新型中小企业主阵地，国务院批准北京证券交易所正式成立，进一步丰富了中小企业直接融资途径，同时对中小企业开展股权融资的制度方面进行优化，力求更加包容且精准地为中小企业融资发展提供便利工具。

近年来，尽管中小微企业直接融资市场发展效果显著，但是，还仍然不能满足小微企业融资和转型升级需求，为此，我们还需要进一步加大小微企业融资产品创新力度，为小微企业高质量发展拓展多元化的融资渠道。当前，数字金融发展大势下，小微企业信贷资产证券化业务发展刻不容缓，其作为可有效连接金融机构和资本市场、直接融资与间接融资、长期融资和短期流动性的重要工具，在服务小微企业融资发展中有着巨大的潜力空间。2017 年 3 月发布的《关于做好 2017 年小微企业金融服务工作的通知》明确指出，鼓励银行等金融机构以小微企业信贷资产证券化等方式加快盘活小微企业信贷资源，促进小微企业融资发展。至此，小微企业信贷资产证券化业务被监管部门正式认定为促进和提高中小微企业融资支持和服务的重要工具。

银行发行小微企业贷款证券化产品，有利于消化银行系统持有的小微信贷资产存量规模，提高小微信贷资产流动性，从而更好释放广大中小型银行积极开展小微普惠金融业务，更好地发挥金融支持实体经济作用。小微企业信贷业务通常数量多、金额小，具有较好的风险分散化特征，是较为适合证券化的信贷资产类别。2018 年银行间市场交易商协会发布的《微小企业贷款资产支持证券信息披露指引》，明确了作为证券化基础资产的小微企业贷款单笔入池贷款合同金额不超过 500 万，或单一借款人入池贷款合同金额在资产池贷款合同金额中的占比不超过 1/1000，这一要求正是为了避免基础资产风险过度集中。

在宏观和结构转型层面上，信贷资产证券化一方面可有效促进社会融资规模上升，另一方面也利于社会资金流入政策支持的相关领域，更好发挥金融市场化配置资源功能。银行在小微信贷资产证券化业务中，可循环将富余资金用于小微企业信贷服务，支持小微企业融资规模扩张，同时也为社会资金流入小微企业与创业创新领域提供了市场化的投资渠道。小微企业信贷资产证券化形成的具有稳定现金流的固定收益类产品，丰富了资本市场投资品种，使得更多投资者可以分享小微企业快速发展带来的红利。尽管如此，目前国内小微企业信贷资产证券化发展较国外相比仍明显滞后，且长期面临着诸多体制机制性障碍因素。对此，数字人民币在技术上有助于小微信贷资产证券化发展。

其一，数字人民币便利筛选合格投资人。一直以来，我国信贷资产证券化市场投资门槛设置相对较高，投资主体方面严格限于银行间与交易所市场内的机构主体，且超过 90% 投资人为银行业金融机构，它们以交叉持有到期等方式垄断了大多数证券化产品在二级市场的交易流动性，从而间接上制约了信贷资产证券化业务发展。数字人民币具备可编程性，其通过智能合约可对证券化产品投资主体设置合格条件，实现智能化、自动化纳入符合条件的投资主体，从而有利于丰富证券化产品资金来源。

其二，数字人民币有利于 SPV 中不同风险类型通证化（Token）交易，提高交易效率。数字人民币具备价值和账户双重特性，支持与银行账户松耦合，具有支付即结算、安全可靠、效率高等优势。在信贷资产证券化产品发行中，原始债权人可将基础资产通过 SPV 进行资产证券化处理，并发行属于自己的数字代币（Token），之后再利用数字人民币进行买卖、融资、抵押等一系列操作，待资产收益分配完成后，可反向回购 token 并进行销毁，从而提高证券化产品交易效率。

其三，数字人民币有助于提高资产证券化中数据治理水平，从而有效防范金融风险。数字人民币具备可追溯性，天然拥有资金流、信息流和业务流“三流合一”优势，能够突破现有业务逻辑的信息流转机制，自发、独立地按照统一规范和标准共同记录和维护资金往来信息，从而将数据信息在微观层面自动做到标准化和规范化，这有利于克服证券化产品运行中各市场主体间的信息不对称问题，为产品管理提供实时、全面、完整、真实的基础信息，从而实现全流程自动监控，以有效防范金融风险发生。

其四，数字人民币可追本溯源、不可篡改，可保证小微信贷资产的真实性。数字人民币依托区块链底层技术，可追本溯源，不可篡改。利用数字人民币形成的交易记录与验证过程对系统内所有授权节点透明可见，资金流转的来去始终可根据时间顺序进行全流程追溯，从而在机制上保证底层信贷资产的信息真实和可靠规范。

四　结构性中小微支持政策中数字人民币应用问题与挑战

数字人民币发展不仅将改善现有的金融支付基础设施，助力金融体系更好服务实体经济，同时也将深刻影响我国货币结构、金融市场以及金融普惠性发展。数字人民币等央行数字货币不仅有利于促进银行业等金融机构数字化转型，也给它们当前业务发展和运营模式带来巨大挑战。

第一，数字人民币发展可能导致金融脱媒和狭义银行效应，可能会阻碍银行利用数字人民币开展中小微金融服务业务。例如，采用数字人民币对中小微企业进行贷款业务，数字化贷款以现金形式直接发送到借款人（或者债权人）的数字钱包中，贷款不能像传统信贷业务那样即刻转化为银行存款，这势必会影响银行信用创造能力，阻碍商业银行信贷业务发展。数字人民币在设计理念上采用合成式 CDBC 形式，在技术上实施双层运营结构，一个重要原因，就是尽量避免狭义银行和金融脱媒可能对当前金融和银行体系稳定造成巨大冲击和危害，从而削弱商业银行的信用创造和贷款投放能力，增加社会融资成本，妨碍货币和金融体系稳定运行。今后，政府和货币当局可能更需要针对数字人民币开展信贷业务过程中可能出现的诸如狭义银行效应等问题和矛盾，进行适当的制度创新以化解和规避相关风险，支持和机理银行业等金融机构采用数字人民币进行包括中小微金融支持在内的各类信贷业务发展。

第二，数字人民币衍生新的业务、产品和机构可能在短期内对现行金融体系形成一定程度野蛮冲击，不利中小金融机构和中小微金融服务发展。央行数字货币可通过数字钱包几乎没有成本的自由转移，消除资金流动的物理界限，降低了其他金融（或非金融）机构与银行业机构的竞争门槛，可能加剧银行业发展不平衡，甚至严重挤压中小银行生存空间，阻滞中小微金融服务发展。例如，在低利率环境下，数字人民币在流动性竞争上会明显优于银行存款，从而影响商业银行资金的来源、构成与成本，对原有公众银行存款形成替代，从而加剧银行负债端压力。再例如，数字人民币提高金融资产的流动性，短期可能使得公众对银行定期存款、大额存单的需求大幅增加，从而抬升负债端利息成本，不利于银行等金融机构更加积极主动地开展中小微普惠金融服务。

第三，央行数字货币的数字化属性在提高金融服务和发展的效率的同时，也增加了货币政策调控的复杂性和难度。央行数字货币降低了不同金融资产转换成本，提高了金融体系的市场竞争力，这固然有助于金融体系为包括中小微企业在内的各类经济实体提供更优质高效的金融服务，但也可能会增加市场对政策调控的敏感度和不确定性，从而会放大政策偏差，造成不可预知的经济和金融风险。这实质上对各类结构性货币政策的实施和执行提出了更高要求。

第四，人民币数字化冲击现行金融服务的结构与范式，对中小微金融服务中各类金融风险管控带来冲击与挑战。从促进创新和服务实体经济角度看，数字人民币作为底层金融基础设施，有利于推动银行等金融机构加快数字化转型、促进市场交易机制创新，并客观上倒逼这些金融机构以市场化方式提供更加优质的产品服务，切实有效助力实体经济发展。例如，银行业金融机构利用数字人民币可方便地开展点对点小额信贷业务，为个体商户或初创企业提供信贷支持，扩大金融普惠性，促进银行经营与社会经济发展形成高效、高质的协同效应[①]。还有，建立基于数字人民币的新在线银行，实现数字货币与银行账户有机结合，降低银行经营成本。当然，随着银行业等金融机构业务不断创新发展，银行运营的风险类型也发生了变化，需要银行风控体制、机制也要进行相应革新。

五　结论与政策建议

当前，数字人民币试点落地进程正加速推进，数字货币技术驱动金融服务领域应用拓展不断取得新突破。作为中国数字基础设施核心和关键组成，数字人民币不仅有利于推进结构性中小微支持货币政策精准实施和落地，而且对促进中小微信贷服务重塑和创新、支持中小微企业发展有着重要而深远的现实意义。

第一，依托数字人民币资金流、信息流和业务流“三流合一”优势，货币、财政和金融市场、金融机构各部门在中小微金融支持中可实现数据信息互联互通、业务治理分工协作，通过重构和完善现有货币、财政数据信息系统的功能与角色定位，增强货币、财政与金融监管、金融机构和金融市场的政策协调配合能力，提高结构性货币政策对中小微金融支持的效率和精准性。

第二，数字人民币兼具价值和账户属性，技术上具有安全、可追溯、可编程等功能优势，中小微信贷资金采用数字人民币进行划拨流转，可追本溯源，不可篡改，有利于提升中小微金融支持政策在操作规程和资金运用上的规范性、真实性和可靠性，尤其是保证定向性再贷款、再贴现以及普惠小微信贷等结构性政策工具能够精准且直达中小微

① Adrian, T. and T. Mancini-Griffoli, “The Rise of Digital Money”, IMF Fintech Notes, 2019.

实体。

第三，数字人民币作为结构性政策工具实施和落地载体，可精准捕获金融市场各参与主体的微观响应效果，提升政策执行和落地效率。利用数字人民币分布式完全闭合的资金链条，可有效克服评估主体与微观市场主体之间的信息不对称问题，从而有利于以市场化方式鼓励和引导金融机构将信贷资源向中小微企业倾斜。

展望未来，在数字化转型的大背景下，数字人民币赋能中小微金融服务质量有望得到进一步提升，同时也将进一步促进结构性支持政策下金融机构普惠金融服务效能持续增强，从而为破解长期以来中小微企业融资困境提供新的途径。建议，进一步扎实推进数字人民币研发试点工作，促进数字人民币业务持续稳健发展。同时，完善数字人民币相关的法律制度体系，加强数字金融基础设施建设，推动基于数字人民币的金融新业态创新发展。当然，也要强化对数字人民币业务、风控、技术、安全等方面的统筹协调，构建完善数字人民币监管体系，防范数字人民币运营风险。

（执笔人：黄国平）

第十章

破解创新型中小企业股权融资难题

创新型中小企业是产业链的重要主体，其对促进经济结构转型升级和提升国家科技实力的重要性不言而喻。随着大国博弈的逐步深化，我国经济安全将面临更多挑战，要想实现高科技领域自主创新，打破西方国家“卡脖子”围堵，必须充分发挥创新型中小企业的关键作用。党的二十大报告指出，要将“强化企业科技创新主体地位”“营造有利于科技型中小微企业成长的良好环境”作为“加快实施创新驱动发展战略”“着力推动高质量发展”的重要举措①。此外，党的二十大报告还强调，将“健全资本市场功能，提高直接融资比重”②，为创新型中小企业通过股权融资走出发展困境提供了良好的发展机遇。特别是近年来，北京证券交易所设立和全国股转系统深化改革更是将服务创新型中小企业提升到极为重要的战略高度。基于上述现实背景，我们试图对一系列问题进行回答：创新型中小企业和股权融资相契合的内在逻辑是什么？当前股权资金支持创新型中小企业发展的主要障碍有哪些？支持创

---

① 习近平：《高举中国特色社会主义伟大旗帜　为全面建设社会主义现代化国家而团结奋斗——在中国共产党第二十次全国代表大会上的报告》，人民出版社 2022 年版，第 28、35、36 页。

② 习近平：《高举中国特色社会主义伟大旗帜　为全面建设社会主义现代化国家而团结奋斗——在中国共产党第二十次全国代表大会上的报告》，人民出版社 2022 年版，第 30 页。

新型中小企业股权融资的经验启示有哪些？中国又该如何破解创新型中小企业长期股权融资之困？我们认为，引入政策性金融构建长期股权资金平台不啻为破解创新型中小企业股权融资难题的可选之策。

一　股权融资破解创新型中小企业融资难的内在逻辑

从政治经济学角度解构企业资本构成后，发现创新型中小企业资本构成随着企业创新活动深入而逐步下降，这与普通中小企业迥异。创新型中小企业的异质性资本构成特征和银行信贷存在内在逻辑冲突，但与股权融资却是天然匹配。

（一）创新型中小企业资本构成的政治经济学分析

马克思的资本构成理论认为，从价值方面来看，资本构成是不变资本和可变资本的比例。从技术方面来看，资本构成是生产资料价值和劳动力价值的比例。由资本技术构成决定，并且反映技术构成变化的资本价值构成，被称为资本有机构成[①]。对于任何一家追求价值最大化的普通企业而言，一方面，基于资本的逐利性，必然要求资本周转时间显著小于工资支付周期。另一方面，劳动力相对过剩且存在可替代性，抑制了劳动力价值增加。上述两种因素共同推动资本价值构成不断攀升[②]。

创新型中小企业的突出特点是拥有核心技术产权和高端技术人才，相较于普通中小企业资本构成呈现出完全不同的表现特征。我们将创新型中小企业的资本构成拆解为不变资本的固定部分价值、不变资本的流动部分价值和可变资本价值等，分别剖析内在特征和变化趋势。第一，

① 马克思：《资本论》（第1卷），人民出版社2018年版。

② 马克思：《资本论》（第1卷），人民出版社2018年版。

不变资本的固定部分价值随着企业创新活动的深入变化不大。不同于普通中小企业固定资产以厂房、车间和机器设备为主，创新型中小企业生产资本中不变资本的固定部分通常以轻资产形态存在，生产经营活动必需的固定资产多数以租赁方式获得。在生产过程中，不变资本的固定部分向实物产品转移的价值相对较少，也不需要重新购置资产或增加过多维修费用。第二，不变资本的流动部分价值随着企业创新活动的深入小幅提升。不同于普通中小企业流动资本以燃料和原材料为主，创新型中小企业劳动材料主要表现为数据、算法、技术专利、软件著作权等无形资产，能够突破普通企业因固定资本形成的产能约束，直接和劳动力相结合就可以形成产品。此外，创新型中小企业诸多劳动材料，可以从公开渠道免费获取，或借助技术转让等方式低成本获取①。第三，可变资本价值随着企业创新活动的深入快速提升。不同于普通中小企业可变资本以生产管理人员薪酬为主，创新型中小企业更加需要具有突出科研能力的高端技术人才。即便劳动力市场出现相对过剩，技术专用性较强的高端群体受到的冲击也颇为有限。相反的是，随着创新活动持续深入，高端人才市场供给与创新型中小企业需求之间的缺口会不断增加，由此导致可变资本快速增加。基于上述分析，不难判断创新型中小企业资本构成随着创新活动的深入呈现不断下降的趋势②。

（二）创新型中小企业资本构成与银行信贷存在冲突

创新价值评估复杂是创新型中小企业难以获取银行信贷融资的主要障碍。如前所述，不变资本的流动部分价值和可变资本价值都会随着企业创新活动的持续深入不断增加，并且资本构成不断下降。由于不变资本的流动部分价值和可变资本价值评估难度较高，创新型中小企业难以

① Hahn, F. H., 1971, *Reading in the Theory of Growth*, London: Palgrave Macmillan.

② 贾利军、郝启晨：《发展完善直接融资体系破解创新型中小企业融资难题》，《政治经济学评论》2023年第1期。

获得银行信贷融资。一方面，银行广泛使用的资产估值模型主要关注企业规模、偿债能力和抵押物质量，适用于有形资产价值评估，创新型中小企业有形资产占比偏低，通常被认为抵御外部风险能力较弱，在信贷市场缺乏竞争力。另一方面，创新型中小企业的可变资本价值无法通过财务报表描述，银行难以评估无形资产价值以及企业长期发展前景①。由于两类企业资本构成特征存在较大差异，一旦银行缺乏内在动力甄别创新型中小企业，创新型中小企业和普通中小企业共同竞争银行信贷资金使用权时将处于明显劣势②。

即便创新型中小企业能够获取银行信贷资金，但资金供给的稳定性也难以保证。通常而言，提供价值充足的抵押物是企业获得银行信贷资金的重要条件，但具有特殊资本构成的创新型中小企业难以符合要求③。一方面，由于技术创新活动未来收益预期存在诸多不确定性，对于银行信贷而言，创新型中小企业投入研发创新的生产资料就不能作为安全抵押物。另一方面，多数创新型中小企业都是轻资产结构，部分必需的固定资产大多通过租赁方式获取使用权，进一步压缩了信贷融资空间。

（三）创新型中小企业资本构成与股权融资天然匹配

一些理论研究表明，股权融资更能激励企业投入科研创新活动④。对于单一企业而言，随着创新型中小企业资本有机构成持续降低，技术创新获得成功的概率不断增加，对应着企业人均创新产出也在不断提

---

① 李莉、闫斌、顾春霞：《知识产权保护、信息不对称与高科技企业资本结构》，《管理世界》2014 年第 11 期。

② 徐飞：《银行信贷与企业创新困境》，《中国工业经济》2019 年第 1 期。

③ 谢朝华、何文豪、郭登燕：《金融支持技术创新的政策优化和路径研究——以湖南省为例》，《价格理论与实践》2018 年第 10 期。

④ 贺俊、韩文衍、毕功兵：《直接融资结构对经济发展的非线性影响》，《中国管理科学》2021 年第 7 期。

升，更加容易吸引追求投资收益最大化的股权投资者。对于整体市场而言，单一企业技术创新成功概率上升的必然结果是，创新型中小企业研发收益的期望效用也会大幅提升。这时，创新型中小企业资本构成不断降低的趋势就被市场视为利多信号，将会引导更多股权资金流向创新型中小企业，进而形成正反馈循环[①]。

大量融资实践也表明，创新型中小企业具有的高风险、高收益特征更能匹配股权投资者的风险偏好。从创新型中小企业角度而言，股权资金有利于降低企业负债水平和增强偿债能力，企业就可以将更多自由现金流投入到长周期创新活动中去，进一步提升企业竞争力和估值水平[②]。从股权投资者角度而言，个体投资风险被充分分散，单个投资者只需为企业创新活动承担以投资额为上限的经济损失。此外，股权投资者可以通过参与公司治理或签订对赌协议等方式约束管理者经营行为[③]。

二　股权资金供给结构性失衡制约创新型中小企业发展

近年来，中国支持创新型中小企业发展的政策力度不断增强，但最关键的股权融资堵点并未得到有效疏解。究其原因，除了二级市场支持融资效率不高和一级市场融资规模不足，期限过短的资金难以支持投资回收期较长的创新活动，以及商业性资本不愿意进入科技成果转化阶段等结构性错配因素也不容忽视。

---

① 贾利军、郝启晨：《发展完善直接融资体系破解创新型中小企业融资难题》，《政治经济学评论》2023 年第 1 期。

② 赖继红：《私募股权投资、企业创新及其宏观经济效应研究》，《中央财经大学学报》2012 年第 9 期。

③ 张悦：《关于私募投资领域对赌协议实践的法律思考》，《东南大学学报》（哲学社会科学版）2021 年第 S2 期。

（一）二级市场支持创新型中小企业融资效率不高

随着资本市场改革持续推进，支持创新型中小企业融资的场所不断增多，连贯性不断增强，但政策效果并不如意。从制度建设方面看，当前我国资本市场支持创新型中小企业结构合理，上交所科创板突出“硬科技”特色，深交所创业板主要服务于成长型创新企业，北交所和全国股转系统共同打造服务创新型中小企业主阵地，区域性股权市场“向上”通道也在逐步打开，不同发展阶段的创新型中小企业都可以在资本市场找到合适的板块①。从政策效果方面看，全国股转系统融资能力较弱，但挂牌费用不低。沪深京交易所上市标准严格，多数初创期创新型企业规模普遍较小，财务规范性和法律素养难以达标。2005—2019 年，中国创新型企业通过资本市场筹集资金规模占全部融资总额比例超过 15% 的年份仅有 4 年，多数时期创新型企业发展资金主要来自银行信贷②。

此外，高昂的金融中介服务成本也令不少创新型中小企业望而退却。以全国股转系统为例，通常企业挂牌费用为 200 万—300 万元。其中，保荐费用 150 万元、审计费用 50 万元、法律费用 30 万元、资产评估机构 10 万元左右。以沪深证券交易所为例，根据相关机构测算，募集金额低于 3 亿元档位时，上市企业发行费用均值 4506 万元，占募集资金总额的 19. 8% 。其中，保荐费用为 2931 万元，审计费用为 651 万元、法律费用为 348 万元，信息披露费用为 506 万元③。

① 闫琰、王娴：《多层次资本市场服务中小企业》，《中国金融》2022 年第 11 期。

② 闫禹：《基于多层次资本市场的创新型企业融资策略研究》，《边疆经济与文化》2020 年第 10 期。

③ 统计样本为 2020 年 1 月 1 日到 2021 年 3 月 19 日，在沪深交易所首发上市的 476 家上市公司。其中，科创板 172 家，创业板 133 家，主板和中小板合计 171 家。

表 10—1　　　　**沪深证券交易所企业上市费用统计**

募资额度	3 亿元以下	3 亿—5 亿元	5 亿—10 亿元	10 亿—30 亿元
发行费用（万元）	4506	5160	6703	9475
发行费率（%）	19.79	12.01	9.21	6.08
承销保荐费（万元）	2931	3251	4733	739
审计及验资费（万元）	651	917	917	981
法律费用（万元）	348	436	489	502
信息披露费（万元）	506	485	494	489

资料来源：Wind 数据库。

以北京证券交易所为例，根据相关机构测算，上市企业发行费用均值 1901 万元，占募集资金总额的 10.7%。其中，保荐承销费用 1452 万元，审计及验资费用 268 万元，法律费用 143 万元①。面对占比募集资金总额比例 10% 左右的发行费用，普遍缺乏丰厚利润支撑的创新型中小企业几乎难以承担。

表 10—2　　　　**北京证券交易所企业上市费用统计**

	平均数	中位数	最高值	最低值
发行费用（万元）	1901	1656	7177	517
发行费率（%）	10.71	10.03	25.83	4.06
承销保荐费（万元）	1452	1195	6309	243
审计及验资费（万元）	268	226	693	56
法律费用（万元）	143	113	581	34

资料来源：Wind 数据库。

① 样本区间为北交所开市到 2022 年 10 月 22 日，样本量在北京交易所首发上市的 118 家上市公司。

（二）一级市场支持创新型中小企业融资规模不足

私募股权投资基金和创业投资基金与企业科技创新需求适配性较高，也是创新资本形成的关键力量①。通常而言，私募股权投资基金大多投向细分行业的成熟龙头企业，助力创新型中小企业达到上市标准②。一方面，私募股权投资基金规模快速增长。2022 年年底，中国私募股权投资基金续存余额 10.94 万亿元，较 2018 年增加 41.89%。另一方面，私募股权投资基金占比仍然较低。2022 年，中国私募股权投资基金新增续存余额 0.43 万亿元，仅占全国社会融资规模的 1.34%。

与私募股权投资基金不同的是，创业投资基金大多投向初创期和成长期企业，识别和培育具有发展潜力的创新型中小企业③。虽然创业投

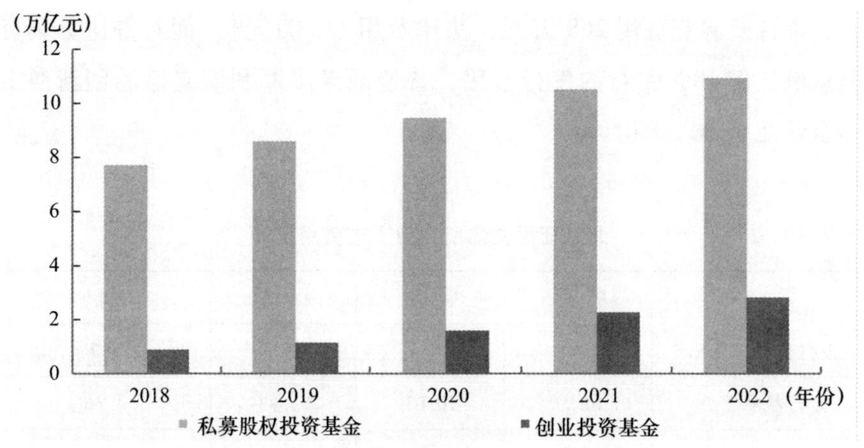

图 10—1　私募股权投资基金和创业投资基金

资料来源：Wind 数据库，中国证券业协会网站。

---

① 孙继伟、朱文辉：《私募股权投资基金运作机制研究：综述及展望》，《会计之友》2020 年第 13 期。

② 王娇娇：《私募股权投资基金发展与转型》，《中国金融》2021 年第 4 期。

③ 杨庆、糜傅青、官峰：《谁更能促进创新资本形成？创新投资基金抑或股权投资者基金》，《上海财经大学学报》2021 年第 5 期。

资基金总体规模不及私募股权投资基金，但增长态势更加明显。一方面，创业投资基金规模快速增长。2022 年年底，我国创业投资基金续存余额2.83 万亿元，较2018 年增加217.98%，较私募股权投资基金高出 176.09 个百分点。另一方面，创业投资基金占比仍然较低。2022 年我国创业投资基金新增续存余额 0.56 万亿元，占全国社会融资规模的 1.75%，较私募股权投资基金高出 0.41 个百分点。

（三）股权资金支持创新性中小企业存在结构错配

即便股权资金供给规模得到解决，结构性错配问题也会制约创新型中小企业融资。股权资金支持创新性中小企业的结构性错配之一是期限过短的资金难以支持投资回收期较长的创新活动①。我国金融体系是以银行为主导的间接金融结构，社会信用观念淡薄导致大量闲置资金只能

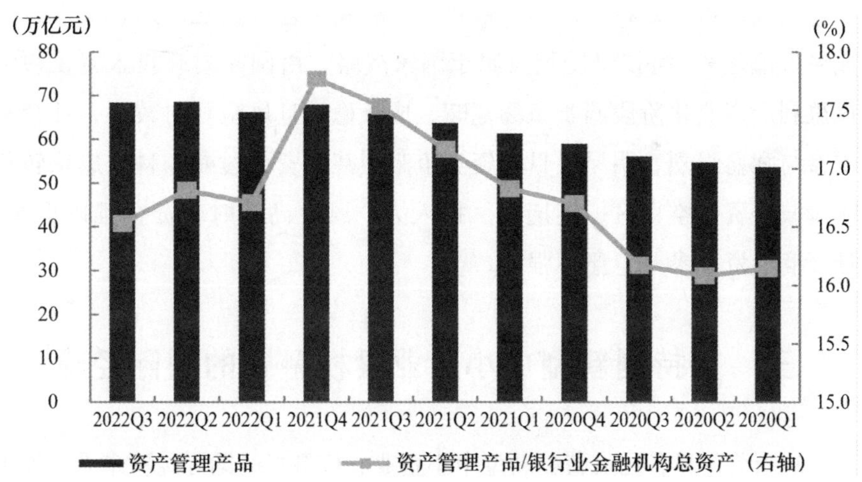

图 10—2 各类资产管理产品规模

资料来源：Wind 数据库，中国证券业协会网站。

① 李明明、刘海明：《银行业竞争对企业投融资期限错配的影响研究》，《国际金融研究》2022 年第 7 期。

进入银行部门。为了缓解微观企业资金缺口，大量银行资金借道资产管理领域，不少私募股权投资基金和创业投资基金也是由商业银行短期贷款明股实债而来①。根据中国证券投资基金业协会统计，2022 年第三季度末，我国各类资产管理产品规模合计 68.34 万亿元，相当于全部金融业机构总资产的 16.53%。明股实债性质资金对创新型中小企业技术研发活动形成强烈制约，多数私募股权投资基金和创业投资基金投资期限被限制在"3+1+1"，难以支持长期投资项目。

股权资金支持创新性中小企业的结构性错配之二是商业性资本不愿意进入科技成果转化阶段。通常科技创新周期包括科技研发、科技成果转化和产业化发展三个阶段。科技开发指的是通过收集和整合信息，以及科学研究等活动，形成包括专利、论文等科技成果。科技成果转化指的是通过实验、开发、应用等手段将科研成果转化为新产品或新工艺。产业化发展指的是将新产品规模化生产或新工艺规模化应用，实现科技成果价值化②。科技研发阶段属于国家战略，由国家财政投入，无须考虑盈利。产业化阶段属于市场范畴，成长稳定且风险相对较小，社会资本参与意愿强烈，明星项目投资竞争激烈甚至资金过剩。科技成果转化阶段属于资金空白区，周期长、投入大、风险高，财政资金难以惠及，社会商业资本参与意愿不强③。

三　支持创新型中小企业股权融资的国际经验

从当前世界各国支持创新型中小企业股权融资的国际经验来看，德国银行体系和以色列 YOZMA 基金两种模式成效相对显著，值得中国借鉴。

① 陈姗姗、熊伟、钟宁桦、汪峰：《政府和社会资本合作项目异化为地方政府明股实债融资的探讨》，《同济大学学报》（自然科学版）2021 年第 10 期。

② 杨春雷：《科技创新管理模式研究》，《科学管理研究》2013 年第 5 期。

③ 何丹、燕鑫：《金融支持科技创新效率实证分析》，《统计与决策》2017 年第 10 期。

德国经验表明，间接金融体系也可以为创新型中小企业提供股权融资支持，培育众多“隐形冠军”。以色列经验表明，由政策性基金组建母基金可以为创新型中小企业提供股权融资支持，打造世界“创新奇迹”。

（一）德国银行体系支持创新性中小企业股权融资的经验借鉴

与中国类似，德国金融体系是以银行为主导的间接金融体系结构，德国支持中小企业直接融资的主体是德国复兴信贷银行和德国担保银行协会两大机构。

1. 德国复兴信贷银行组建投资基金支持创新型中小企业股权融资

德国复兴信贷银行（KFW）成立于 1948 年，德国联邦政府和州政府分别持股 80% 和 20%，类似于中国国家开发银行。KFW 不仅借助发放差异化贷款和“转贷”机制支持中小企业融资，而且积极探索组建投资基金支持德国创新型中小企业发展。具体而言，KFW 通过组建子公司 KFW 资本，以新设或投资已有创投基金等方式，为创新型中小企业提供股权融资支持，主要运作特点如下。

第一，投资对象标准明确。KFW 资本投资对象主要是风险投资基金和风险债务基金，但被投资的基金需要同时满足三大标准：一是投资于德国初创企业或以创新技术为导向的成长型公司；二是投资基金规模需要超过 5000 万欧元，并且只能由私人投资者管理；三是投资之前需要制定明确的退出策略。

第二，遵循市场化运作机制。KFW 资本遵循市场化投资原则，除了定期审查被投资基金是否符合政府支持领域，其他权益与私人投资者同等。KFW 资本投资单只基金上限为 2500 万欧元，且不超过基金总份额的 20%。

第三，根据政策目标和市场需求完善基金类型。目前，KFW 资本合计投资 34 只基金，涵盖四大领域。一是高科技创业基金（HTGF）。2005 年，德国联邦经济技术部主导，由 KFW 与知名企业、担保银行等共同设立，为处在初创期的科技企业提供资金支持。其中，KFW 资本是 HTGF 基金最大投资者。2021 年年末，HTGF 基金共设立三只子基金，为 600 多家公司提供融资。其中，140 多家被投企业已经在证券交易所出售或上市。二是欧洲复兴计划（ERP）风险投资基金。该基金资金部分来源于联邦政府 ERP 专项基金，主要通过投资私人风险投资基金支持创新企业，每只基金投资金额不超过 2500 万欧元。三是 ERP 未来基金。该基金主要针对前沿技术、颠覆性强、不确定性高的领域，计划到 2030 年提供总计 100 亿欧元资金，并至少吸引 200 亿欧元私人投资。四是 Coparion 基金。该基金由 KFW 资本、德国联邦经济和能源部（BMWi）和欧洲投资银行（EIB）出资设立，计划吸引 50% 的社会资本，共同对创新型企业进行直接投资①。

2. 德国担保银行协会设立投资机构支持创新型中小企业股权融资

为了分散银行信贷风险，德国还建立了以担保银行为主体的融资担保体系。德国担保银行协会成立于 1990 年，代表德国 17 家担保银行。德国担保银行协会设立了 15 家中小企业投资公司（MBGs），为创新型中小企业提供融资支持。2020 年，MBGs 新投资了 540 多个中小企业项目，支持额超过 1.88 亿欧元。

与担保银行类似，MBGs 也是非营利机构，主要为创新型中小企业提供“夹层资本”支持。“夹层资本”结构类似股权，但介于股权和债务之间，主要形式为“利润参与证书”、次级贷款和“无声合伙”等。当企业破产时，“夹层资本”追偿权在其他债权之后，但在普通股权之前。

MBGs 对投资企业标准有严格规定。一是公司成立时间不超过 5 年；二是研发项目的核心成员必须包括公司创始人；三是少于 50 名全职员工；四是公司年营业额不超过 1000 万欧元，或资产总额不超过 1000 万欧元等②。

---

① Goeck, M. and Walther, U. 2022, “What Drives Financing Decisions of SMEs? A Survey of German Bank Advisers”, *Credit and Capital Markets*, 55 (1): 67 – 97.

② 陈燕和、肖丹然：《德国中小企业融资经验及启示》，《区域金融研究》2021 年第 10 期。

3. 德国银行体系支持创新型中小企业股权融资的重要启示

第一，健全开发性金融支持体系。由于创新型中小企业前期投入高、投资风险大、研发周期长，单纯依靠商业银行容易导致“市场失灵”。中国可以新设以支持创新型中小企业为主要业务的开发性银行，或调整优化现有开发性金融机构的主要职能，将支持创新型中小企业直接融资作为业务重点并纳入考核体系①。

第二，创新政府投资基金运作模式。设立引导类投资基金支持创新型中小企业股权融资，是德国 KFW 资本和担保银行协会都采纳的重要手段。中国虽然已经形成了规模较大的各级政府投资基金和国有企业投资基金体系，但是对更加前沿的技术投资较为谨慎，创新型中小企业很难通过此类基金补充早期研发资金。未来中国需要针对前沿技术、颠覆性技术，设立专项投资基金。

（二）以色列 YOZMA 支持创新性中小企业融资的经验借鉴

为了培育服务高新技术初创企业的投资机构，1994 年以色列政府拨款 1 亿美元设立国有独资 YOZMA 公司，由其组建国内首只政府创业引导基金——YOZMA 基金。其中，20% 由 YOZMA 基金直接投资；80% 用来成立 10 只参股子基金，通过与国际知名的创业投资基金、产业投资基金，以及其他机构投资者合资成立产业投资子基金。

1. YOZMA 基金支持创新型中小企业的主要做法

第一，通过参股子基金模式，引导社会资本投入。YOZMA 基金首批参股 10 只子基金均由三个投资主体组成，分别是 YOZMA 基金、一家国外风险资本公司、一家成熟国内民间资本公司（主要为以色列投资公司或银行）。每只子基金中，YOZMA 基金（即政府资金）持股 40%，国外资本与民间资本持股 60%。1993—1997 年，YOZMA 首批成立 10

① 吕劲松：《关于融资难融、资贵问题的思考》，《金融研究》2015 年第 11 期。

只参股子基金中，共募集国外资本和民间资本 1.63 亿美元，有效地通过杠杆作用撬动社会资本进入。

第二，采取有限合伙制，聘请专业团队管理。YOZMA 母基金旗下的每只子基金作为独立有限合伙企业，需要保证基金在风险投资行业的竞争力。关于公司治理方面，YOZMA 基金作为有限合伙人，享有事先约定的投资收益，参加子基金投资委员会，负责对子基金的运作目标、投资方向、退出时机与方式进行监督，但不参与基金日常管理与投资决策。海外资本与私人投资者作为子基金的普通合伙人，有权决定、管理合伙事务，带领团队运营，承担无限连带责任。关于运营管理方面，YOZMA 基金聘请以色列本土专业投资机构负责基金的日常运营与具体投资决策，并将基金经理人的管理能力作为选择合作机构的重要参考标准。同时，为了激励旗下子基金管理团队提高财务业绩，YOZMA 基金规定子基金管理人每年可获得 3% 的基金管理费和 20% 的投资利润。专业化的管理水平和市场化的激励力度有效地保证了 YOZMA 基金的市场化竞争力，也降低了政府权力介入导致的寻租风险。

第三，投资方向明确，体现政策导向。设立之初，YOZMA 基金就对投资项目的行业领域与产业阶段制定了相关原则，要求投向尚处于创业早期的初创企业，被投资的企业必须掌握研发、技术和产业化的核心环节。直接投资基金主要投向以色列最欠缺但前景良好的通信、生命生物科学、医疗医药技术等行业，矫正风险投资的“市场失灵”。同时，YOZMA 母基金还对其参股的首批子基金在各行业的投资比例进行明确规定。2009 年以色列风险投资对高新技术产业早期投资占当年总投资的比重为 67%，2012 年迅速上升到 83%。

第四，实施上行激励，鼓励政府资金退出。在政府资金退出程序安排上，每只子基金都安排有对政府投资的看涨期权，行权价为 5 年内的资金成本价格，即在本金投入的基础上按照 5%—7% 的年利率进行溢价补偿。在封闭期前 5 年，参股子基金的其他投资者在任何时候均可优先以行权价收购政府股权。如果前5年没有投资者行权，5年后YOZMA将政府股权以行权价为基础，通过公开拍卖转让给海外投资者和私人投资者。如果运作失败，YOZMA与其他投资者共同承担损失。在此过程中，YOZMA不仅提供资金和分担风险，更重要的是提供了投资上行的激励机制，吸引专业风险投资机构与人才涌入。

第五，搭建国际网络，助力被投企业国际化。YOZMA参股子基金和间接参股的创投基金在美国和欧洲均设立了分支机构，主要负责寻找海外合作伙伴和跟踪海外技术、市场发展动态，为本土创业投资机构提供有效指导，不仅有效吸引了海外资本投资，而且为资本退出与增值提供更多渠道。截至2014年7月，国际创投机构如红杉资本、英特尔资本大规模进入以色列市场，90余家以色列高科技企业在纳斯达克成功上市。

第六，政府出台配套政策，吸引各类资金进入。一方面，实施投资补贴和减免税政策。以色列政府规定，国外投资者在以色列高科技企业初创期的风险投资中的资本利得税永久豁免。受到优惠政策激励的影响，以色列大多数高科技企业在初创期都引进了美国或其他国家风险投资。另一方面，实施政府信用担保政策。为了鼓励养老基金、保险基金等参与投资创新型中小企业，以色列工业与贸易部以政府在子基金中的股权为上限进行担保，鼓励长期投资基金管理者积极参与投资YOZMA子基金①。

2. YOZMA基金支持创新型中小企业股权融资的重要启示

第一，构建科学高效的组织保障体系。一是需要简化创业投资企业的行政审批手续，进一步提高创业投资基金运作效率。二是需要保证监管政策的一致性和连续性，为私人投资者提供稳定的预期，进一步激发民间资本参与创业投资的信心和热情。三是逐步完善创新型中小企业信息披露和公司治理等法律法规，有助于投资者更好识别创新型中小企业质量。

① 萧端、熊婧：《政府创业引导基金运作模式借鉴——以以色列YOZMA基金为例》，《南方经济》2014年第7期。

第二，发挥创业投资基金的引导作用。一是积极探索建立政府科技、产业财政资金、财政经营性资金股权投资和创业投资资金共同投入创业企业的新机制，利用财政资金设立创业投资引导基金，撬动更多的社会创业投资支持创新型中小企业。二是探索建立创业投资机构集聚区，吸引境内外创业投资机构入驻，提高政府综合服务效率。三是建立健全与国内外知名创业投资机构及行业组织合作的长效机制，为创新型中小企业技术并购、市场拓展和挂牌上市等提供便利①。

第三，明确划分政府与市场的边界。一是设立创业投资引导基金应该坚持有所为，有所不为的理念，以市场化和专业化为原则，主动让利于社会投资者。二是尽量避免政府作为股东身份直接介入创新型中小企业研发投资活动，非必要不直接参与企业经营决策和管理。三是政府创业投资引导基金参股的创业投资基金进入良性运作后，财政资金需要按计划以市场化方式逐步退出②。

四　引入政策性金融构建长期股权资金平台

我们认为，从根本上解决创新型中小企业融资难的可行路径是以政策性金融打造国家和地方长期股权资本平台。主要理由如下：一是必须基于政策性金融逻辑。商业性金融机构的经营逻辑是“晴天送伞、雨天收伞”，难以支持科技创新的完整周期，尤其是周期长、投入大、风险高的科技成果转化阶段，只能依靠政策性金融“逆周期”调节功能，进入社会资本参与意愿不强的领域和环节。二是以母基金方式予以支持。既能保证实体企业的主导地位，又能发挥金融机构的风控优势，同

---

① Tali, R. 2015, “The German—Israel Foundation (GIF): 30 Years of Successful Scientific Collaboration”, *Israel Journal of Chemistry*, 55 (11 - 12): 1177 - 1180.

② 徐文舸：《政府性创业投资引导基金的国际镜鉴——基于对以色列、澳大利亚的比较分析》，《国际金融》2017 年第 5 期。

时又能较好地分散个别项目的风险。当前，股权投资基金呈现资金来源少、回报要求高和投资期限短等特点，大量中小企业无法满足资金提供者的苛刻投资条件。只有提供长期限、低回报的母基金资金来源，打通PE、VC到中小企业的投资通道，才能为中小企业提供权益类资金。三是必须基于市场化运作与政府监管有机结合的原则。只有加强政府监管，才能保证资金投向政府支持的公共性目标；只有坚持市场化运行，明晰各类主体的责权利边界，才能提升资金运作成效，有效防控金融风险。四是依托政策性金融机构设立基金更合适。政策性金融具有风险投资领域的丰富运行经验、低成本资金的募集能力和稳健的经营风险偏好，适合金融监管部门"试点"监管。待时机成熟后，可以推广到国有大型商业银行和地方政府。

（一）总体思路

国家层面，借鉴德国经验，设立以政策性金融机构为主导的国家创新型中小企业发展母基金，结合科研院所、高校、产业龙头等合作形成逐级放大的推广效应，并与商业性金融机构投贷联动，提高科技创新前端的资金供给规模，从而缓解中小企业融资约束难题。待时机成熟时，国有大型银行也可以成立相关投资机构，承担支持中小企业直接融资的政策性任务，同时做好分账管理。地方政府层面，可以联合政策性金融机构或者国有大型银行，成立地方性创新型中小企业发展母基金，支持所在区域中小企业直接融资。

资金来源方面，国家创新型中小企业发展母基金可以通过发行中长期金融债或者特别国债方式募集资金，地方创新型中小企业发展母基金可以通过发行长期专项债募集资金，也可以续发中期专项债筹资。譬如，北京市可以发行十年期政府专项债，联合政策性银行或国有大型银行等发起成立"专精特新"企业发展母基金。

治理体系方面，设立母基金理事会，子基金为独立有限合伙企业。

政府代表方作为有限合伙人，参加子基金投资委员会，负责对子基金的运作目标、投资方向、退出时机与方式进行监督，但不参与基金日常管理与投资决策。其他投资者作为基金普通合伙人，有权决定、管理合伙事务，带领团队运营，承担无限连带责任。同时，需要聘请专业投资机构负责基金的日常运营与管理。

监管运作方面，一是具体方案和额度采用“一事一议”原则，需要国务院分管领导批准方可实施；二是政策性金融机构负责发行金融债募集资金，由银保监会监管；三是母基金、子基金的设立和运作，由证监会监管；四是基金投向范围需要符合产业目录指导，由工信部指导制定和监管。

风险防控方面，遵循风险投资的基本规律和创新型中小企业发展规律，无法保证每笔投资盈利，需要在理念上进行转变，从投资具体项目转向投资股权。一是发挥专业投行和投资机构在项目投资管理中“募投管退”的专业作用，将利益和风险同投资机构适度挂钩，以保证投资的规范运作。二是要求投入到中小企业的投资以少数股权、夹层股权为主，投资机构收费适度降低。三是借助金融科技手段，实时跟踪资金流向，及时评估投资风险和优化投资方案。

（二）初步设想

1. 投资规模

目标规模 1000 亿元，由某政策性银行主导出资，适当引入社会资本参与。以母基金形式运营，投资 200 支以上专业类科技型创投基金，通过子基金放大。以投贷联动带动信贷资源，可实现撬动社会资本 1 万亿元以上。

2. 投资领域

投资面向光电芯片、人工智能、航空航天、生物技术、新能源和新材料等硬科技领域，重点面向原始创新和成果转化各阶段。其中，投向科技型创投子基金的资金不低于70%，其余30%资金可投向子基金孵化的优质项目。

3. 投资模式

基金投资立足国内，面向全球寻找优秀科技创新项目，同国内科研院所、高校、产业龙头、国际知名投资机构合作，吸引全球科技创新项目、人才和创投资源来华落地。

4. 激励机制

按照市场化规则给予管理团队超额收益分成和跟投等激励约束机制。基金基准收益返还某政策性银行，确保可持续发展。超额部分收益按比例建立风险奖励及补偿池，用于参与联动的社会资本风险补偿，以及奖励业绩优秀子基金管理人和母基金管理团队，充分调动社会资本参与的积极性。

专栏10—1　国家开发银行支持西科控股打造“雨林”生态体系

西科控股是中科院西安光机所旗下的转化平台，国家开发银行（以下简称“国开行”）通过国家大基金、国开科创分别投资6900万、5000万元，并对其投资孵化的科技成果转化项目累计配套贷款近2.5亿元。8年时间，企业规模从最初的750万元增长到近13亿元，管理基金规模达到53亿元，投资孵化的科技型企业接近400家。其中80%都是科学家参与的初创型科技企业，已培育形成光电子芯片、商业航天、精密制造等多个产业集群。

国开行与西科控股构建了“科技金融+科技服务+科技平台+科技园区”的“雨林”生态体系服务科学家创业。围绕创业“第一桶”金缺失，发起中国第一支硬科技天使投资基金，重点为实验室科研成果、早期科技初创企业提供基金支持。围绕科学家不会办企业，创立中国首个硬科技创业投资孵化平台，打造国内首个专注于硬科技创业的培训服务体系，创办“硬科技创业营”，帮助科研人员创业少走弯路、转变角色，赋能科研人员创业能力。围绕重大设备和工艺平台缺位，聚焦国家“卡脖子”技术领域，在光电芯片领域，布局专业化共性技术平台，以“公共平台＋专项基金＋专业服务”的模式，形成光电子芯片研发中试能力和专业化园区服务体系；在商业航天领域，前瞻布局商业航天基础设施，通过国有与民营协同攻关机制设计，搭建起“政产学研”各主体深度融合创新生态。围绕产业集聚的需求，聚焦上下游紧密协作的硬科技园区建设，推动硬科技产业集群式发展。在西科控股构建的“四位一体”的“雨林生态”中，科技金融发挥核心牵引作用，串联起其他生态要素形成协同联动，提升科技成果转化成功率。

（三）监管政策

第一，适度突破金融监管规则。一是适当松绑当前禁止银行开展投资业务的相关规定，允许政策性金融机构在风险可控前提下，为产业投资机构提供股权投融资服务。二是允许政策性金融机构利用国家主权信用，适当募集资金用于直接投资。建议批准政策性金融机构针对直接投资业务每年单独发行数千亿元的长期金融债，以母基金、夹层融资、股权投资等方式支持产业升级。尤其在当下这段时期，要尽快募集和投入，以解决目前中小企业的生存危机。三是放宽直接投资资本约束。对政策性金融机构开展股权投资业务，从资本充足率约束方面给予更多柔性空间，可参照政策性债转股的风险权重进行监管。

第二，完善税收相关规则。亟须解决母基金和子基金的双重纳税问题。

第三，创新激励考核制度。基金以市场化方式运作，按照风险投资模式进行考核，需要做出特殊安排：一是期限足够长，建议 12 年以上。二是不要计算单个项目收益，而是计算整个资产包的大帐。三是建立科技创新的风险奖励与补偿机制。例如，在母基金产生收益时，将收益按照基准、奖励、补偿进行合理分配，基准收益返还政府股东，确保基金可持续发展。一部分超额收益纳入风险补偿资金池，用于参与联动资本的风险补偿，增加金融机构进入科创早期阶段的积极性；另外一部分超额收益奖励给业绩优秀的子基金管理人和母基金管理团队，确保市场化优秀机构和人才为科技创新早期阶段服务。

（执笔人：徐枫）

第十一章

金融支持创新研究：政府引导基金视角

《中华人民共和国国民经济和社会发展第十四个五年规划和二〇三五年远景目标纲要》提出，“十四五”时期，我国战略性新兴产业增加值占 GDP 比重将超过 17%。金融支持创新，政府应该发挥什么角色？国内政府引导基金（Government Guidance Funds）近年来迅猛的逆周期发展已经给出了答案。

除了以往的政府担保、政府贷款、政府补贴等公共部门支持创新企业的方式，近二十年以来，政府引导基金已经悄然成为国内股权投资一级市场不可忽视的角色，通过吸引市场化资本，贯彻国家产业发展战略，为不易得到市场融资的初创科技型企业提供长期、稳定的股权资金，推动科技、产业和金融实现良性循环。政府引导基金是典型的政府与市场结合的财政、金融工具，不直接以盈利为目的，以推动地方经济发展为最终目的，以“政府引导、市场运作、科学决策、防范风险”为基本运行原则[①]，以“政府 + 市场”为运行理念，试图追求以市场化的风险投资方式运行预算内的财政资金，贯彻国家产业发

① 详见国家发展改革委员会等于 2008 年颁布的《关于创业投资引导基金规范设立与运作的指导意见》。

展战略。

当前，政府引导基金当前发展出现了阶段性问题，如吸引社会资本不足、不敢投等。经济高质量发展意味着诸多创新型企业能及时得到融资。在新发展阶段，如何更高效地发挥政府引导基金的作用，提高全社会发展的创新红利？以此为理论线索，本研究主要回顾了政府引导基金功能相关的理论文献，国内政府引导基金运行机制的特征事实，国内政府引导基金面临的主要问题，并探讨了可能的解决方式。

政府引导基金是指以政府资金为主、通过股权投资初创企业并引导其他金融中介共同投资的实体机构。政府引导基金本质是有限合伙制的风险投资基金，政府为有限合伙人，金融机构（或私人）为普通合伙人。从资金来源来看，政府引导基金主要有三种类型：一是由政府公共预算全额出资的直接型政府引导基金，也称政府主导型基金、政府风险投资机构，此时政府引导基金的角色为普通合伙人；二是混合型，即由政府和私人机构共同出资、共同投资，政府引导基金的角色可能是普通合伙人也可能是有限合伙人；三是基金的基金（FOF），也称母基金，即政府不直接投资科技型企业，通过投资私人风险投资机构间接投资科技型企业，充当有限合伙人角色。从投资方向和支持的企业类型来看，包括支持科技企业技术型政府引导基金和支持一般企业的发展型政府引导基金。

全球绝大部分国家和地区政府均成立了不同类型的政府引导基金，例如以色列的政府引导基金、美国的中小企业投资公司、美国中小企业创新研究计划，许多全球知名的科技企业在初创期均接受过美国政府引导基金的支持，如苹果、英特尔。在欧洲，科技型企业29%的资金支持来自政府引导基金①。

① “Invest Europe：European Private Equity Activity Report 2017”，https：//www.investeurope.eu.

一　文献回顾：政府引导基金的功能

经历了二十余年的发展，政府干预风险投资市场起到了何种客观作用？学术研究总体肯定了政府引导基金对高科技企业和产业，以及对风险投资行业的促进作用，但普遍认为政府主导型基金即政府直接参股企业的投资模式效果有限。具体而言，政府引导基金的功能大致有三种：认证功能、引导功能和增值功能，其中，认证功能或筛选功能、增值功能也是风险投资基金的基本功能。

何为认证功能？简而言之即为政府引导基金通过投资企业，为其提供政府信用背书，从而缓解初创科技型企业与投资者之间的信息不对称，发挥先行试错、信息收集等一般风险投资机构不太愿意发挥的前期认证功能。有学者认为，认证功能意味着并不要求政府引导基金具备高超的投资和管理能力①，进一步，政府引导基金并不必然要盈利，政府引导基金主要支持产业和企业投资国家产业政策支持领域，在发挥认证功能的同时发挥引导功能，活跃社会资本。

部分实证研究肯定了各国政府引导基金对社会资本投资的引导功能研究发现，澳大利亚政府引导基金参股科技型企业之后，创业投资基金投资会显著增加②；韩国政府引导基金能够显著提高该国创业投资基金投资科技型企业的意愿③。研究发现，我国政府引导基金参股科技型企

① Guerini, M. and A. Quas, 2016, "Governmental Venture Capital in Europe: Screening and Certification", *Journal of Business Venturing*, 31: 175 - 195；彭涛、黄福广、李娅：《国有风险投资的有效性：认证与增值作用的比较研究》，《管理评论》2022 年第 1 期。

② Cumming, D. and J. MacIntosh, 2006, "Crowding Out Private Equity, Canadian Evidence", *Journal of Business Venturing*, 21: 569 - 609.

③ Lim, S. and Y. Kim, 2015, "How to Design Public Venture Capital Funds: Empirical Evidence from South Korea?", *Journal of Small Business Management*, 53: 843 - 867.

业，对民营创业投资基金等民间资本有明显带动作用[①]。国内科技型企业如果得到政府引导基金参股投资，创业投资基金投资确实显著增加。但进一步研究发现，其依然主要投资科技型企业的中后期发展，实行的是“迎合策略”，大大降低了政府引导基金对科技型企业的引导作用[②]。

政府引导基金是否促进了被投资企业的创新，发挥了增值功能？用欧洲的初创生物公司持有的专利数量衡量发明水平以及企业所持专利被引用数量衡量企业创新程度，学者发现政府引导基金对企业的创新和发明没有实质性影响。但是政府引导基金促进了独立的私人风险投资机构对企业创新和发明的正面影响，由此，他们认为，政府引导基金是风险投资机构的补充而非替代[③]。有国内学者研究认为，国有风险投资的认证功能较强，企业一旦获得国有风险投资支持将更容易获得其他外部融资；但是国有风险投资的增值功能较弱，即其支持的企业成长绩效和创新绩效较差[④]。有学者质疑了政府对科技型企业融资的人为干预政策效果，认为政府引导基金并没有培养企业家精神、拉动就业、吸引投资等。他们认为，政府干预应该更多地营造支持企业创新的环境，间接支持科技型企业，而非直接插手[⑤]。也有学者

---

① 丛菲菲、李曜、谷文臣：《国有创投资本对民营资本的引导效应研究》，《财贸经济》2019 年第 10 期。

② 李善民、梁星韵、王大中：《中国政府引导基金的引导效果及作用机理》，《南方经济》2020 年第 8 期。

③ Bertoni, F. and T. Tykvova, 2015, “Does Governmental Venture Capital Spur Invention and Innovation? Evidence from Young European Biotech Companies”, *Research Policy*, 44: 925 – 935.

④ 彭涛、黄福广、李娅：《国有风险投资的有效性：认证与增值作用的比较研究》，《管理评论》2022 年第 1 期。

⑤ Brown, R., S. Mawson and C. Mason, 2017, “Myth-busting and Entrepreneurship Policy: The Case of High Growth Firms”, *Enterprise Regional Development*, 29: 414 – 443; Cumming, D. and J. MacIntosh, 2006, “Crowding Out Private Equity, Canadian Evidence”, *Journal of Business Venturing*, 21: 569 – 609; Shane, S., 2009, “Why Encouraging More People to Become Entrepreneurs is Bad Public Policy”, *Small Business Economy*, 33: 141 – 149.

研究认为，公共支持的风险资本对私人风险资本存在显著“挤占”效应①。尽管理论上对于政府引导基金促进创新的功能附以苛刻的条件，但在国际实践中，政府引导基金从来都不乏成功案例。例如以色列政府引导基金 Yozma 计划，其不仅推动了国内创新水平，更是带动了以色列国内风险投资市场快速发展，最终成为全球第二大风险投资市场。

哪些因素影响了政府引导基金的功能？不少学者论证了政府引导基金不同投资模式的效果有明显差异。有学者研究了欧洲地区 16 个国家的 1230 只政府引导基金，发现选址、托管、联合和行业投资重点，都是影响政府引导基金运行效率的主要因素②。当投资机构成立期限较长、注册地区经济发展落后、投资目标本地化程度高、腐败盛行、与私人风投机构联合较少时，政府引导基金运行效率会比较低。学者阐述了风险资本（VC）投资者类型（政府或私人）对 515 家比利时投资组合公司的运营效率的影响，直至投资后 3 年，发现政府风投支持的公司在生产力方面表现出显著的下降。与非风投支持的同行相比，得到私人风投支持的公司在效率上没有显著差异。最后，与非风投支持的同行相比，政府风投的目标效率显著降低。与 GVC 支持的企业相比，由 PVC 支持的创业型企业似乎表现出更高的效率水平和改进③。对于小公司来

---

① Cumming, D. and J. MacIntosh, 2006, “Crowding Out Private Equity, Canadian Evidence”, *Journal of Business Venturing*, 21: 569 – 609; Leleux, B., and B. Surlemont, 2003, “Public Versus Private Venture Capital: Seeding or Crowding Out? A Pan-European Analysis”, *Journal of Business Venture*, 18: 81 – 104; Wallsten, S., 2000, “The Effects of Government-Industry R&D Programs on Private R&D: The Case of the Small Business Innovation Research Program”, *RAND Journal of Business*, 31: 82 – 100.

② Alperovych, Y., A. Groh and A. Quas, 2020, “Bridging the Equity Gap for Young Innovative Companies: The Design of Effective Government Venture Capital Fund Programs”, *Research Policy*, 49: 1040 – 1051.

③ Yan, A., G. Hübner and F. Lobet, 2015, “How Does Governmental Versus Private Venture Capital Backing Affect a Firm's Efficiency? Evidence from Belgium”, *Journal of Business Venturing*, 30: 508 – 525.

说，风险投资家提供的不仅仅是资金，还有公司治理和社会网络，后者的质量取决于投资者自身。

二　国内政府引导基金运行机制：特征事实

与美国、欧洲和以色列等国家和地区相比，国内政府引导基金与之有相同之处，例如都设立了多层次的政府引导基金，既有中央政府层面的基金，也有部委和地方政府层面设立的。但也有自身发展特征和问题，比如政府引导基金的资金来源相对比较单一；投资目标多元化，既要发挥引导作用，又要符合国有资产投资的保值增值要求等；退出机制和绩效评价体系仍有待完善等。本部分主要阐述了政府引导基金上述发展方面的特征事实。

（一）国内政府引导基金发展的历史进程

1985—2008 年中国的政府风险投资基金属于政府主导型风险投资基金，2008 年之后成立的政府风险基金大多属于政府引导型基金。在国家产业发展战略演变的基本背景下，以国内外私人风险投资机构、私募股权基金的发展为线索，国内政府引导基金大致经历了 1999—2007 年的试点起步期、2008—2016 年的快速发展与规范期，2017 年至今的整合与转型期。

1. 试点起步期

20 世纪末，在国际上，美国互联网泡沫兴起却又几近破灭，国际风险投资机构在全球寻找新的投资机会。与此同时，国内风险投资行业经过十多年的摸索发展，也开始探讨新的发展模式。在此背景下，1999 年，国内第一支类政府引导基金成立——上海创业投资有限公司，负责管理上海市政府出资的 6 亿创业投资种子基金和数十亿“科教兴市”专项基金，旨在引导、推动整个上海风险投资市场的发展，促进上海高新技术产业的发展。2001 年该种子基金吸引私人风险投资后，规模已经扩大至30 亿元。

2001 年，为未来推出创业板做准备，我国开始在北京、上海和深圳试点设立创业投资引导基金等。典型代表是2001 年成立的中关村创业引导基金，这是国内第一支真正意义上政府引导基金——由政府出资、明确具有“引导”职能。在这一时期，试点基金摸索出的相关投资模式等地方性政策，对未来国内正式出台政府引导基金奠定了基础，如《中关村科技园区条例》《深圳市创业资本投资高新技术产业暂行规定》等。三大城市试点成效显著，也直接推动了2002 年全国人大常委会通过《中华人民共和国中小企业促进法》。该法提出由国家设立中小企业发展基金，遵循政策性引导和市场化运行的基本原则，带动社会资本共同支持初创中小企业创新的基本构思。在这一时期，国内私募基金和风险投资机构迅速发展，国际风投也加入其中，行业大发展的同时竞争也日趋激烈。风险投资机构与地方政府的合作不断增加，政府部门参与的引导基金呼之欲出。

2005 年，国家发改委、科技部、财政部等十部委共同出台《创业投资企业管理暂行办法》，顺应了创投行业与政府部门深度合作的发展诉求，首次提出国家与地方政府均可以设立创业投资引导基金。2006 年，国务院出台《国家中长期科学和技术发展规划纲要（2006—2020 年)》，鼓励有关部门和地方政府设立创业风险投资引导基金。2007 年，科技部和财政部联合发布《科技型中小企业创业投资引导基金管理暂行办法》，鼓励创业投资引导基金阶段参股方式支持初创期科技型中小企业的创业和技术创新。自此，经历了试点和起步发展阶段之后，在政策鼓励和肯定之下，不同部门主导的政府引导基金遍地开花，国内政府引导基金步入快速发展阶段。

2. 快速发展与规范期

2008 年国际金融危机爆发后，为刺激经济，国内实行了降准、降息等宽松的货币政策，地方政府融资需求大幅增加，直接导致2014 年前后地方政府债务高企。与此同时，在国家“大众创业、万众创新”政策推动下，当年政府引导基金设立主体开始由省级单位逐渐延伸至市级、区级单位。2015 年，中央经济工作会议将“去杠杆”作为五大改革任务之一，以确保地方政府债务风险可控。在这一历史背景下，政府引导基金这一地方政府的股权投资呈现爆发式增长，规模和数量在 2016 年都达到了峰值。2015 年财政部出台《财政部关于印发〈政府投资基金暂行管理办法〉的通知》（财预〔2015〕210 号）；2016 年，国家发改委出台《政府出资产业投资基金管理暂行办法》，对由政府财政出资的、央企和地方国企出资的各类政府引导基金进一步进行规范。

3. 整合与转型期

政府引导基金受多部门监管，除了出资机构财政部、国家发改委直接监管，作为基金行业的重要一员，其也需遵守股权投资市场、基金行业部门的监管规定。2018 年，受资管新规影响，各个层级的政府引导基金新设速度均有所放缓。如《证券期货经营机构私募资产管理业务管理办法》规定机构自有资金投资比例不能超过对应基金或资管计划规模的 25%，大大压缩了一级市场发展规模，政府引导基金进入整合和转型阶段。2019 年国务院出台《政府投资条例》，要求地方政府不得违规举债筹措政府投资基金，规范了政府引导基金的来源。2020 年年初以来，国内政府引导基金新设数量和规模持续增加，大大对冲了疫情之下私人风险投资基金的顺周期机制，对国内科技型企业等处于初创期、种子期的企业给予了有力支撑。2022 年财政部发布《关于加强政府投资基金管理　提高财政出资效益的通知》，明确提出禁止通过政府投资基金变相举债，进一步规范了政府引导基金的融资和投资行为，要求提高政府引导基金发展效益的同时还要兼顾和防范潜在的财政风险。

（二）国内政府引导基金当前发展概况

当前按照出资主体，国内政府引导基金可大致分为四类：国资委发起基金、各部委主导基金、各央企主导发起基金、地方政府主导发起基金。不同的政府引导基金侧重不同的投资目标和任务。以国资委、发改委、财政部和各部委等为例，国资委发起的引导基金以国企结构调整、协同创新为主要发展目标；国家发改委发起的引导基金则主要落实战略新兴产业发展目标；财政部发起的引导基金发展目标相对多元化包括支持国家制造业省级、军民融合、集成电路以及农垦产业发展等；工信部发起的引导基金则更专注于中小企业和安全产业发展；科技部发起的引导基金主要致力于实现科技成果转化目标。地方政府引导基金则致力于招商引资，引入行业龙头公司，带动地方产业升级。

据清科私募通数据库统计，截至 2022 年年中，国内累计设立 2050 只政府引导基金，目标规模约 12.82 万亿元人民币，已认缴规模约 6.39 万亿元人民币①。其中产业类基金共 1312 支，占比超六成；创投类基金 546 支，占比 26.6%；PPP 基金 192 支，占比 9.4%。从基金级别来看，截至 2022 年上半年，国家级、省级、地市级以及县级政府引导基金分别为 37 支、446 支、905 支、662 支；认缴规模分别为 1.90 万亿、1.79 万亿、1.75 万亿和 0.95 万亿元。而且，有一半左右的政府引导基金是母基金投资模式。而在 2021 年年底，国内各级政府成立政府引导基金仅有 1437 只，总规模为 24666 亿元。仅仅半年时间，政府引导基金设立规模几乎翻倍。风险投资行业的国资化发展趋势明显，政

① 国内对政府引导基金进行长期跟踪并发布统计数据的机构主要有两家——清科研究中心和投中研究院，但二者的统计结果存在较大的差异。投中研究院对政府引导基金数量和规模的核算偏保守。例如，投中研究院在《2022 年政府引导基金专题研究报告》中提出，截至 2022 年年底，国内各级政府共成立 1531 只政府引导基金，其规模累计达 27378 亿元。这一规模居然低于清科研究中心数据库统计的 2022 年年中的政府引导基金规模，而两家机构统计的 2022 年政府引导基金净规模均为正。因此，同一时点的数据差距将更大。造成这种差异的最主要原因可能包括：一是各省政府引导基金信息、风险投资行业信息披露不足所致；二是统计口径差异。二者有可能对不同模式的政府引导基金存在完全不同的统计观点。例如，母基金模式与政府主导基金模式的监管机构（前者为证监会和中国证券投资基金业协会，后者由财政部和国家发改委监管）和行业规范均有较大差异，政府主导基金可能没有被统计进来。如此种种，行业数据不完全公开、统计口径不一，直接影响了政府引导基金领域的深入研究。

府引导基金已经成为整个风险投资行业重要的一员。

近年来，国内政府引导基金呈现非常明显的发展特征：一是新增基金主体以地方政府为主，且市级和县级政府引导基金占据50%以上新增规模。二是单只基金规模不断扩大，百亿级别的政府引导基金已经超过40只。三是多个省份对子基金要求不断降低，政策让渡力度加大，例如降低子基金返投要求，从前几年的2倍降至1倍左右。四是退出机制创新空间大，全国性的S基金交易平台呼之欲出。继北京、上海设立区域性的私募股权二级市场转让平台试点之后，全国多个城市都在探讨S基金试点，有必要整合区域性S基金交易平台。如此，基金的退出机制不再纯粹依赖企业上市，增强了政府引导基金自身的流通速度，这也符合国务院2014年以来推动盘活存量财政资金的政策初衷和地方政府盘活存量财政资金的需求①。

（三）政府引导基金的资金来源

政府引导基金有两大监管部门——财政部和国家发展改革委，两大部门均对政府引导基金来源有明确规定。财政部于2015年颁布的《政府投资基金暂行管理办法》（财预〔2015〕210号）第一章第三条规定“本办法所称政府出资，是指财政部门通过一般公共预算、政府性基金预算、国有资本经营预算等安排的资金”。国家发展改革委于2016年颁布的《政府出资产业投资基金管理暂行办法》第一章第三条则规定，“政府出资资金来源包括财政预算内投资、中央和地方各类专项建设基金及其他财政性资金”。

综合来看，政府引导基金的资金来源主要是政府一般预算资金，包括历年的财政存量资金，政府性基金、国有资本资金以及其他预算内的

① 详见国务院2014年发布的《国务院办公厅关于进一步做好盘活财政存量资金工作的通知》（国办发［2014］70号）。

专项基金等。如果按照这一出资口径，目前市场上的国有资本参与的市场化母基金也属于广义的政府引导基金范畴。但市场化母基金的规则与政府引导基金两大监管部门要求的投资规则还是有一定出入，毕竟市场化母基金以盈利为目的，政府引导基金以引导产业布局为目的。

在实践中，2014 年之后，地方政府引导基金通常通过地方融资平台参与投资。以 2008 年成立的合肥京东方为例，其主要合作方包括合肥市人民政府、合肥市建设投资控股（集团）有限公司（简称“合肥建投”）、合肥鑫城国有资产经营有限公司（简称“合肥鑫城”）。合肥建投的直接管理者为当地财政局领导，其股东则是合肥市国资委，合肥鑫城的股东则是合肥新站高新技术产业开发区国有资产管理局。

（四）政府引导基金的投资机制安排

政府引导基金资金的财政属性决定了其基本的投资目的，也决定着其在联合投资模式中的基本角色和运行机制安排，包括政府引导基金与其他私人投资机构之间的出资比例、投资项目等基本契约安排。

1. *政府引导基金主要的投资模式*

一是跟投模式。国内第一支政府引导基金——中关村创业投资引导基金，是用跟进投资的模式直接投资企业。中关村创业引导发展中心为运行实体，其出资规模为共同投资规模的 10%—30%，单笔投资最高不超过 300 万元人民币。

二是市场化的母基金模式。2005 年十部委发布《创业投资企业管理暂行办法》明确规定，“国家与地方政府可以设立创业投资引导基金，通过参股和提供融资担保等方式扶持创业投资企业的设立与发展”。地方政府和国有企业开始参与设立市场化的母基金，充当有限合伙人（Limited Partner，LP），投资更加市场化和专业的子基金。目前，政府引导基金多是依据当地产业自身发展需求，将直接跟投模式和母基金模式混合使用。

2. 母基金模式中的返投比例安排

为了起到投资引导作用，发挥财政资金的杠杆功能，地方政府一般会在母基金设立之初规定子基金的返投比例，即子基金返投资金规模/政府引导基金出资规模。返投比例是政府引导基金对社会资本的一个重要“引导”指标。返投比例高，意味着财政资金产生的杠杆倍数高（财政资金的杠杆倍数=全部投资规模/政府引导基金出资规模），吸引社会资本的能力强。但私人风险投资基金和私募股权投资基金等是否愿意投，则取决于对方。当一个地方自己规划的产业布局和拟投资项目的市场竞争力不够时，私人社会资本必然用脚投票。在地方政府项目本身吸引力有限、相互竞争越来越激烈时，降低返投比例已成为一种发展趋势。例如，近年来多地政府如西安市、青岛市、珠海市等都将原有的2倍的返投比例逐步降低为1倍左右。其中的原因不得而知。但其直接效果意味着政府在引导投资方向方面有所让步，而对直接增加本地投资规模本身更加重视。如此，政府引导基金的引导作用或在短期内弱化，拉动投资的作用或在短期内被强化。

3. 平衡政府与市场的其他联合投资约定

私人风险投资机构投资的基本原则是盈利，而政府引导基金的根本职责是引导产业布局，推动地方产业发展。二者联合投资需要兼顾双方各自的投资目标。母基金模式下，政府与市场两种力量的平衡体现诸多投资条款上，如子基金注册地、子基金投资项目所在地、母基金和子基金出资比例与进度、普通合伙人出资比例、子基金存续期、返投比例、投资决策中的一票否决权、投资收益分配、退出机制安排、管理费等。这些具体安排决定了政府引导基金对社会资本的具体引导作用。

事实上，国内政府引导基金在子基金投资决策中的地位不断变化，在短短二十年间，其对子基金的引导作用也随之而变。例如，目前关于政府引导基金具有一票否决权，除了极个别政府引导基金，多地政府已经取消此规定。政府引导基金只是作为基金的投委会成员之一，甚至个别地区政府的角色是充当观察员，只审核大致的政策导向，不干预和影响子基金的具体投资决策。我们认为，返投比例只是调节政府引导基金与其他普通合伙人、子基金投资合作关系的一个工具，简单调低返投比例只是吸引社会资本的一个因素，如果能将返投比例和超额收益分配比例结合起来，或许能真正拉动有效的社会资本进入。比如，将子基金返投比例和政府让利比例结合使用，或许能兼顾政府和市场双方的投资目标。

总体而言，政府引导基金的投资模式发展的趋势是市场化。政府对参股母基金的干预在不断减少，如不断降低返投比例，不断放松投资地限制。例如，天津市设立的政府引导基金不仅允许其投资外地，且会让渡全部超额收益。

（五）政府引导基金的退出

国内私募基金通常的 Pre – IPO 投资期限为 5 年，私人风险投资基金的投资期限通常为 7 年。这也意味着，政府引导基金通常的存续时间为 5—7 年。一般而言，存续时间短，会大大降低对私人资本的挤出效应，存续时间长则相反。但实际的市场情况不是固定不变的，有的企业需要更长期的投资，超过了私人资本的投资耐心，需要政府引导基金更长期的支持。这就需要有限的政府引导基金能及时退出，投入新的产业和企业，成为可循环的资金。

按照 2016 年国家发改委发布的《政府出资产业投资基金管理暂行办法》第一章第十七条，政府引导基金在组建时就约定好基金存续期限、政府出资退出条件和方式等。按照财政部 2015 年的《政府投资基金暂行管理办法》的规定，政府投资基金在一定条件下，既可以提前退出，也可以申请延期退出。如其第四章第十七条规定，政府投资基金可以延长存续期限，但应当报经同级政府批准后，与其他出资方按章程约定的程序办理。如其第四章第二十条规定，出现以下情形，政府引导基金可以提前退出："投资基金方案确认后超过一年，未按规定程序和时间要求完成设立手续的；政府出资拨付投资基金账户一年以上，基金未开展投资业务的；基金投资领域和方向不符合政策目标的；基金未按章程约定投资的；其他不符合章程约定情形的。"

整体而言，国内政府引导基金退出机制比较灵活，但遵循一些基本原则：有受让方时，引导基金可以随时退出；其他参股股东不能先于政府引导基金退出；一旦投资企业遭遇破产清算，政府引导基金处于优先清偿地位；等等。而政府引导基金具体的退出方式则包括公开转让股权、股权协议转让、企业回购等。但是，目前国内能够承接政府引导基金转让的 S 基金平台发展不足（Secondary Fund），也导致几乎所有的基金退出都高度依赖企业 IPO。

（六）国内政府引导基金支持创新的评价体系分析

如果没有合理的绩效评价体系，对政府引导基金这一预算内财政资金软约束、零约束，其有可能面临严重的道德风险，毕竟风险投资行业本身就面临较高的市场风险，投资失败是常态。因此，劣质企业的投资失败和优质企业的投资失败，本质上没有区别。除了子基金的尽职调查和其他投资约束，财政部门和国家发改委两大直接监管部门有必要完善政府引导基金绩效评价体系。如果评价体系过于严格，则可能走向反面，即大量的政府引导基金出现资金闲置。

政府引导基金的关键作用是克服私人风险投资机构的市场失灵，支持市场不愿意支持的初创科技型企业，引导国家重要战略产业布局。而要实现这一点，政府引导基金就必须补充私人风险投资机构的缺位，同时保持不越位，市场投资决策权给市场机构。因此，对国内政府引导基金支持创新的绩效评价应该是多维的，至少包括直接评价指标和间接评价指标，兼顾引导功能和中长期经济效益。

2018 年，《国家发展改革委办公厅关于做好政府出资产业投资基金绩效评价有关工作的通知》（发改办财金〔2018〕1043号发布），并给出《关于开展政府出资产业投资基金绩效评价工作的相关说明》，《政府出资产业投资基金绩效评价体系》。提出政府引导基金运行效果评价的基本原则为整体性、宏观性、以信用为基础、多元化、差异化，具体方式为线上自主填报加抽查。《政府出资产业投资基金绩效评价体系》包括投资期和退出期两类评价体系，如表11—1所示。

表11—1　　　　**政府出资产业投资基金绩效评价体系**

	内容
1. 投资期绩效评价指标	基金投向、财政出资放大倍数、社会效益、托管规范性、投资规范性、基金管理人综合评价、登记备案和信息报送情况、基金管理人信用情况
2. 退出期绩效评价指标	基金投向、财政出资放大倍数、社会效益、托管规范性、退出进度、基金管理人综合评价、登记备案和信息报送情况、基金管理人信用情况、基金收益情况、已投企业运营情况

资料来源：国家发改委。

以上指标能量化的均已经量化，按照重要性差异划分，不同的指标有不同的分数，个别指标分数在负数与零之间，如规范性指标的评价标准为［-5，0］。无论是投资期，还是退出期，主管部门都着重关注政府引导基金的投资方向、财政出资放大倍数，即“引导”作用的核心功能。与此同时，在退出期，主管部门还重点关注政府引导基金的社会效益、基金退出情况、基金收益情况，即政府引导基金的“增值”功能，并非不注重基金盈利。

在未来，上述评价指标还可以进一步细化和完善，比如增加一些与创新直接和间接相关的评价指标，以引导社会资本投向优质的初创科技型企业、龙头科技型企业、优化区域产业结构，包括：政府引导基金支持初创科技型企业的数量；本地区专利申请数量；中长期内本地产业结构是否持续优化；本地区龙头科技企业数量及发展质量；本地区企业的全要素生产率是否有所提升；本地区人均 GDP 是否持续提升。这些指标与政府引导基金规模存在一定的内生性，可以依据内生性关联程度差异赋值，内生性越强的指标如本地区人均 GDP，可以赋予较低的分值。

三　国内政府引导基金发展面临的主要问题与出路

经过二十余年的发展，国内政府引导基金支持国内科技企业创新成效显著，自身制度逐步完善。遍地开花的政府引导基金彰显了地方政府的投资热情和投资实力，但也令人担忧大规模财政资金投资成效和潜在风险。这里涉及一个基本问题，即政府引导基金规模越大越好吗？国内政府引导基金因发展没有经历中国经济发展的长周期，在诸多方面还存在问题。如果不理顺这些问题，政府引导基金运行效率得不到提高，而规模越来越大，只能意味着财政资金的低效运行和无形浪费。近期比较突出的问题包括：政府引导基金发挥引导作用的前提——政府部门统筹规划产业和科技创新的能力有待提高；地方政府引导基金同质化竞争高，可能引发潜在的产能过剩；政府引导基金的容错机制不完善，导致不敢投、资金闲置；退出机制单一、退出周期长，对私人社会资本有挤出效应；投资周期与地方政府官员更迭周期不一致，投资方向容易改变，弱化其长期资金性质。

（一）政府部门对产业和科技创新统筹规划能力有待提高

政府引导基金发挥引导作用的前提是，政府掌握更多、更全面的科技创新信息，减少信息不对称，有能力识别有潜在价值的科技和产业，有能力规划高质量的科技创新政策和产业政策。显然，无论从决策机制还是人才配备，目前国内大多数地方政府都不具备这种能力。从某种意义上而言，这类规划属于公共产品，在诸多发达国家，也多是由多个专业的部门从国家层面对产业政策和科技创新政策等进行综合规划。比如芬兰。芬兰自20世纪90年代初就逐步形成了有分工合理的国家创新体系：芬兰的议会、内阁、科技政策理事会是创新的顶层设计机构，动态调整创新发展方向；教育部、贸易与工业部负责将创新战略和政策转化为可落地的措施；芬兰科学院、芬兰科技创新基金会（Sitra）、芬兰国家技术创新局（Tekes）、芬兰国家技术研究中心（VTT）等负责推动科技成果转化为现实生产力。Sitra、Tekes、VTT也是公共资金支持创新的执行机构。Sitra的投资方式主要是以种子和启动基金资助创新性活动，为研发成果的商品化提供支持。Tekes支持创新企业的门槛非常低，多为初创企业。

因此，有必要继续完善国内科技创新、产业政策规划制度，强化地方政府引导基金之间的沟通合作。除了国家产业政策规划提供基本的指引，地方政府自身的资源禀赋也是企业选择发展地域的重要因素，例如地方已有的产业链、地方政府提供的各项政策优惠等。几乎所有的地方政府都擅长用低廉的土地、税收等优惠政策吸引企业投资。但企业投资成功往往与产业链自身的完善关系更大。因此，政府引导基金成功吸引社会资本和企业的一个关键因素是地方已有的产业链等资源禀赋能够与国家产业政策规划高度契合。

科技创新政策中的个别环节不够完善，尤其是可转化的科技创新技术，市场了解途径有限，缺乏完善的推广体系，阻碍了初创科技型企业融资。国内科技创新政策规划部门如科技部，可以利用自身专业人才优势，加大对全球前沿科技创新、可转化的科技创新等信息的获取和综合评价，综合大学、科研事业单位的强项，完善可转化科技创新信息的评价和推广平台，为政府引导基金遴选优质企业提供基本的信息支持。

（二）地方政府引导基金存在同质化竞争，存在潜在的产能过剩风险

地方政府引导基金遍地开花，且逐步下沉至县城、规模越来越大，

很难避开同质化竞争。事实上，在政府引导基金过去二十余年的发展过程中，已经出现过不同地方的政府引导基金扎堆同一行业，甚至同一地区的政府引导基金重复投资。

造成重复投资的原因有很多。一方面，地方政府主导性质的引导基金一般会要求基金投资本地。按照市场化规则，子基金会契合当地原有的产业优势、资源优势或人力资本优势等选择投资方向，如此，不可避免会造成同质化投资竞争。这种竞争性的发展局面在大幅降低产品定价、提高全社会福利的同时，不可避免会导致局部产能过剩，甚至企业倒闭，滋生新的社会治理问题。另一方面，政府引导基金本身虽然为政府干预风险投资市场的行为，但不同的地方政府引导基金之间则基本是市场化的竞争行为。而且，在母基金模式下，政府引导基金对具体投资方向的干预越来越弱，中央层面和地方层面对于政府引导基金行业投资也缺乏整体统筹。

如何尽量避免此类问题？一是扩大国内科技企业出口。以往国内多个产业的发展事实证明，打开产品消费端的出口局面，是解决潜在产能过剩的重要路径。二是政府引导基金主管部门可制定行业内部沟通机制，对于战略性科技产业在全国范围内进行顶层设计和统筹规划，地方政府对于本区域内政府引导基金投资方向进行摸底和统筹，发挥每个地区的相对产业优势，从地方层级就开始尽量避免本地区政府引导基金重复和低效投资，从总体上提高全社会财政资金的投资效率。总之，要增强政府引导基金行业内部的沟通和统筹规划，避免恶性市场竞争。

（三）政府引导基金存在“不敢投”的问题

当前，在各级财政吃紧、财政资金来源压力加大的情形下，各层级政府引导基金却同时存在投资不足、资金闲置的问题。可能的原因有二：一是因涉及国有资产管理，在绩效考核机制不统一、监管标准不统一的情况下，各级政府保持谨慎态度，为实现国有资产保值增值目标，政府引导基金宁可不投，也不愿意担责，对外呈现出“不敢投”的局面。这种情况符合风险投资行业的发展模式。二是市场低迷，有前景的项目有限，多被行业头部机构抢夺，大部分政府引导基金没有好的项目来源。为此，诸多地方政府目前实行先找项目，再成立政府引导基金的做法。

从国际经验来看，容错机制是打破政府引导基金“不敢投”局面的重要举措。前文已述，政府引导基金的信用背书等认证功能、引导功能，对于风险投资行业的发展不可或缺。虽然资金来源于财政，但母基金 + 子基金等市场化的投资模式决定了其风险投资基金的双重属性。相比于公共部门支持企业的其他方式如贷款、拨款等公共补贴模式，政府引导基金的投资效率已经大大提高，财政风险也大大降低了。例如，近期有个别地方政府引导基金退出后的总体投资收益率高达 70% 以上。因此，在政府引导基金的运行和绩效评价机制中，应该从国家监管部门层面及时补充容错机制，细化可以容错的情景清单，建立更加科学的政府引导基金绩效评价机制，并以法律形式固化。由此，才能真正发挥政府引导基金的认证功能和引导功能，保持政府引导基金的发展初衷。

（四）退出机制单一，对私人社会资本的潜在挤出效应

无论政府引导基金以跟投参股模式还是以母基金模式投资企业，若退出机制不明确，其对私人社会资本就可能存在挤出效应。根据国内外市场实践，通常情况下，私募股权基金投资项目最终上市或并购的比例约为 20%，80% 的投资都需要进入二级市场及时退出。加之 2015 年前后政府引导基金投资的投资项目陆续到期，退出需求巨大。私募股权基金的退出模式有很多，除了 IPO，政府引导基金相关管理文件也提出过多种退出模式，包括回购、清算、二级市场转让等。

政府引导基金的估值定价制度并不完善，导致退出机制不顺畅的问题。回购和清算都需要明晰的估值定价，才能顺利退出。目前，近一半

的政府引导基金规定了回购的条款。其核心内容包括期限要求、盈利定价等。比如有基金按政府引导基金原始投资额加同期市场基准利率的方式出价。这种回购定价方式与政府引导基金的股权投资性质相背离了，容易产生明股实债的问题。

在这种情形下，发达国家比较成熟和规范的二级市场成立 S 基金的方式，或成为主要的退出渠道。作为私募基金市场的市场化退出方式，S 基金能够为政府引导基金和私人风投基金提供一种退出方式。政府引导基金实时、以合适的方式退出，能及时降低潜在的财政资金风险。国内 S 基金已经起步，例如近年成立的北京科创接力私募基金管理公司、南京的紫金建邺 S 基金等，一般由多家机构联合出资。上海市政府在 2022 年出台《关于支持上海股权托管交易中心开展私募股权和创业投资份额转让试点工作的若干意见》，明确支持当地发展 S 基金行业，S 基金联盟也由上海股权托管交易中心和上海科创基金联合发起。

S 基金与传统私募股权投资基金的不同点是，投资期限较短，作为投资者的投资中介，自身定价和交易一般在场外，一对一、一对多私下撮合，透明度有限。如此，能够投资 S 基金的投资者与传统投资者除了要有不同的投资理念和策略，也必须有更加专业的人才储备，能透过层层委托代理，从未上市项目中识别优质资产。但显然，目前国内这类能替代政府引导基金的买家规模不足，S 基金的行业生态体系有待规范和完善。

（五）政府引导基金与地方政府官员更迭周期不一致

主导政府引导基金的地方政府官员有自身的政绩考核体系、绩效考核体系，与政府引导基金盈利的相关性偏弱。这容易引发两方面问题。一方面，政府引导基金投资方向和投资企业异化。政府引导基金的目标是在中长期内调整和优化本地产业结构，激活民间投资。但主管政府引导基金的地方官员，有自身的政绩考核体系，与政府引导基金的评价体系不完全一致。这种偏差会导致，负责政府引导基金的地方官员将其投资方向引向能够增加个人政绩的领域，或者滋生腐败行为，投向非市场化的领域。另一方面，政府引导基金的投资周期一般为 5—7 年，加之设立期限不一，使其与地方政府官员更替周期并不一定一致。按照《中华人民共和国地方各级人民代表大会和地方各级人民政府组织法》第九条规定，地方各级人民代表大会每届任期五年。其中的核心问题是，政府引导基金的投资方向是否会随着地方官员的更替而改变。若随之改变，政府引导基金可能出现短期化投资行为，但其本质属于支持企业发展的长期投资力量。

在此情形下，需要地方的产业结构规划在符合国家近期产业政策规划的同时，还必须有中长期视野，应以一定的政策形式明确下来且不能轻易改变。同时，强化对政府引导基金投资方向、投资企业的内部关联性审查，避免内部腐败行为。

（执笔人：周莉萍）

第十二章

完善创新发展机制　促进“科技—产业—金融”良性循环

创新是经济发展的根本动力。党的二十大报告提出，要“深入实施科教兴国战略、人才强国战略、创新驱动发展战略，开辟发展新领域新赛道，不断塑造发展新动能新优势”①。党的二十大闭幕后召开的2022年度中央经济工作会议进一步强调，产业政策要发展和安全并举，推动“科技—产业—金融”良性循环。在中国进入新发展阶段，世界百年未有之大变局加速演进的新形势下，党中央紧扣高质量发展主题做出上述重大战略部署，旨在围绕实体经济创新发展和维护国家安全的战略需求来深化金融供给侧结构性改革，优化金融体系功能，提高金融体系服务实体经济的能力和水平，为提升国家创新能力和实现高水平自立自强提供可持续的资金保障。

本章在简要概括创新发展基本机制的同时，着力分析“科技—产业—金融”循环的主要特征和内在逻辑，描述中国“科技—产业—金融”循环中的卡点瓶颈及其成因。在此基础上，本章还将国际经验与中国实际相结合，提出畅通“科技—产业—金融”循环，促进实体经济和金融协调发展的若干政策建议。

---

① 习近平：《高举中国特色社会主义伟大旗帜　为全面建设社会主义现代化国家而团结奋斗——在中国共产党第二十次全国代表大会上的报告》，人民出版社2022年版，第33页。

一　创新发展的基本机制与“科技—产业—金融”良性循环的要义

（一）创新的内涵

作为一个主流经济学术语，“创新”（Innovation）一词最早是由熊彼特（Schumpeter）提出和使用的。熊彼特在 1934 年出版的英文版《经济发展理论》中强调，所谓“创新”，就是“建立一种新的生产函数”，或者说是实现一种“生产手段的新组合”。所谓新组合，主要是指那些脱胎于既有知识，具有广阔应用前景，并且可能将旧知识逐出市场的新知识①。自熊彼特以来，学术界普遍把创新理解为打破旧均衡、实施新组合的经济社会过程。

在这一意义上，熊彼特将新组合的实施分为以下五种情况：引入新产品或者促进产品质量的提升，即产品创新；引入产业化的新生产方法，即工艺创新；打开新市场，即市场创新；攫取新的原材料或中间投入品的来源，即要素创新；执行新的产业组织方式，即组织或制度创新②。

创新的概念是非常宽泛的。首先，创新不仅仅限于生产领域（引入新产品和新生产方法），还包括交易领域（开辟新市场和新的供应渠道），不仅包括技术创新，也包括制度（组织）创新（引入新的生产组织形式，如托拉斯）。其次，创新的本质是引入生产手段的“新组合”，至于构成这种新组合的要素本身，则不一定是“全新”的。因此，那

① Kurz, H. D., 2012, “Schumpeter's New Combination: Revisiting his Theorie der wirtschaftlichen Entwicklung on the Occasion of Its Century”, *Journal of Evolutionary Economics*, 22 (5): 871－899.

② Schumpeter, J. A., 1934, *The Theory of Economic Development: An Inguiry into Profits, Capital, Credit, Interest and the Bussiness Cycle*, Harvard University Press.

些在发达国家已经算不上“创新”的产品和技术，对于首次引入的发展中国家而言，仍然可以看作是“创新”。换言之，创新包括企业掌握和开展新产品的设计过程和制造过程，而不论这些过程对整个世界来说，或者对该国来说是否是全新的。最后，不同于科学研究与技术开发主要侧重于新知识的产生与创造，创新活动的本质是各种创新要素的重新组合与新的商业价值的实现，“创新”中的“新”字，主要体现在“新产品”或“新服务”上，而不是“新知识”上；重点在于把新的商业可能性转化为现实。

今天与熊彼特所处时代的不同之处在于，由于科学领域与产业领域的结合日趋紧密，再加上“以科学为基础”的产业、如电子信息、制药等产业的重要性不断上升，在相当一部分产业领域中，创新活动越来越依赖于科学知识的增长，而成功的商业化往往是技术创新（包括产品、工艺与要素创新）、市场创新、组织（制度）创新三者共同作用的结果。

创新对于经济发展的重大意义在于，创新活动成功实施后，企业动用同样数量的要素，能够生产出更多数量或更高质量的产品，获得更多的利润，进而带动整个经济结构发生革命性的变化。可见，经济体系的成长活力来自于无数微观主体的在各个方向上的创新与探索，创新活动是生产效率提升和经济长期增长的根本动力。

（二）创新的基本机制

遵循上述定义，创新活动本质上企业家是利用技术发明、进入市场、获得利润的经济过程。企业家是创新的主体，发明是创新的前提，市场是实现创新的机制，利润是企业家实施创新的目的，环环相扣：首先，企业家要敏锐地洞察市场机会、把握技术可能性，把技术和商业两个方面考虑结合起来，利用新的技术发明形成特定生产方法下的特定生产要素组合；随后，企业家要将创新成果推向市场，引领竞争，推动变革；最终，企业家的创新成果通过获得利润的方式通过市场的检验和消费者的认可，企业家自身财富、权力或声望也随之增加。

进一步分析，创新经济学家弗里曼等人又将创新的过程划分为三个环节：发明、创新和创新的扩散[①]。概括地说，发明产生新的技术、创意和知识，创新是将发明成果首次付诸商业实践的活动，而扩散则是把新的实践成功引入特定的经济社会环境，三者若缺一，那么一个经济体的生产率就无法持续改进。

发明是创新的前提，为其提供新思想、新模型；创新是首次将新的产品、工艺、方法或制度引入经济生活的尝试，两者紧密相关，但也有明显差异。科学家和工程师的职责是探索未知世界，创造新的技术可能性；而企业家的职责是将业已存在的可能性通过新的方式组合起来，以创造市场需求，获得经济利润。企业家有可能在没有新发明的情况下实施新组合，而新发明也未必有任何经济结果，不一定导致创新。用研发、专利等技术进步指标刻画创新的方式实际上只能刻画发明或技术进步的状态，它是与创新密切相关的前提条件，而非创新本身。

创新是将发明首次付诸实践的活动，而创新的扩散则是创新成果在经济体中被吸收和传播的过程。将新事物引入特定的新环境不仅仅是简单的复制，需要大量的变革和重构，从而产生技术流程或组织流程方面的创新，改进产品或服务的供给方式，以适应千差万别的各种市场环境。这些“积极模仿者”属于“蜂拥而上”的企业家群体，他们推动的渐进式增量创新，对实现新组合的经济收益，对产业竞争力的整体提升都至关重要[②]。

简言之，从发明到创新的过渡，意味着跨越创新过程中的第一个

① ［英］弗里曼、苏特：《工业创新经济学》，华宏勋、华宏慈等译，北京大学出版社2004年版。

② Kim, L. and Nelson, Richard R., 2004, *Technology, Learning and Innovation: Experiences of Newly Industrializing Economies*, Cambridge University Press.

“死亡之谷”，实现从技术到市场的变革；而从创新到扩散的过渡，意味着跨越创新过程中的第二个“死亡之谷”，实现从市场到产业化的跃升。在划分出上述三个环节的基础上，也有学者将创新过程进一步细分为科学研究、技术开发、成果转化、产品开发、中试、市场化、规模量产、产业化等具体过程，历经婴儿期、成长期、成熟期和衰退期四个主要阶段①。

从发明到创新再到创新的扩散，创新的各个环节均需要大量的资金支持。由于创新活动具有以下三个特性，导致创新对金融服务的需求尤为巨大。

第一，研发活动形成的技术发明具有公共品属性，需要大量资金投入，但外溢效应的存在导致投入和收益无法匹配。成功的研发是创新活动得以实施的必要前提。而研发投入所产生的科技知识产品是典型的公共产品，Nelson 指出，科技知识产品具有明显的非独占性、非排他性和外部性，一是创新成果只有公开才有助于实现社会生产生活方式的改变，研发主体不能将其占为己有；二是科技知识产品的消费不影响他人对该产品的同样消费，而且消费往往会激发科技知识的更多产出；三是科技知识产品带来的社会效益往往大于发明者的私人效益，故而存在正的外部溢出效应②。

因此，研发者投入巨额研究开发成本，却无法占有创新的全部收益，极大地抑制了其研发动力。与此同时，研发成果的传播成本较低，随着时间推移，社会其他主体甚至可以零费用使用科研成果，外溢效应极强，极大激励了研发领域的“搭便车者”，导致市场主体将倾向于投入低于社会最优水平的 R&D。但是，研发的正外部性也决定了其对社

① 许泽浩、张光宇：《新技术成长如何跨越“死亡之谷”》，《中国高校科技》2017 年第 6 期。

② Nelson R. R. , 1959, “This Simple Economics of Basic Scientific Research”, *Journal of Political Economy*, 7 (67): 297 – 306.

会经济增长具有极大的促进作用，Griliches 指出，研发活动的社会回报率约是私人回报率的 1.5—2 倍[①]。因此政府往往需要通过协调创新资源，干预创新活动，激发研发主体的积极性，作为市场调节失灵的必要补充。

第二，创新过程充满不确定性，企业的创新投资意愿与能力不足。科技创新根本上是对多种可能性进行筛选的过程，创新者难以确定创新突破的原则、角度，以及后果，因此高风险是科技创新活动中的显著属性[②]。同时，不确定性也贯穿于从科技研发、生产到商业化的全部过程之中，科技创新难度越大，风险越高。这是因为技术创新的风险来自于多个方面，主要涉及技术、市场、制度环境和研发收益等风险。

技术风险主要来源于创新者的生产工艺和技术支持可能不满足创新开发需要，或不能及时到位的不确定性，而使创新无法达到预期效果的可能性，此类风险主要存在于研发和生产阶段。

市场风险的出现，往往源于科技创新的长周期特征与市场需求剧烈变化特征的不匹配。创新者可能会误判现有市场需求，难以准确把握未来市场需求的变化。因此，经历较长时间的开发生产后，即使成功获得的创新产品，也存在无法满足市场需求而前景不明的不确定性。

制度环境是创新活动的外部保障，制度决定创新的速度、方向和规模，由于制度环境往往因为政府行为、社会发展等因素发生改变，这可能造成原来受到支持的创新活动不再受到允许，增加其创新成本和风险。

创新收益风险则往往来源于科技创新的外部性和时效性。因为外溢效应的存在，创新者只能获得创新成果带来的部分收益，而时效性

---

① Griliches. , Z. , 1992, "The Search for R&D Spillovers", NBER Working Paper, No. 3768.

② Nelson R. R. , 1959, "This Simple Economics of Basic Scientific Research", *Journal of Political Economy*, 7 (67): 297 - 306.

则指技术创新更新换代的速度较快，有可能在创新收益还未完全弥补创新成本时，创新成果就被其他创新所取代，从而影响创新者的研发收益。

创新活动的上述各种不确定性可能影响创新主体的收益水平，甚至带来无法承受的巨大损失，因此在一般市场机制下，企业创新意愿较低，对科技创新资源的实际分配也低于最适当水平。

第三，创新过程充满信息不对称，扩大了创新投资的供求缺口。科技创新的信息不对称主要存在于创新者与投资者（资金的需求者和供给者）之间。技术创新的资金需求量巨大，需要引入外部投资者的投资支持。但是，相对于创新项目的实施者，外部投资者对于项目真实信息的了解处于劣势，将面对更高的风险，具体表现为投资前因无法了解全部创新者能力及创新项目前景而出现的逆向选择问题，以及投资后因无法全面监督创新者技术开发、资金使用等行为而出现的道德风险问题。

此外，创新成果通常是不易被抵押的无形资产，而创新成功后核心技术人员离职带来的无形资产流失风险还可能会导致过高的创新沉没成本。这就使得创新活动中的信息不对称问题长期存在，而这无疑会降低投资者对技术创新的热情，进一步扩大研发资金缺口，严重制约创新活动的开展。

从上述特性的分析中我们可以得出几点初步结论：第一，创新是一个昂贵的经济过程，必须付出足够的资源来启动、指引和维持；创新过程绝非一朝一夕的事情，其完成需要一定的时间。这就意味着，支撑创新的资源必须一直保留，直至创新过程结束。第二，创新的结果是不确定的，故而创新投资的回报无法得到保证。因此，创新资金的供给往往低于最优水平，无法满足创新主体的需求。第三，企业家自有资金无法满足创新活动的需求，如何建设一个高效的金融体系，在创新资金的供给者与需求者之间建立顺畅的联结机制，从而有效动员和配置金融资源服务于创新发展，也就成为创新理论与政策研究中无可回避的关键问题。

（三）“科技—产业—金融”良性循环的核心要义

如前所述，以上展示的“发明—创新—扩散”的创新过程，亦可概括为“从科技到市场再到产业化”的演变机制。在其中的每一个环节，都需要充裕的资金支持。而各个环节的特性差异又对金融服务提出了不同的要求。越是处于前期阶段，距创新目标越远；失败可能性就越大，风险也越高。

在研发阶段，技术发明还处于萌芽期，技术应用落地的前景还很不确定，风险极高，很难从银行体系获得资金，也不易获得风险投资。在这种情况下，所有者的资本投入等内部融资、风险投资、天使投资及获取政府扶持资金是主要的融资渠道。

在利用发明初次进入市场的阶段，技术发明成果开始商品化，陆续有产品进入市场，企业开始赢利，但尚未达到一定的经济规模，市场有待于进一步拓展，这一阶段的资金需求量上升。在这种情况下，需要投资者在短期内对创新失败风险有较高的容忍度，并且对长期内的创新成果有足够高的回报期望。这一阶段，风险投资是比较重要的融资渠道，风险投资者通常会分期注入资本，获得相应的股份或是期权。当技术已经逐步形成经济规模，逐步达到市场占有率目标时，风险资本逐渐退出。之后，企业开始进入资本市场，尤其是服务中小型创新企业上市、制度健全的 IPO 市场融资。

在创新扩散阶段，技术创新产业化加速推进，技术已经逐步形成经济规模，逐步达到市场占有率目标，企业资产达到了一定的规模，资金需求加大，单凭内部融资和风险投资已不能支持，技术创新成功在望，同时企业的治理机制和管理制度也不断规范，从而为更多获得外部融资提供了条件。特别是由于企业已积累大量有形资产尤其是固定资产，且现金流相对稳定，更是具备通过银行贷款等方式获得金融支持创造良好的条件。

综观上述流程，科技（科学家和技术人员实施的科技研发活动）、产业（企业家推动的实施新组合并使之扩散的商业化活动）、金融（由金融家组织，资金供求双方参与的信用创造和金融资源再配置活动）三类活动是创新活动的三大支柱，科技的主要目标是探索未知世界，拓展人类知识边界；产业的主要目标是满足市场需求，实现利润最大化，金融的主要目标是引导资源再配置，实现金融资本收益最大化。

科技、产业与金融的良性循环是一个复杂的系统工程，创新链、产业链、资金链相互交织，其中科技研发是核心动力，产业创新是根本目的，金融服务是融资手段。科技需要金融的支持才能大规模推广应用，产业需要金融的支持才能持续发展壮大，而金融的发展史也是一部科技不断改造金融产业的历史；科技、产业、金融三类活动在国民经济循环体系中相互依存、相互支撑。任何一个环节出现卡点瓶颈，都可能影响“科技—产业—金融”之间的循环状态，降低整个国民经济循环的运转效率。

其中，金融活动对实体经济创新活动（科技—产业循环）的支撑作用值得重点分析。一方面，提升金融服务实体经济能力是促进科技、产业、金融良性循环的重要途径。从理论上讲，自货币出现以后，所有的商品和劳务，所有的物质乃至精神财富都可以被抽象化为某一货币单位。有了金融活动之后，这个货币单位便可在一定时间内、以一定的代价，并被赋予一定的附加条件，由某一经济主体转移到另外一个经济主体手中。货币的转移引导着各类实体资源（劳动力、实物资本、技术、土地等）朝着相反的方向转移，资源配置得以完成。总体而言，金融的作用就是使得储蓄资源得以跨主体、跨空间地有条件转移，通过“物随钱走”的市场机制，将储蓄转化为投资，从而引导实体经济中的资源配置。如果金融资源能够被高效配置到创新过程当中，那么新发明的大量应用（科技进步）和新组合的不断实施（产业创新）就能够带来生产效率和资源配置效率的提升，从而提升了金融活动的回报率和可持续性。

另一方面，金融与实体经济两大体系的演进轨迹并不总是一致的，金融体系的发展和运行要按照其自身规律展开，不服务于科技、产业等实体经济事物发展的金融体系也不一定会很快消亡。数十年来世界各国金融创新的实践表明，在金融自由化和全球化浪潮下，金融法则取代了生产法则，金融开始脱离实体经济而自成体系，形成了独特的运行方式。于是，金融服务实体经济和财富创造的初心不见了，只剩下追逐价差的投机行为，金融体系通过自我循环、自我实现亦可独立运行①。

因此，金融的发展并不必然导致金融服务实体经济创新发展能力的提高，我们需要根据科技和产业发展的规律探讨金融在促进“科技—产业—金融”良性循环中的基本定位。

（四）金融如何在“科技—产业—金融”良性循环中更好发挥作用

要使金融活动在实现“科技—产业—金融”良性循环过程中真正发挥有效作用，需要把握好以下三个方面的原则：第一，坚持使市场在金融资源配置中发挥决定性作用。要找到创新的方向，必须依靠市场来选择，政府、专家、企业家都无法预知未来创新的方向，必须靠市场化的选择机制来决定。

第二，发挥政府在提供公共服务、克服市场失灵方面的重要作用。科技创新是“小概率”事件，成功的概率很低，就算成功了也无法覆盖此前投入的成本，因此需要政府在具有外部性的基础研发、软

---

① 关于金融与实体经济脱离问题的分析，参见张晓晶《符号经济与实体经济：金融全球化时代的经济分析》，商务印书馆 2022 年版，第 157—199 页。

硬基础设施、产权保护、社会安全网等方面加大投入或提供补贴，提高创新成功的概率和收益率，从而使创新性的市场行为有利可图。

第三，推动结构性改革，提升金融体系服务创新发展能力。传统的间接融资方式是一种“重资产”的金融活动，贷款审核严格，且靠规模实现盈利，不适应科技创新活动的要求，必须通过推动产品结构、机构体系的优化调整，特别是取直接融资的“轻资产”融资方式来加以改进。其中，风险投资和IPO市场对于创新活动异常重要，是实现良性循环的重要环节。IPO市场的发展程度决定了风险投资机构能否获得适当的激励、从而更有动力筛选和监督好企业，也决定了创新企业控制权能否顺利从风险资本机构转移至企业家，最终决定了企业自身以及风险投资行业能否长期可持续发展。

二　中国“科技—产业—金融”循环面临的突出问题

当前，中国科技、产业、金融循环不畅主要表现在两个方面：从科技到产业的循环不畅；金融对“科技—产业”循环的支持力度不足。

（一）从科技到产业的循环不畅

第一，基础研究短板突出，重大关键技术领域的卡脖子问题未能完全解决，创新源头活水不足。关键产业、大型企业的核心技术自主创新能力不足导致我国在数字经济、信息通信、新材料、工业核心零部件等部分重要行业的关键技术对外依存度过高，技术发明成果质量不高，对产业安全和创新发展形成瓶颈制约。我国装备制造业关键零部件和电子信息产业芯片的进口依赖度均超过90%，而国产工业机器人的关键零部件中，伺服电机、减速器以及驱动器等的进口依赖度也达到了80%以上。

第二，在科技成果转化与应用方面存在多重壁垒，导致科技成果产业化程度不高。高校、科研院所、国家实验室以及企业等创新主体在创新链中处于不同的位置，承担着不同的职能，然而我国目前以高校和科研机构为主体的学界和以企业为主体的产业界没有形成有效的互动机制。学界的科研成果基本以论文为主，向产业界应用和转化的比率偏低；产业界对学界的资金支持不足，同时难以提出关键性的技术需求。例如，中国 R&D 人员、R&D 经费支出等科技投入指标世界前茅，但科技投入产出效率较低，仍落后于德国、日本、美国等世界主要创新型国家。此外，我国目前在科技成果军转民的应用转化上存在较大的机制障碍，大量具有民用价值的先进军用技术无法有效发挥其市场价值。

第三，面临的科技围堵强度增加，产业链中断风险加大。发达国家加大了对中国重要领域科技的围堵力度，通过实体清单，限制科技人员交流，收紧科学、技术、工程和数学教育（STEM）项目签证，涉嫌知识产权侵权等措施直接或间接打击中国企业。同时，美国、日本等发达国家出台各种政策鼓励制造业回流，或鼓励厂商将制造业基地迁到成本较低的东南亚、非洲等地区。

（二）金融对“科技—产业”循环的支持力度不足

中国金融体系对“科技—产业”循环的支持还存在一些明显的薄弱环节：一是银行风险定价模式难以适应创新发展需要。在过去很长一段时间内，银行的风险定价是一套依赖土地要素的抵押贷款风险定价模式，难以满足大规模创新活动的需要。此外，受到安全性、流动性、赢利性原则的限制，同时面临着监管机构各项指标考核的压力，对于风险多采取规避的态度，缺乏开展科技金融等业务的动力。

商业银行为了解决信息不对称、控制风险，从而控制不良贷款率，银行往往采取一刀切的提供抵押物的简单做法。科技企业“轻资产、少担保、缺乏抵押品”，专利等无形资产的价值也难以准确评估，而创新资金需求又具有急迫、频次高、数额小、企业多的特点，这就使得银行服务成本增加，盈利空间收窄。加之创新型中小企业财务制度、内控制度不健全，信息不对称问题往往更为严重，风险也相对更高，比较难获得商业银行的信贷支持。

二是资本市场发育程度不足，未能充分发挥应有作用。一般而言，由于间接融资很难快速处理不确定性条件下的非标准化信息，因而难以支持高新科技的大规模产业化，难以适应经济结构的剧烈变动。在经济转向创新驱动发展阶段之后，直接融资方式的比较优势逐渐显现出来。直接融资意味着资金需求方（从事创新活动的企业家）与资金供给方（投资者）在市场中直接交流沟通，这种方式允许每个人表达自己的意见，并允许投资者犯错误。因此，充分发育的金融市场能够较好地处理不确定性和非标准化信息，支持大规模自主创新活动。

但中国的股票发行和退市机制尚不完善，上市公司的信息披露、中小股东保护、数据质量等问题较为突出，机构投资者的稳健性和多样性不足，债券市场的包容性、风险容忍度都严重不足，股市不规律的大涨大跌也影响投资者的信心。如何从企业成长性出发，满足部分成立时间短、研发投入高导致不确定性高，或具有核心技术、行业领先、有良好发展前景和口碑的企业的资金需求，将是我国资本市场需要长期面对和解决的问题。

三是风险投资机构的实力不足，对创新的支撑能力有限。风险投资家主要通过并购和上市追求投资回报最大化，是美国等发达经济体创新发展的重要支撑力量①。目前中国风险投资机构的资本金规模小、资金来源有限、风险分散能力不足。资金实力雄厚的各类大型金融机

① 达舍、原田信行、星岳雄、栉田健儿、冈崎哲二：《创新驱动型经济增长的制度基础》，《比较》2017 年第 5 期。

构受到法律和制度限制，难以进入风险投资市场。同时，IPO 市场发育迟缓导致风险投资退出难问题普遍存在，也对风险资本供给产生了抑制作用。

四是金融自我循环不断强化，金融与科技、产业等实体经济要素的联系趋于弱化。在经济面临三重压力，增速下滑的背景下，金融体系的融资功能失去了目标和依托。经济形势的波动可能导致资产的兑付风险增加，从而导致资金在金融体系中空转，出现“脱实向虚”和“体内循环”的倾向。新增债务被用于对存量资产的交易，经营贷违规进入房地产市场，以及票据融资与结构性存款利率倒挂等现象就是这种“体内循环”的具体表现。从另一面看，在科技成果产业化过程中，金融服务与企业创新周期脱节，金融的服务支撑作用存在前、后端“缺位”问题。从科学研究到中试阶段的前端，财政资金发挥主导作用，金融服务“缺位”；在产业化成熟期的后端，由于产融结合制度政策不完善，产业资本再投资“缺位”。

五是信用体系、监管制度等领域的制约对金融服务创新发展形成了掣肘。创新首先是一个投资过程，且往往是大规模的沉没性投资过程，投资就需要融资、特别是长期性融资。有效的融资体系，包括新的金融业态和金融产品的创新，都要求有可靠的企业信息体系作为基础。完善的征信体制是缓解信息不对称，避免道德风险的重要屏障，但目前条块分割的信用数据管理体制阻碍了信用评级业务的发展。在当前社会诚信环境下，违约的经济和法律成本过小，容易诱发企业产生不良动机企业信用体系建设的作用就是为将社会资本引导到创新型的企业提供制度基础。

此外，中国金融体系在从货币向信用转换的过程中存在多重监管制度。总体而言，我国银行信贷投放能力受制于多种因素，其中，法定存款准备金率、合意贷款规模、存贷比、资本充足率这四个指标尤为重要。但是，这四类政策的制定权分属不同的政府部门，存在诸多掣肘。

政出多门导致了多重政策的叠加效应，银行信贷成本相应提高，利率随之高企。这势必导致一部分急缺资金但缺乏有效抵押物的创新型企业或创新型机构无法获得信贷资源，从而使得我国经济的创新发展面临更严重的金融约束，金融体系的活动也日渐脱离科技、产业等实体经济要素。

三　促进“科技—产业—金融”良性循环的国际经验

为创新的不同阶段融资的最佳方式是什么？如何为“科技—产业—金融”良性循环创造良好的制度结构、政策框架和金融生态？世界各主要发达经济体基于自身情况沿着不同方向进行了探索，并且积累了可资借鉴的宝贵经验。

首先要明确，由于不同国家经济社会环境各不相同，各发达经济体的创新模式和金融结构也存在明显差异，并不存在“科技—产业—金融”良性循环的最优路径或统一模式。但同时也要看到，各国在构建适应创新驱动发展模式的金融体系方面依然有一些共同或相似的做法，并取得了积极效果。这些发达国家先行探索形成的共同做法对我国而言是可资借鉴的有益经验。

第一，各国均致力于构建完备的政策框架体系，为金融支持创新发展提供良好的制度基础。无论是美国、英国，还是日本、德国，主要发达国家的政府均从国家创新体系建设全局高度努力构建完备的创新政策体系，营造良好的市场环境。这些国家的创新型企业建设也走在全球创新发展前列。马祖卡托认为，即使在市场经济最为发达的美国，政府政策的作用依然至关重要。美国政府广泛参与了创新创业并承担风险，塑造市场，在科学家与企业家、科技与产业之间搭建桥梁，并且制定一系列政策鼓励私人部门从事高端创新工作，成为变革的催化剂和创新的火种[①]。而日本政府也长期致力于为创新型企业营造良好融资环境。安倍政府第二次执政期间，就在增长战略计划表中提出了促进创新创业型企业融资的一揽子政策。

第二，政府资金及政策性金融在创新过程的早期普遍发挥了主导作用。在基础研发和从技术发明向创新转化的阶段，包括政策性金融在内的政府资金发挥了重要的杠杆作用，以弥补初创企业融资与风投资本进入之间的空白地带。

先看美国，进入后金融危机时代以来，纽约市政府加大资金支持力度，先后设立的“纽约种子基金”和市政府创业基金，为处于初创期的企业提供资金支持。同时，在布隆伯格市长的促进下，政府直接资助康奈尔科技纽约城、城市科学与进步中心、数据科学和工程研究院、综合媒体项目四个重点项目，推动科技创新孵化，按计划可以孵化近千家企业。2009—2013 年，纽约高科技行业的就业增长率为 33%，高于纽约市各产业 8% 的平均水平[②]。

再看英国伦敦，创立小企业创新基金，以便为伦敦企业打开获得创新项目资助的通道；这些资金将支持符合中小企业特定创新需要的项目，即对该公司而言富有创新性，而不代表突破性的技术开发。具体的奖励包括，如果小企业技术进行创新可行性研究，政府可提供 75% 的资助；如果是新产品或新工艺定型前的研究开发，政府可提供 30% 的资助，并为有志于创新的小企业推出“小企业贷款保证计划”和“小企业培训贷款计划”，为缺乏抵押资产的小公司提供担保[③]。同时，积极鼓励五大主要银行设立一个 25 亿英镑的企业成长基金，为高成长企

---

① ［英］马祖卡托：《创新型政府：构建公共与私人部门共生共赢关系》，李磊、束东新、程单剑译，中信出版集团 2019 年版。

② 高维和编：《全球科技创新中心——现状、经验和挑战》，格致出版社、上海人民出版社 2015 年版，第 14 页。

③ 聂永有等：《科创引领未来——科技创新中心的国际经验与启示（城市篇）》，上海大学出版社 2015 年版，第 101—102 页。

业提供资金；鼓励企业新技术前期开发，提供个人所得税减免50%的优惠；加强与美国风险投资协会合作，吸引来伦敦投资①。此外，伦敦充分调动个人的积极性，鼓励人们将资产作为天使投资，对于将钱投到初创公司，政府将减免税收，而且如果投资失败，政府会补贴50%的损失，从而在高资产的人群中培养天使投资人②。

第三，多层次资本市场在从科技向产业的转化中起到了关键作用。国际经验表明，由于间接融资很难快速处理不确定性条件下的非标准化信息，因而难以支持高新科技的大规模产业化，难以适应经济结构的剧烈变动。在经济转向创新驱动发展阶段之后，直接融资方式的比较优势逐渐显现出来。

美国拥有全球规模最大、结构最完备的资本市场，可以满足不同阶段的创新型企业的融资需求。此外，美国还通过发行债券和利用知识产权抵押担保等新兴工具来支持创新发展。相较之下，德国的资本市场发展则明显滞后。虽然德国的银行大多为全能银行，在努力替代资本市场的功能，但资本市场发育迟缓仍导致创新型企业上市融资成本过高，随之而来的后果是德国在互联网、通信、人工智能等新兴产业方面缺乏重大原始创新，也罕有新的明星企业崛起。正反两个方面的例子表明，必须打造一个规范、透明、有韧性的资本市场，才能为重大原始创新提供强有力的金融支持。

第四，富有活力的风险投资是促进“科技—产业—金融”良性循环的有益补充。逐高风险高回报的风险投资是高科技领域发展的重要动力。这一点在美国硅谷的发展中体现得最为充分。调查显示，20世纪70年代以后硅谷成立的风险企业中有30%把风险资本作为主要创业资

① 聂永有等：《科创引领未来——科技创新中心的国际经验与启示（城市篇）》，上海大学出版社2015年版，第101—102页。

② 王仁维等：《从硅谷到张江：探访全球科技创新中心》，上海辞书出版社2016年版，第21—22页。

金来源，还有15%的企业表示，在创业前5年风险投资是他们最主要的资金来源[①]。

Akcigit 等的实证研究显示，有风险资本支持的企业在专利、就业等方面的绩效明显高于没有风险资本支持的类似企业，这一事实表明风险投资具备选拔具有创新潜力的企业和技术的眼光，同时也具备指导企业家将技术发明商业化的能力[②]。20 世纪八九十年代以来，日本、新加坡和欧洲各国也大规模设立了风险投资机构，帮助本国大企业利用风投机构网络接触到有发展前景的初创企业，但由于本国金融市场发育程度不足，这些国家风险投资对创新发展的促进作用尚未像美国那样显著。

四 政策建议

总结上述国际经验，结合我国实际情况，新发展阶段完善创新发展机制、促进"科技—产业—金融"良性循环的总体目标是：一方面，使金融资本的动员和配置活动更好地与企业创新活动的周期性特征和技术特性相匹配，从而推动科技进步更好转化为产业发展和经济增长；另一方面，实体经济的创新发展反过来为金融供给侧结构性改革提供新的科技手段、人力资本和物质基础，引导金融"脱虚向实"，提升金融资源配置效率。

第一，构建科技、产业、金融协同配合的政策体系。我国科技、产业、金融彼此间融合程度不高，在很大程度上与没有形成有助于三者融合的一体化政策体系有关。因此，在顶层设计上要强化建立健全科技创新、产业发展、金融服务的一体化政策体系，加强三者高水平循环的市

① 聂永有等：《科创引领未来——科技创新中心的国际经验与启示（城市篇）》，上海大学出版社 2015 年版，第 51 页。

② Akcigit U., Dinlersoz E., Greenwood. J. and V. Penciakova, "Synergizing Venteres", NBER Working Paper No. 26196.

场化机制探索和创新，加强部门沟通协调，打通政策链，形成政策落地合力。要遵循科技创新和金融创新的客观规律，围绕产业链部署创新链，围绕创新链布局产业链，围绕创新链完善资金链，进一步完善以市场为导向，以企业为主体，政产学研金深度融合的创新体系。

第二，以全面推行注册制为契机，加强基础性制度建设，更好发挥资本市场在促进创新发展中的作用。核心是针对我国资本市场基础性制度存在的短板，在全面推进注册制改革的进程中更加系统深入地研究科技创新的演进规律，增强资本市场服务创新发展能力。一要尊重和了解投资者对信息披露的基本需求，要逐步将现有的由上市公司主导的“合规型”信息披露制度转向以保护投资者利益为导向的强制信息披露制度；二要提升中介机构执业质量，降低代理风险，压实中介机构信息监测责任；三要更好发挥科技创新咨询委员会的作用，引导培育券商的判断能力及指导意见；四要进一步加强企业调研，排摸优质科创企业，储备全国科创企业资源；五要量化科技创新性鉴定标准，用以精确瞄准科技创新水平更高的企业；六要建立相关机制，鼓励券商推荐风险系数较高、目前未盈利、但前景广阔的科技创新企业，淘汰劣质空壳企业，指导帮助真正的创新公司在科创板和创业板上市。七是提高证券交易所在股票退市上的自由裁量权，减少地方政府对股票退市的干预，简化退市流程，缩短退市时间，提高退市效率。

第三，围绕创新发展需求，推动各类金融机构的产品及服务模式创新。金融结构的优化调整不可能一蹴而就。在未来较长的一段时间内，我国的金融结构将依然是以银行为主导的，提高银行业金融机构服务创新发展的能力也依然是促进“科技—产业—金融”良性循环不可或缺的重要组成部分。

一要考虑各类金融机构的不同属性，实行差异化的监管政策。金融机构能否有效服务小微企业，主要受到内部利润因素和外部监管因素的共同影响。对于政策性金融机构，如政策性银行、政府性融资担保公司、再担保机构等，要适当降低对其利润方面的考核和要求，将服务创新型企业户数、金额、利率、代偿率等作为衡量政策性金融机构绩效评价的主要指标。对于商业性金融机构，要通过监管政策、考核标准、奖励政策等综合手段全面提升其服务科技创新的意愿，加强窗口指导、政策辅导、监测统计、总结评估等，督促指导金融机构用好、用足、用活相关政策支持。

二要广“投贷联动”模式，实现企业、银行、政府三方共赢的效果。在现有法律约束下，进一步探索在银行集团框架下开展投贷联动，以及与专业创投机构进行更深入的合作。

三要以供应链金融为抓手，推动创新型中小微企业的“抱团”融资。供应链模式不仅可以应用到信贷市场中，还可以广泛应用到债券市场中。尤其是对于创新创业产业来说，中小微型企业众多，存在上下游的密切联系，供应链模式可以解决单个企业融资难的问题。此外，以科技赋能供应链金融，将云计算、大数据、人工智能、物联网技术等运用到产业链金融中，率先探索基于金融科技的供应链金融可行模式。

第四，积极培育与“科技—产业—金融”循环相关的各类要素市场。一是完善区域性知识产权评估、登记、托管和流转体系。大力发展知识产权质押融资，设立中小微企业贷款风险补偿基金，对知识产权质押项目提供重点支持。二是加快发展区域性产权、股权、技术、数据和资源要素市场。在符合国家规定的前提下探索优化要素市场准入门槛、参与主体资格、交易产品、交易方式等。三是加强对科技型中小企业的债务融资“一对一”辅导，鼓励和引导符合条件的科技型企业发行公司债、集合债券、集合票据、区域集优票据、非金融企业短期融资券和私募债。

第五，加强财政资金与信贷资金在创新全过程中的联动。一要更加注重发挥财政资金“四两拨千斤”的杠杆作用，将财政资金集中用于国家战略科技力量、中小微企业风险补偿、企业信用融资担保领域，以政府投资增加公共物品有效供给，以政府信用分散风险、稳定预期，撬动金融信贷资源流向科技、产业领域。二要提高财政资金的灵活度和使用效率，鼓励地方政府在推动结构调整过程中创新财政资金使用方式，利用财政资金无偿支持科技创新前端研究，对后端成果转化主体进行股权投资，同时运用财政资金帮助企业增信，提高金融机构支持实体经济的积极性，引导金融机构放大财政资金规模，加大金融机构对企业创新的信贷支持力度。三要充分发挥结构性货币政策工具作用，综合运用普惠金融、绿色金融、科技金融以及相关的央行再贷款工具，加大资金定向投放力度，直达市场主体。这在短期内有利于增加市场流动性，形成稳增长合力，缓解经济下行压力；在长期内则可助力经济结构的优化，补齐短板，促进创新发展。

第六，继续深化基础性制度改革，更好发挥政府作用，为金融服务创新发展提供高质量公共产品和公共服务。一要全面推进社会信用体系建设，健全基于市场主体信用的风险定价机制。建立健全覆盖全社会的征信系统，加快建立健全促进科技创新的信用增进机制、科技担保和再担保体系，探索设立由政府出资控股的集信用评级与担保为一体的综合服务平台，充分发挥政府在科技型企业征信中的作用。二要优化金融消费权益保护环境，加强金融权益保护制度与机制建设，进一步规范金融机构业务行为，构建多元化金融消费纠纷解决机制，从制度上减少金融业务创新带来侵害消费者权益的潜在风险。三要搭建金融服务平台，整合国家科技计划项目成果资源，建立科技成果转化项目库，向金融机构和民间资本推荐科技成果，促进科技成果的资本化、产业化；发挥科技专家的特长和优势，为金融机构对科技企业信贷、投资提供专业咨询，解决信息不对称问题。

（执笔人：董昀）

第十三章

新市民普惠金融服务需求的现状、问题与建议

党的十八大以来，党中央高度重视发展普惠金融，将其上升为国家战略。2015 年年底，国务院颁发《推进普惠金融发展规划（2016—2020 年）》，并对普惠金融作了明确的界定，即立足机会平等要求和商业可持续原则，以可负担的成本为有金融服务需求的社会各阶层和群体提供适当、有效的金融服务。发展普惠金融，是以习近平同志为核心的党中央立足当前中国特色社会主义进入新时代，为做好中国小微企业、农民、低收入城镇居民等弱势群体金融服务工作、让现代化金融发展成果更多更公平惠及更多群体而实施的一项重大国家战略，对于促进全体人民共同富裕、加快推进中国式现代化进程具有重大意义。

近年来，在推进中国式现代化进程中，党中央实施了以人为核心的新型城镇化战略，于是数以亿计的农村人口因创业就业、子女上学、投靠子女等原因转入城镇，并在未获得当地户籍的情况下融入当地并成为新市民，目前有 3 亿多人，占全国总人口的比例超过 20%。不同于传统的农村居民，新市民主要集中在制造业、建筑业、批发零售、交通运输、物流仓储、居民服务及软件和信息技术服务

等行业，为中国城市建设和经济发展做出巨大贡献。当然，其较强的发展潜力和增长活力不仅衍生出生产性的金融服务，还衍生出买房买车、子女上学和养老医疗等消费性和保障性的金融需求。然而，从当前情况来看，新市民在生产、消费和保障方面的金融需求并没有得到有效满足。因此，在新发展阶段下，普惠金融不仅要解决的是金融服务不足问题，还要高度关注金融供给市场体系是否能与需求侧的升级和变革相匹配、金融供给产品和服务是否能满足人民对美好生活的需要。2022 年 3 月 4 日，为给有金融需求的新市民提供更为充足有效、可负担且机会平等的金融服务，中国银保监会和中国人民银行联合发布《关于加强新市民金融服务工作的通知》（以下简称《通知》），不仅明确了“新市民”涵盖的人群范围，还要求金融机构要因地制宜地创新金融服务，切实解决新市民在创业、就业、住房、医疗、养老和教育等领域的“急难愁盼”问题。可以看出，做好为新市民提供高质量金融服务是普惠金融高质量发展的必然要求。鉴于此，系统性探究新市民当前普惠金融服务的需求现状与存在问题，持续加强新市民金融服务，让更多金融发展成果更加公平、更可持续惠及更多群体，不仅对于积极落实新型城镇化战略具有重大意义，也对践行金融为民、促进全体人民共同富裕具有重要价值。

一　新市民普惠金融服务的现实描述

（一）数据说明与基本特征描述

1．数据来源

本章所使用的数据来源于 2022 年 4 月中国银行业协会联合中国社会科学院金融研究所和广东二十一世纪环球经济报社开展的“城乡居民

普惠金融有效性需求”调研数据。本次调查在中国银行业协会的全力配合下，采取分层抽样和简单随机抽样相结合的方式，开展了“一对一”的问卷调查活动。为保证调查样本具有典型性和代表性，中国银行业协会选取浙江、河南和云南 3 个省份作为重点调查区域，并将问卷下发给当地银行业协会，当地银行业协会根据调查内容将问卷下发给当地城市商业银行、农村信用社、农村商业银行、村镇银行等银行业金融机构，各金融机构根据营业网点梳理，按照随机抽样原则完成不少于 10 份的居民调查问卷。为确保分析结果的准确性，本章在实证分析结果之前对数据进行了清洗，剔除了非新市民数据，共获得能反映 2021 年新市民个人情况、家庭情况、收入与支出水平以及存款、贷款和保险经历的 9914 个样本，剔除无效问卷后，最终共获得有效问卷 8310 份，问卷有效率为 83. 82%。

2. 样本的基本特征描述

从表 13—1 样本的个人特征来看，男性居多，占样本总数的 56. 41%；新市民年龄主要集中在 39 岁及以下，占样本总数的 74. 59%，说明新市民年龄较小；51. 86% 的新市民学历为本科，说明新市民的平均教育水平较高。从样本的家庭特征来看，2021 年新市民家庭平均月收入为 0. 5 万—1（含）万元占比最高，为 30. 87%，说明新市民的收入水平较低且工作稳定性较差，绝大多数通过超时工作或频繁变动工作岗位和工作地点来提高收入；一半以上（50. 76%）的新市民的家庭金融资产在 5 万元（含）以下，说明新市民家庭财富积累十分薄弱，家庭劳动力占比处于 75%（不含）—100% 水平的居多，为 44. 48%。另外，从社会资本情况来看，81. 77% 的新市民没有亲戚为政府干部，54. 66% 的新市民没有亲戚为银行员工，说明新市民社会资本相对薄弱，其在享受金融服务方面处于劣势地位。

表 13—1　**样本新市民个人及家庭特征情况**　单位:%

名称	分类	比例	名称	分类	比例
性别	女	43.59	家庭金融资产	5 万元（含）以下	50.76
	男	56.41		5 万—10（含）万元	21.52
年龄	16—29 岁	31.38		10 万—15（含）万元	7.94
	30—39 岁	43.21		15 万—20（含）万元	5.61
	40—49 岁	16.42		20 万元以上	14.17
	50—59 岁	8.34	家庭劳动力	25% 及以下	13.16
	60 岁及以上	0.65		25%（不含）—50%	23.92
文化程度	初中及以下文化	11.49		50%（不含）—75%	18.44
	高中（含中专）	12.36		75%（不含）—100%	44.48
	大专（含高职）	20.32	家庭平均月收入	0.3 万（含）万元以下	13.16
	本科	51.86		0.3 万—0.5（含）万元	26.59
	研究生	3.97		0.5 万—1（含）万元	30.87
有亲戚为政府干部	否	81.77		1 万—2（含）万元	17.28
	是	18.23		2 万—5（含）万元	7.48
有亲戚为银行员工	否	54.66		5 万元以上	4.62
	是	45.34			

资料来源：笔者根据调研数据整理所得。

（二）新市民普惠金融服务的现状描述

1. 新市民对普惠金融的认知和态度

首先，从新市民对普惠金融的认知来看（见图 13—1），仅有 11.69% 的样本对普惠金融非常了解，39.79% 的样本对普惠金融了解一些，而将近一半（48.52%）的样本仅对普惠金融略有耳闻甚至不了解，这说明普惠金融并没有深入人心，推进普惠金融工作仍不能懈怠。其次，从新市民认为普惠金融产生的影响来看，仅有 16.79% 的样本认为发展普惠金融对自身的影响较大，一半以上（51.46%）的样本认为发展普惠金融对自身没有太大影响，出乎意料的是，1/3（31.75%）

的样本认为发展普惠金融并不能带来实质性影响。从这点可以看出，普惠金融并不是对所有新市民都能产生显著影响，而主要对那些有金融服务需求的新市民有显著影响。最后，从新市民对发展普惠金融的态度来看，尽管多数样本认为发展普惠金融并不能对自身带来实质性影响，但仍有 74.66% 的样本仍然支持发展普惠金融，仅有 25.34% 的样本并不支持发展普惠金融。上述分析可以发现，尽管当前全国各地的金融机构均对普惠金融进行了大量的宣传，但其宣传力度和宣传效果依然不足，导致新市民不仅对普惠金融的认识程度不够，而且对普惠金融的概念和益处也不甚了解。

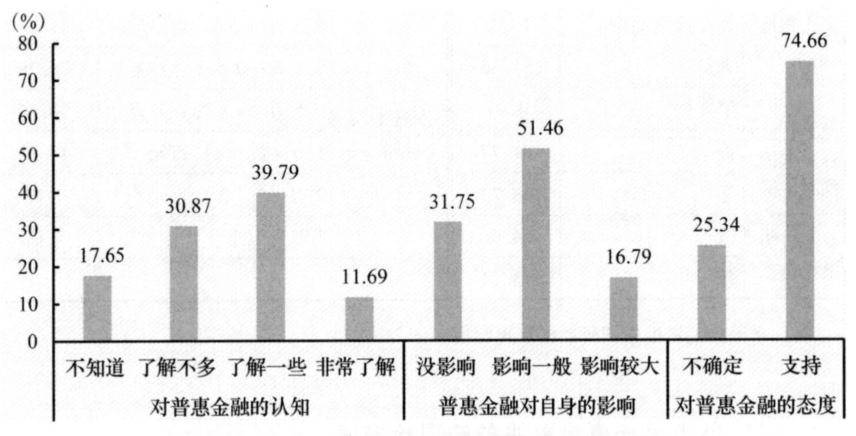

图 13—1　新市民对普惠金融的认知和态度

资料来源：笔者根据调研数据整理所得。

2. 新市民享受金融服务的情况

首先，从银行账户的普及率来看，新市民至少人均拥有 3 个经常使用的银行卡和 2 张经常使用的信用卡，这在一定程度上反映出银行账户的覆盖率已被有效满足。另外，从储蓄行为来看，57.54% 的新市民近一年有过储蓄行为，其储蓄动机主要以子女教育（占比为 22.21%）和房、车等固定资产储备为主（占比为 24.59%）。

其次，从新市民对传统银行的贷款需求、可得性和满意度情况来看（见图13—2），53.98%的新市民近3年内有借贷需求，说明新市民的信贷需求较为旺盛。其中，在有借贷需求的样本中，52.20%的新市民向银行申请过贷款，而在向银行申请过贷款的样本中，93.60%的新市民获得了银行贷款，而在获得银行贷款的样本中，92.66%的新市民获得了足额贷款，即获批的贷款金额大于或等于申请的贷款金额。尽管多数新市民的贷款需求得到了满足，但从贷款使用用途来看，住房贷款、日常生活消费和临时性资金周转是当前新市民比较青睐的。其中，31.97%的新市民选择住房贷款，17.58%的新市民选择临时性资金周转，14.52%的新市民选择日常生活消费，因此要持续关注新市民实际需求。另外，新市民获批的贷款平均余额为24.79万元，这反映出多数新市民主要以获得小额贷款为主，仅有28.55%的新市民能获得30万元以上的大额贷款。从贷款满意度来看，51.75%的新市民对银行贷款表示比较满意，20.28%的新市民分别对银行贷款表示非常满意或

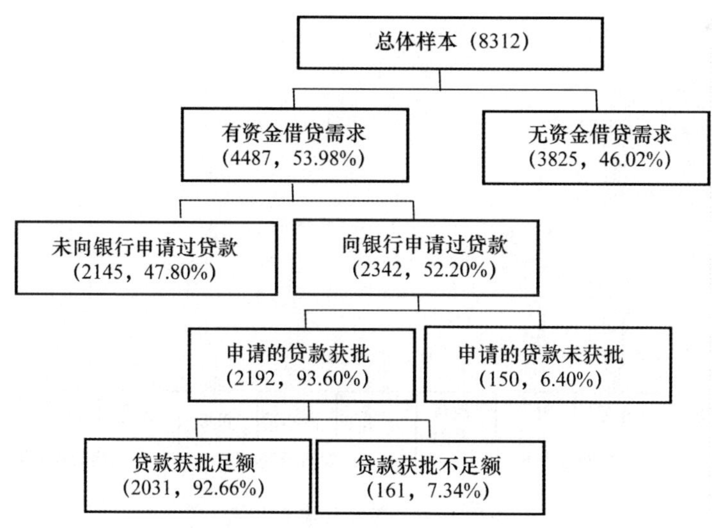

图13—2　新市民贷款需求和贷款行为

资料来源：笔者根据调研数据整理所得。

一般，仅有 7.69% 的新市民对银行贷款服务表示不满意。

再次，从新市民参与保险的情况来看（见图 13—3），尽管 2/3 以上（68.85%）的样本参保了医疗保险（如城镇居民医疗、新农合等），60.20% 的样本参保了养老保险，但仍有一部分新市民因工作流动性较强而无法稳定缴纳社保，因此，加强新市民医疗保障和养老保障已成为当前做好新市民金融服务工作的一大痛点。此外，从财产类保险和子女教育保险来看，其参保率更低，其中，32.75% 的样本参保了财产类保险（如车辆等），13.73% 的样本参保了子女教育保险。从新市民对保险的重要性和可负担性来看，尽管一半以上（59.35%）的样本认为保险比较重要或非常重要，且接近一半（47.74%）的样本能承受现有的保费水平，但其参保的积极性并不高，主要原因在于"要花很多钱的保险没必要"的观念。事实上，尽管"新市民"可支配收入少、保险意识淡薄，但新市民保险需求非常旺盛，具有巨大的增长空间。特别是近年来从事外卖行业和快递行业等灵活就业的新市民所遭遇的交通安全事故

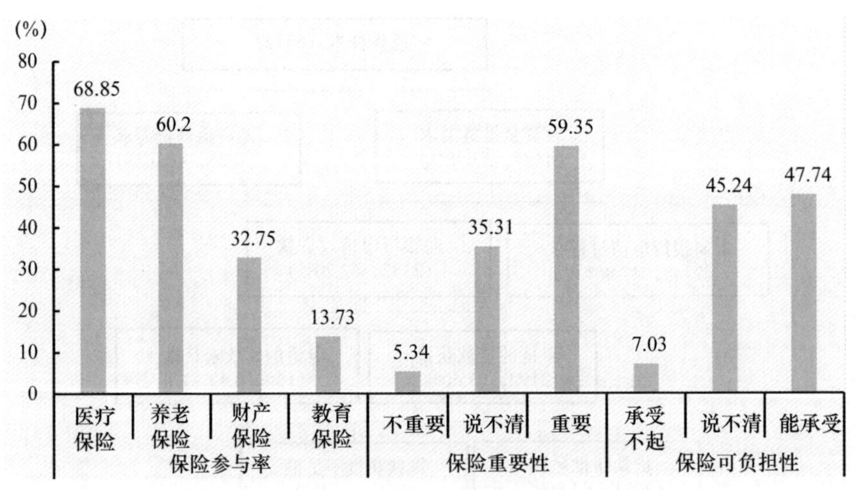

图 13—3　新市民参保情况

资料来源：笔者根据调研数据整理所得。

已屡见不鲜，其社会保障问题仍处在社会保障的真空之中。

最后，就新市民参与数字金融的情况而言（见图13—4），一方面，接近2/3（66.86%）的新市民较为频繁的采用数字支付手段进行支付，这说明随着移动互联网的高速发展，数字化消费已经深入人心，以移动支付为主、现金支付为辅的支付方式成为新市民日常工作生活的主要支付手段；另一方面，70%以上的新市民更愿意以线上方式（手机银行）申请银行贷款（74.84%）和购买理财（72.11%），而相比之下，愿意通过支付宝、微信等第三方申请贷款、购买理财和购买保险的比例较低，其分别为47.68%、54.86%和51.12%。但进一步从参与数字金融的行为来看，新市民的行为与意愿存在背离，即参与数字金融行为的新市民的比例更低。具体来看，以线上方式分别申请过银行贷款和购买过

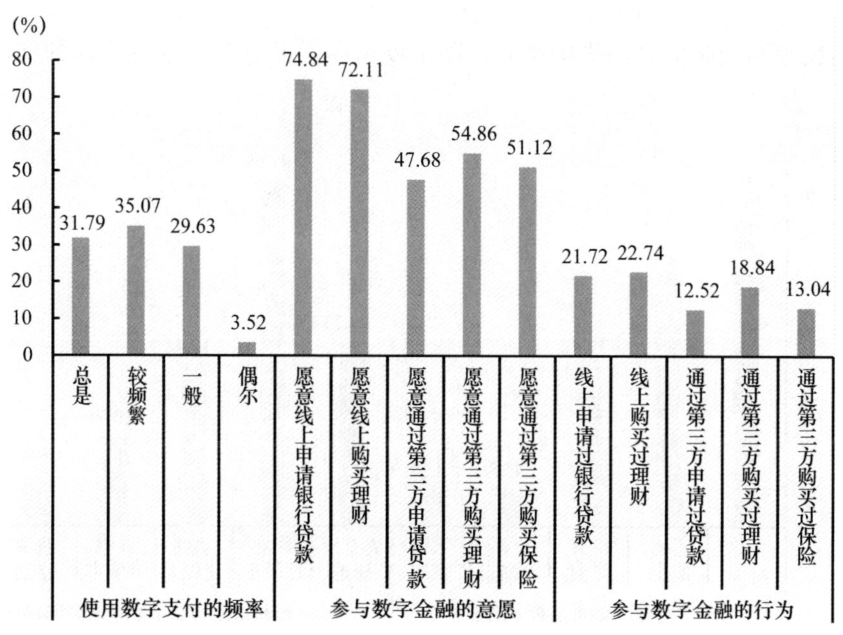

图13—4　新市民参与数字金融情况

资料来源：笔者根据调研数据整理所得。

理财的样本比例分别为 21.72% 和 22.74%，而通过第三方申请过银行贷款以及购买过理财保险的样本比例更低，其分别为 12.52%、18.84% 和 13.04%。从这个结果来看，尽管数字借贷、数字保险和数字理财是当前金融机构服务新市民的重要“利器”，但新市民因收入水平、风险规避等各种原因，其数字金融参与率仍然较低。

3. *疫情对新市民的影响*

2019 年以来，疫情的传播和反弹对全国造成了不小的影响，特别在涉疫地区社会面静态管理的背景下，服务于制造业、建筑业等传统劳动密集型接触性产业的新市民群体受到的影响更为明显。调查数据显示（见图 13—5），2/3 以上（71.94%）新市民的收入有较大程度或较小程度受到疫情的影响，19.42% 的新市民的收入没有受到疫情的影响，仅有 8.65% 的新市民的收入在疫情影响下有所提升。进一步从疫情对居民参与金融活动的影响来看，除了疫情期间没有参与金融活动的样本

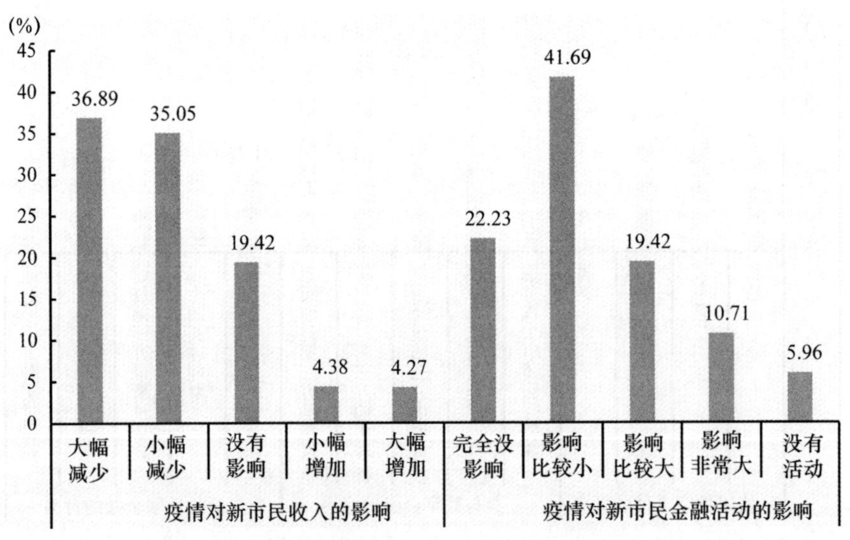

图 13—5　疫情对新市民收入和金融活动的影响情况

资料来源：笔者根据调研数据整理所得。

(5.96%)，约22.23%的新市民认为疫情并没有影响其正常参与存钱、取钱、汇款和保险等金融活动，41.69%的新市民认为疫情对其参与金融活动的影响比较小，其主要原因是金融机构通过“无接触”的全线上金融服务来助力新市民抗疫，以此为提供基本的生活资金保障；而1/3(30.13%)的新市民认为疫情对其参与金融活动有比较大或非常大的影响，这可能由于在社会面静态管理的背景下，新市民用信需求群体在不断扩大，并且出现了不能有效满足的多笔小额借贷需求特征。从这点可以看出，尽管疫情会影响大部分居民的收入，但对其参与金融活动并没有产生太大的影响。

二 新市民普惠金融服务的影响因素分析：基于金融排斥视角

（一）新市民金融排斥类型和排斥程度的界定

金融排斥是指个人因某些主客观因素而不能获得或不愿获得主流金融机构提供的金融服务的一种社会现象[①]。为准确识别和刻画新市民受到的金融排斥类型和金融排斥程度，一方面，参考Kempson和Whyley的研究和问卷实际调查情况[②]，我们将储蓄排斥分为地理排斥、自我排斥和条件排斥三种类型，将信贷排斥分为地理排斥、自我排斥、价格排斥、条件排斥、评估排斥和营销排斥等六种类型，将保险排斥分为自我排斥、价格排斥和营销排斥；另一方面，参考王修华等的研究[③]，将金融排斥程度

① Leyshon A. and N. Thrift, 1995, “Geographies of Financial Exclusion: Financial Abandonment in Britain and the United States”, *Transactions of the Institute of British Geographers*, 20(3): 312－341.

② Kempson H. E. and C. M. Whyley, 1999, “Understanding and Combating Financial Exclusion, *Insurance Trends*, 21: 18－22.

③ 王修华、傅勇、贺小金、谭开通：《中国农户受金融排斥状况研究——基于我国8省29县1547户农户的调研数据》，《金融研究》2013年第7期。

分为不受排斥、受部分排斥和受严重排斥三种情况。其中，就储蓄而言，不受排斥是指新市民近1年内发生过储蓄行为且有银行储蓄账户，受部分排斥是指新市民近1年内没有发生储蓄行为但有银行储蓄账户，受严重排斥是指新市民近1年内没有发生储蓄行为且没有银行储蓄账户；就信贷而言，不受排斥是指新市民近1年内在银行申请过贷款且获得了足额贷款（获得银行贷款的金额大于或等于当时在银行申请贷款时的金额），受部分排斥是指新市民近3年内在银行申请过贷款但获得的贷款不足额，受严重排斥是指新市民近3年内有借贷需求但没有向银行申请过贷款；就保险而言，不受排斥是指新市民近1年内有参保且参保种类在2（含）个以上，受部分排斥是指新市民近1年内有参保且参保种类只有1个，受严重排斥是指新市民近1年内无参保。

（二）新市民金融排斥程度的基本事实

首先，从金融排斥类型来看（见图13—6），在受到储蓄排斥的新市民中，自我排斥占比最高，为93.51%，地理排斥占比次之，为4.29%，条件排斥占比最低，仅为2.20%。根据调查情况可知，自我排斥占比最高除受家庭其他成员在银行进行过储蓄外，其主要的原因是不断反弹的疫情使新市民近几年无法通过打工获得稳定的收入，因而导致储蓄能力不足；从地理排斥和条件排斥来看，新市民产生储蓄排斥的原因主要是其主观认为银行物理网点较远以及办理柜面业务较为复杂麻烦。在受到信贷排斥的新市民中，自我排斥、地理排斥和价格排斥所占比重较大，分别为48.35%、37.90%和20.15%，而条件排斥、评估排斥和营销排斥所占比重较小，合计仅为11.11%。具体而言，新市民产生信贷自我排斥主要表现在三个方面，一是主观认为银行贷款十分复杂，并不了解银行贷款流程，因而更倾向于通过亲朋好友借款；二是认为申请银行贷款时提交各种证明材料（如银行流水、财产证明）较为麻烦，因而不愿意在银行贷款；三是认为银行信贷员对贷款裁决权利较大，而自己没有亲戚朋友在银行工作贷不到款，即使贷了款，也要给回扣，因而自我选择放弃在银行贷款。新市民产生信贷地理排斥的主要是因周围银行的物理网点太少，办理信贷业务不方便；产生信贷价格排斥的主要原因是还贷利率较高；而产生其他排斥主要是由于新市民无法提供足额的抵质押物或找不到合理的担保人以及银行提供的贷款产品不能满足新市民本身的需求。在受到保险排斥的新市民中，51.02%的样本受到价格排斥，即认为保险费用过高，自身收入无力支付；26.82%的样本受到自我排斥，即对保险不了解、主观认为购买保险是浪费钱；22.16%的样本受到营销排斥，即认为保险宣传工作不到位，导致对现有保险产品了解得不够深入。正是由于价格排斥和营销排斥的存在，导致保险市场长期面临供需“双冷”的尴尬局面。

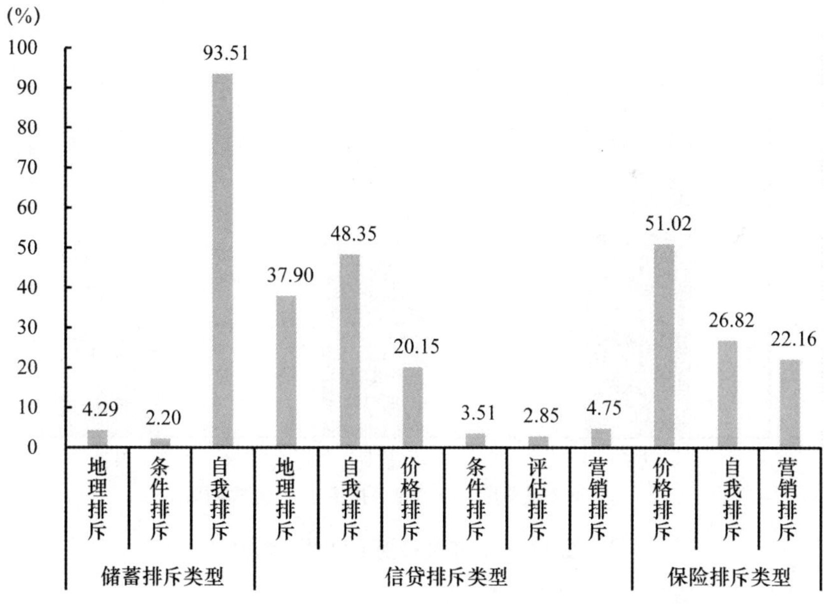

图 13—6　新市民受金融排斥情况

资料来源：笔者根据调研数据整理所得。

其次，从金融排斥程度来看（见图13—7），新市民的保险排斥最为严重，信贷排斥次之，储蓄排斥较轻。其中，从受部分排斥的比例来看，样本受保险排斥的比例最高，为56.92%，而受信贷排斥的比例最低，仅为6.17%；从受严重排斥的比例来看，样本受信贷排斥的比例最高，为47.80%，而受储蓄排斥的比例最低，仅为7.87%。进一步从受部分排斥比例和受严重排斥比例之和来看[①]，42.46%的样本新市民近1年没有发生过储蓄行为，53.97%的样本新市民近1年内有贷款需求但没有获得贷款或获得了不足额的贷款，88.07%的样本新市民近1年内没有参保或只参保了1种保险。另外，从不同区域来看（见图13—8），浙江、河南和云南三个省份新市民的金融排斥存在较大差异。其中，从受部分排斥的比例来看，云南省新市民的储蓄排斥程度和保险排斥程度最高，占比分别为36.79%和63.58%，河南省新市民的信贷

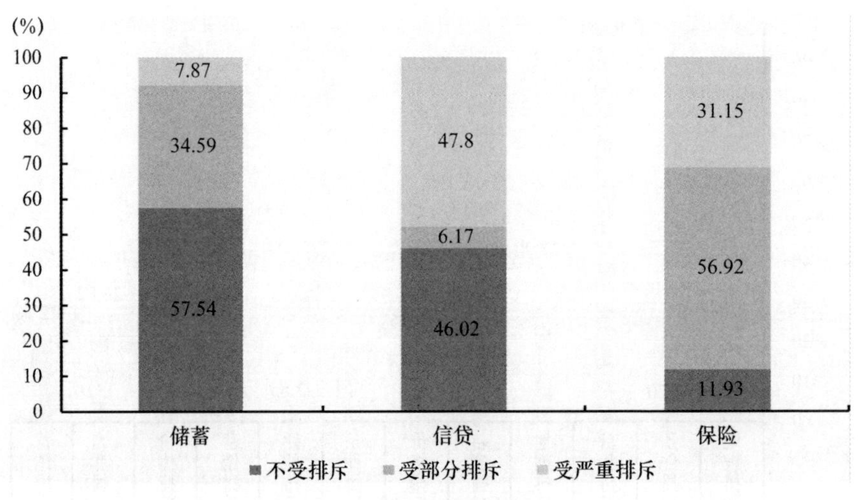

图13—7　新市民受金融排斥情况

资料来源：笔者根据调研数据整理所得。

① 这里受排斥程度的比例是受部分排斥的比例和受严重排斥的比例之和。

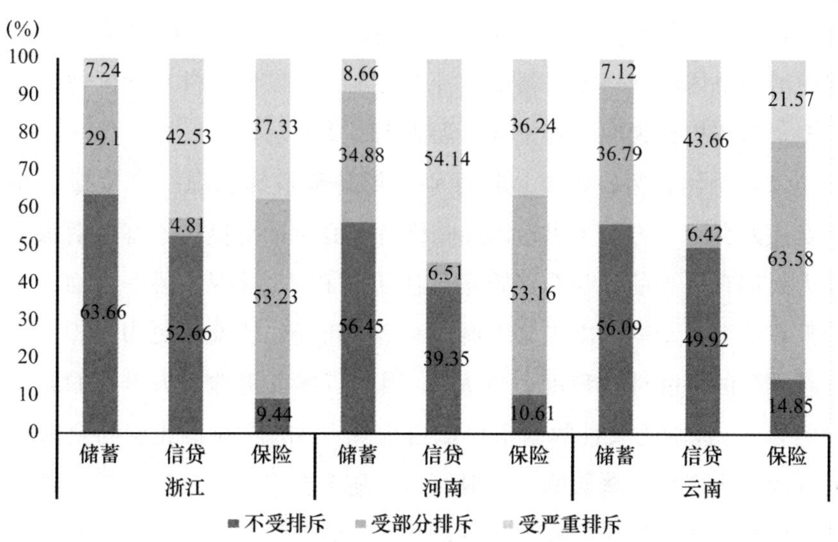

图 13—8　新市民金融排斥程度情况

资料来源：笔者根据调研数据整理所得。

排斥程度最高，占比为 6.51%；从受严重排斥的比例来看，河南省新市民的储蓄排斥程度和信贷排斥程度最高，占比分别为 8.66% 和 54.14%，浙江省的保险排斥程度最高，占比为 37.33%。

（三）变量选取及说明

大量研究表明，居民的个体特征（如性别、年龄等）、家庭特征（如收入、金融资产等）、地区特征等因素与金融排斥存在一定关系，在此不再赘述。鉴于此，本章将新市民受到的金融排斥程度为作为被解释变量，并按照金融排斥程度的高低，将不受排斥赋值为 0，受部分排斥赋值为 1，受严重排斥赋值为 2。同时，本章参照 Christiansen 等①、

① Christiansen，C.，Rangvid，J.，and J. S. Joensen，2010，"Fiction or Fact：Systematic Gender Differences in Financial Investments?"，*SSRN Electronic Journal*.

吕勇斌等[①]以及甘宇和徐芳[②]的研究，将影响新市民金融排斥程度的因素归纳为个体特征、家庭特征、社会资本、突发性事件和地区特征五大类型。具体指标说明、变量选取如表13—2所示。

（1）个体特征，主要包括性别、年龄和婚姻状况三个变量。相较于女性而言，一方面，男性因面临维持家庭生计与提高家庭生活水平的压力而拥有更高的参与金融市场的决策权和话语权[③]；另一方面，男性因具有从事劳动的突出优势因而参与金融市场也比女性更为强烈，受到金融排斥的可能性和程度也越大[④]。因此，本章将性别为男性的新市民赋值为1，性别为女性的新市民赋值为0。年龄对新市民参与金融市场的行为也会产生显著影响。一般而言，随着新市民年龄的增长，其从事劳动的积极性和抗风险能力呈现倒“U”形趋势，因而参与金融市场的行为也会呈现倒“U”形趋势，受到金融排斥程度的也相应呈现倒“U”形趋势[⑤]。因此，本章将新市民的年龄分为29岁及以下、30—39岁、40—49岁、50—59岁和60岁及以上5个组，并将29岁及以下作为参照组。相较于未婚、离异和丧偶的新市民而言，已婚的新市民的风险承受能力和财富水平较高，其参与金融市场越积极，受到金融排斥的可能性就越小[⑥]。因此，本章将新市民的婚姻状况分为未婚、已婚、离异和丧偶4个组，并将未婚作为参照组。

---

① 吕勇斌、邓薇、颜洁：《金融包容视角下我国区域金融排斥测度与影响因素的空间分析》，《宏观经济研究》2015年第12期。

② 甘宇、徐芳：《信贷排斥的城乡差异——来自2629个家庭的经验证据》，《财经科学》2018年第2期。

③ 曾维忠、蔡昕：《借贷需求视角下的农户林权抵押贷款意愿分析——基于四川省宜宾市364个农户的调查》，《农业经济问题》2011年第9期。

④ 陈秋月、董晓林：《女性家庭决策赋权与农户借贷行为——基于CFPS的实证研究》，《农业技术经济》2020年第12期。

⑤ 张晓琳、董继刚：《农户借贷行为及潜在需求的实证分析——基于762份山东省农户的调查问卷》，《农业经济问题》2017年第9期。

⑥ Christiansen, C., Rangvid, J. and J. S. Joensen, 2010, “Fiction or Fact: Systematic Gender Differences in Financial Investments?”, *SSRN Electronic Journal*.

（2）家庭特征，主要包括家庭月收入、家庭金融资产和家庭劳动力三个变量。收入和金融资产代表了一个家庭的财富水平，其决定家庭成员是否参与金融市场以及参与金融市场程度。一般而言，家庭收入和金融资产越高，家庭财富能力就越强，按时还贷和缴纳保费的能力就越强，参与金融市场就越积极，受到金融排斥的可能性就越小①。鉴于此，本章将家庭月收入分为0.3万元（含）以下、0.3万—0.5（含）万元、0.5万—1（含）万元、1万—2（含）万元、2万—5（含）万元和5万元以上6个组，并将0.3万元（含）以下作为参照组；将家庭金融资产分为5万元（含）以下、5万—10（含）万元、10万—15（含）万元、15万—20（含）万元和20万元以上5个组，并将5万元（含）以下作为参照组。家庭劳动力人数对家庭生产能力、未来家庭潜在收入和偿债能力起着决定性作用。一般而言，家庭劳动力占比越高，从事各种劳动活动的保障程度越高，其生产和投资能力越强，对资金的需求也越高，参与金融市场的积极性就越强，受到金融排斥的可能性和程度就越低②。鉴于此，本章将家庭劳动力分为0—25%（含）、25%—50%（含）、50%—75%（含）和75%—100%（含）4个组，并将0—25%（含）作为参照组。

（3）社会资本，主要包括是否有亲戚为政府干部和是否有亲戚为银行员工两个变量，若有亲戚为政府干部或银行员工则分别赋值为1，若没有亲戚为政府干部或银行员工则分别赋值为0。现阶段，中国仍是一个注重“传统”的关系型社会，新市民在长期的相处中自然而然形成的社会资本不仅直接影响着其获取信息的能力，还对其参与金融行为起着不可忽视的作用。因难以提供合法、有效的抵押品以及没有稳定的收入，使得大多数新市民很难满足银行、保险等金融机构的要求，常常

① 吴卫星、齐天翔：《流动性、生命周期与投资组合相异性——中国投资者行为调查实证分析》，《经济研究》2007年第2期。

② 张珩、罗剑朝、罗添元、王磊玲：《社会资本、收入水平与农户借贷响应——来自苹果主产区784户农户的经验分析》，《经济与管理研究》2018年第8期。

受到严重的金融排斥；而借助社会资本，不仅可以增强农户与正规金融机构之间的信任关系，并充当类似于抵押品的功能，这在一定程度上会促进新市民参与金融市场，因而受到金融排斥的可能性就越低①。

（4）家庭突发性事件，主要包括是否有红白事、是否有建房或买房以及是否有家庭成员患有重大疾病三个变量，若有红白事、有建房或买房以及有家庭成员患有重大疾病则分别赋值为 1，若没有红白事、没有建房或买房以及没有家庭成员患有重大疾病则赋值为 0。一般来讲，若新市民家庭有红白事、建房或买房以及成员有重大疾病时，其投入的资金就越多，进行储蓄和购买保险的能力就越弱，受到金融排斥的可能性就越大。

（5）地区特征，主要包括住所到最近金融机构的距离以及区域位置两个变量。一般来讲，到最近金融机构的距离越近，接触到金融机构的各种信息就越便利，参与金融市场就越积极，受金融排斥的可能性就越小②。鉴于此，本章将住所到最近金融机构的距离分为 1（含）千米之内、1—5 千米（含）、5—10 千米（含）和 10 千米以上 4 个组，并将 1（含）千米之内作为参照组。区域位置代表了一个地区的宏观经济发展水平、市场发育程度和金融基础设施建设水平。一般来讲，东部地区的经济发展水平、市场发育程度和金融基础设施建设要明显优于中西部地区，因而新市民开展生产和投资等劳动活动获得的技术和资金支持可能会越多，参与金融市场的积极性也越高，受到金融排斥的可能性就越小③。鉴于此，本章将区域位置按照调查省份分为 3 个组，并将“浙江”为参照组。

① Biggart, N. W. and R. P. Castanias, 2001, “Collateralized Social Relations: The Social in Economic Calculation”, *American Journal of Economics & Sociology*, 60 (2): 471 – 500.

② 张宇、赵敏：《农村普惠金融发展水平与影响因素研究——基于西部六省的实证分析》,《华东经济管理》2017 年第 3 期。

③ 张兰、冯淑怡、曲福田：《农地流转区域差异及其成因分析》,《中国土地科学》2014 年第 5 期。

表 13—2　　**变量选取和统计性描述**

变量类型		变量名称	变量描述	均值	方差
被解释变量		储蓄排斥程度	不受排斥 =0，受部分排斥 =1，受严重排斥 =2	0.50	0.64
		信贷排斥程度	不受排斥 =0，受部分排斥 =1，受严重排斥 =2	1.02	0.97
		保险排斥程度	不受排斥 =0，受部分排斥 =1，受严重排斥 =2	1.19	0.63
解释变量	个人特征	性别	男 =1，女 =0	0.56	0.50
		年龄（以“29 岁及以下”为参照组）	29 岁及以下：是 =1；否 =0	0.31	0.46
			30—39 岁：是 =1；否 =0	0.43	0.50
			40—49 岁：是 =1；否 =0	0.16	0.37
			50—59 岁：是 =1；否 =0	0.08	0.28
			60 岁及以上：是 =1；否 =0	0.01	0.08
		婚姻状况（以“未婚”为参照组）	未婚：是 =1，否 =0	0.26	0.44
			已婚：是 =1，否 =0	0.70	0.46
			离异：是 =1，否 =0	0.03	0.17
			丧偶：是 =1，否 =0	0.00	0.07
	家庭特征	家庭月收入［以“0.3 万元（含）以下”为参照组］	0.3 万元（含）以下：是 =1，否 =0	0.13	0.34
			0.3 万—0.5（含）万元：是 =1，否 =0	0.27	0.44
			0.5 万—1（含）万元：是 =1，否 =0	0.31	0.46
			1 万—2（含）万元：是 =1，否 =0	0.17	0.38
			2 万—5（含）万元：是 =1，否 =0	0.07	0.26
			5 万元以上：是 =1，否 =0	0.05	0.21
		家庭金融资产［以“5 万元（含）以下”为参照组］	5 万元（含）以下：是 =1，否 =0	0.51	0.50
			5 万—10（含）万元：是 =1，否 =0	0.22	0.41
			10 万—15（含）万元：是 =1，否 =0	0.08	0.27
			15 万—20（含）万元：是 =1，否 =0	0.06	0.23
			20 万元以上：是 =1，否 =0	0.14	0.35
		家庭劳动力［以“0—25%（含）”为参照组］	0—25%（含）：是 =1，否 =0	0.13	0.34
			25%—50%（含）：是 =1，否 =0	0.24	0.43
			50%—75%（含）：是 =1，否 =0	0.18	0.39
			75%—100%（含）：是 =1，否 =0	0.44	0.49

续表

<table>
<tr><th colspan="2">变量类型</th><th>变量名称</th><th>变量描述</th><th>均值</th><th>方差</th></tr>
<tr><td rowspan="12">解释变量</td><td rowspan="2">社会资本</td><td>有亲戚为政府干部</td><td>是 =1，否 =0</td><td>0.18</td><td>0.39</td></tr>
<tr><td>有亲戚为银行员工</td><td>是 =1，否 =0</td><td>0.45</td><td>0.50</td></tr>
<tr><td rowspan="3">突发事件</td><td>是否有红白事</td><td>是 =1，否 =0</td><td>0.10</td><td>0.30</td></tr>
<tr><td>是否建房或买房</td><td>是 =1，否 =0</td><td>0.26</td><td>0.44</td></tr>
<tr><td>是否有重大疾病</td><td>是 =1，否 =0</td><td>0.06</td><td>0.24</td></tr>
<tr><td rowspan="7">地区特征</td><td rowspan="4">住所到最近金融机构的距离［以“1（含）千米之内”为参照组］</td><td>1（含）公里之内：是 =1，否 =0</td><td>0.52</td><td>0.50</td></tr>
<tr><td>1—5 公里（含）：是 =1，否 =0</td><td>0.35</td><td>0.48</td></tr>
<tr><td>5—10 公里（含）：是 =1，否 =0</td><td>0.09</td><td>0.29</td></tr>
<tr><td>10 公里以上：是 =1，否 =0</td><td>0.04</td><td>0.19</td></tr>
<tr><td rowspan="3">区域位置（以“浙江”为参照组）</td><td>浙江：是 =1，否 =0</td><td>0.17</td><td>0.38</td></tr>
<tr><td>河南：是 =1，否 =0</td><td>0.47</td><td>0.50</td></tr>
<tr><td>云南：是 =1，否 =0</td><td>0.36</td><td>0.48</td></tr>
</table>

（四）计量策略与结果分析

1. 计量策略

由于被解释变量新市民受到的金融排斥程度是 1—3 的离散分类变量，需要采用离散选择模型来进行实证，因此本章采用有序因变量模型。本章预估计了有序 Logit 模型，并进行了 Brant 检验，结果表明并不满足平行回归假设。因此，本章采用有序 Probit 模型估计解释变量对新市民金融排斥程度的影响，模型表达式如下：

$$fe_i^* = \beta x_i + \varepsilon_i, \quad \varepsilon_i \sim N(0, \sigma^2) \tag{13—1}$$

$$fe_i = \begin{cases} 0, & fe_i^* < c_0; \\ 1, & c_0 \leqslant fe_i^* < c_1; \\ 2, & fe_i^* \geqslant c_1 \end{cases} \tag{13—2}$$

其中，fe_i 为被解释变量，代表新市民金融排斥程度，0 表示不受排斥，1 表示受部分排斥，2 表示受严重排斥，fe_i^* 表示新市民金融排斥程度的隐变量；x_i 表示影响新市民金融排斥程度的一组变量，主要包括新市民个人特征、家庭特征、社会资本、突发性事件和地区特征；β 为待估参数；ε_i 为服从标准正态分布的随机误差项；c_i（$j=0$，1）称为门槛值或阈值。由此可得：

$$\begin{cases} P(fe_i=0)=P(fe_i^*<c_0)=P(\beta x_i+\varepsilon_i<c_0)=\Phi(c_0-\beta x_i) \\ P(fe_i=1)=P(c_0\le fe_i^*<c_1)=P(c_0\le\beta x_i+\varepsilon_i<c_1)=\Phi(c_1-\beta x_i)-\Phi(c_0-\beta x_i) \\ P(fe_i=2)=P(c_1\le fe_i^*)=P(c_1\le\beta x_i+\varepsilon_i)=1-\Phi(c_1-\beta x_i) \end{cases}$$

（13—3）

其中，Φ（·）表示 ε_i 的标准正态分布的累积密度函数，其对应的对数似然函数为：$L=\prod_{i=1}^{N}\prod_{j=0}^{J}\left[\Phi(c_j-\beta x_i)-\Phi(c_{j-1}-\beta x_i)\right]^{d_{ij}}$。两边取自然对数，得到：$\ln L=\prod_{i=1}^{N}\prod_{j=0}^{J}d_{ij}\left[\Phi(c_j-\beta x_i)-\Phi(c_{j-1}-\beta x_i)\right]$。再对 β 求导并令其为 0，解出方程组中的 β，可以得到模型参数中的极大似然解。

2. 结果分析

本章采用极大似然估计法分别估计新市民储蓄排斥程度、信贷排斥程度和保险排斥程度的影响因素，结果详见表 13—3。需要说明的是，在模拟计量模型之前，本章首先采用方差膨胀因子（VIF）检验了自变量之间多重共线性。从检验结果来看，VIF 值为 1.50—2.10，远小于 10，说明选取的自变量之间不存在明显的多重共线性。第二，由于较难解释负二项回归模型自变量估计系数的经济意义，本章报告了“发生率比”（Incidence Rate Ratio）。从表 13—3 中的估计结果来看，个人特征、家庭特征、社会资本、突发性事件和地区特征均对新市民储蓄排斥程度、信贷排斥程度和保险排斥程度具有显著影响。

从个人特征来看，性别仅对新市民储蓄排斥程度在 1% 的显著性水平上呈正向影响。在其他条件相同的情况下，性别为男性的新市民的储蓄排斥程度要明显大于性别为女性的新市民的储蓄排斥程度，其是性别为女性的新市民的储蓄排斥程度的 1.219 倍。年龄对新市民储蓄排斥、信贷排斥和保险排斥的影响具有显著的差异。从储蓄排斥来看，随着年龄的增加，新市民受到的储蓄排斥程度有所上升，年龄为 30—39 岁年龄段更为显著，并且在 1% 的显著性水平上呈正向影响。即年龄为 30—39 岁的新市民，其受到的储蓄排斥程度是年龄为 29 岁及下新市民的 1.221 倍，上升了 22.1%。从信贷排斥来看，随着年龄的增加，新市民受到的信贷排斥程度反而有所下降，特别是年龄为 30—39 岁、40—49 岁年龄段更为显著，并且均在 1% 的显著性水平上呈负向影响。即年龄为 30—39 岁和 40—49 岁的新市民，其受到的信贷排斥程度分别是年龄为 29 岁及下新市民的 0.719 倍和 0.730 倍，分别下降了 28.1% 和 27.0%。保险排斥表现出类似的结论。随着年龄的增加，新市民受到的保险排斥程度也有所下降，年龄为 30—39 岁、40—49 岁、50—59 岁年龄段更为显著，并且至少在 5% 的显著性水平上呈负向影响。即年龄为 30—39 岁、40—49 岁和 50—59 岁的新市民，其受到的保险排斥程度分别是年龄为 29 岁及下新市民的 0.873 倍、0.690 和 0.639 倍，分别下降了 12.70%、31.00% 和 36.10%。婚姻状况仅对信贷排斥和保险排斥有显著影响。其中，从信贷排斥来看，婚姻状况为已婚和离异更为显著，并且至少在 10% 的显著性水平上呈负向影响。即婚姻状况为已婚和离异的新市民，其受到信贷排斥程度分别是婚姻状况为未婚新市民的 0.703 倍和 0.689 倍，分别下降了 29.70% 和 31.10%；而从保险排斥来看，婚姻状况为已婚和丧偶却更为显著，其中，已婚在 1% 的显著性水平上呈负向影响，而丧偶在 10% 的显著性水平上呈正向影响。即婚姻状况为已婚的新市民，其受到保险排斥程度是婚姻状况为未婚新市民的 0.8 倍，下降了 20%，而婚姻状况为丧偶的新市民，其受到保险排斥程度是婚姻状况为未婚新市民的 1.641 倍，上升了 64.1%。出现这个结果可能是由于在配偶去世后，家户失去了逝者的劳动收入或养老金，加之家户的基本需求也因家户规模的缩小而下降，从而影响了家庭的经济福利水平①。

从家庭特征来看，家庭月收入对新市民储蓄排斥程度、信贷排斥程度和保险排斥程度均具有不同程度的影响。从储蓄排斥和信贷排斥来看，随着家庭月收入的增加，新市民受到的储蓄排斥程度和信贷排斥程度反而有所下降。家庭月收入为 0.3 万—0.5（含）万元、0.5 万—1（含）万元、1 万—2（含）万元、2 万—5（含）万元和 5 万元以上均显著，并且在 1% 的显著性水平上呈负向影响。这个结果与中国的实际情况相吻合，即家庭收入越高，新市民储蓄意愿和储蓄能力更强，从正规金融机构获得贷款的可能性也越高，因为受到储蓄排斥和信贷排斥的程度也越低。从保险排斥来看，家庭月收入在 2 万—5（含）万元和 5 万元以上更显著，并且均在 1% 的显著性水平上呈负向影响。即家庭月收入在 2 万—5（含）万元和 5 万元以上的新市民，其受到保险排斥程度分别是家庭月收入在 2（含）万元以下新市民的 0.814 倍和 0.798 倍，分别下降了 18.6% 和 20.2%。家庭金融资产仅对新市民储蓄排斥程度和保险排斥程度有显著影响，而对信贷排斥程度影响不显著。其中，从储蓄排斥来看，随着家庭金融资产的增加，新市民受到的储蓄排斥程度有明显下降。家庭金融资产为 5 万—10（含）万元、10 万—15（含）万元、15 万—20（含）万元以及 20 万元以上更为显著，并且均在 1% 的显著性水平上呈负向影响。即家庭金融资产为 5 万—10（含）万元、10 万—15（含）万元、15 万—20（含）万元以及 20 万元以上的新市民，其受到的储蓄排斥程度分别是家庭金融资产在 5 万元以下新市民的 0.540 倍、0.545 倍、0.472 倍和 0.423 倍，分别下降了

① 赵锐、张瑛：《丧偶对老年女性经济福利影响研究述评》，《经济评论》2019 年第 3 期。

46.00%、45.50%和52.80%和57.70%。从保险排斥来看，仅有家庭金融资产在20万元以上更显著，并且1%的显著性水平上呈负向影响。即家庭金融资产为20万元以上的新市民，其受到的储蓄排斥程度分别是家庭金融资产在5万元以下新市民的0.858倍，下降了14.2%。尽管当前中国社会保障已实现制度上的全面覆盖，但新市民作为劳动者群体的底层，较低的劳动报酬加大了其参保支付压力，同时由于其自我保障意识不足，导致该群体参保意愿较低。就家庭劳动力而言，50%—75%（含）的劳动力占比对新市民信贷排斥程度和保险排斥程度在1%的显著性水平上的正向影响，其分别是25%及以下劳动力占比的1.806倍和1.805倍；而劳动力占比为25%—50%（含）和75%—100%的新市民与劳动力占比为25%及以下的新市民相比，信贷排斥程度和保险排斥程度差异并不显著。出现劳动力占比对新市民储蓄排斥程度影响不显著可能与中国居民普遍爱“存钱”的现象有关。特别在受到国内外不确定性事件冲击的情况下，新市民的收入水平受到严重影响，不仅风险偏好有所下降，而且对未来收入预期的不确定性上升，进而增加了预防性储蓄。从劳动力占比对新市民信贷排斥程度和保险排斥程度的影响结果可以推断出，只有在一定区间内，劳动力占比才对新市民信贷排斥和保险排斥有影响：当劳动力所占比重较小时，新市民家庭劳动力较少，只能维持较低的生产生活水平，信贷和保险的需求程度较低，受到排斥程度可能更大；当劳动力所占比重较大时，新市民因子女教育、进城购房和养老等需求而对贷款需求较为强烈；当劳动力所占比重达到一定程度，即新市民家庭劳动力较多时，新市民依靠自身的劳动报酬和财富积累能满足家庭生活所需资金，对贷款和保险的需求并无显著提升，因而受到排斥程度也可能较大。

从社会资本来看，政府资本仅对新市民信贷排斥程度和保险排斥程度的影响均至少在5%的显著性水平上呈负向影响。在其他条件相同的情况下，有亲戚为政府干部的新市民的信贷排斥程度和保险排斥程度更低，其分别是没有亲戚为政府干部的新市民的信贷排斥程度和保险排斥程度的 1.210 倍和 0.853 倍。出现政府资本对新市民储蓄排斥程度不影响的原因可能与其不会直接干预新市民储蓄意愿和储蓄行为有关。金融资本对新市民储蓄排斥程度、信贷排斥程度和保险排斥程度的影响均至少在 5% 的显著性水平上呈负向影响。在其他条件相同的情况下，有亲戚为金融机构员工的新市民的金融排斥程度更为显著，其分别是没有亲戚为金融机构员工的新市民的储蓄排斥、信贷排斥和保险排斥的 0.845 倍、0.85 倍和 0.878 倍。出现这个结果可能有两方面原因：一是金融机构的亲戚会因自身的储蓄任务和保险任务而直接影响新市民的储蓄行为和参保行为，这在一定程度上会显著减少储蓄排斥程度和保险排斥程度；二是依托于金融机构亲戚的隐形担保，新市民在有信贷需求时其不仅更容易获得银行信贷资金，而且在办理信贷业务过程中更有效率，这在一定程度上有利于减少新市民的信贷排斥程度。

从突发事件来看，有红白事、有建房或买房和有重大疾病均对新市民储蓄排斥程度、信贷排斥程度和保险排斥程度至少在 5% 的水平上有显著的影响，这表明，有突发事件的新市民受到的金融排斥程度在显著增加。出现这个结果可能与其筹办红白事、建房或买房以及看病的支出会在短期内大幅增加并影响自身储蓄能力、还贷能力和支付保费能力，这在一定程度上加大了其受到的金融排斥程度。

从区域特征来看，到最近金融机构的距离对新市民受到金融排斥程度具有正向影响。从储蓄排斥来看，新市民到最近金融机构的距离在 5—10 千米（含）和 10 千米以上更为显著，并且均在 1% 的显著性水平上呈正向影响。即到最近金融机构的距离在 5—10 千米（含）和 10 千米以上的新市民，其受到的储蓄排斥程度是到最近金融机构的距离在 1 千米内新市民的 1.422 倍和 1.402 倍。从信贷排斥和保险排斥来看，新市民到最近金融机构的距离在 1—5 千米（含）和 5—10 千米（含）更为显著，且均在 1% 的显著性水平上呈正向影响。出现这个结果非常符合实际，即距离金融机构网点越远，新市民获取金融相关信息以及去办理储蓄、信贷和保险等金融业务的交易成本就越高，这会加大金融排斥程度。区域位置对新市民金融排斥程度的影响有显著差异。相较于浙江，区域位置对河南新市民信贷排斥程度在 1% 水平上有显著的正向影响，而对云南新市民保险排斥程度在 1% 水平上有显著的负向影响。即处在河南的新市民，其受到的信贷排斥程度是处在浙江新市民的 1. 351 倍；而处在云南的新市民，其受到的保险排斥程度是处在浙江新市民的 0. 516 倍。从这个结果可以看出，由于各地在经济发展水平和金融市场化程度等存在较大差异，导致新市民受到的金融排斥程度也存在明显差异。特别对经济金融发展处于全国前列的浙江省而言，其当地数字化程度以及新市民获取的劳动报酬较高，其受到金融排斥程度明显低于河南和云南。

表 13—3　　**影响新市民金融排斥程度的实证结果**

变量		储蓄排斥		信贷排斥		保险排斥	
		系数	发生率比	系数	发生率比	系数	发生率比
男性		0. 198 ***	1. 219	−0. 040	0. 961	−0. 006	0. 994
年龄（以“29 岁及以下”为参照组）	30—39 岁	0. 200 ***	1. 221	−0. 330 ***	0. 719	−0. 136 **	0. 873
	40—49 岁	0. 106	1. 112	−0. 315 ***	0. 73	−0. 372 ***	0. 69
	50—59 岁	0. 052	1. 053	−0. 212	0. 809	−0. 448 ***	0. 639
	60 岁及以上	−0. 599 *	0. 549	−0. 466	0. 627	−0. 041	0. 96
婚姻状况（以“未婚”为参照组）	已婚	−0. 028	0. 973	−0. 352 ***	0. 703	−0. 223 ***	0. 8
	离异	0. 162	1. 176	−0. 372 *	0. 689	−0. 106	0. 9
	丧偶	−0. 238	0. 788	−0. 227	0. 797	0. 495 *	1. 641
家庭月收入［以“0. 3 万元（含）以下”为参照组］	0. 3 万—0. 5(含)万元	−0. 480 ***	0. 619	−0. 417 ***	0. 659	−0. 208	0. 812
	0. 5 万—1（含）万元	−0. 595 ***	0. 552	−0. 698 ***	0. 498	−0. 246	0. 782
	1 万—2（含）万元	−0. 648 ***	0. 523	−0. 760 ***	0. 468	−0. 138	0. 871
	2 万—5（含）万元	−0. 606 ***	0. 546	−1. 076 ***	0. 341	−0. 205 ***	0. 814
	5 万元以上	−0. 613 ***	0. 542	−0. 938 ***	0. 391	−0. 006 ***	0. 798

续表

变量		储蓄排斥		信贷排斥		保险排斥	
		系数	发生率比	系数	发生率比	系数	发生率比
家庭金融资产[以“5万元(含)以下”为参照组]	5万—10（含）万元	-0.617***	0.54	-0.029	0.972	0.015	1.015
	10万—15（含）万元	-0.607***	0.545	0.050	1.051	0.056	1.057
	15万—20（含）万元	-0.751***	0.472	0.148	1.16	-0.154	0.857
	20万元以上	-0.861***	0.423	-0.110	0.896	-0.154**	0.858
家庭劳动力[以“0—25%(含)”为参照组]	25%—50%（含）	-0.080	0.923	-0.397	0.672	-0.176	0.839
	50%—75%（含）	0.075	0.928	0.216***	1.806	0.217***	1.805
	75%—100%（含）	-0.019	1.019	-0.151	0.86	-0.046	0.955
有亲戚为政府干部		-0.169	0.845	-0.191**	1.21	-0.159***	0.853
有亲戚为金融机构员工		-0.168***	0.845	-0.163**	0.85	-0.130***	0.878
有红白事		0.075***	0.928	0.268**	0.765	0.272***	0.762
有建房或买房		0.410***	0.664	1.160***	0.314	0.527***	0.59
有重大疾病		0.139***	0.87	0.306**	0.736	0.459***	0.632
到最近金融机构距离[以“1(含)千米之内”为参照组]	1—5千米（含）	0.061	1.063	0.211***	1.235	0.132***	1.141
	5—10千米（含）	0.352***	1.422	0.334***	1.397	0.385***	1.469
	10千米以上	0.338***	1.402	0.127	1.135	0.258**	1.295
区域位置(以“浙江”为参照组)	河南	0.001	1.001	0.301***	1.351	-0.058	0.944
	云南	-0.001	0.999	-0.155	0.856	-0.661***	0.516
Cut1		-0.501***	-0.501	-1.898***	-1.898	-3.195***	-3.195
Cut2		1.773***	1.773	-1.609***	-1.609	-0.225*	-0.225
Pseudo R^2		0.046		0.091		0.041	
Log Pseudo Likelihood		-7020.30		-3594.73		-7473.18	
Wald Chi^2		630.48***		608.21***		650.85***	
样本量		8310		4485		8310	

注：*、**和***分别表示在10%、5%和1%的水平上显著。

3. 稳健性分析

为确保上述分析结论的可靠性，本章通过减少控制变量对模型进行稳健性检验，即减少突发事件变量（是否有红白事、是否有建房或买房以及是否有重大疾病），将其余变量重新代入模型，以此反映回归方程之间的差异。表 13—4 估计结果显示，上述变量的影响方向和显著性水平均与基准结果基本保持一致。因此，本章的回归结果是稳健的。

表 13—4 **稳健性检验**

变量		储蓄排斥		信贷排斥		保险排斥	
		系数	发生率比	系数	发生率比	系数	发生率比
男性		0.194***	1.215	−0.006	0.994	−0.012	0.988
年龄（以“29 岁及以下”为参照组）	30—39 岁	0.197***	1.218	−0.292***	0.747	−0.118*	0.888
	40—49 岁	0.142	1.153	−0.151	0.859	−0.303***	0.738
	50—59 岁	0.078	1.081	−0.081	0.922	−0.412***	0.662
	60 岁及以上	−0.530*	0.589	−0.194	0.823	−0.075	1.077
婚姻状况（以“未婚”为参照组）	已婚	−0.063	0.939	−0.400***	0.67	−0.295***	0.745
	离异	0.134	1.143	−0.418**	0.658	−0.157	0.854
	丧偶	−0.236	0.79	−0.189	0.828	0.447	1.563
家庭月收入［以“0.3 万元（含）以下”为参照组］	0.3 万—0.5(含)万元	−0.491***	0.612	−0.480***	0.619	−0.221	0.802
	0.5 万—1（含）万元	−0.635***	0.53	−0.838***	0.433	−0.302	0.739
	1 万—2（含）万元	−0.715***	0.489	−0.955***	0.385	−0.233	0.792
	2 万—5（含）万元	−0.683***	0.505	−1.258***	0.284	−0.311***	0.733
	5 万元以上	−0.664***	0.515	−1.094***	0.335	−0.072***	0.931
家庭金融资产［以“5 万元（含）以下”为参照组］	5 万—10（含）万元	−0.605***	0.546	−0.004	0.996	0.027	1.027
	10 万—15（含）万元	−0.587***	0.556	0.062	1.064	0.085	1.089
	15 万—20（含）万元	−0.733***	0.48	0.140	1.15	−0.132	0.877
	20 万元以上	−0.858***	0.424	−0.151	0.86	−0.158**	0.854

续表

变量		储蓄排斥		信贷排斥		保险排斥	
		系数	发生率比	系数	发生率比	系数	发生率比
家庭劳动力［以“0—25%（含）”为参照组］	25%—50%（含）	-0.083	0.92	-0.376	0.687	-0.195	0.823
	50%—75%（含）	-0.080	0.923	0.200 *	0.818	0.230 ***	0.795
	75%—100%（含）	0.013	1.013	-0.156	0.855	-0.061	0.941
有亲戚为政府干部		-0.176	0.839	-0.146 **	1.158	-0.176 ***	0.839
有亲戚为金融机构员工		-0.218 ***	0.804	-0.290 ***	0.748	-0.205 ***	0.815
到最近金融机构距离［以“1（含）千米内”为参照组］	1—5千米（含）	0.064	1.066	0.211 ***	1.235	0.140 ***	1.15
	5—10千米（含）	0.370 ***	1.448	0.396 ***	1.486	0.415 ***	1.514
	10千米以上	0.333 ***	1.394	0.146	1.157	0.244 *	1.276
区域位置（以“浙江”为参照组）	河南	0.005	1.005	0.269 ***	1.308	-0.061	0.941
	云南	-0.017	0.984	-0.185	0.832	-0.682 ***	0.506
Cut1		-0.461 ***	-0.461	-1.585 ***	-1.585	-3.094 ***	-3.094
Cut2		1.802 ***	1.802	-1.318 ***	-1.318	-0.178	-0.178
Pseudo R^2		0.041		0.045		0.029	
Log Pseudo Likelihood		-7054.11		-3776.87		-7563.61	
Wald Chi^2		568.33 ***		319.70 ***		460.96 ***	
样本量		8310		4485		8310	

注：*、**和***分别表示在10%、5%和1%的水平上显著。

三 新市民普惠金融服务发展面临的困难和瓶颈

第一，金融机构服务新市民的动力和意愿不强。尽管中国银保监会和中国人民银行联合发布《通知》并明确要求金融机构要提高对新市民的金融服务能力，但当前金融机构对新市民的金融服务仍处于探索实践阶段，其服务动力和服务意愿并不强烈，其主要有三个方面原因：一是多数新市民刚刚到达一个城市，多以灵活就业形式为主，很难长期固定在某一个居住地址或工作岗位上，稳定性很差，在有金融需求时难以向金融机构提供稳定的收入证明以及合适的住房和资产作为抵押物，加之由于其缺少央行征信记录，导致金融机构对其信用评价没有任何依据，这在一定程度上增加了信用风险成本，进而使金融机构将其作为目标客群提供金融服务的意愿和动力明显不足。二是新市民具有较强的流动性，其所做出的存款、贷款和保险等各种金融行为经常游离在城市和农村之间、不同城市之间以及不同金融机构网点之间，这在一定程度上加大了金融机构精准获取“新市民”身份信息的成本以及研判贷后风险的难度，导致金融机构很难与其建立长期稳定的合作关系。三是与“优质客户”的金融需求不同，新市民的金融需求多以小额高频的需求为主，且城市创业人员、新就业白领和快递服务、建筑工人、家政安保等不同职业群体的金融需求差异很大。例如，进城的老年人多以医疗和养老保险等需求为主，长期进城务工的农民工多以个人信用消费贷和住房信贷为主，留在城市创业的新市民多以创业贷款等需求为主。但是，由于当前金融机构并未清晰界定“新市民”的概念，也未对不同职业类型的“新市民”身份进行精准标识，导致其针对新市民开发的专属金融产品不能有效满足当前新市民的金融需求，这在一定程度上严重制约金融机构开展新市民金融服务的意愿。

第二，较低的金融能力和金融素养导致新市民对金融服务的使用严重不足。尽管党和国家在推动弱势群体金融素养和金融能力方面做了积极尝试并取得一定成效，但新市民的金融能力和金融素养仍然较低，导致其对金融服务的使用严重不足，主要表现三个方面：一是由于多数新市民教育水平普遍较低且进入城市工作和生活的时间较短，金融知识和金融业务信息积累都较为缺乏，加之新市民的工作时间与金融机构营业时间存在重叠，其主要是以被动方式来接受金融机构提供的金融信息，这在一定程度上制约了新市民主动使用银行理财、保险等金融服务的积极性。二是随着金融科技的深度运用，金融服务的线上化程度日益提高，有些业务已实现全流程线上化，但线上操作较为复杂，新市民对此类新兴渠道提供的产品一定程度上（以不了解居多）有认知障碍，加之其获得的收入只能基本养活自己，不仅可支配收入低和存款低，抗风险能力也较差，因此他们不仅不会主动享受这些服务，甚至还会产生心理排斥。三是由于新市民参与金融市场的经验不足且风险意识较为薄弱，一些不法分子通过为其伪造信用记录来骗贷骗保，这不仅使新市民的自身收益受到损失，还使其成为不法分子违法行为的“替罪羊”，因而对金融服务的使用略有畏惧。

第三，新市民金融服务的基础设施建设相对落后。普惠金融基础设施建设有待加强。缺信息、缺信用、缺担保是当前新市民普惠金融服务中的痛点和难点所在，具体而言：一是信用担保体系建设不健全。目前，尽管全国金融信用信息基础数据库收录了个人信用数据，但这些信息并不能完全覆盖新市民，信息孤岛现象时有发生。事实上，从调查情况可以发现，大量新市民均是缺少央行征信记录的“白户”，其不仅缺乏足够的历史信用数据，而且很多指标不够完善甚至空白，金融机构难以有效地识别其信用水平。二是信用担保体系不完善。虽然各地方政府陆续成立了第三方担保公司来支持和推进新市民金融服务工作，但在“城乡两栖”状态下，新市民原始资产积累与当下行为状态之间两地割裂，担保公司很难全面了解两地信息并进行综合评估，导致其在担保范围、额度、费率等方面均有限制，提供的担保业务不能完全解决新市民的金融服务需求。三是新市民的主要家庭资产多为老家房产，在就业或创业的城市中缺乏有抵押价值的资产以及社会资本关系，加之金融机构对新市民在家乡的资产状况不了解、评估成本和评估难度较大，这不仅使家乡可抵押物的资产成为“沉睡”资产，也在一定程度上影响了新市民的贷款准入。四是由于当前金融机构的信贷系统和保险系统均未与当地的户籍管理系统联网，导致其在为新市民建立资料建档时，并不能准确识别其户籍档案是否转入当地，这在一定程度上制约了金融机构对新市民金融服务的覆盖面和可得性。

第四，政府对新市民金融服务的支持存在“缺位”。新市民金融工作具有准公共物品特性，如果完全依靠金融机构力量难以保证工作的可持续性，因此，需要政府来加以解决，但当前政府的支持还存在明显“缺位”。表现在三点：一是数据壁垒较为严重。当前，新市民的户籍、就业、医保、社保、公积金数据主要分散在各个部门，这些数据对金融机构分析新市民信用、设计专属的金融产品和服务具有重要意义。但是，由于金融机构当前只能获取到新市民在本机构的数据，如果要依靠自身力量搜集和整合更多数据需要付出的成本很高，因此需要地方政府多渠道引入和共享新市民信息，以此为金融机构做好新市民金融服务提供数据基础。二是政府对新市民金融支持政策宣传不到位。虽然各地方政府推出了专门针对新市民的长租房市场、降低租赁住房税费负担、创业贷款、惠民保等政策，但因宣传工作不到位、信息不对称等因素，许多新市民即使有需求也因对政策不了解而无法真正享受到政策红利。三是没有建立新市民金融服务考核指标。目前，地方监管部门不仅没有明晰“新市民”的概念，也没有专门根据金融机构的类型以及实际开展工作的情况制定新市民金融服务考核指标，导致较多金融机构存在认识不足、思路不清和尚无清晰的发展规划等问题，特别是在相关配套政策和优惠便利措施尚不成熟的情况下，其影响了金融机构做好新市民金融服务工作的积极性。

四　优化新市民普惠金融服务的对策建议

本章利用2022年的调查数据，在分析新市民普惠金融服务现状的基础上，从金融排斥这一视角深入分析了调查省份新市民储蓄排斥、信贷排斥和保险排斥的主要影响因素，并在此基础上对当前新市民金融服务发展面临的困难和瓶颈进行系统性梳理，以此为优化新市民普惠金融服务提供对策建议。未来一个时期，要重点围绕当前新市民金融服务中存在的主要难点，从需求侧和供给侧两个视角采取针对性措施，并把形成新市民看得懂、找得着、用得起金融服务局面和金融机构想干、敢干、实干的金融生态作为破解新市民金融服务瓶颈的关键性举措。

第一，创新符合新市民发展特点的多层次金融服务体系。一是鉴于不同地区新市民对金融排斥程度存在显著差异，未来在服务新市民时，各个地区应结合自身经济发展水平和数字化发展程度等，因地制宜地设计符合地域特点的金融产品和服务。在经济发展水平较高的地区，建议依靠市场力量，并借助数字化手段为新市民提供金融产品和服务，以此提升金融服务便利性和精准性；在经济发展水平一般的地区，建议坚持市场化运作和政策引导相结合，并在加大信贷额度、考核激励、尽职免责等资源和政策倾斜力度的基础上，做好新市民金融服务工作。在经济发展水平落后的地区，则优先需要地方政府规范和完善对新市民的顶层设计，利用各种财政和金融的政策支持（如提高贷款额度、不良贷款代偿比例、贴息比例或补贴金额等），提高金融机构服务新市民的主动性，以此形成规模效应。二是推动金融机构发展场景金融，利用大数据、云计算、人工智能、区块链和移动互联等技术输出切实将金融机构现有的金融产品和服务与新市民生产生活场景有效融合，最大化满足新市民在创业就业、住房、教育、医疗、养老等多层次的金融需求，以此实现金融服务的精准滴灌和防范信用风险的双重目标。三是鉴于不同类型新市民的金融需求千差万别，金融机构一方面要充分利用金融科技手段建立和完善能识别“新市民”客户标签的系统，并优化账户开立、工资发放和征信查询等标准化基础金融服务，确保在“城乡两栖”状态下金融服务的一致性；另一方面针对创业人员、快递、外卖、建筑工人等不同群体要量身制定“适新市民化”的贷款保险产品，通过优化调整信贷政策和产品，并分层分类地提供差异化个性化金融服务，以此增加对新市民的金融供给。例如，针对个体工商户应设计线上创业担保贷款，针对青年新市民群体设计能满足其立业、安居、职业培训等方面的金融产品；针对快递和外卖人员无法缴纳社保、工伤保险等问题应研发专属的保险产品等。

第二，持续深化对新市民的金融教育。对于新市民而言，简单的获得贷款、储蓄、保险等金融服务只是“临门一脚”，不是解决的长久之计，因此，持续深化对新市民的金融教育和金融消费者保护权益，才能根本提高新市民金融能力和金融素养。一是鉴于当前新市民金融知识相对薄弱、获取金融信息渠道有限的问题，金融机构要把能力建设和权益保护作为解决好新市民金融教育的重点内容，并利用物力网点优势开展常态化的金融知识进社区、进企业、进工厂宣传活动，以易于理解掌握的形式从理性消费、防范金融诈骗、注意用卡安全等方面不断提升新市民金融知识水平，实现金融教育的适新市民化。二是顺应金融业数字化转型趋势，利用手机银行和网上银行等方式定期对新市民开展数字金融知识、线上化产品使用等方面的提醒工作，提高其使用数字金融产品的技能，同时结合新市民真实的金融诉求，创新推出互动体验的宣传模式，并通过金融知识顾问等方式对其精准“滴灌”金融知识，以此形成新市民看得懂金融知识、找得着服务渠道、用得起金融产品的局面。

第三，着力补齐服务新市民的基础设施的短板。一是建立金融机构的区域合作机制。鉴于新市民长期游离在城市和农村之间或不同城市之间，建立金融机构区域合作机制，共享新市民在流入地的就业和收入等信息以及在流出地的家庭资产、社会资本等信息，帮助金融机构可以开展跨区域贷前信用评级和资产评估以及贷后风险管理工作，以此盘活新市民在流出地的“沉睡”资产，解决新市民在流入地缺少有价值资产和人脉关系而无法达到贷款门槛的难题。二是建立信息整合和共享机制，完善新市民“信用画像”。针对新市民流动性强、金融行为数据分散以及“征信”空白的问题，一方面建议结合地方政府的力量，推动金融政策与财政、住房、就业、社保等政策的有效衔接，打通各区域、各部门掌握的户籍、就业、医保、社保、公积金等各种政务信息，建立能方便查询新民市各类基础信息的系统，以此解决金融机构对新市民的信用评价和分析难的问题；另一方面，要探索建立与头部互联网平台（如阿里、腾讯）的信息共享机制，逐步将银行、保险公司搜集的客户信息与地方数据的和头部互联网平台搜集的信用评分信息进行有效融合，鼓励银行保险机构根据这些信用信息勾勒新市民“信用画像”，形成能覆盖新市民金融数据和行为数据的信用数据体系，以此提高新市民的金融服务可得性。

第四，强化政府对新市民金融服务的支持作用。一是加大政府对新市民政策的宣传力度。鉴于新市民受不同类型金融服务的排斥程度不同，各地方政府在宣传新市民政策时应有选择地侧重于金融排斥程度较高的新市民，一方面要鼓励其积极参与金融市场，享受金融市场发展的成果，另一方面要重视金融机构在基层的宣传作用，不断拓宽宣传范围，提高新市民对金融政策的知晓度。二是打出政策“组合拳”，以政策能动提升金融机构服务意愿。一方面，要针对做好新市民金融服务工作出台相应的财政政策，并多管齐下地运用政府补贴和税收减免等政策工具提高金融机构服务新市民营销的主动性和积极性、降低新市民的融资成本，平衡好成本、收益和需求之间的关系。另一方面，要借鉴当前发展普惠金融的政策做法，探索推出金融机构能积极支持新市民融资的定向降准和再贷款等货币政策工具。三是建立具有一定容忍度的监管制度。为消除金融机构因风险高而不愿意开展新市民金融业务的顾虑，地方金融监管部门可考虑在风险可控的前提下，专门针对新市民业务放宽金融机构的业务准入门槛，完善信贷“尽职免责”制度、提高新市民金融服务的风险容忍度等，以此让新市民群体真正享受到金融发展成果的红利。

（执笔人：张珩）

第十四章

“双碳”目标下的中国转型金融发展

2020年9月，在第七十五届联合国大会一般性辩论上，习近平主席宣布了“中国将力争2030年前实现碳达峰，2060年前实现碳中和”的“双碳”目标①，向全世界宣誓了中国积极应对气候变化、走低碳绿色发展道路的坚定决心和意志。实现碳达峰碳中和目标不仅要求发展绿色产业，也要推动高碳密集产业的低碳转型②，这是一场广泛而深刻的社会经济变革。中央、国家部委积极推进相关顶层设计助力“双碳”目标的实现，陆续出台《中共中央 国务院关于完整准确全面贯彻新发展理念做好碳达峰碳中和工作的意见》《国务院关于印发2030年前碳达峰行动方案的通知》《关于完善能源绿色低碳转型体制机制和政策措施的意见》等文件，把实施能源绿色低碳转型行动作为“碳达峰十大行动”之首，详细阐述了能源低碳绿色转型的具体方针、目标、措施，全方位、多层次地引导中国经济社会绿色转型发展。

低碳转型活动是实现碳达峰碳中和的关键，其背后存在大量的资金需求，仅靠政府投资和财政支出难以填补资金缺口，金融将在其中扮演重要角色。转型金融作为连接金融和环境产业的重要金融创新工具，能

① 习近平：《习近平谈治国理政》（第四卷），外文出版社2022年版，第469页。

② 许建军：《商业银行有序推进转型金融的策略探讨》，《国际金融》2022年第11期。

够发挥资源配置、风险管理、信息传递等功能，引导金融资源流向绿色金融难以覆盖到的工业、建筑、交通等高碳密集产业，有效缓解高碳行业和企业转型过程中所面临的资金供求矛盾。2022 年中国人民银行金融稳定工作电视会议指出，要把支持绿色低碳发展作为未来的主线，继续深化转型金融相关研究，加强绿色金融与转型金融的有序有效衔接，出台一系列可操作性强的政策举措①。随着碳减排路径的日渐明晰，转型金融在碳达峰碳中和目标中的重要性将会与日俱增。在此背景下，明确转型金融的独特优势、发展现状与未来前景，有助于推动能源结构、交通结构、产业结构的绿色低碳转型，更高效地推进碳中和时间表与路线图的实施。

一 转型金融的基本概念和发展背景

应对气候变化是全球性挑战，世界主要经济体需丰富金融工具，以支持脱碳或减碳活动。近年来，中国政府深入参与全球可持续发展和气候变化治理，积极参与和引领转型金融的国际协调合作，明晰转型金融的内涵和发展背景对于构建有效的转型金融框架而言至关重要。

（一）内涵

目前，转型金融的发展尚处于起步阶段，还未形成统一的概念界定。现有对于转型金融的界定有广义和狭义之分。广义的转型金融主要是指与应对气候变化风险和实现人类社会可持续发展目标相一致的金融活动。OECD 在 2019 年首次提出 Transition Finance 的概念，即“为转型活动的经济主体提供融资以帮助其迈向联合国 2030 年可持续发展目标

① 人民网：《人民银行：以支持绿色低碳发展为主线 继续深化转型金融研究》，http://finance.people.com.cn/n1/2022/0408/c1004-32394268.html，2022 年。

转型的金融活动”①，这一界定将联合国 17 个可持续发展目标（SDGs）涵盖的全部金融活动都包含在内。气候债券倡议组织（CBI）认为所有转型活动的目标应该与《巴黎协定》净零排放的目标相一致，重点关注“气候减缓转型”的实现②。星展银行、汇丰银行、日本金融厅和环境部等机构对转型金融的界定侧重于狭义方面，即运用多样化金融工具为高碳排放行业提供金融支持，以助力其实现脱碳或低碳转型。不同国家的经济发展状况和产业结构现状不同，转型需求也不同，因此各国家间转型金融支持的行业也存在差异。国内尚未对转型金融支持行业范围形成较为权威一致的界定，高碳排放行业一般指的是“棕色产业”和碳密集产业，包括高耗能、高排放行业或“高碳”传统行业。生态环境部对“两高”项目的界定为煤电、石化、化工、钢铁、有色金属冶炼、建材六个行业③。部分省份结合辖区产业结构特点和实际明确了转型金融支持行业的实际的范围，如浙江省湖州市界定的转型金融覆盖行业包括纺织业、造纸和纸制品业、化学原料和化学制品制造业、化学纤维制造业、非金属矿物制品业等九个行业④。

（二）与绿色金融、可持续金融的概念辨析

绿色金融是指为支持环境改善、应对气候变化和资源节约高效利用的金融活动，即对环保、节能、清洁能源、绿色交通、绿色建筑等领域的项目投融资、项目运营、风险管理等所提供的金融服务。转型金融和绿色金融在支持标准、服务对象、发展目标等方面存在差异。在支持标准方面，绿色金融支持的是实体企业采购或投资标的等静态描述，而转型

---

① Piemonte C., Cattaneo O., Morris R., et al., 2019, *Transition Finance: Introducing a New Concept*, Paris: Organization for Co-operation and Development.

② 气候债券倡议组织、中节能衡准：《中国转型金融研究报告》，2022 年。

③ 生态环境部，《关于加强高耗能、高排放建设项目生态环境源头防控的指导意见》，http://www.gov.cn/zhengce/zhengceku/2021-06/01/content_5614531.htm，2021 年。

④ 中国人民银行湖州市中心支行：《湖州市转型金融支持目录（2022 年版）》，2022 年。

金融更注重转型过程，其标准是一个动态技术路径[①]。在服务对象方面，绿色金融主要服务于低碳经济活动，包括与污染治理等环境保护相关的活动、已经达到或接近净零的项目等。而转型金融的服务对象主要是高碳排放领域的实体或经济活动，包括未纳入绿色金融标准但具有减缓气候变化作用的项目。在发展目标方面，虽然二者的最终目标都是推进碳中和，但绿色金融更注重长期发展，其目标是构建一套长效运行的绿色金融体系，不断推进经济社会的低碳绿色发展；转型金融更侧重于经济发展过程中的过渡过程，目的在于将高碳部门纳入金融体系，助力其实现低碳转型。相比绿色金融，转型金融具有更大的灵活性、更强的针对性、更好的适应性、更加的广泛性以及更高的项目运行透明度，能够对绿色金融形成有益补充，更有力地支持中国低碳绿色转型的投融资需求。

可持续金融来自可持续发展概念，主要是指帮助经济社会实现可持续发展的金融手段和相应支持体系。转型金融、绿色金融、可持续金融都属于研究金融与环境保护关系的范畴。从时间来看，可持续金融出现最早，而后是绿色金融和转型金融，三者实际上是一脉相承的，绿色金融和转型金融是对可持续金融理论的继承和发展。从覆盖范围来看，绿色金融和转型金融的目标主要针对环境方面，包括气候变化及其他环境目标与活动，如水资源、污染、固废和生态系统。而可持续金融除了关注环境目标，还将社会责任和治理相关目标也纳入考虑因素，包括消除贫困、性别平等、公共卫生、健康教育等活动。因此，转型金融和绿色金融实质上是可持续金融在环境领域的体现，二者同属于可持续金融范畴。

（三）发展背景

转型风险管理需求迫切。近年来“绿天鹅”事件[②]不断涌现，给社会

① 徐文华、谭林、曾刚：《商业银行“转型金融”发展的重点》，《银行家》2022 年第 7 期。

② 指气候变化引发的对金融市场构成系统性威胁，造成颠覆性影响的极端事件。

生活和经济增长造成较大损失，引起了公众对转型相关风险的关注。转型风险指的是在低碳转型过程中，由于激进的政策转变、声誉影响、技术突破或意外限制以及市场偏好和社会规范的变化等引发的金融风险，包括技术风险、政策风险、市场偏好变化三个方面①。技术风险方面，能源结构的转型升级对企业的生产工艺和设备提出了更高要求。一方面，技术创新要求企业将节能环保技术引入生产经营过程，从本质上实现能源节约和减排效果，新技术的研发与对原有设施的改造直接增加了企业的经营成本。另一方面，部分污染资产、环境不可持续资产被迫淘汰，导致企业“资产搁浅”②，不仅会给企业带来经济损失，还会对关联的金融机构或供应链条上的相关企业造成风险。政策风险方面，环保政策、法规的出台或调整日趋严格。碳税、总量管制与交易计划等碳排放政策的实施，迫使企业放弃高排放高收益的经营项目，通过购买配额、上交碳税等方式弥补对环境的负面影响，提高了企业的减排成本。此外，在低碳政策的刚性约束下，全球能源价格波动加大，增加了传统能源企业的资金断链风险，极易形成“气候明斯基时刻”③。偏好变化方面，投资者环境气候风险意识日渐提高，将其作为投资组合决策的重要因素。投资者逐渐意识到投资组合中的气候转型风险，持股偏好转向碳密集度较低的公司，而陆续撤出对高碳企业的投资④，传统能源企业将会承担更高的融资成本，其市场估值也将受到严重影响。

高碳行业转型活动未得到充分金融支持。高碳行业是国民经济的重要部门，同时也是排放大户，其低碳化发展是实现“双碳”目标的关

---

① Campiglio E., Dafermos Y., Monnin P., et al., 2018, “Climate Change Challenges for Central Banks and Financial Regulators”, *Nature Climate Change*, 8 (6): 462-468.

② 危平、舒浩、成静涛:《气候变化背景下搁浅资产理论的演变》,《金融论坛》2021年第9期。

③ 局部气候风险可能会演变为系统性风险，最终集中爆发的时刻。

④ Reboredo J. C., Otero L. A., 2021, “Are Investors Aware of Climate-related Transition Risks? Evidence from Mutual Fund Flows”, *Ecological Economics*, 189: 107148.

键。高碳行业是最主要的排放来源，至2030年碳排放达峰，中国工业、建筑行业、交通部门能源需求量最高，分别为57.1亿、9.69亿、11.55亿吨二氧化碳排放[①]。若高碳行业能够利用可再生资源替代传统能源，实现能源结构的成功转型，将大幅缓解全球气候压力。中国是碳排放大国，转型活动需要大规模研发、应用和推广绿色、低碳技术，这一过程需要大量资金支持。据中金公司估算，为实现碳中和，电力、交通运输和建筑行业投资需求量分别为67.4万亿、37.4万亿和22.3万亿元[②]。政府投资和财政支出难以覆盖这一巨额投资需求，亟须获得金融的支持。然而，现有绿色金融体系对碳密集行业转型活动的包容度较低。绿色金融投资对象主要是符合《绿色产业指导目录》的项目，多为“纯绿”或“接近纯绿”的项目，传统高碳行业的绝大部分转型活动得到的支持非常有限。更有部分金融机构谈“煤”色变，出于对转型项目的长周期性和不确定性或是对高碳企业“漂绿”风险的担忧，“不敢”或“不愿”为转型活动提供金融服务。因此，为实现经济发展与生产结构的全面转型，需要将金融支持工具的覆盖范围拓展至高碳领域。

转型金融在国际社会得到广泛响应。国际社会对转型金融发展高度重视，积极探索转型金融标准、信息披露、产品创新，为中国转型金融体系的构建提供了有益参考。近年来，转型金融标准逐步推出。2020年9月，CBI在《为可信赖的低碳转型提供金融支持白皮书》中提出了界定转型活动的五项原则[③]，并根据该原则把经济活动划分为五类[④]。2021年5月，日本经济产业省和环境部发布《气候转型金融基本指引》界定了转

---

① 数据来源：中央财经大学绿色金融国际研究院。

② 中金研究部、中金研究院：《碳中和经济学：新约束下的宏观与行业分析》，2021年。

③ 包括：符合1.5度温控目标的碳排放轨迹；以科学为基础设定减排目标；不计入碳抵消；技术可行性优于经济竞争性；刻不容缓的行动而非旷时累日的承诺。

④ 包括近零排放类、零碳转型类、不可转型类、暂时过渡类和搁浅类。

型金融的四个关键要素[①]。2022 年 11 月，G20 领导人峰会通过了《G20 转型金融框架》，明确了转型活动界定的目录法和原则法两种基本方法[②]。转型信息披露机制日趋完善。国际资本市场协会（ICMA）发布《气候转型金融手册》，提出转型信息披露的四条核心建议[③]，为多个国家地区和组织机构提供了披露依据。欧盟颁布了《欧洲气候法》，并配备具体披露要求细则，对金融机构和非金融机构实体企业在不同阶段的披露内容做了规定，进一步细化了转型金融的披露标准。转型金融产品初具规模。可持续发展挂钩债券和可持续发展挂钩贷款引领转型市场发展。截至 2021 年年底，二者全球合计年发行总量超 5300 亿美元，同比上涨 3 倍[④]。转型债券对绿色债券形成了有益补充，截至 2021 年第三季度，转型债券全球发行数目为 31 只，规模达 99 亿美元[⑤]。转型基金直接为转型活动提供了资金支持，2021 年 5 月，欧盟为支持严重依赖煤炭的成员国向气候中性转型，建立规模达 175 亿欧元的公平转型基金。

（四）产品类型

转型金融产品一般都具备以下三个关键要素：一是融资主体转型路线图明确，未来减排效果显著；二是融资主体信息披露可靠，符合可测度、可核查、可验证原则；三是要设计配套的激励或惩罚措施[⑥]。

转型金融产品中最主要的是可持续发展挂钩贷款（SLL）和可持续发展挂钩债券（SLB）。不同于绿色债券在限定募集资金用途方面的创

---

① 包括发行人气候转型战略和公司治理、业务模式中环境要素的重要性、气候转型战略科学的目标和路径和信息透明度。

② 目录法即包含具体活动清单的转型目录，原则法即要求转型活动在原则上符合某些条件（如符合科学碳目标、避免碳锁定、有透明度、获得第三方认证等）。

③ 包括：应披露发行人的气候转型战略和公司治理；应披露业务模式中如何纳入环境考量；气候转型战略应基于科学的转型目标和转型路径；执行情况应透明。

④ 数据来源：彭博新能源财经。

⑤ 数据来源：中国债券信息网。

⑥ 谭林、曾刚、杨千帆：《转型金融发展路径探析》，《金融市场研究》2022 年第 11 期。

新，SLB募集资金可用于一般用途，其创新之处在于债券结构方面。SLL和SLB原理类似，都要求发行人或借款人有明确的可持续发展目标，并且将相应条款与发行人或借款人的目标挂钩。可持续发展目标包括关键绩效指标（KPI）和可持续绩效目标（SPT）两种。其中，KPI是发行人根据企业整体业务发展规划，对未来交付可持续发展成果作出的前瞻性承诺；SPT是对KPI的量化评估目标，并需明确达成时限。为确保借款人或发行人信息披露的可靠性，要求企业在存续期内必须聘请第三方机构就KPI的SPT表现开展评估认证并出具验证报告，判断企业KPI是否在时限内达到预设的SPT指标，并根据达成情况触发相应的惩罚或激励条款。目前主要以惩罚性条款为主，包括上调票面利率、提前到期或一次性额外支付等。

除了SLL和SLB，转型金融产品还包括转型债券和低碳转型（挂钩）债券等。转型债券基本属于绿色债券的一个子品种，规定募集资金专项用于低碳转型领域，以提高企业适应环境改善和应对气候变化的能力①。转型债券支持的低碳转型领域的项目包括已纳入绿色债券覆盖范围但技术指标未能达标的项目和与“双碳”目标要求一致且具备能效提升和节能减排效果的项目两类。为保障信息披露质量，转型债券要求发行人聘请第三方机构定期评估转型效果并出具相关披露报告，披露内容包括募集资金用途和转型路径规划等。交易商协会根据第三方评估结果，对不合规的行为采取自律处分措施并通报，规范发行人募集资金使用情况。低碳转型（挂钩）公司债券限定募集资金用于推动企业绿色低碳转型，且用于投向低碳转型领域的金额一般不应低于募集资金总额的70%②。与SLB类似，发行人可通过遴选KPI和低碳转型目标，明确

① 中国银行间市场交易商协会：《关于开展转型债券相关创新试点的通知》，https：//www.nafmii.org.cn/ggtz/tz/202206/P020220623545115080426.pdf，2022年。

② 上海证券交易所：《上海证券交易所公司债券发行上市审核规则适用指引第2号——特定品种公司债券（2022年修订）》，http：//www.sse.com.cn/lawandrules/sselawsrules/bond/review/c/c_20220602_5703022.shtml，2022年。

目标达成时限，并将债券条款与发行人低碳转型目标相挂钩。若 KPI 在时限内未达到预期的低碳转型目标，将触发债券条款的调整。存续期内，要求发行人聘请第三方机构对 KPI 和低碳转型目标达成情况实施评估认证并出具评估报告。

二　转型金融的特点

对于转型企业而言，转型金融发展能够激发高碳行业及企业自身转型的积极性，实现金融市场的价值发现功能，而且可以对转型过程中的相应风险进行识别管理，为金融市场提供相关信息和信号，为“双碳”目标的实现和经济高质量发展提供支撑。

（一）资源配置

金融本身既是资源配置的对象，又可作为调节其他资源配置的方式或手段①。转型金融既能调节资本或资金的分配，又能够吸引其他生产要素的参与，在高碳企业和行业转型发展过程中实现资本、技术、设备、人力和土地等资源的最优化选择与配置，从而实现经济效益的最大化和环境效益的最大化。

其一，转型金融通过调节金融资源的调配，向转型市场注入资本和流动性，为高碳企业的绿色转型发展提供资金支持。转型过程中存在巨大的投融资需求，但绿色金融框架下金融资源向绿色行业领域流动明显，对污染企业存在显著的融资惩罚效应②，抑制高碳企业的融资规模，提高其融资难度。高碳企业被迫借新还旧、短融长投，企业经营风险显著提高。转型类债券产品将投融资组合与企业长期碳排

① 白钦先：《白钦先经济金融文集》，中国金融出版社 1999 年版，第 11—50 页。

② 高锦杰、张伟伟：《绿色金融对我国产业结构生态化的影响研究——基于系统 GMM 模型的实证检验》，《经济纵横》2021 年第 2 期。

放、碳减排效益相关联，通过与企业协定有挑战性的、可衡量的绩效指标，保障资金流向低碳转型领域。转型类信贷产品通过给予高碳企业成本低、期限长、额度大的资金支持，满足企业绿色低碳技术创新的融资需求，支持研发企业绿色低碳技术、工艺和产品并将其用于生产经营过程，进而提高企业转型升级的能力①。转型类保险产品能够为高碳企业提供风险保障，提高企业转型意识和转型风险管理水平，减少转型过程给企业带来的负面影响。其二，金融资源在高碳领域集聚，为人力资本、技术、信息等各类要素的配置提供了明确的信号与方向②。一方面，随着金融政策向转型领域的不断倾斜，转型金融市场逐渐趋于成熟，低碳转型的红利将会持续显现。另一方面，高碳企业在金融资源的支持下积极开展转型活动，从根本上改变了企业生产经营方式和组织管理方式，企业经济效益、环境效益和社会效益均得到改善。在低碳转型红利的出现和企业 ESG 表现的提高共同作用下，市场主体投融资行为偏好向高碳领域转变，资本、劳动、技术、信息等生产要素逐渐向高碳领域流动和集聚，促进企业全要素生产率的提升，加快高碳产业转型升级的步伐。

（二）风险管理

低碳转型过程不仅存在着广阔的投融资机遇，同时还面临着环境和气候因素给实体经济和金融系统带来的风险。转型金融的应用能够引导市场主体趋于理性，通过识别、分析气候环境风险，判断风险影响的大小，进而评估、管理和缓释风险。

其一，通过风险度量工具的研究和开发，识别和评估环境和气候

① 尘永魁、关健、田冬冬：《绿色信贷政策微观影响效应研究：惩罚还是激励？——对绿色信贷政策波特效应的再检验》，《金融发展研究》2022 年第 9 期。

② 王遥、任玉洁：《“双碳”目标下的中国绿色金融体系构建》，《当代经济科学》2022 年第 5 期。

相关风险。转型金融可以引导金融机构开展气候环境压力测试，设计气候压力情景，系统地识别和量化不同环境气候情景对不同金融业务的影响，并据此研究相关风险与机遇的应对措施。金融机构还可以利用基于气候因素的风险评级工具，从外部环境、企业经营和资产属性等多维度评估风险，对转型相关风险点进行针对性识别。基于风险识别和评估结果，引导市场主体采取风险防范和规避措施。其二，通过风险管理流程的优化和风险管理手段的丰富，管理和缓释环境和气候风险。对于尚未发生的环境风险，转型金融能够提高金融机构管理风险的积极性，引导金融机构优化管理程序，将风险管理嵌入信贷、投资、保险等业务的流程中。例如，对于信贷业务的风险管理，金融机构可以在贷前准入环节，依据风险评估结果对客户设置差异化准入标准；在贷中审批环节，实行差别化授信审批策略，对未落实风险管理要求的企业不予放款；在贷后管理环节，加强环境气候风险核查跟踪管理，及时核查预警信号。此外，多元化的转型产品也提供了分散和转移风险的渠道。转型金融产品通过风险收益的重组，实现风险等级分割，可以帮助不同风险偏好的投资者实现收益与需求的有效配置，也可以为市场提供风险对冲和主动风险管理的工具。对实际发生的环境风险，转型金融产品和服务为金融机构提供了风险管理手段，通过分散、对冲、转移、规避和补偿风险，尽量控制风险敞口。对存在严重环境污染行为的风险客户，金融机构可视风险程度及整改进度，合理限制风险客户的交易方式、规模、频率，包括采取贷款限额管理、中止贷款、补充担保等措施。

（三）信息提供

当前，低碳转型活动信息披露机制不健全，信息共享程度低、收集难度大，严重制约了企业的转型进程。传统金融体系能够通过整合和完善现有信息，推动数据交互共享，降低信息不对称程度。而转型金融进一步深化了这两项功能，打破了气候和环境信息孤岛，为更顺利地执行和推广转型计划提供源动力。

其一，识别和认定转型企业和项目，明确企业绿色低碳转型形象。转型企业和项目的认定，有助于发现具有绿色转型和低碳发展投资价值的行业和企业，抑制“伪转型”现象的出现，提高转型金融服务的精准性与有效性，同时也有助于政府开展针对性监管和规制，做好转型风险的事前预防和事中监督工作。对于转型企业，金融机构可以通过对重点转型企业开展面对面访谈与问卷调查，以识别企业在绿色低碳发展方面的潜力，综合评估企业的转型风险及抵御能力。对于转型项目，金融机构可以根据所处行业或区域长期绿色低碳发展的政策与趋势、企业转型发展所处阶段、碳达峰碳中和路径的要求等信息，深入分析企业在当下时间、空间范畴内的转型需求，识别企业转型场景，进而认定转型项目。其二，提供多样化的转型金融产品和服务，为碳减排提供市场定价信息。当前中国环境效益和转型风险尚未完全内生化，金融机构产品和服务定价机制不成熟，各市场价格之间联动和传导较弱①，产品价格与企业实际转型场景契合度低，未能反映真实转型成本。转型金融能够发挥金融系统的价格发现功能，通过转型产品、服务和工具的创新与运用，形成明确的价格信号，为转型活动提供真实有效的市场定价信息。转型金融能够推动金融机构提供多样化的产品和服务，在交易过程中形成产品定价，将转型风险和减排成本显性化、公开化，重构资金的价格形成机制，有利于形成有效碳价格，为碳减排政策的制定提供指导。此外，金融机构通过推动转型类信贷、债券及其他金融产品定价机制的相互融合，加强各市场价格的统一性，压缩不同金融产品间的套利空间，进而降低高碳企业投融资成本。

---

① 纪志宏：《完善金融市场定价功能 提升金融服务能力》，《清华金融评论》2019 年第 1 期。

三 国内转型金融实践进展

中国的自然禀赋决定了高碳产业所占比重较大，转型金融发展空间较为广阔。中国转型金融方兴未艾，处于发展初期，主要从政策规定、产品服务、政策性金融支持工具等方面着手发力。

（一）初步探索转型金融政策体系和标准体系建设

在国家层面，有关部委明确释放了支持转型金融发展的信号。《中共中央 国务院关于完整准确全面贯彻新发展理念做好碳达峰碳中和工作的意见》、《国务院关于印发 2030 年前碳达峰行动方案的通知》、“十四五”规划等国家顶层设计文件中均强调了低碳绿色转型的必要性。《关于印发促进工业经济平稳增长的若干政策的通知》《关于完善能源绿色低碳转型体制机制和政策措施的意见》提出要做好高碳行业低碳转型的金融政策要求。在地方层面，一些地方基于当地发展状况，系统规划了转型金融发展路径。如浙江湖州出台的《深化建设绿色金融改革创新试验区探索构建低碳转型金融体系的实施意见》，围绕碳密集行业低碳转型的金融需求，确立了制度标准、产品服务等 7 项转型金融发展重点工作，致力于打造以信贷、保险、债券、基金为主的多层次转型金融服务体系。在金融机构层面，各金融机构积极探索转型金融标准体系建设。2021 年年初，中国银行、中国建设银行推出第一批转型金融指导性文件《转型债券管理声明》和《转型债券框架》，明确界定了转型债券的概念并规定转型项目类别，为后续转型金融资源的配置提供了有益参考。2021 年 4 月 28 日，交易商协会发布《可持续发展挂钩债券（SLB）十问十答》，作为 SLB 的具体指导标准和发行依据。2022 年 1 月，中国人民银行湖州市中心支行牵头印发《湖州转型金融支持目录（2022 年版)》，明确了转型金融支持的行业、技术范围及能耗强度标准，为当地转型金融工作确定了框架。

（二）陆续推出转型金融产品和服务

从2021年开始，以债务类融资工具为主的转型金融工具在金融市场中不断涌现。可持续发展挂钩债券作为转型金融市场的主力军，发展势头强劲。其投资规模不断增长，如图14—1所示，2021年5月底，国内首批7只SLB发行，发行金额73亿元；截至2022年6月底，共有30家主体发行37只SLB，规模合计514亿元，增长了近6倍。国企和高碳行业发行意愿较强，30家发行主体中国有企业占比达90%。电力、热力生产与供应行业发行数量最多、发行规模最大，数量共计14支，规模合计229亿元，占总规模的45%[①]。KPI设定契合低碳转型目标，KPI设定具备行业属性，聚焦节能低碳转型领域，KPI类型集中于“可再生能源供能”、“能源利用与消耗”和“资源循环利用”。转型债券逐步落地，为行业转型发展精准引入资金活水。2021年1月，中国银行成功发行境外50亿元人民币等值转型债券定价，包括5亿3年期美元和18亿2年期人民币，是全球第一笔金融机构公募转型债券[②]。2022年6月22日，首批5单转型债券项目成功落地银行间市场，合计募集额22.9亿元[③]，主要用于支持天然气清洁利用、电解铝环保节能技术升级改造、新旧动能转换系统优化升级减量置换等投资者最关注同时也是低碳转型效益较为显著的几大转型领域。除了债务类融资工具，信贷类工具也有了一定发展。可持续发展挂钩贷款初步落地。2022年1月28日，全国首笔绿色可持续发展挂钩贷款落地江西赣江新区，通过对绿色建筑设计、施工与运行全过程的管理进而降低能源消耗，为后续转型信贷业务的发展提供了一个可复制的样板。

---

① 资料来源：Wind数据库。

② 资料来源：中国银行官网。

③ 资料来源：中国债券信息网。

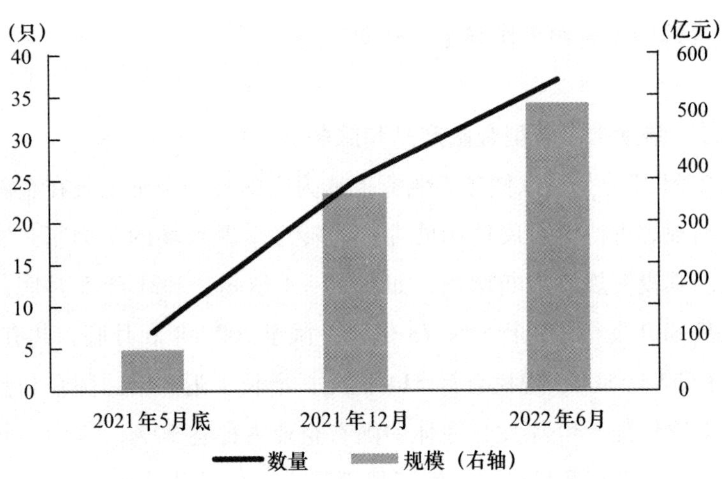

图 14—1　可持续发展挂钩债券发行规模和数量

资料来源：Wind 数据库。

（三）为高碳项目提供资金支持，撬动社会资本参与

为贯彻落实党中央、国务院的部署，加快推动绿色低碳发展，中国人民银行积极为转型活动提供资金支持。2021 年 11 月，中国人民银行创设推出碳减排支持工具，采用“先贷后借”的直达机制，用增量资金引导金融机构为具有显著碳减排效应的重点领域提供优惠利率融资。截至 2022 年 3 月，中国人民银行共发放碳减排支持工具资金 1385.6 亿元，支持金融机构在 2021 年 7 月至 12 月发放符合要求的碳减排贷款 2309.2 亿元，覆盖范围包括 31 个省份，支持了 1969 家（次）企业的项目建设，带动项目企业年度减排量 4774 万吨①。国内各金融机构加大对绿色低碳领域的支持力度。2021 年，中国工商银行与国家能源局签署战略合作协议，中国工商银行将会把能源供应安全和碳达峰碳中和作为未来重点服

① 资料来源：《中国区域金融运行报告（2022）》。

务领域，未来五年拟为该领域发放意向性融资额度3万亿元①。中国建设银行2021年为可再生能源发电企业发放可再生能源8.41亿元，累计承销碳中和债22笔，发行金额超1000亿元②。中国人民银行和各金融机构的引领撬动了大量社会资本的参与，转型资金规模显著增长。截至2022年第三季度，中国本外币绿色贷款余额规模达20.9万亿元，同比增长41.4%，比2021年年末高8.4个百分点，较各项贷款增速高30.7个百分点。其中，投向具有直接和间接碳减排效益项目的贷款分别为8.32万和5.56万亿元，合计占绿色贷款的66.4%③。

四 国内转型金融发展面临的问题与挑战

（一）转型金融顶层设计不健全，标准体系不统一

相较于绿色金融，转型金融发展起步较晚，相关制度体系建设仍处于初步探索阶段。其一，顶层设计欠缺，转型金融活动的探索缺乏政策指引。国家对转型金融的支持仍停留在建议发展层面，专项规范性政策文件尚未出台，转型金融未来发展路线图、转型产品和服务的应用场景、转型风险的防范与监管机制等尚不明确。各地区主动引导低碳转型的政策力度不足，部分地区采取“一刀切”的管理模式，对高碳行业和企业采取大规模限停产、限停电等运动式“减碳”措施，甚至“拉闸限电”，严重阻碍地区低碳发展进程④。转型金融监管协调制度不健全，现有机制中金融监管部门对于转型金融发展的协调沟通效率较低，

① 国家能源局：《国家能源局与中国工商银行签署战略合作协议》，http://www.nea.gov.cn/2021-10/25/c_1310267592.htm，2007年。

② 数据来源：《中国建设银行环境信息披露报告（2021）》。

③ 数据来源：《2022年三季度金融机构贷款投向统计报告》。

④ 为应对这一现象，2021年10月4日，中国银保监会发布《关于服务煤电行业正常生产和商品市场有序流通保障经济平稳运行有关事项的通知》（银保监发〔2021〕42号），督促银行保险机构全力做好能源电力保供金融服务工作，满足能源电力供应合理资金需求，确保人民群众温暖过冬。

对行业自律和公众监督体系建设不足。其二，转型金融标准体系不统一，转型金融活动处于支持高碳企业转型与防范“漂绿”“洗绿”风险的两难境地。各行业、企业低碳发展模式多元化，给转型金融标准的制定造成困难。转型路径和标准的制定需要与各行业的减排目标和规划相契合，而各高排放行业转型发展模式和技术基点存在显著差异，提升了转型标准制定的横向规模和体量。不同企业生产经营方式和技术积累基础的不同导致了转型资金使用方式的个体差异，且为保障转型资金投放的精准性，金融机构需要对资金使用情况开展长期追踪和动态评价，延长了转型标准制定的纵向时间跨度①。高碳行业转型认定壁垒的存在，为市场主体实施“假转型”行为提供了可操作空间，降低了金融支持的精准度②。一方面，部分企业对高碳项目进行虚假低碳宣传，或将转型项目资金投入非绿色项目中，“洗绿”和“假转型”现象频发，进而可能导致新的金融风险的出现。另一方面，不少金融机构对转型金融服务持等待观望态度，或是直接将所有与煤电、钢铁、水泥等高碳排放行业有关的活动列为“禁止融资”类别，“不敢”或“不愿”为转型活动提供金融服务③，严重制约了企业的转型进程。

（二）现有产品体系不健全，难以形成竞争力

现有转型金融工具难以满足符合碳中和目标的绿色低碳企业的融资和发展需求。一方面，转型金融产品结构集中化、种类单一化，难以满足高碳企业长期融资需求。当前国内转型金融产品主要集中在银行端，

---

① 张弛：《“双碳”目标下　转型金融发展任重道远》，《金融时报》2022 年 6 月 23 日第 7 版。

② 王遥、任玉洁、金子曦：《推动“双碳”目标实现的转型金融发展建议》，《新金融》2022 年第 6 期。

③ 《独家专访马骏：一些银行为何“不敢”为转型活动提供金融服务？转型金融体系需具备五要素》，21 世纪经济报道，http：// www. 21jingji. com/article/20220316/herald/2c91caf14e56c2c72ae4f9cf9c0decf7. html，2022 年。

以信贷、债券等债务型融资工具为主，高碳企业短期内可以通过发行可持续发展挂钩债券、转型债券等获得低成本融资，但其按期还本付息的偿还模式会给企业带来固定的财务负担，增加其经营风险。转型金融市场中保险、券商等其他金融机构参与程度较低，还未推出转型保险、转型基金等专门用于支持转型活动的多元化金融工具。转型金融产品集中度过高，综合服务能力薄弱，不利于风险分散，容易引发系统性风险①。另一方面，现有产品机制设计不合理。一是产品期限错配。国际发行的 SLL、SLB 期限设置可达 7—10 年，企业可持续发展绩效目标可以在中长期得到落实。相比之下，国内所发行的相关工具期限过短，目前存续的 27 只 SLB 发行期限均集中在 2—3 年，转型战略实施过程中短期效应和政策导向效应较为明显，难以对企业实际转型效果作出判断。二是惩罚机制作用较小。国内外发行的 SLB 普遍设置了利率上调条款，国际上的 SLB 的利率上调幅度设置通常为 25BP—50BP，而国内 SLB 调升幅度普遍设置在 10BP—20BP，并且调升 10BP 的现象最为普遍②，对发行人的融资成本几乎不产生实质影响，惩罚机制失去约束作用。三是发行成本相对较高。可持续发展挂钩债券是国内首个监管要求必须进行评估认证的债券品种，且存续期必须至少每年开展一次第三方评估认证，虽然便于投资者对其进行全面评估，但客观上增加了融资及管理成本，抑制企业发行意愿。

（三）信息披露机制亟须完善，缺乏专业的第三方评估机构

完善的信息披露机制能够降低金融机构的客户搜寻成本，帮助投资者

① 《试点工作初显成效　转型金融为“两高”企业绿色化提供保障——专访中国人民大学重阳金融研究院执行院长王文》，https：// bm. cnfic. com. cn/sharing/share/articleDetail/164039012/1，2022 年。

② 邱慈观：《绿色金融之转型金融工具五问》，https：//www. caixin. com/2022 - 03 - 15/101857125. html，2022 年。

精准识别投资对象，是提高金融市场公信力的重要保证。国内的转型信息披露现存问题如下：其一，信息披露强制性不足，机制不完善。转型信息披露包含企业自身的转型信息披露和金融投资机构对其转型项目的披露两个维度。企业方面，虽然高碳企业环境信息披露意识逐年提高，但实际披露过程中仍存在缺乏规范性和主动性等问题。企业对转型信息披露的重要性认识不足，披露行为仍停留在“自愿”层面，披露覆盖率有待进一步提升。由于内外部监管机制不健全，企业实际披露过程中存在选择性披露、数据操纵的现象，信息披露质量不高，阻碍了投资者对企业环境价值的判断，进而对投资决策过程造成影响。金融机构方面，中国人民银行 2021 年 7 月发布的《金融机构环境信息披露指南》明确了披露的框架结构，要求金融机构定性定量地披露自身环境信息。但披露机制建立成本较高，未来收益存在不确定性，金融机构的披露意愿和披露频率受到一定影响。且多数金融机构碳足迹数据获取和测算能力不足，在量化转型投融资项目的环境效益和风险方面存在困难，既影响了信息披露的质量，又制约了转型活动的进程。其二，第三方认证业务缺乏专业性与规范性。鉴于转型活动具有较强的专业性，投资者难以独立判断转型项目的资质和具体进程，因此转型债券要求发行人定期聘请专业认证机构出具转型评估报告，为投资者提供有价值的参考。在绿标委的引领下，绿色债券已经形成一批独立、专业、有市场声誉的第三方机构。但转型债券才刚刚起步，第三方认证业务开展时限短，市场运行中存在一些亟待解决的痛点问题，如数量紧缺，专业水准和执业能力参差不齐；评估认证细则尚未发布，业务缺乏规范指引；评议机构自律性不足，权责义务尚不对等。多方因素的共同作用导致了现有转型认证业务准确性、专业性和充分性不足的情况，可能会对投资者和监管部门造成误导。

（四）资金对接不畅通，政策激励机制缺位

转型金融激励机制是政府激发金融市场主体积极性、推动政策落实

的重要手段。目前国内尚未建立起完善的转型金融政策激励机制，阻碍了转型资金供需的对接。其一，转型项目资金的供给与需求存在结构性矛盾①。一方面，重点用能行业资金需求远大于现有投融资力度，仅靠财政资金难以支持“双碳”目标达成需求。国内转型金融发展初期主要发挥了政策性金融工具的作用，资金来源以政府预算内支出的拨付或财政转移支出为主。能源转型所需资金规模达百万亿级别，而近年来财政收入增速放缓，对转型活动的支持力度不足，导致供需资金缺口持续增加。另一方面，资金供给端的转型资金缺乏提供路径，难以有效畅通资金对接。国内转型金融尚未实现市场化运作，参与主体主要是政策性银行与商业银行，投融资渠道狭窄，社会资本与其他金融机构缺乏提供路径，尚未形成规模化支持。其二，尚未建立转型金融激励机制，部分社会效益未能转化为经济效益。高碳企业存在技术创新根基薄弱、项目成本高周期长、财务状况不理想等问题，转型活动资金需求量大，需要来自外部资本或补贴和担保等激励性措施的支持，以补充其长效发展动力。而中央与地方对转型产品的政策激励力度不足，缺少对转型债券、可持续发展贷款的直接补贴类措施和担保贴息政策。部分省市提出了包括贴息、资金奖励、再贷款支持在内的激励措施，但由于缺乏具体实施细则和统一的转型标准，在具体落实过程中存在障碍，阻碍了金融机构和高碳企业参与转型活动的积极性。

（五）公正转型尚未得到足够重视，存在社会矛盾隐患

低碳转型活动在实现经济发展与环境质量改善的同时，可能会对社会福利造成负面影响，给社会公平正义带来挑战。中国是世界上最大的煤炭消费国，转型任务艰巨，而转型过程中的公正问题尚未引起足够重

① 刘锦涛：《绿色资金仍存结构性矛盾》，http：//www. cbimc. cn/content/2022 - 12/16/content_ 473893. html，2022 年。

视，若绿色转型采取措施不当，可能会引发社会矛盾隐患。其一，转型活动可能引发就业危机，给劳动者权益保障带来挑战。实现低碳转型目标需对能源结构、经济结构进行调整，向着绿色、可再生、清洁的方向不断转变。随着低碳转型过程的推进，传统碳密集产业发展逐步放缓甚至可能被彻底淘汰，社会将面临就业结构、劳动技能结构的深刻调整。新就业岗位的创造和原就业岗位的损失之间存在空间、时间和劳动技能的不匹配，煤炭产业链涉及的大批职工面临转岗或失业风险，出现“绿色失业群体”，若这一群体的合法权益未能得到保障，将会影响国家低碳转型发展的进程和决心，加剧社会矛盾。其二，发展的不均衡性加剧经济不平等，社会弱势群体现象凸显。中国区域间、行业间发展不均衡，初始资源禀赋差异较大，转型资金需求也不同。传统能源行业或经济水平欠发达地区受自身能源消费结构和经济发展水平限制，转型成本高、压力大，需要高额社会经济成本的支持。而这些行业或地区转型周期一般较长，转型投融资项目效益显现缓慢，市场投资意愿不高。转型资金投入的不均衡进一步加剧了行业间、区域间经济发展水平的不平等，增加了经济社会的不稳定性。低碳转型成本往往会转化为民众的消费成本①，增加低收入群体的经济压力。由于转型活动提高了高碳行业的生产成本，导致该行业产出价格上升，从而使一般消费品价格上升，低收入群体的购买力下降，加剧低收入群体的生活困境。

五 转型金融支持“双碳”目标实现的展望

迈向“双碳”目标是一个渐进持续的过程，不可一蹴而就。虽然近年来国内绿色金融发展迅猛，无论是体制机制建设还是市场发展都初见

① 宁立标、杨晓迪：《公正过渡：“双碳”背景下中国绿色转型的规制理路》，《湖南大学学报》（社会科学版）2022 年第 2 期。

成效，但是“绿色”的口径较窄，诸如钢铁、煤电等一些行业面临巨大的转型投融资需求，因此转型金融的重要性不言而喻。转型金融是高碳资产绿色转型的关键之匙，但其发展节奏和转型快慢也受到全球经济政治变化的约束。气候变化是全球性课题，在俄乌冲突背景下，全球在一定程度上面临能源危机，短期的经济、能源供应承压与长期净零排放目标之间的权衡促使各国不得不重新思考转型的节奏。对于中国而言也是如此，必须要处理好近期和远期的矛盾、转型与安全的问题。我们不仅要时刻关注国际经济和地缘政治形势变化，还要关注国内经济发展阶段和区域初始禀赋不同、发展不平衡的问题，不可采取“一刀切”的策略，在此基础上逐步稳妥推进。

（一）推进转型金融配套体系建设

结合国内能源结构、产业调整方向等，建立符合中国国情和发展阶段的转型金融政策体系和技术标准体系。一是健全顶层设计，自上而下的政策引导是转型金融发展的关键。在法律体系方面，制定转型法律法规体系和政策管理体系，包括金融基本法律法规、业务实施制度、监管制度等，统筹转型金融发展，有效指导和规范转型金融活动，为政策的落地实施提供必要依据与操作指南。在具体措施方面，在法律政策体系的指引下，结合各地发展实际，制定一系列力度大、可操作性强的具体措施，进一步贯彻落实低碳转型理念。中央有关部门定期组织开展各地措施落实情况评估，实时了解、定期调度各地转型金融工作进展。在监管协调方面，建立健全以央行为中心的转型金融分类合作监管体系，理清监管部门的职能与地位，加强各部门间的分工、合作与协调。构建监管部门与行业自律组织和社会性组织之间的常规化沟通机制，充分利用社会监督与行业自律的力量实施转型金融监管。二是制定转型金融统一标准，完善的标准体系是实现转型金融有序发展的基础。按照碳中和目标，制定转型项目与转型企业两个维度的标准体系，加快央行对转型金融支持项目和技术标准目录的研究进度，厘清转型金融服务界限，塑造出有别于绿色金融的业务类别，弥补绿色金融业务覆盖范围的不足。制定转型活动原则，结合转型活动目录和原则性表述界定符合条件的转型活动，并根据技术、政策变化情况进行动态调整，以使转型金融标准始终贴合行业最佳实践与最优技术，尽量避免“碳锁定”效应。

（二）加快转型金融市场机制建设

转型投融资市场需求的快速发展将提升市场上主体的种类和数量，进而要求更多元化、更具专业性和个性的金融服务。这就要求金融机构在政府带领下扩大并改进现有金融工具箱，做好转型金融产品的创新，以实现转型金融的长期有效发展。一是改进现有产品机制设计，推动转型金融产品的专业化。结合国际经验和国内实际转型路径，基于行业的长期发展战略设计科学的可持续发展挂钩目标。提高金融工具惩罚条款的约束性，合理设置利率调整范围，真正发挥转型金融的正向激励作用。放松转型债券的审核政策和准入条件，开通审核绿色通道，减少发行时间，降低债券发行过程中的机会成本。规范标准化外部评估机制，并对评估认证费用给予一定补贴，降低债券发行过程中的评估认证成本，使转型债券发行成本保持与普通债券相当，提高民营企业发行转型债券的积极性。二是扩大金融工具箱，积极创新转型金融产品和业务模式。丰富转型专项贷款金融产品种类，对转型项目提供期限长、手续灵活的优惠性贷款，提升转型项目融资的成功率。鼓励商业银行等金融机构开发专门支持转型活动的股权投资基金和并购基金、夹层基金等产品，并逐步推出私募股权（PE）和风险投资（VC）等风险包容性较大的资金来源，给予碳密集企业全方位金融支持。鼓励和支持保险机构创新开发转型类保险产品和服务，成立专业性转型担保机构，为符合转型条件的企业和项目提供增信支持，以风险共担的方式降低其融资成本。

（三）完善信息披露机制

信息共享是实现金融资源优化配置、降低成本的最有效手段。所以，要发挥好政府的能动作用，完善信息披露机制，降低信息不对称性。一是进一步推动国内金融机构和企业的环境信息披露，确保披露信息的可比性、量化性与详尽性。不断提高企业和金融机构环境信息披露的意识，推动信息披露逐步由自愿性向强制性转变。明确环境信息披露内容、形式与规则，强调对转型信息的披露，要求企业披露转型战略和实施计划，包括中长期转型路径、未来碳排放水平和强度预测、转型活动的落实情况以及转型资金的使用情况等。鼓励金融机构积极建立与转型金融业务状况相匹配的基础设施，开发企业碳足迹管理机制，用于识别、评估、监测、报告转型项目数据，积累企业转型的历史数据。二是规范发展第三方评估认证机构，为转型金融发展提供更多的专业支持。第三方评估机构能够在资金投放前、投放中及投放后评估转型项目的性质及效果，为转型金融的发展提供组织保障。因此，政府应支持转型服务中介的发展，鼓励会计师事务所、律师事务所、绿色金融评估机构等专业性中介机构开展转型相关业务，为转型项目和企业提供评估和认证服务。加强与国际性转型评估机构的合作与交流，培养具备专业性、高素质的环境和气候风险评估人才队伍。同时，政府部门要制定权威统一的转型债券评估认证管理规范，明确机构资质和准入门槛，规范业务承接、业务实施和报告出具流程，提高转型债券评估认证质量。三是发挥科技赋能作用，推动转型信息共享机制的建立。利用大数据、云计算、人工智能等科技力量与优势，构建跨部门信息共享平台，建立有效的跨部门协调和信息共享机制，及时沟通转型项目进程、行业标准以及企业信用信息，实现转型信息互联互通。这不仅能够有效提升金融机构和企业的投融资效率，而且能够为政府建立健全激励约束机制提供可靠的信息支撑。

（四）强化激励约束机制

转型活动存在明显的正外部性，但现阶段这一正外部性难以被企业内部化，需要建立相应的激励约束机制，通过财政、金融及社会的资金合力提高企业、金融机构参与转型金融活动的积极性。一是集聚资金总量，以“政府注资+社会跟投”方式为转型活动提供资金支持。增加对转型活动的财政预算总量，在政府投资、政府采购等政府性活动中优先考虑转型产品和服务，加大财政支出对高碳行业的扶持力度。支持设立政府和社会资本合作（PPP）模式转型基金，实行市场化运作，撬动民间投资，为转型企业补充资本金。在此过程中，政府要探索建立合理的风险兜底机制和有效的退出机制，为投资者提供一个公平公正公开的市场环境，保障投资者利益。二是完善激励约束机制，发挥政府的引导作用。对企业实施针对性的优惠措施，包括优先授信权、优先承销权、融资增信、信贷贴息、再贷款支持、税收优惠等措施，提高转型项目投融资收益，提高企业低碳绿色转型的积极性。进一步贯彻落实碳减排支持工具、煤炭清洁高效利用专项再贷款等政策，引导金融机构将更多资金投入转型领域。鼓励商业银行等金融机构将转型金融业务发展情况列入绩效考评指标体系，提高转型业务指标权重，推动建立银行业金融机构转型金融评价指标体系。推动转型金融激励政策与普惠金融和产业链供应链金融的融合，制定转型普惠金融、转型产业链供应链金融的考核标准和激励措施。

（五）推动公正转型

公正转型已经成为转型过程中不可回避的问题，国内转型发展应统筹推进环境保护、经济发展和就业水平之间的协同增效，在绿色转型过程中努力实现社会公平正义，推动绿色转型和“双碳”目标的高效完成。其一，将公正转型理念融入规制体系设计和政策实施过程。在规制体系设计方面，在现有法律法规体系和规章制度中强调公正过渡，为公正转型提供制度支撑，例如要求转型企业在转型过程中实施对员工的具体保障措施，鼓励金融机构将企业的就业和能源安全表现纳入转型金融产品的 KPI 等。在政策实施方面，实施前应对转型过程中就业稳定和能源安全等相关问题进行估算，并据此做好前瞻性部署安排。在政策实施过程中做好相关人员的就业安排服务、再就业培训、失业救济金和退休工作的安排。其二，重视对初始禀赋不平等的矫正，为弱势地区和弱势群体提供支持，使其具备绿色转型能力。遵循针对性、灵活性和适应性原则，结合各行业、各地区的发展实际，建立地区差异化公正转型政策，因地制宜设定可靠的转型目标及路径，对于产业结构单一、职业类别集中的地区，在成本负担和财政补贴等方面给予支持和侧重，保障转型的行业公正与区域公正。基于初始禀赋差异识别并界定转型过程中的弱势群体，据此制定类型化的精准扶助计划，有针对性地缓解劳动者的失业转岗、技能培训、地区间流动、社会保障等民生就业问题，保障转型的收入阶层公正。

（执笔人：范云朋、李诗雯）

参考文献

主报告

习近平：《高举中国特色社会主义伟大旗帜　为全面建设社会主义现代化国家而团结奋斗——在中国共产党第二十次全国代表大会上的报告》，人民出版社 2022 年版。

习近平：《论把握新发展阶段、贯彻新发展理念、构建新发展格局》，中央文献出版社 2021 年版。

北京大学平台经济创新与治理课题组：《平台经济：创新、治理与繁荣》，中信出版社 2022 年版。

刘非、郑联盛：《我国金融高水平开放问题研究》，《理论探索》2021 年第 3 期。

王勇、刘航、冯骅：《平台市场的公共监管、私人监管与协同监管：一个对比研究》，《经济研究》2020 年第 3 期。

张明：《金融开放中的潜在风险》，《中国金融》2014 年第 14 期。

张明、孔大鹏、潘松李江：《中国金融开放的维度、次序与风险防范》，《新金融》2021 年第 4 期。

张晓晶：《稳字当头优化宏观杠杆率结构》，《中国金融》2022 年第 9 期。

第一章

陈雨露、侯杰：《汇率决定理论的新近发展：文献综述》，《当代经济科学》2005 年第 5 期。

崔明超、黄运成：《人民币远期汇率定价实证分析》，《国际金融研究》2008 年第10 期。

刘凯、肖柏高、王度州：《全球金融危机后汇率理论和政策的反思与新进展》，《中国人民大学报》2020 年第 1 期。

缪延亮：《从此岸到彼岸：人民币汇率如何实现清洁浮动》，中国金融出版社 2019 年版。

缪延亮、郝阳、杨媛媛：《外汇储备、全球流动性与汇率的决定》，《经济研究》2021 年第 8 期。

潘锡泉：《中美利率和汇率动态效应研究：理论与实证——基于拓展的非抛补利率平价模型的研究》，《国际贸易问题》2013 年第 6 期。

谭小芬、高志鹏：《中美利率平价的偏离：资本管制抑或风险因素?》，《国际金融研究》2017 年第 4 期。

肖立晟、刘永余：《人民币非抛补利率平价为什么不成立》，《管理世界》2016 年第7 期。

肖祖沔、向丽锦：《资本管制与中国非抛补利率平价扭曲》，《世界经济研究》2019 年第 4 期。

薛宏立：《浅析利率平价模型在中国的演变》，《财经研究》2002 年第 2 期。

易纲、范敏：《人民币汇率的决定因素及走势分析》，《经济研究》1997 年第 10 期。

张明、陈胤默：《人民币汇率制度改革的结构性演进：历史回顾、经验总结与前景展望》，《财贸经济》2022 年第 12 期。

张明、刘瑶：《经常账户变动对实际有效汇率的非对称影响及潜在渠道探析》，《经济学（季刊）》2022 年第 5 期。

张萍：《利率平价理论及其在中国的表现》，《经济研究》1996 年第 10 期。

张雪春、李宏瑾、张文婷：《利率平价理论在中国的适用性——基于债券市场开放的视角》，《金融评论》2022 年第 1 期。

Akinci, O. and Queralto, A., 2019, "Exchange Rates Dynamics and Monetary Spillovers with Imperfect Financial Markets", Federal Reserve Bank of New York Staff Reports, No. 849.

Alper, C., Ardic, O. and Fendoglu, S., 2009, "The Economics of the Uncovered Interest Parity Conditions for Emerging Markets", *Journal of Economic Surveys*, 23: 115 - 138.

Avdjiev, S., Du, W., Koch, C. and Shin, H. S., 2019, "The Dollar, Bank Leverage, and Deviations from Covered Interest Parity", *American Economic Review: Insights*, 1 (2): 193 - 208.

Benigno, G., 2004, "Real Exchange Rate Persistence and Monetary Policy Rules", *Journal of Monetary Economics*, 51 (3): 473 - 502.

Bergin, P. R., Glick, R. and Wu, J. L., 2013, "The Micro-Macro Disconnect of Purchasing Power Parity", *Review of Economic and Statistics*, 95 (3): 798 - 812.

Blanchard, O., Adler, G. and Filho, I. C., 2015, "Can Foreign Exchange Intervention Stem Exchange Rate Pressures from Global Capital Flow Shocks", NBER Working Paper No. 21427.

Bouakez, H., 2005, "Nominal Rigidity, Desired Markup Variations, and Real Exchange Rate Persistence", *Journal of International Economics*, 66 (1): 49 - 74.

Byrne, J. P., Korobilis, D. and Ribeiro, P. J., 2016, "Exchange Rate Predictability in a Changing World", *Journal of International Money and Finance*, 62: 1 - 24.

Carvalho, C. and Nechio, F., 2011, "Aggregation and the PPP Puzzle in a Sticky-price Model", *American Economic Review*, 101 (6):

2391 – 2424.

Cerutti, E. M., Obstfeld, M. and Zhou, H., 2021, "Covered Interest Parity Deviations: Macrofinancial Determinants", *Journal of International Economics*, 130 (103447).

Chari, V., Kehoe, P. J. and McGrattan, E. R., 2002, "Can Sticky Price Models Generate Volatile and Persistent Exchange Rates?", *Review of Economic Studies*, 69 (3): 533 – 563.

Chen, Y. C. and Rogoff, K., 2003, "Commodity Currencies", *Journal of International Economics*, 60 (1): 133 – 160.

Chen, Y. C., Rogoff, K. and Rossi, B., 2010, "Can Exchange Rates Forecast Commodity Prices?", *Quarterly Journal of Economics*, 125 (3): 1145 – 1194.

Chinn, M. D. and Quayyum, S., 2012, "Long Horizon Uncovered Interest Parity Re-assessed", NBER Working Paper No. 18482.

Cumby, R. and Obstfeld, M., 1981, "A Note on Exchange-rate Expectations and Nominal Interest Differentials", *Journal of Finance*, 36, 697 – 703.

Dornbusch, R., 1976, "The Theory of Flexible Exchange Rate Regimes and Macroeconomic Policy", *Scandinavian Journal of Economics*, 78 (2): 255 – 275.

Du, W., Tepper, A. and Verdelhan, A., 2018, "Deviations from Covered Interest Rate Parity", *Journal of Finance*, 73 (3): 915 – 957.

Eichenbaum, M. S., Johannsen, B. K. and Rebelo, S. T., 2021, "Monetary Policy and the Predictability of Nominal Exchange Rates", *Review of Economic Studies*, 88 (1): 192 – 228.

Engel, C., 2014, "Exchange Rates and Interest Parity", *Handbook of International Economics*, Vol. 4, Chapter 8: 453 – 522.

Fama, E. F., 1984, "Forward and Spot Exchange Rates", *Journal of Monetary Economics*, 14 (3): 319 – 338.

Fanelli, S. and Straub, L., 2021, "A Theory of Foreign Exchange Interventions", *Review of Economic Studies*, 88 (6): 2857 – 2885.

Farhi, E. and Gabaix, X., 2016, "Rare Disasters and Exchange Rates", *Quarterly Journal of Economics*, 131 (1): 1 – 52.

Fleming, J. M., 1962, "Domestic Financial Policies under Fixed and under Floating Exchange Rates", *International Monetary Fund Staff Papers*, 9 (3): 369 – 380.

Frankel, J. and Poonawala, J., 2010, "The Forward Market in Emerging Currencies: Less Biased than in Major Currencies", *Journal of International Money and Finance*, 29 (3): 585 – 598.

Froot, K. A. and Thaler, R. H., 1990, "Anomalies: Foreign Exchange", *Journal of Economic Perspective*, 4 (3): 179 – 192.

Gabaix, X. and Maggiori, M., 2015, "International Liquidity and Exchange Rate Dynamics", *Quarterly Journal of Economics*, 130 (3): 1369 – 1420.

Gourinchas, P. O. and Rey, H., 2007, "International Financial Adjustment", *Journal of Political Economy*, 115 (4): 665 – 703.

Imbs, J., Mumtaz, H., Ravn, M. O. and Rey, H., 2005, "PPP Strikes Back: Aggregation and the Real Exchange Rate", *Quarterly Journal of Economics*, 120 (1): 1 – 43.

Ince, O., Molodtsova, T. and Papell, D. H., 2016, "Taylor Rule Deviations and Out-of-Sample Exchange Rate Predictability", *Journal of International Money and Finance*, 69: 22 – 44.

Itskhoki, O. and Mukhin, D., 2021, "Exchange Rate Disconnect in General Equilibrium", *Journal of Political Economy*, 129 (8): 2183 –

2232.

Itskhoki, O. and Mukhin, D., 2021, "Mussa Puzzle Redux", NBER Working Paper No. 28950.

Kalemli-Özcan, S. and Varela, L., 2022, "Five Facts about the UIP Premium", NBER Working Paper No. 28923.

Lewis, K., 1995, "Puzzles in International Financial Markets", *Handbook of International Economics*, Chapter 3: 1913 – 1971.

Lothian, J., 2016, "Uncovered Interest Parity: The Long and the Short of It", *Journal of Empirical Finance*, 36: 1 – 7.

Miah, F. and Altiti, O., 2020, "Risk Premium or Irrational Expectations", *North American Journal of Economics and Finance*, 51: 1 – 22.

Molodtsova, T. and Papell, D. H., 2009, "Out-of-Sample Exchange Rate Predictability with Taylor Rule Fundamentals", *Journal of International Economics*, 77 (2): 167 – 180.

Mundell, R. A., 1963, "Capital Mobility and Stabilization Policy under Fixed and Flexible Exchange Rates", *The Canadian Journal of Economics and Political Science*, 29 (4): 475 – 485.

Obstfeld, M. and Rogoff, K., 1995b, "The Intertemporal Approach to the Current Account", *Handbook of International Economics*, Vol. 3, Chapter 34: 1731 – 1799.

Obstfeld, M. and Rogoff, K., 1995, "Exchange Rate Dynamics Redux", *Journal of Political Economy*, 103 (3): 624 – 660.

Rabitsch, K., 2016, "An Incomplete Markets Explanation of the Uncovered Interest Rate Parity Puzzle", *Review of International Economics*, 24 (2): 422 – 446.

Rime, D., Schrimpf, A. and Syrstad, O., 2022, "Covered Interest Parity Arbitrage", *Review of Financial Studied*, Forthcoming.

Rogoff, K., 1996, "The Purchasing Power Parity Puzzle", *Journal of Economic Literature*, 34: 647-668.

Schmitt-Grohé, S. and Uribe, M., 2022, "The Effects of Permanent Monetary Shocks on Exchange Rates and Uncovered Interest Rate Differentials", *Journal of International Economics*, 135 (103560).

Steinsson, J., 2008, "The Dynamic Behavior of the Real Exchange Rate in Sticky Price Model", *American Economic Review*, 98 (1): 519-533.

Wang, J. and Wu, J. J., 2012, "The Taylor Rule and Forecast Intervals for Exchange Rates", *Journal of Money, Credit and Banking*, 44 (1): 103-144.

Wang, Y., 2010, "Anomaly in China's Dollar-RMB Forward Market", *China & World Economy*, 18: 96-120.

第二章

曹廷求、王营：《特许权价值、公司治理机制和商业银行风险承担》，《金融论坛》2010 年第 10 期。

曹廷求、郑录军、于建霞：《政府股东、银行治理与中小商业银行风险控制——以山东、河南两省为例的实证分析》，《金融研究》2006 年第 6 期。

曹艳华、牛筱颖：《上市银行治理机制对风险承担的影响（2000～2007）》，《金融论坛》2009 年第 1 期。

成思危：《虚拟经济的基本理论及研究方法》，《管理评论》2009 年第 1 期。

成思危：《虚拟经济探微》，《南开学报》2003 年第 2 期。

李晓西、杨琳：《虚拟经济、泡沫经济与实体经济》，《财贸经济》2000 年第 6 期。

赵昌文、杨记军、夏秋：《中国转型期商业银行的公司治理与绩效研究》,《管理世界》2009 年第 7 期。

赵尚梅、杜华东、车亚斌:《城市商业银行股权结构与绩效关系及作用机制研究》,《财贸经济》2012 年第 7 期。

周学东:《中小银行金融风险主要源于公司治理失灵》,《中国金融》2020 年第 15 期。

祝继高、饶品贵、鲍明明:《股权结构、信贷行为与银行绩效——基于我国城市商业银行数据的实证研究》,《金融研究》2012 年第 7 期。

Bonin, J., Hasan, I. and P. Wachtel, 2005, "Bank Performance, Efficiency and Ownership in Transition Countries", *Journal of Banking and Finance*, 29 (1): 31 - 53.

Fries, S. and A. Taci, 2005, "Cost Efficiency of Banks in Transition: Evidence from 289 Banks in 15 Post-communist Countries", *Journal of Banking and Finance*, 29 (1): 55 - 81.

John, K., Mehran, H. and Y. Qian, 2010, "Outside Monitoring and CEO Compensation in the Banking Industry", *Journal of Corporate Finance*, 16 (4): 383 - 399.

Laeven, L. and R. Levine, 2009, "Bank Governance, Regulation and Risk Taking", *Journal of Financial Economics*, 93 (2): 259 - 275.

La Porta, R., Lopez-De-Silanes, F. and A. Shleifer, 2002, "Government Ownership of Banks", *Journal of Finance*, 57 (1): 265 - 301.

Minton, B., Taillard, J. and R. Williamson, 2014, "Financial Expertise of the Board, Risk Taking, and Performance: Evidence from Bank Holding Companies", *Journal of Financial and Quantitative Analysis*, 49 (2): 351 - 380.

Pathan, S., 2009, "Strong Boards, CEO Power and Bank Risk-taking", *Journal of Banking and Finance*, 33 (7): 1340 - 1350.

Shleifer, A. and R. Vishny, 1997, "A Survey of Corporate Governance",

Journal of Finance, 52 (2): 737 - 783.

Srivastav, A., Armitage, S. and J. Hagendorff, 2014, "CEO Inside Debt Holdings and Risk Shifting: Evidence from Bank Payout Policies", *Journal of Banking and Finance*, 47 (10): 41 - 53.

第三章

白重恩、路江涌、陶志刚:《国有企业改制效果的实证研究》,《经济研究》2006 年第 8 期。

陈思宇、张峰、殷西乐:《混合所有制改革促进了公平竞争吗——来自国有企业硬化预算约束的证据》,《山西财经大学学报》2021 年第 11 期。

李世刚、钟柠锘:《国有资本参股能降低民营企业股价崩盘风险吗?》,《金融与经济》2022 年第 10 期。

逯东、黄丹、杨丹:《国有企业非实际控制人的董事会权力与并购效率》,《管理世界》2019 年第 6 期。

綦好东、郭骏超、朱炜:《国有企业混合所有制改革:动力、阻力与实现路径》,《管理世界》2017 第 10 期。

任广乾、冯瑞瑞、田野:《混合所有制、非效率投资抑制与国有企业价值》,《中国软科学》2020 年第 4 期。

宋来、常亚青:《国有和私营工业企业的相对效率研究》,《工业工程与管理》2009 年第 4 期。

宋立刚、姚洋:《改制对企业绩效的影响》,《中国社会科学》2005 年第 2 期。

徐朝阳:《作为政策工具的国有企业与国企改革:基于预算软约束的视角》,《中国软科学》2014 年第 3 期。

许晨曦、金宇超、杜珂:《国有企业混合所有制改革提高了企业投资效率吗?》,《北京师范大学学报》(社会科学版)2020 年第 3 期。

姚洋：《非国有经济成分对我国工业企业技术效率的影响》，《经济研究》1998 年第 12 期。

张敏、童丽静、许浩然：《社会网络与企业风险承担——基于我国上市公司的经验证据》，《管理世界》2015 年第 11 期。

张任之：《非国有股东治理能够抑制国有企业高管腐败吗?》，《经济与管理研究》2019 年第 8 期。

张涛、徐婷、邵群：《混合所有制改革、国有资本与治理效率——基于我国工业企业数据的经验研究》，《宏观经济研究》2017 年第 10 期。

张跃文、王力：《中国上市公司质量评价报告（2014—2015）》，社会科学文献出版社 2011 年版。

赵放、刘雅君：《混合所有制改革对国有企业创新效率影响的政策效果分析——基于双重差分法的实证研究》，《山东大学学报》（哲学社会科学版）2016 年第 6 期。

第四章

蔡真：《中国住房金融报告（2019）》，社会科学文献出版社 2019 年版。

高攀、郭杰群：《地产融资：从中美模式比较中思考转型路径》，《金融市场研究》2018 年第 9 期。

韩文秀：《防范化解房地产市场风险是重中之重，推动房地产业向新发展模式平稳过渡》，《21 世纪经济报道》2022 年 12 月 17 日。

黄敬婷、吴璟：《中国城镇住房拆除规模及其影响因素研究》，《统计研究》2016 年第 9 期。

黄苏萍、李倩倩：《大城市独居青年的生活与心态研究》，《青年探索》2018 年第 4 期。

李婷婷、龙花楼、王艳飞：《中国农村宅基地闲置程度及其成因分析》，《中国土地科学》2019 年第 12 期。

李宇嘉：《推进房地产新发展模式落地的几点思考》，《住宅与房地产》

2022年第27期。

任荣荣：《对房地产业新发展模式的探讨》，《中国经贸导刊》2022年第12期。

宋月萍：《单身族群带来的文化空间与发展向度》，《人民论坛》2020年第34期。

王惠菁、旷美琦等：《房地产新模式之企业篇：守正出奇，万象更新》，《中金点睛》2022年。

王岳龙、邹秀清：《土地出让：以地生财还是招商引资——基于居住—工业用地价格剪刀差的视角》，《经济评论》2016年第5期。

吴璟、徐曼迪：《中国城镇新增住房需求规模的测算与分析》，《统计研究》2021年第9期。

邢海燕、邸涵：《大城市独居青年的时空边界重塑》，《青年探索》2022年第6期。

张宇、李昊等：《房地产新模式之土地篇：人地相宜，挖潜拓新》，《中金点睛》2022年。

张宇、宋志达、李昊：《房地产新模式之住房篇：租购并举，惠享优居》，《中金点睛》2022年。

［比］热若尔·罗兰：《转型与经济学》，北京大学出版社2002年版。

第五章

习近平：《高举中国特色社会主义伟大旗帜　为全面建设社会主义现代化国家而团结奋斗——在中国共产党第二十次全国代表大会上的报告》，人民出版社2022年版。

《习近平关于防范风险挑战、应对突发事件论述摘编》，中央文献出版社2020年版。

郭树清：《加强和完善现代金融监管》，《人民日报》2022年12月14日。

韩保江、李志斌：《中国式现代化：特征、挑战与路径》，《管理世界》2022 年第11 期。

何德旭、郑联盛：《金融危机：演进、冲击与政府应对》，《世界经济》2009 年第9 期。

沈坤荣、施宇：《地方政府隐性债务的表现形式、规模测度及风险评估》，《经济学动态》2022 年第 7 期。

陶玲、朱迎：《系统性金融风险的监测和度量——基于中国金融体系的研究》，《金融研究》2016 年第 6 期。

汪德华、刘立品：《地方隐性债务估算与风险化解》，《中国金融》2019 年第 22 期。

王明国：《从制度竞争到制度脱钩——中美国际制度互动的演进逻辑》，《世界经济与政治》2020 年第 10 期。

徐忠：《新时代背景下中国金融体系与国家治理体系现代化》，《经济研究》2018 年第 7 期。

张晓朴：《系统性金融风险研究：演进、成因与监管》，《国际金融研究》2010 年第7 期。

周小川：《金融政策对金融危机的响应——宏观审慎政策框架的形成背景、内在逻辑和主要内容》，《金融研究》2011 年第 1 期。

第六章

习近平：《高举中国特色社会主义伟大旗帜　为全面建设社会主义现代化国家而团结奋斗——在中国共产党第二十次全国代表大会上的报告》，人民出版社 2022 年版。

Association of British Insurers（ABI），2020，“Pensions Policy，Retirement Income and Savings—UK Trends”，May.

Berstein，S，G. Larrain and F. Pino，2006，“Chilean Pension Reform：Coverage Facts and Policy Alternatives”，*Journal of the Latin American and*

Caribbean Economic Association, 6 (2): 227 - 279.

De Mesa, Alberto Arenas, and Carmelo Mesa-Lago, "The Structural Pension Reform in Chile: Effects, Comparisons and Other Latin American Reforms, and Lessons", *Oxford Review of Economic Policy*, 2006, 22 (1): 149 - 167.

Fidelity, 2022, "Q1 2022 Retirement Analysis", Fidelity Retiree Health Care Cost Estimate, May.

Her Majesty's Revenue and Customs (HMRC), 2022, "What is a SIPP?", https: //www. which. co. uk/money/pensions-and-retirement/personal-pensions/what-is-a-sipp-aBlOf91200cM.

Hoffman, M. G., M. A. Klee and B. Sullivan, 2022, "America Counts: Stories Behind the Numbers—Who has Retirement Accounts? Who has Retirement Accounts?", U. S. Census Bureau, August 31.

Investment Company Institute (ICI), 2022, "Release: Quarterly Retirement Market Data", December 15.

Kritzer, B., 2008, "Chile's Next Generation Pension Reform", *Social Security Bulletin*, 68 (2): 69 - 84.

Statistics Canada, "Registered Retirement Savings Plan Contributions", 2020, *The Daily*, April 1, 2022.

UK Government, 2022, "Individual Savings Accounts Tables", June.

OECD, *Pensions at a Glance* 2021 - *OECD and G20 Indicators*, OECD Publishing, Paris, 2021.

日本全国养老基金业协会，2022 iDeCo（個人型確定拠出年金）の制度の概况，2023 年。

第七章

郭金龙、郑辉：《推进企业职工基本养老保险全国统筹》，《中国金融》

2022 年第18 期。
刘洪清:《全国统筹的前世今生》,《中国社会保障》2022 年第 4 期。
彭宅文:《财政分权、转移支付与地方政府养老保险逃费治理的激励》,《社会保障研究》2010 年第 1 期。
曾益、杨悦:《从中央调剂走向统收统支——全国统筹能降低养老保险财政负担吗?》,《财经研究》2021 年第 12 期。
郑秉文:《职工基本养老保险全国统筹的实现路径与制度目标》,《中国人口科学》2022 年第 2 期。
周心怡、蒋云赟:《基本养老保险全国统筹、人口流动与地区不平衡》,《财政研究》2021 年第 3 期。
朱恒鹏、岳阳、林振翮:《统筹层次提高如何影响社保基金收支——委托—代理视角下的经验证据》,《经济研究》2020 年第 11 期。
Jenks, George F., 1967, "The Data Model Concept in Statistical Mapping", *International Yearbook of Cartography*, 7: 186 – 190.

第八章

习近平:《高举中国特色社会主义伟大旗帜　为全面建设社会主义现代化国家而团结奋斗——在中国共产党第二十次全国代表大会上的报告》,人民出版社 2022 年版。
卜银伟、李成林、王卓:《金融科技助力乡村振兴的模式研究》,《西南金融》2022 年第 4 期。
郭峰、王靖一、王芳等:《测度中国数字普惠金融发展:指数编制与空间特征》,《经济学(季刊)》2020 年第 4 期。
江世银、冯瑞莹、朱廷菁:《金融科技在乡村振兴中的应用探索》,《金融理论与实践》2022 年第 1 期。
陆凤芝、王群勇:《数字普惠金融与金融服务实体经济效率提升》,《南开学报》(哲学社会科学版)2022 年第 3 期。

汪勇、尹振涛、邢剑炜：《数字化工具对内循环堵点的疏通效应——基于消费券纾困商户的实证研究》，《经济学（季刊）》2022 年第 1 期。

吴雨、李晓、李杰等：《数字金融发展与家庭金融资产组合有效性》，《管理世界》2021 年第 7 期。

谢绚丽、沈艳、张皓星等：《数字金融能促进创业吗？——来自中国的证据》，《经济学（季刊）》2018 年第 4 期。

晏景瑞、朱诗怡、杜金岷：《金融科技如何促进共同富裕：理论机制和经验证据》，《经济问题探索》2022 年第 10 期。

易行健、周利：《数字普惠金融发展是否显著影响了居民消费——来自中国家庭的微观证据》，《金融研究》2018 年第 11 期。

张勋、杨桐、汪晨等：《数字金融发展与居民消费增长：理论与中国实践》，《管理世界》2020 年第 11 期。

Bao, Z. and D. Huang, 2021, "Shadow Banking in a Crisis: Evidence from Fintech During COVID－19", *Journal of Financial and Quantitative Analysis*, 56 (7): 2320－2355.

Morse, A., 2011, "Payday Lenders: Heroes or Villains?", *Journal of Financial Economics*, 102 (1): 28－44.

第九章

笪哲：《结构性货币政策能纾解小微企业融资困境吗》，《金融经济学研究》2020 年第 2 期。

何德旭、姚博：《人民币数字货币法定化的实践、影响及对策建议》，《金融评论》2019 年第 5 期。

黄益平：《尊重金融规律，终结“双轨制”》，载贾康、黄益平等《金融供给侧改革》，浙江大学出版社 2019 年版。

姜旭：《结构性货币政策作用机制及其有效性研究》，吉林大学，博士学位论文，2021 年。

李广子、熊德华、刘力：《中小银行发展如何影响中小企业融资？兼析产生影响的多重中介效应》，《金融研究》2016 年第 12 期。

李华民、吴非：《银行规模、贷款技术与小企业融资》，《财贸经济》2019 年第 9 期。

林毅夫、李永军：《中小金融机构发展与中小企业融资》，《经济研究》2001 年第 1 期。

刘康：《创新直达实体经济的货币政策工具》，《中国金融》2020 年第 12 期。

刘澜飙、尹海晨、张靖佳：《中国结构性货币政策信号渠道的有效性研究》，《现代财经》（天津财经大学学报）2017 年第 3 期。

师俊国、沈中华、张利平：《普惠金融对投资效率的非线性效应分析》，《南方经济》2016 年第 2 期。

徐忠、姚前：《数字票据交易平台初步方案》，《中国金融》2016 年第 17 期。

姚前：《法定数字货币的经济效应分析：理论与实证》，《国际金融研究》2019 年第 1 期。

姚前：《法定数字货币对现行货币体制的优化及其发行设计》，《国际金融研究》2018 年第 4 期。

姚前：《理解央行数字货币：一个系统性框架》，《中国科学：信息科学》2017 年第11 期。

张思平：《解决民企融资难，出路何在》，载贾康、黄益平等《金融供给侧改革》，浙江大学出版社 2019 年版。

庄子罐、贾红静、刘鼎铭：《居民风险偏好与中国货币政策的宏观经济效应——基于 DSGE 模型的数量分析》，《金融研究》2020 年第 9 期。

Adrian, T. and T. Mancini-Griffoli, "The Rise of Digital Money", IMF Fintech Notes, 2019.

Barrdear, J. and Kumhof, M. T., 2016, "The Macroeconomics of Central

Bank Issued Digital Currencies", Bank of England Staff Working Papers No. 605.

Barrdear, J. and M. T. Kumhof, 2016, "The Macroeconomics of Central Bank Issued Digital Currencies", Bank of England Staff Working Papers No. 605.

Bester, H., 1987, "The Role of Collateral in Credit Markets with Imperfect Information", *European Economic Review*, 31 (4): 887 – 899.

Boar, C., H. Holden and A. Wadsworth, 2020, "Impending Arrival: A Sequel to the Survey on Central Bank Digital Currency", BIS Working Paper, No. 107.

Bordo, M. D. and A. T. Levin, 2017, "Central Bank Digital Currency and the Future of Monetary Policy", NBER Working Paper 23711.

Chiu J., M. Davoodalhosseini, J. H. Jiang and Y. Zhu, 2019, "Central Bank Digital Currency and Banking", Bank of Canada Staff Working Paper No. 2019 – 20.

Fern Endez-Villaverde, J. and D. Sanches, 2016, "Can Currency Competition Work?", NBER Working Papers 22157.

George, A., T. Xie and J. D. Alba, 2020, "Central Bank Digital Currency with Adjustable Interest Rate in Small Open Economies", SSRN 3605918.

第十章

马克思:《资本论》(第 1 卷),人民出版社 2018 年版。

习近平:《高举中国特色社会主义伟大旗帜　为全面建设社会主义现代化国家而团结奋斗——在中国共产党第二十次全国代表大会上的报告》,人民出版社 2022 年版。

陈姗姗、熊伟、钟宁桦、汪峰:《政府和社会资本合作项目异化为地方政府明股实债融资的探讨》,《同济大学学报》(自然科学版)2021

年第10期。

陈燕和、肖丹然：《德国中小企业融资经验及启示》，《区域金融研究》2021年第10期。

何丹、燕鑫：《金融支持科技创新效率实证分析》，《统计与决策》2017年第10期。

贺俊、韩文衍、毕功兵：《直接融资结构对经济发展的非线性影响》，《中国管理科学》2021年第7期。

贾利军、郝启晨：《发展完善直接融资体系破解创新型中小企业融资难题》，《政治经济学评论》2023年第1期。

赖继红：《私募股权投资、企业创新及其宏观经济效应研究》，《中央财经大学学报》2012年第9期。

李莉、闫斌、顾春霞：《知识产权保护、信息不对称与高科技企业资本结构》，《管理世界》2014年第11期。

李明明、刘海明：《银行业竞争对企业投融资期限错配的影响研究》，《国际金融研究》2022年第7期。

吕劲松：《关于融资难融、资贵问题的思考》，《金融研究》2015年第11期。

孙继伟、朱文辉：《私募股权投资基金运作机制研究：综述及展望》，《会计之友》2020年第13期。

王娇娇：《私募股权投资基金发展与转型》，《中国金融》2021年第4期。

萧端、熊婧：《政府创业引导基金运作模式借鉴——以以色列YOZMA基金为例》，《南方经济》2014年第7期。

谢朝华、何文豪、郭登燕：《金融支持技术创新的政策优化和路径研究——以湖南省为例》，《价格理论与实践》2018年第10期。

徐飞：《银行信贷与企业创新困境》，《中国工业经济》2019年第1期。

徐文舸：《政府性创业投资引导基金的国际镜鉴——基于对以色列、澳大利亚的比较分析》，《国际金融》2017 年第 5 期。

闫琰、王娴：《多层次资本市场服务中小企业》，《中国金融》2022 年第 11 期。

闫禹：《基于多层次资本市场的创新型企业融资策略研究》，《边疆经济与文化》2020 年第 10 期。

杨春雷：《科技创新管理模式研究》，《科学管理研究》2013 年第 5 期。

杨庆、糜傅青、官峰：《谁更能促进创新资本形成？创新投资基金抑或股权投资者基金》，《上海财经大学学报》2021 年第 5 期。

张悦：《关于私募投资领域对赌协议实践的法律思考》，《东南大学学报》（哲学社会科学版）2021 年第 S2 期。

Goeck, M. and Walther, U. 2022, "What Drives Financing Decisions of SMEs? A Survey of German Bank Advisers", *Credit and Capital Markets*, 55 (1): 67 – 97.

Hahn, F. H., 1971, *Reading in the Theory of Growth*, London: Palgrave Macmillan.

Tali, R. 2015, "The German—Israel Foundation (GIF): 30 Years of Successful Scientific Collaboration", *Israel Journal of Chemistry*, 55 (11 – 12): 1177 – 1180.

第十一章

丛菲菲、李曜、谷文臣：《国有创投资本对民营资本的引导效应研究》，《财贸经济》2019 年第 10 期。

李善民、梁星韵、王大中：《中国政府引导基金的引导效果及作用机理》，《南方经济》2020 年第 8 期。

彭涛、黄福广、李娅：《国有风险投资的有效性：认证与增值作用的比较研究》，《管理评论》2022 年第 1 期。

Alperovych, Y., A. Groh and A. Quas, 2020, "Bridging the Equity Gap for

Young Innovative Companies: The Design of Effective Government Venture Capital Fund Programs", *Research Policy*, 49: 1040 – 1051.

Bertoni, F. and T. Tykvova, 2015, "Does Governmental Venture Capital Spur Invention and Innovation? Evidence from Young European Biotech Companies", *Research Policy*, 44: 925 – 935.

Brown, R., S. Mawson and C. Mason, 2017, "Myth-busting and Entrepreneurship Policy: The Case of High Growth Firms", *Enterprise Regional Development*, 29: 414 – 443.

Cumming, D. and J. MacIntosh, 2006, "Crowding Out Private Equity, Canadian Evidence", *Journal of Business Venturing*, 21: 569 – 609.

Guerini, M. and A. Quas, 2016, "Governmental Venture Capital in Europe: Screening and Certification", *Journal of Business Venturing*, 31: 175 – 195.

Leleux, B., and B. Surlemont, 2003, "Public Versus Private Venture Capital: Seeding or Crowding Out? A Pan-European Analysis", *Journal of Business Venture*, 18: 81 – 104.

Lim, S. and Y. Kim, 2015, "How to Design Public Venture Capital Funds: Empirical Evidence from South Korea?", *Journal of Small Business Management*, 53: 843 – 867.

Shane, S., 2009, "Why Encouraging More People to Become Entrepreneurs is Bad Public Policy", *Small Business Economy*, 33: 141 – 149.

Wallsten, S., 2000, "The Effects of Government-Industry R&D Programs on Private R&D: The Case of the Small Business Innovation Research Program", *RAND Journal of Business*, 31: 82 – 100.

Yan, A., G. Hübner and F. Lobet, 2015, "How Does Governmental Versus Private Venture Capital Backing Affect a Firm's Efficiency? Evidence from Belgium", *Journal of Business Venturing*, 30: 508 – 525.

第十二章

习近平：《高举中国特色社会主义伟大旗帜　为全面建设社会主义现代化国家而团结奋斗——在中国共产党第二十次全国代表大会上的报告》，人民出版社 2022 年版。

达舍、原田信行、星岳雄、栉田健儿、冈崎哲二：《创新驱动型经济增长的制度基础》，《比较》2017 年第 5 期。

高维和编：《全球科技创新中心——现状、经验和挑战》，格致出版社、上海人民出版社 2015 年版。

聂永有等：《科创引领未来——科技创新中心的国际经验与启示（城市篇）》，上海大学出版社 2015 年版。

王仁维等：《从硅谷到张江：探访全球科技创新中心》，上海辞书出版社 2016 年版。

许泽浩、张光宇：《新技术成长如何跨越“死亡之谷”》，《中国高校科技》2017 年第 6 期。

张晓晶：《符号经济与实体经济：金融全球化时代的经济分析》，商务印书馆 2022 年版。

[英] 弗里曼、苏特：《工业创新经济学》，华宏勋、华宏慈等译，北京大学出版社 2004 年版。

[英] 马祖卡托：《创新型政府：构建公共与私人部门共生共赢关系》，李磊、束东新、程单剑译，中信出版集团 2019 年版。

Akcigit U., Dinlersoz E., Greenwood. J. and V. Penciakova, “Synergizing Venteres”, NBER Working Paper No. 26196.

Griliches., Z., 1992, “The Search for R&D Spillovers”, NBER Working Paper, No. 3768.

Kim, L. and Nelson, Richard R., 2004, *Technology, Learning and Innovation: Experiences of Newly Industrializing Economies*, Cambridge University

Press.

Kurz, H. D. , 2012, "Schumpeter's New Combination: Revisiting his Theorie der wirtschaftlichen Entwicklung on the Occasion of Its Century", *Journal of Evolutionary Economics*, 22 (5): 871 – 899.

Nelson R. R. , 1959, "This Simple Economics of Basic Scientific Research", *Journal of Political Economy*, 7 (67): 297 – 306.

Schumpeter, J. A. , 1934, *The Theory of Economic Development: An Inguiry into Profits, Capital, Credit, Interest and the Bussiness Cycle*, Harvard University Press.

第十三章

陈秋月、董晓林：《女性家庭决策赋权与农户借贷行为——基于 CFPS 的实证研究》，《农业技术经济》2020 年第 12 期。

甘宇、徐芳：《信贷排斥的城乡差异——来自 2629 个家庭的经验证据》，《财经科学》2018 年第 2 期。

吕勇斌、邓薇、颜洁：《金融包容视角下我国区域金融排斥测度与影响因素的空间分析》，《宏观经济研究》2015 年第 12 期。

王修华、傅勇、贺小金、谭开通：《中国农户受金融排斥状况研究——基于我国 8 省 29 县 1547 户农户的调研数据》，《金融研究》2013 年第 7 期。

吴卫星、齐天翔：《流动性、生命周期与投资组合相异性——中国投资者行为调查实证分析》，《经济研究》2007 年第 2 期。

曾维忠、蔡昕：《借贷需求视角下的农户林权抵押贷款意愿分析——基于四川省宜宾市 364 个农户的调查》，《农业经济问题》2011 年第 9 期。

张珩、罗剑朝、罗添元、王磊玲：《社会资本、收入水平与农户借贷响应——来自苹果主产区 784 户农户的经验分析》，《经济与管理研究》

2018 年第 8 期。

张兰、冯淑怡、曲福田：《农地流转区域差异及其成因分析》，《中国土地科学》2014 年第 5 期。

张晓琳、董继刚：《农户借贷行为及潜在需求的实证分析——基于 762 份山东省农户的调查问卷》，《农业经济问题》2017 年第 9 期。

张宇、赵敏：《农村普惠金融发展水平与影响因素研究——基于西部六省的实证分析》，《华东经济管理》2017 年第 3 期。

赵锐、张瑛：《丧偶对老年女性经济福利影响研究述评》，《经济评论》2019 年第3 期。

Biggart, N. W. and R. P. Castanias, 2001, "Collateralized Social Relations: The Social in Economic Calculation", *American Journal of Economics & Sociology*, 60 (2): 471 -500.

Christiansen, C. , Rangvid, J. , and J. S. Joensen, 2010, "Fiction or Fact: Systematic Gender Differences in Financial Investments?", *SSRN Electronic Journal.*

Kempson H. E. and C. M. Whyley, 1999, "Understanding and Combating Financial Exclusion, *Insurance Trends*, 21: 18 -22.

Leyshon A. and N. Thrift, 1995, "Geographies of Financial Exclusion: Financial Abandonment in Britain and the United States", *Transactions of the Institute of British Geographers*, 20 (3): 312 -341.

第十四章

习近平：《习近平谈治国理政》（第四卷），外文出版社 2022 年版。

白钦先：《白钦先经济金融文集》，中国金融出版社 1999 年版。

尘永魁、关健、田冬冬：《绿色信贷政策微观影响效应研究：惩罚还是激励？——对绿色信贷政策波特效应的再检验》，《金融发展研究》2022 年第 9 期。

《独家专访马骏：一些银行为何“不敢”为转型活动提供金融服务？转型金融体系需具备五要素》，http：//www. 21jingji. com/article/20220316/herald/2c91ca f14e56c2c72ae4f9cf9c0decf7. html，2022 年。

高锦杰、张伟伟：《绿色金融对我国产业结构生态化的影响研究——基于系统 GMM 模型的实证检验》，《经济纵横》2021 年第 2 期。

国家能源局：《国家能源局与中国工商银行签署战略合作协议》，http：//www. nea. gov. cn/2021 –10/25/c_ 1310267592. htm，2007 年。

纪志宏：《完善金融市场定价功能　提升金融服务能力》，《清华金融评论》2019 年第 1 期。

刘锦涛：《绿色资金仍存结构性矛盾》，http：//www. cbimc. cn/content/2022 –12/16/content_ 473893. html，2022 年。

宁立标、杨晓迪：《公正过渡：“双碳”背景下中国绿色转型的规制理路》，《湖南大学学报》（社会科学版）2022 年第 2 期。

邱慈观：《绿色金融之转型金融工具五问》，https：//www. caixin. com/2022 –03 –15/101857125. html，2022 年。

人民网：《人民银行：以支持绿色低碳发展为主线　继续深化转型金融研究》，http：// finance. people. com. cn/n1/2022/0408/c1004 –32394268. html，2022 年。

上海证券交易所：《上海证券交易所公司债券发行上市审核规则适用指引第 2 号——特定品种公司债券（2022 年修订）》，http：//www. sse. com. cn/lawandrules/sselawsrules/bond/review/c/c _ 20220602 _ 5703022. shtml，2022 年。

生态环境部，《关于加强高耗能、高排放建设项目生态环境源头防控的指导意见》，http：//www. gov. cn/zhengce/zhengceku/2021 –06/01/content_ 5614531. htm，2021 年。

《试点工作初显成效　转型金融为“两高”企业绿色化提供保障——专访中国人民大学重阳金融研究院执行院长王文》，https：//bm. cnfic. com.

cn/sharing/share/articleDetail/164039012/1，2022 年。

谭林、曾刚、杨千帆：《转型金融发展路径探析》，《金融市场研究》2022 年第 11 期。

王遥、任玉洁、金子曦：《推动“双碳”目标实现的转型金融发展建议》，《新金融》2022 年第 6 期。

王遥、任玉洁：《“双碳”目标下的中国绿色金融体系构建》，《当代经济科学》2022 年第 5 期。

危平、舒浩、成静涛：《气候变化背景下搁浅资产理论的演变》，《金融论坛》2021 年第 9 期。

徐文华、谭林、曾刚：《商业银行“转型金融”发展的重点》，《银行家》2022 年第7 期。

许建军：《商业银行有序推进转型金融的策略探讨》，《国际金融》2022 年第 11 期。

张弛：《“双碳”目标下 转型金融发展任重道远》，《金融时报》2022 年 6 月 23 日第 7 版。

中国银行间市场交易商协会：《关于开展转型债券相关创新试点的通知》，https：//www. nafmii. org. cn/ggtz/tz/202206/P020220623545115080426. pdf，2022 年。

Campiglio E., Dafermos Y., Monnin P., et al., 2018, "Climate Change Challenges for Central Banks and Financial Regulators", *Nature Climate Change*, 8 (6): 462 – 468.

Piemonte C., Cattaneo O., Morris R., et al., 2019, *Transition Finance: Introducing a New Concept*, Paris: Organization for Co-operation and Development.

Reboredo J. C., Otero L. A., 2021, "Are Investors Aware of Climate-related Transition Risks? Evidence from Mutual Fund Flows", *Ecological Economics*, 189, 107148.

后　　记

党的二十大报告强调，“高质量发展是全面建设社会主义现代化国家的首要任务”“推动经济实现质的有效提升和量的合理增长”。2023年是全面贯彻落实二十大精神的开局之年，如何稳住经济大盘、促进经济恢复是当前经济工作的重心。这也成为本年度金融报告的主题。

主报告围绕中央经济工作会议提出的扩内需、稳增长，强调除了货币金融环境要保持总体宽松外，还需要推动金融相关产业的发展，重点探讨了房地产、平台经济健康发展以及金融业扩大开放三大领域。2023年货币金融政策仍应坚持“以我为主、稳字当头”总基调，一方面应对复杂多变的外部环境特别是美联储加息产生的外溢效应，另一方面着力发挥金融在支持消费和投资方面的重要作用，助力经济回归潜在增长水平。

之后，报告分别从汇率理论与人民币汇率、虚拟资本与银行风险、国有上市公司估值、房地产新模式、系统性金融风险与现代金融监管、养老保险、数字金融、新市民普惠金融、转型金融，以及从股权融资、政府引导基金和创新发展机制三个维度探讨了金融如何支持创新，努力回应新时期中国金融发展的重大理论和现实问题。